# 商法Ⅲ──手形・小切手

〔第5版〕

大塚龍児・林　竑・福瀧博之 著

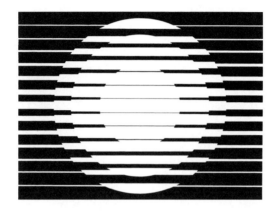

有斐閣Sシリーズ

Yuhikaku

## 第5版 はしがき

　本書は，1989（平成元）年の初版刊行以来，幸いにも，コンパクトな手形法・小切手法のテキストとして多くの読者に温かく迎えられ，版を重ねてきた。このことはたいへんな喜びである。

　2005（平成17）年の会社法（平成17年法律第86号）成立を契機に，2006（平成18）年4月に第3版を，また，2007（平成19）年の電子記録債権法（平成19年法律第102号）の成立（施行は2008〔平成20〕年12月1日）を契機に，電子手形とも称される電子記録債権に関する概説も追加して，2011（平成23）年10月に第4版を刊行したところである。その後，2017（平成29）年に民法の一部を改正する法律（平成29年法律第44号）により，成立以来約120年間ほとんど改正を見なかった民法債権関係の規定につき，社会・経済の変化に対応し，その間に確立した判例や解釈論などの基本的ルールを明文化することを目的にした大幅な民法の改正があり，同日に成立した民法の一部を改正する法律の施行に伴う関係法律の整備等に関する法律（平成29年法律第45号）により商法・手形法・小切手法など諸法の改正が行われた。そこで本書のアップ・トゥ・デートを図るために第5版を刊行することになるのだが，平成29年法律第44号・第45号による民法および諸法の改正が広汎にわたるため，大部分は十分な準備期間の確保の観点から，施行日は公布の日（2017〔平成29〕年6月2日）から3年を超えない範囲内において政令で定める日とされ，政令では2020年4月1日とされている。また，商法は2017（平成29）年改正後2018（平成30）年にも改正されている（商法及び国際海上物品運送法の一部を改正する法律，平成30年法律第29号）。そこで，第5版は，基本的には現行法に基づいて解説をしつつ，あ

i

わせて改正民法・商法（平成30年改正を含む）・手形法・小切手法ではどうなるかを示す方針で叙述することとした（なお，手形法・小切手法自体における，改正民法による影響は，内国手形・小切手の法定利率の変更と時効などに関する文言を改正民法にあわせた変更にとどまっている）。叙述のスタイルについては「初版はしがき」に述べたことをもちろん踏襲している。本書もこれまでと変わらず広く読者に迎えられることを期待している。

　第5版の刊行については有斐閣書籍編集部の藤本依子氏，荻野純茄氏にたいへんお世話になった。心よりお礼を申し上げる。

　2018年10月

執筆者一同

## 初版 はしがき

　現代はまことに情報社会であり，大量の情報があふれているわけであるが，商法のテキストについても事情は同様である。そしてそれらのなかには，非常にすぐれたテキストも少なくない。このような状況のなかで，新たに商法のテキストを上梓する以上は，類書にまたその一冊を加えるようなものでは意味がないと考えた。すなわち新しいテキストとしてのＳシリーズ『商法Ⅰ～Ⅲ』は，すぐれたテキストとしての水準をみたすだけではなく，できるならばその水準をも超えるものとしたいと考えたのである。

　そこで右の認識と意欲とを具体化するために，各巻のコーディネーター（商法Ⅰは落合，同Ⅱは神田，同Ⅲは大塚がそれぞれ担当）全員で，あるいは各巻の執筆者全員で何度か会合をもって議論し，検討を行った。その結果，基本的問題から高度な問題までの全体的な商法の学説・判例の現時の到達点を正確にかつ分かりやすく読者に伝達するだけでは，テキストとして不十分であり，さらに進んで読者がみずからの頭で問題を理解することまでが必要と判断された。すなわち読者が商法を理解するためには，商法上の法規制の内容を単に知るだけでは不十分であり，「なぜそうした法規制が必要か」あるいは「どうしてそうなのか」が，みずからの頭で理解されねばならない。したがって，本書の執筆にあたっては，とくにその点について十分配慮することとした。

　以上の前提のもとにできあがった本書の特色は，次の四点である。

　第一に，商法上の法規制の内容を平板に叙述することは極力さけて，できる限り，「なぜ」あるいは「どうして」の問いとそれに対する答えを軸として，商法上の法規制の説明をするように努めたことである。

　第二に，叙述の方法として，分かりやすくするために，抽象的説明によらずに，できる限り，「たとえば」として具体的な例をあげるとともに，図表も多く活用したことである。

　第三に，とくに重要な部分は，読者がすぐに分かるように〔★〕をつけ

たことである。それによって読者は、基本的でとくに重要なポイントがどこにあるかを知ることができる。

　第四に、説明の必要に応じて、『商法の争点〔第2版〕』および、商法Iでは、『商法（総則・商行為）判例百選〔第2版〕』を、同IIでは『会社判例百選〔第4版〕』を、同IIIでは『手形小切手判例百選〔第3版〕』をそれぞれ引用して明示することにより、本書と「争点」・「百選」との有機的な関連をはかったことである。読者は、この有機的関連を活用して「争点」・「百選」をあわせて読むことにより、商法をさらに総合的によりよく理解できることになる。

　最後に、従来にない新しい商法のテキストを作りたいというわれわれの希望の実現に、終始、大なる協力を惜まれなかった有斐閣書籍編集部の前橋康雄、大井文夫の両氏にお礼を申し上げたい。

　1988年11月10日

執筆者一同

▶執筆者紹介◀ (〈 〉内は執筆分担)

大塚龍児（おおつか　りゅうじ）〈第3編第1章Ⅱ～Ⅴ, 第4編〉

　1969年　東京大学法学部卒業
　現　在　北海学園大学大学院法務研究科教授，北海道大学名誉教授
　〔主要論文〕
　「持分の承継と訴訟の承継」（1994年，商法の判例と論理〔倉沢康一郎教授還暦記念〕〔日本評論社〕所収），「株主権の強化・株主代表訴訟」（1995年，現代企業立法の軌跡と展望〔鴻常夫先生古稀記念〕〔商事法務研究会〕所収），商法Ⅰ総則・商行為〔第5版〕（2013年，有斐閣，共著）

林　　　 竧（はやし　たつみ）〈第1編, 第3編第1章Ⅵ～Ⅸ・第2章・第3章〉

　1970年　北海道大学法学部卒業
　現　在　北海道大学名誉教授
　〔主要論文〕
　「最近西ドイツの手形抗弁論の一側面」（1979年，私法41号），「善意取得」（1985年，現代企業法講座5〔東京大学出版会〕所収）

福瀧博之（ふくたき　ひろゆき）〈第2編, 第3編第1章Ⅰ〉

　1969年　岡山大学法文学部法学科卒業
　現　在　関西大学名誉教授
　〔主要論文〕
　「グッド　フェイスの基準」（1973年，民商法雑誌69巻3号），「利得償還請求権の一考察」（1987年，法と政治の理論と現実〔関西大学法学部百周年記念論文集　下巻〕〔有斐閣〕所収）

# 目　次

★は重要ポイントを示す。

**第1編　序　論**

**第1章　手形・小切手の法的構造**——————1

 1　手形の概念……………………………………………1

  ★手形には，約束手形と為替手形の2種類がある（1）　(1) 約束手形（1）　(2) 為替手形（1）　(3) 裏書（3）

 2　小切手の概念…………………………………………3

  (1) 概念（3）　(2) 小切手と為替手形の異同（5）

**第2章　手形・小切手の完全有価証券性**——————6

 1　有価証券の概略………………………………………6

  ★証券に表章された権利の発生・移転・行使の全部が証券によってなされる（6）

 2　権利の発生と証券の作成……………………………6

  (1) 設権証券性（6）　(2) 無因（抽象）性（7）　(3) 文言性（8）

 3　権利の移転と証券の交付……………………………9

 4　権利の行使と証券……………………………………9

  (1) 呈示証券性（9）　(2) 受戻証券性（10）　(3) 手形の喪失と権利行使（10）

 5　有価証券としての手形・小切手の特色 ……………11

目　次

## 第3章　手形・小切手の経済的機能 ―――――― 12

### 1　支払の手段としての機能 ………………………… 12
　**★支払の手段**（12）

### 2　信用の手段としての機能 ………………………… 13
　**(1)**　手形割引（13）　　**★信用の手段**（14）　　**(2)**　手形貸付（14）
　**(3)**　商業手形と融通手形（14）

### 3　送金・取立ての手段としての機能 ……………… 16
　**(1)**　送金（16）　　**(2)**　取立て（17）　　**(3)**　荷為替手形（19）

### 4　手形・小切手と銀行取引 ………………………… 20
　**(1)**　振出人と銀行との関係（20）　　**(2)**　所持人と銀行との関係（20）

### 5　手形・小切手と振込 ……………………………… 21

### 6　電子記録債権 ……………………………………… 22
　**(1)**　電子記録債権の発生等についての通則（22）　　**(2)**　電子記録債権の発生（24）　　**(3)**　電子記録債権の譲渡（24）　　**(4)**　電子記録債権の消滅（25）　　**(5)**　記録事項の変更（25）　　**(6)**　電子記録保証等（26）　　**(7)**　電子記録債権の分割（27）　　**(8)**　電子記録債権の構造と特色（27）　　**(9)**　電子記録債権の利用（28）

## 第4章　歴史・外国法・法源 ―――――――――― 30

### 1　歴　　史 …………………………………………… 30
　**(1)**　手形・小切手制度の沿革（30）　　**(2)**　手形法・小切手法の発達（31）

### 2　外　国　法 ………………………………………… 32
　**(1)**　ジュネーブ統一法（32）　　**(2)**　英米法（33）　　**(3)**　国際為替手形および国際約束手形に関する条約（33）

### 3　法　　源 …………………………………………… 34

(1) 制定法 (34)　(2) 手形法・小切手法 (35)

# 第2編　総　論
## 第1章　手形行為の意義と成立要件―――――――――― 37
### I　手形行為の意義 …………………………………………… 37
#### 1　手形行為の定義 ………………………………………… 37
**★手形という有価証券上になされる法律行為を手形行為という** (37)
#### 2　手形行為の特殊性と目的 ……………………………… 38
(1) 手形行為の特殊性 (38)　(2) 手形行為の目的 (38)

### II　手形行為の方式としての署名 ………………………… 38
#### 1　署名の必要性（要式の書面行為）…………………… 38
(1) 手形書面の作成（手形上の記載）(38)　(2) 署名の必要性 (39)　**★手形行為に署名が必要とされる客観的理由** (39)
#### 2　署名の方法 ……………………………………………… 39
(1) 署名者の名称の表示 (39)　(2) 自署と記名捺印 (40)
(3) 署名の代行 (41)

### III　手形の交付 ……………………………………………… 42
#### 1　交付の必要性（交付の欠缺）………………………… 42
**★証券は署名者の意思に反して流通におかれることもある――交付の欠缺** (42)
#### 2　手形理論 ………………………………………………… 42
(1) 手形理論の対立 (42)　(2) 判例の手形理論 (45)
#### 3　電子記録債権の発生とその法律要件 ………………… 46

## 第2章　手形行為の性質――――――――――――――― 48
### I　手形行為の性質 …………………………………………… 48

## 目　次

　　1　手形行為の要式性と書面性 …………………………………… 48
　　　(1)　手形行為の書面性（48）　(2)　手形行為の要式性（48）
　　2　手形行為の商行為性 …………………………………………… 49

Ⅱ　手形行為の無因性（抽象性） …………………………………… 49
　　1　無因性の意義と機能 …………………………………………… 49
　　　(1)　無因性（抽象性）の定義と機能（49）　★手形行為は，原因関係の存否，有効無効の影響を受けない——手形行為の無因性（抽象性）（49）　(2)　無因性（抽象性）の法的根拠（50）
　　　(3)　無因性と手形授受の当事者間における原因関係に基づく抗弁（51）
　　2　いわゆる手形行為有因論 ……………………………………… 51
　　3　電子記録債権の無因性 ………………………………………… 52

Ⅲ　手形行為の文言性 ………………………………………………… 52
　　1　文言性の意義 …………………………………………………… 52
　　★文言性——手形行為は手形上の記載をもって意思表示の内容とする（52）
　　2　文言性と手形行為の解釈 ……………………………………… 53
　　3　電子記録債権の文言性 ………………………………………… 53

Ⅳ　手形行為の独立性 ………………………………………………… 54
　　1　手形行為の独立性の意義 ……………………………………… 54
　　　(1)　独立性の意義と理論的根拠（54）　★手形行為は，独立してその効力を生じ，前提たる行為の無効の影響を受けない——手形行為の独立性（54）　(2)　独立性の問題点（55）
　　2　裏書と手形行為の独立性 ……………………………………… 55
　　3　手形行為の独立性と悪意の取得者 …………………………… 57
　　4　電子記録保証の独立性 ………………………………………… 58

## 第3章　手形行為と原因関係 ―――――― 59

### I　手形の実質関係 …………………………………… 59
(1) 原因関係（59）　(2) 資金関係（59）　(3) 手形予約（59）

### II　手形の原因関係に及ぼす影響 ……………………… 60
#### 1　手形の授受（手形関係）の原因関係に及ぼす影響 ………… 60
(1) 手形授受の類型（60）　★既存債務の支払に関連して手形が授受されると，既存の原因関係上の債務は，どのような影響を受けるか（60）――支払に代えて，支払の方法として，担保のために
(2) 当事者の意思の不明な場合と原因債権の消滅（61）
(3) 当事者の意思の不明な場合と原因債権の先行使の可否（62）
(4) 支払場所（支払担当者）の記載のある手形の授受（62）

#### 2　原因債権の行使と手形の返還 ……………………………… 63
(1) 原因債権の行使と手形の返還（63）　(2) 手形上の権利の時効による消滅の場合の取扱い（64）

#### 3　手形金請求訴訟と原因債権の時効 ………………………… 65
#### 4　電子記録債権の発生，譲渡が原因関係に及ぼす影響 ……… 66

## 第4章　手形行為と法律行為に関する一般原則 ――― 68

### I　手 形 能 力 ………………………………………… 68
#### 1　手形権利能力 ……………………………………………… 68
#### 2　手形行為能力 ……………………………………………… 69
(1) 意思能力および手形行為能力（69）　(2) 制限行為能力者の手形行為（70）

### II　公序良俗違反の手形行為 …………………………… 71

### III　双方代理と手形行為 ………………………………… 71

　　　　　　　　　　　　　　　　　　　　　　　　目　次

　Ⅳ　意思表示成立上の瑕疵に関する一般原則 ………………… 72
　　★意思表示の成立上の瑕疵に関する規定が手形行為に適用されるか
　　（72）
　　1　学　　説 ……………………………………………………… 73
　　　(1)　修正適用説（73）　(2)　適用排除説（74）
　　2　判　　例 ……………………………………………………… 75
　　3　電子記録債権と意思表示の無効または取消しの特則 ……… 77

第5章　他人による手形行為 ─────────────── 80
　Ⅰ　他人による手形行為 ……………………………………… 80
　　1　手形行為の代理 ……………………………………………… 80
　　　(1)　代理の方式（80）　★代理人は手形上,「本人のためにする
　　　ことを示して」,代理人自ら署名する（80）　(2)　法人（会社）
　　　の代表の方式とその解釈（81）
　　2　機関による手形行為 ………………………………………… 82
　Ⅱ　手形行為と無権代理 ……………………………………… 83
　　1　無 権 代 理 …………………………………………………… 84
　　　(1)　本人とされた者の責任（84）　(2)　無権代理人の責任
　　　（84）　★善意の第三者を保護するために無権代理人に手形上の責
　　　任を負わせている（84）
　　2　超権代理（越権代理） ……………………………………… 85
　　3　無権代理人（超権代理人）の地位 ………………………… 86
　　4　無権代理と代理権限の濫用 ………………………………… 86
　　5　電子記録債権と無権代理人の責任 ………………………… 88
　Ⅲ　手形行為と表見代理 ……………………………………… 88
　　1　機関方式の手形行為と表見代理規定の適用 ……………… 89

　　　　　　　　　　　　　　　　　　　　　　　　　　　　xi

2　手形行為の表見代理と第三者 …………………………… 90
　　3　民法715条による手形所持人の保護 …………………… 91

# 第6章　手形の偽造，変造，抹消・毀損・喪失 —— 93
## I　手形の偽造 …………………………………………………… 93
　　1　偽造の意義 ………………………………………………… 93
　　2　偽造と無権代理の区別 …………………………………… 93
　　3　手形の被偽造者の責任 …………………………………… 94
　　4　手形偽造者の責任 ………………………………………… 94
　　★偽造者は手形法8条の類推適用により手形上の責任を負う（95）
　　5　他人になりすました者による電子記録の請求 ………… 95

## II　手形の変造 …………………………………………………… 97
　　1　変造の意義 ………………………………………………… 97
　　2　変造の効果 ………………………………………………… 97
　　★変造後の署名者は変造された文言に従って責任を負い，変造前の
　　署名者は原文言に従って責任を負う（97）
　　3　変造と立証責任 …………………………………………… 98
　　4　署名者に原因のある変造 ………………………………… 98
　　5　変更記録が無効な場合における電子記録債務者の責任 …… 99

## III　手形の抹消，毀損および喪失 ……………………………… 100

# 第3編　各　論
# 第1章　約束手形 ——————————————————— 103
　　（＊本章IIからVでは，為替手形に関する条文を約束手形に準用する
　　手形法77条1項各号，2項および3項前段は引用を省略してある。
　　したがって，条文引用の正確を期せば，たとえば善意取得は手77条

1項1号・16条2項，支払免責は手77条1項3号・40条3項，変造は手77条1項7号・69条，利息付手形は手77条2項・5条，手形保証の独立性は手77条3項前段・32条2項となる。）

Ⅰ 約束手形の振出 …………………………………………… 103
  1 基本手形 …………………………………………………… 103
    (1) 基本手形（103） ★基本手形の記載事項は，手形要件と要件以外の事項に分けることができる（103）——手形要件，有益的記載事項・無益的記載事項・有害的記載事項 (2) 手形要件（106）
    (3) 手形要件以外の記載事項（115）
  2 振出の意義および効力 ……………………………………… 118
    (1) 振出の意義（118） (2) 振出の効力（118） ★約束手形の振出人は，主たる債務者として，第一次的（無条件）で絶対的な支払義務を最終的に負担する（118） (3) 振出の実質関係（120）
    (4) 電子記録債権の発生（121）
  3 白地手形 …………………………………………………… 122
    (1) 白地手形の意義（122） ★白地手形とは，署名者が後日他人（所持人）をして補充させる意思をもって手形要件の全部または一部をことさらに記載しないで流通においた証券をいう（122）
    (2) 白地手形の要件（124） (3) 補充権（126） ★白地手形の所持人が，補充権の範囲を超えて（補充権授与の合意に反する）不当な補充をした場合の取扱い（130） (4) 白地手形の流通と権利の行使（131） ★慣習法により完成手形と同様の方式により譲渡することが認められている（131） ★白地手形によって，手形上の権利の行使を試みてもそれは無効である（133） (5) 白地補充の効果（135）

Ⅱ 約束手形の裏書 …………………………………………… 135
  1 約束手形の譲渡 …………………………………………… 135

(1)　手形譲渡の理由（135）　　(2)　裏書による譲渡（136）
　(3)　裏書を禁止される手形（138）　　(4)　裏書以外の譲渡方法
　（139）

 2　譲渡裏書の方式と効力……………………………………… 140
　(1)　裏書の方式（140）　　★基本手形が手形要件を備えていることは，振出の要件であると同時に，裏書の要件でもある（141）
　(2)　各種の裏書方法（142）　　★無記名式手形は法律上認められないが，白地式裏書があると，単なる交付の方法が認められるから，無記名証券と同じ方法と効力で譲渡できる（144）　　(3)　要件以外の記載（144）　　(4)　裏書の効力（145）　　★裏書によって，約束手形上の一切の権利は，裏書人から被裏書人に移転する――裏書の権利移転的効力（145）　　★裏書人は，裏書によって，被裏書人およびその後の手形権利者すべてに対して手形の支払につき担保責任を負う――裏書の担保的効力（146）　　★各裏書は，証券上の記載において次の権利者を指定し，この被裏書人を次の権利者と推定させる効力を有している――裏書の資格授与的効力（147）
　(5)　戻裏書（147）　　(6)　期限後裏書（149）　　(7)　電子記録債権の譲渡（151）

 3　裏書の連続……………………………………………………… 157
　(1)　裏書の連続の意義とその手形法上の効果（157）　　★裏書の連続ある手形の所持人を権利者たるものと推定する（157）
　(2)　裏書の連続の判断（158）　　(3)　権利推定・形式的資格の効力（161）　　★裏書の連続ある手形の所持人はそれだけで権利者と推定され，最後の裏書が白地式であるときは手形を所持するだけで権利者と推定される（161）　　(4)　裏書の抹消（163）
　★所持人の権利推定との関係では，抹消した裏書は記載ないものとみなされる（163）　　(5)　裏書の不連続と権利行使（165）

★裏書が不連続でも，所持人が実質的な権利移転を証明すれば権利を行使できる（165）　★裏書の資格授与的効力とは，手形上の形式的記載の上で，形式的資格のある者の裏書記載が，その裏書の被裏書人を権利者と推定する効力である（166）　(6) 受取人欄の変造と裏書の連続（166）

4　善意者の保護………………………………………………… 169

(1) 人的抗弁の制限（169）　★手形授受の実質関係に基づく抗弁（171）　★人的抗弁は，裏書譲渡されれば切断され，被裏書人以下の後者は手形債務者の有する人的抗弁の対抗を受けないのが原則（172）　★人的抗弁は，それのある当事者間だけでのみ問題になるのが原則（173）　★悪意の抗弁（176）　(2) 善意取得（179）　★流通保護と善意取得の必要性（179）　(3) 電子記録債権の譲渡と善意の第三者の保護（183）

5　取立委任裏書……………………………………………… 186

(1) 公然の取立委任裏書（186）　(2) 隠れた取立委任裏書（187）

6　質 入 裏 書……………………………………………… 190

(1) 公然の質入裏書（190）　(2) 隠れた質入裏書（191）
(3) 譲渡担保（191）　(4) 電子記録債権の質入（191）

Ⅲ　手 形 保 証 …………………………………………………… 192

(1) 手形保証の意義（192）　(2) 手形保証の方式（192）
(3) 手形保証の効果（193）　★手形保証人の責任・付従性と独立性（193）　(4) 電子記録債権の保証（195）

Ⅳ　約束手形の支払 …………………………………………… 196

1　支払のための呈示……………………………………… 196

(1) 支払の意義と支払呈示の意義（196）　★支払呈示とは手形

の所持人が振出人またはその支払担当者に支払を求めて手形を呈示すること（196）　(2)　呈示者・被呈示者（197）　(3)　呈示の時期（197）　(4)　呈示の場所（199）　(5)　支払の目的物，一部支払（200）　(6)　供託（201）　(7)　支払の猶予（201）

2　振出人の免責……………………………………………………201
　(1)　迅速な支払の保障（201）　★振出人の調査義務は裏書の連続があるかどうかに限り，裏書人の署名が真正かどうかを調査する義務はないものとし，悪意・重過失がない限り免責される（202）
　(2)　悪意・重過失の内容（202）　(3)　形式的資格ある所持人と誤解した者への支払と免責（203）　(4)　裏書の連続がない場合（203）　(5)　支払担当者の免責（204）

3　満期以外における支払…………………………………………205
　(1)　満期後の支払（205）　(2)　満期前の支払（205）

4　電子記録債権の支払……………………………………………205
　(1)　電子記録名義人（205）　(2)　混同の例外（207）

## V　支払拒絶と遡求 …………………………………………………207

1　遡求・再遡求の制度（償還請求）……………………………207
2　遡求当事者………………………………………………………208
3　合同責任の意味…………………………………………………208
　★連帯債務との類似と相違（208）
4　遡求の要件………………………………………………………209
5　遡求の通知………………………………………………………211
6　遡求金額・再遡求金額…………………………………………212
7　遡求の方法………………………………………………………213
8　満期前の遡求……………………………………………………213
9　約束手形の遡求と電子記録債権………………………………214

目　次

Ⅵ　手形上の権利の消滅と利得償還請求権 …………………… 214
　1　概　　説 ……………………………………………………… 214
　　(1)　序（214）　　(2)　支払と手形の受戻し（215）
　2　消 滅 時 効 …………………………………………………… 216
　　★短期の消滅時効（216）　　(1)　時効期間（216）　　(2)　時効の中断（時効の完成猶予および更新）（217）　　(3)　主債務者に対する時効の完成（219）
　3　遡求権の消滅 ………………………………………………… 219
　4　利得償還請求権 ……………………………………………… 220
　　(1)　利得償還請求権の意義および性質（220）　　★時効または遡求権保全手続の欠缺（220）　　(2)　利得償還請求権の当事者（220）　　(3)　利得償還請求権発生の要件（221）　　(4)　利得の有無（223）　　★利得（223）　　(5)　効果（227）　　(6)　利得償還請求権の譲渡・行使（227）　　(7)　利得償還請求権の消滅（228）

Ⅶ　手形の喪失 ……………………………………………………… 228
　　★手形を喪失した所持人に権利行使の方法を与える（228）
　　(1)　公示催告手続（229）　　(2)　除権決定の効果（229）　　(3)　白地手形の除権決定（230）

Ⅷ　手 形 訴 訟 ……………………………………………………… 231
　　(1)　手形訴訟の意義（231）　　★通常の手続よりも迅速に債務名義が与えられる（231）　　(2)　手形訴訟の提起（232）　　(3)　手形訴訟の審理（232）　　(4)　反訴の禁止（233）　　(5)　終局判決（233）　　(6)　通常の手続への移行（234）　　(7)　異議の申立て（234）　　(8)　異議申立て後の手続（234）

Ⅸ　国際手形（小切手）法 ………………………………………… 234

★**手形（小切手）をめぐる法律関係にどの国の法が適用されるのか**
　（235）　⑴　手形（小切手）行為能力（235）　⑵　手形（小切手）行為の方式（235）　⑶　手形（小切手）行為の効力（236）　⑷　原因関係上の権利（237）

## 第2章　為 替 手 形 —————————————— 238

### Ⅰ　概　　説 …………………………………………… 238
　⑴　為替手形の意義（238）　⑵　為替手形と約束手形の異同（238）

### Ⅱ　振　　出 …………………………………………… 240

#### 1　基 本 手 形 …………………………………………… 240
　⑴　手形要件（240）　⑵　要件以外の記載事項（243）　⑶　白地手形（243）

#### 2　振出の意義および効力 …………………………………… 243
　⑴　振出の意義（243）　★**為替手形振出の本質的効果である支払委託の性質**（244）　⑵　振出の効力（244）　⑶　振出の実質関係（245）

### Ⅲ　裏　　書 …………………………………………… 247
　⑴　裏書の意義・方式・効力（247）　⑵　特殊裏書（247）

### Ⅳ　引　　受 …………………………………………… 248

#### 1　引受の意義および方式 …………………………………… 248
　⑴　引受の意義（248）　⑵　引受の方式（248）

#### 2　引受のための呈示 ………………………………………… 249
　⑴　引受呈示の意義（249）　⑵　引受呈示の当事者（249）　⑶　引受呈示の自由（250）

#### 3　猶予（考慮）期間 ………………………………………… 251

4　引受の効力……………………………………………………………252
　　　(1)　手形金支払債務の発生（252）　★**支払人は，引受によって，満期に手形の支払をする義務を負担する**（252）　(2)　支払金額（252）　(3)　不単純引受（252）

Ⅴ　手 形 保 証 ……………………………………………………………253

Ⅵ　支　　　払…………………………………………………………………253
　　(1)　支払の意義・効力（253）　(2)　為替手形に特有の問題（253）　(3)　支払のための呈示（254）

Ⅶ　遡　　　求…………………………………………………………………255
　　1　遡求の意義・当事者……………………………………………………255
　　★**為替手形の場合に，「満期前の遡求」が一般的に予定されている**（255）
　　2　遡求の条件………………………………………………………………255
　　　(1)　満期前の遡求（255）　(2)　満期後の遡求（256）
　　　(3)　その他の遡求要件（256）

Ⅷ　参　　　加…………………………………………………………………257

Ⅸ　手形の複製 ……………………………………………………………257
　　(1)　複本（257）　(2)　謄本（257）

Ⅹ　時効・利得償還請求権 ……………………………………………258
　　(1)　時効（258）　(2)　利得償還請求権（258）

# 第3章　小　切　手 ——————————————————259

Ⅰ　概　　　説…………………………………………………………………259
　　(1)　小切手の意義（259）　(2)　為替手形との差異（259）

★小切手法は，小切手が支払証券であることを明確にし，また信用証券化することを防止しようとしている（260）

Ⅱ　振　　出……………………………………………………………… 260

　1　基本小切手………………………………………………………… 260

　　(1)　小切手要件（260）　　(2)　要件以外の記載事項（264）

　　(3)　小切手帳・小切手用紙（264）　(4)　白地小切手（265）

　2　振出の意義と効力………………………………………………… 265

　　(1)　振出の意義（265）　(2)　振出の効力（266）

　3　振出人と支払人との関係………………………………………… 266

　　(1)　資金契約・小切手契約（266）　　★小切手法は，振出人と支払人との間に資金契約・小切手契約があることを要求している（266）　　(2)　先日付小切手（267）　　(3)　銀行振出小切手（268）

Ⅲ　小切手の譲渡 ………………………………………………………… 270

　　(1)　記名式または指図式小切手の譲渡（271）　　(2)　無記名式（持参人払式）小切手の譲渡（271）　　★受取人を表示しない無記名式ないし持参人払小切手が認められている（271）

Ⅳ　小切手保証 …………………………………………………………… 272

Ⅴ　小切手の支払 ………………………………………………………… 272

　　(1)　支払の意義（272）　　(2)　支払のための呈示（273）

　　(3)　支払呈示期間（273）　　(4)　支払委託の取消し（274）

　　★支払人に対し小切手の支払を差し止める必要がある場合（274）

　　(5)　支払（275）　　★支払人に悪意または重大な過失がない限り，その支払は有効である（276）

Ⅵ　線引小切手 …………………………………………………………… 277

(1) 線引小切手の意義 (277)　★不正に取得した所持人がその支払を受けてしまう危険が大きい (277)　(2) 線引小切手の種類および効力 (277)　(3) 取引先の意味 (278)　(4) 線引の抹消と変更 (279)　(5) 線引違反の効果 (280)

Ⅶ　小切手の遡求 …………………………………………………… 281
　　(1) 遡求の意義 (281)　(2) 小切手の遡求に特有の問題 (281)

Ⅷ　小切手の支払保証 ……………………………………………… 282
　　(1) 支払保証の意義 (282)　(2) 支払保証の方式 (282)
　　(3) 支払保証の効果 (282)

Ⅸ　補　　説 ………………………………………………………… 283
　　(1) 時効 (283)　(2) 利得償還請求権 (284)
　　(3) 複本 (284)

## 第4編　有価証券法通論
## 第1章　有価証券の概念 ——————————————— 285

Ⅰ　序　　論 ………………………………………………………… 285
　1　有価証券法 ……………………………………………………… 285
　2　有価証券法の基本理念 ………………………………………… 286
　3　基本理念実現のための法律技術——特に形式的資格・譲渡行為の無因性について ……………………………………………… 288
　　(1) 証券の動産性と形式的資格 (288)　(2) 譲渡行為が有因か無因かで法律構成が変わる (293)　(3) 抗弁の制限 (294)
　　(4) 譲渡方法 (295)

Ⅱ　有価証券の概念 ………………………………………………… 295
　1　序　　論 ………………………………………………………… 295

2　有価証券と区別されるもの……………………………………297
　　(1)　財産的価値ある私権（297）　　(2)　権利の表章（298）
　　(3)　権利の発生，移転，行使（298）
　3　記名証券の有価証券性……………………………………………300
　4　株券は権利行使に証券を要しないか……………………………302

Ⅲ　有価証券の属性……………………………………………………304
　1　証拠証券性…………………………………………………………304
　2　その他の属性………………………………………………………304
　　(1)　要式証券性（304）　　(2)　文言証券性（305）　　(3)　設権
　　証券性（307）　　(4)　呈示証券性（307）　　(5)　受戻証券性
　　（308）　　(6)　免責証券性（308）　　(7)　引渡証券性（309）

## 第2章　有価証券の分類とその法的意義 ——311

　1　証券に表章される権利とその原因との関係による分類——有
　　因証券と無因証券…………………………………………………311
　2　証券における権利者の指定の方法による分類…………………314
　　(1)　記名証券（指名証券）（314）　　(2)　指図証券（316）
　　(3)　無記名証券（持参人払証券）（319）　　(4)　選択無記名証券
　　（322）
　3　証券に表章される権利の性質による分類………………………323
　　(1)　債権証券（323）　　(2)　権限証券（323）　　(3)　物権証券
　　（325）　　(4)　社員権証券（325）
　4　その他の有価証券の分類…………………………………………325
　　(1)　商法519条【平成29年改正で削除】の証券とそうでない証
　　券（325）　　(2)　商業証券と非商業証券（326）　　(3)　証券的
　　有価証券と実質権的有価証券（327）　　(4)　完全有価証券と不
　　完全有価証券（327）

目　次

## 第3章　有価証券の発行　　　　　　　　　　　　　　　　　328

 1　序　　論………………………………………………328
 2　創　造　説……………………………………………329
 3　発　行　説……………………………………………331
 4　契　約　説……………………………………………331
 5　権利外観理論…………………………………………332
  (1) 事実行為に基づく責任（332）　(2) 責任の要件（335）
  (3) 中間領域における責任（335）　(4) 権利外観理論への批判（336）

## 第4章　有価証券の譲渡　　　　　　　　　　　　　　　　　340

 1　譲渡行為の有因性，無因性…………………………340
 2　無記名証券の譲渡方法………………………………343
  (1) 商法上の証券（343）　(2) 民法上の証券（343）
 3　指図証券の譲渡方法…………………………………343
  (1) 商法上の証券（343）　(2) 民法上の証券（344）
 4　記名証券の譲渡方法…………………………………344
 5　選択無記名証券の譲渡方法…………………………345
  (1) 商法上の証券（345）　(2) 民法上の証券（345）
 6　有価証券の質入………………………………………345

## 第5章　有価証券の善意の譲受人の保護——抗弁の制限と善意取得　　　　　　　　　　　　　　　　　　　　　　　347

 1　債権譲渡の原則と有価証券…………………………347
 2　抗弁の制限……………………………………………348
  (1) 手形・小切手（348）　(2) 手形・小切手以外の指図証

xxiii

券・無記名証券（348） (3) 物的抗弁と権利外観理論（349）
　3　善意取得……………………………………………………… 350

## 第6章　有価証券による権利行使 ―――――――――――― 352
　1　証券の呈示・受戻し………………………………………… 352
　2　権利行使の場所……………………………………………… 353
　3　抗弁の制限…………………………………………………… 353
　4　弁済した義務者の保護……………………………………… 353
　　(1) 形式的資格による弁済の保護（353）　(2) 手形以外の証券における弁済の保護（354）

## 第7章　有価証券喪失の場合の措置 ――――――――――― 358
　1　序　　論……………………………………………………… 358
　2　公示催告と除権決定………………………………………… 359
　　(1) 無効宣言が認められる証券（359）　(2) 管轄裁判所（360）
　　(3) 申立権者（360）　(4) 公示催告手続（361）　(5) 除権決定（362）　(6) 公示催告期間中の善意取得（362）
　3　再　発　行…………………………………………………… 362
　4　証券の喪失と履行の請求…………………………………… 363

▼参考文献（365）
▼資料　銀行取引約定書例／当座勘定規定例／小切手用法／約束手形用法／為替手形用法（367）
▼事項索引（388）
▼判例索引（402）

# ▶ 略語例

## ▷ 法令名等の略語
原則として，有斐閣六法の略語を用いる。

＊

銀取規定例　銀行取引約定書例　　　　当座規定例　当座勘定規定例

＊民法の改正について
現行民　　　平成 29 年改正前の民法
改正民　　　平成 29 年改正後の民法
民法整備法　民法の一部を改正する法律の施行に伴う関係法律の整備等に関する法律（平成 29 年 6 月 2 日法律第 45 号）

平成 29 年民法改正にともなって改正された法律については，必要に応じて略称の前に「改正」と記し，改正前の法律には「現行」と付した。
　　※平成 29 年改正は一部の規定を除き，2020 年 4 月 1 日施行。

＊商法の改正について
商法は，平成 29 年と平成 30 年に改正された。必要に応じてそれぞれ改正年を記入した。
　　※平成 29 年改正は民法と同じ 2020 年 4 月 1 日施行。平成 30 年改正は，公布の日（平成 30 年 5 月 25 日）から起算して一年を超えない範囲内において政令に定める日から施行。

＊改正がなかった条文については，有斐閣六法の略語のみとした。


## ▷ 判例引用等の略語
最大判　最高裁判所大法廷判決　　　　　高　判　高等裁判所判決
最　判　最高裁判所判決　　　　　　　　地　判　地方裁判所判決

＊

民　集　大審院民事判例集，　　　　　　法　学　法学（東北大学法学部）
　　　　最高裁判所民事判例集　　　　　判　タ　判例タイムズ
民　録　大審院民事判決録　　　　　　　判　時　判例時報
高民集　高等裁判所民事判例集　　　　　金　法　金融法務事情
下民集　下級裁判所民事裁判例集　　　　金　商　金融・商事判例

| 新　聞 | 法律新聞 | 百　選 | 手形小切手判例百選〔第7版〕 |
| 裁判例 | 大審院裁判例 | | |
| 裁判所時報 | 裁判所時報 | 争点 I, II | 商法の争点 I, II |

＊

例　最大判昭 43・12・15 民集 22 巻 13 号 3548 頁〔百選 36〕──→最高裁判所昭和 43 年 12 月 15 日大法廷判決（最高裁判所民事判例集 22 巻 3 号 3548 頁所収，手形小切手判例百選〔第 7 版〕36 事件参照）

# 第1編　序　　　論

# 第1章　手形・小切手の法的構造

### 1　手形の概念
　手形には，約束手形と為替手形の2種類がある。　　　　　　　　★
　(1) 約束手形　　約束手形は，AがBに対して，一定の期日（満期）に一定の金額（手形金額）を支払うことを約束する「支払約束書」であり（手75条2号），Aを振出人，Bを受取人と呼ぶ。約束手形の振出人は，自ら手形金額の支払を約束しているから，それだけで当然に受取人（その他手形の正当な所持人を含む）に対し確定的に手形金額を支払う義務を負う（手78条1項）（図1）。
　(2) 為替手形　　為替手形は，AがBにあてて，満期に手形金額をCに支払うことを委託する「支払委託書」であり（手1条2号），Aを振出人，Bを支払人，Cを受取人と呼ぶ。振出人から支払の委託を受けた支払人は，それだけで当然に，受取人（その他手形の正当な所持人を含む）に対し手形金額を支払う義務を負うわけではない。支払人は，自ら引受（手25条1項）という特別の行為をすることによって，初めて受取人その他手形の正当な所持人に対し確定的に手形金額を支払う義務を負う（手28条1項）（図2）。しかし，支払人が常に引受をするとは限らないし，また満期に支払を拒絶する場合もある。そこで，受取人等が受けるこのような不利益を解消するため，振出人は手形の引受および支払を担保する責任を負うものとされている（手9条1項）。したがって，支払人が引受または支払をし

第1編　第1章　手形・小切手の法的構造

**図1　約束手形**

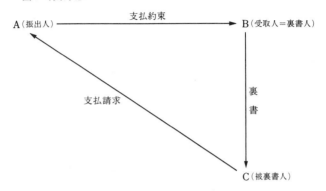

**図2　為替手形**

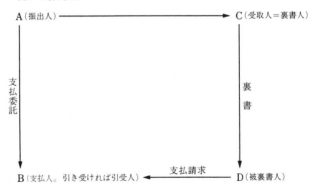

なかったときに（支払を期待できない事情が生じたときも同じ），振出人は自ら手形金額を支払う義務（遡求義務）を負う（手43条）。

(3) 裏書　手形の場合に，受取人は，手形の支払を受ける権利を与えられているが，必ずしもこの権利を自ら行使する必要はなく，他人を指定して自己と同様の手形権利者とすることができる（手11条1項・77条1項1号）。この権利者の指定を裏書（指図）といい，指定する者を裏書人，指定される者を被裏書人と呼ぶ。受取人から裏書を受けた被裏書人は，受取人と同様に手形をさらに裏書譲渡することが認められており，手形はこのようにして輾転と流通することになる。また，裏書人は，為替手形の振出人と同様に，被裏書人以下の手形所持人の地位を確保するため，これらの者に対して，為替手形の引受および支払（手15条1項），約束手形の支払（手77条1項1号・15条1項）を担保する責任を負うものとされている。したがって，手形の引受または支払が拒絶されたときに（支払を期待できない事情が生じたときも同じ），裏書人は自ら手形金額を支払う義務（遡求義務）を負う（手43条・77条1項4号）。

## 2　小切手の概念

(1) 概念　小切手は，AがBにあてて，一定の金額（小切手金額）をCに支払うことを委託する「支払委託書」であり（小1条2号），Aを振出人，Bを支払人，Cを受取人と呼ぶ。したがって，小切手は第三者にあてた支払の委託書であるという点で為替手形と共通している。また，小切手の振出人は，為替手形の場合と同様に，支払人による支払を担保する責任を負う（小12条前段）。したがって，支払人が支払をしなかったときに，振出人は自ら小切手金額を支払う義務（遡求義務）を負う（小39条）。しかし，小切手の場合に，支払人（銀行その他の金融機関に限られている。小3条・59条）が引受

第1編　第1章　手形・小切手の法的構造

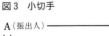

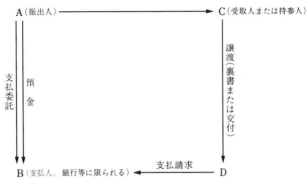

という特別の行為をして，確定的に小切手金額を支払う義務を負うということはない（なお，小切手の支払保証については，第3編第3章Ⅷ，282頁参照）（図3）。

　小切手の場合にも，受取人は，小切手の支払を受ける権利を自ら行使する必要はなく，小切手を裏書によって譲渡することが認められている（小14条1項）。また，裏書人は支払を担保する責任を負い（小18条1項），したがって，支払人が小切手の支払をしなかったときに，裏書人は自ら小切手金額を支払う義務（遡求義務）を負う（小39条）点でも，為替手形の場合と変わりがない。ただし，小切手では，受取人を具体的に指定しないで，小切手の所持人に支払がなされるべきものとして振り出される持参人払式の小切手が認められており（小5条1項3号），実際にはこの形式の小切手が最も多い。この場合に，小切手の所持人が支払を受ける権利を有しており，また小切手は証券そのものの交付という簡単な方法によって譲渡されるが，交付によって譲渡した者は，裏書（小16条）をしていないから遡求義務を負担することはない。

(2) 小切手と為替手形の異同　　小切手は支払を委託する文書であるという点で、為替手形と共通している。しかし、小切手と為替手形は、その経済的機能を異にしていることから（第3章、12頁参照）、法律上それぞれ違った取扱いがなされている。為替手形では満期の記載が法律上要求されており（手1条4号。約束手形の場合も同じ。手75条3号）、為替手形は満期に支払われることを予定した証券である。振出人は、満期までの信用を利用する（支払を繰り延べる）ことを主要な目的として為替手形を振り出す（信用証券）。これに対して、小切手は支払の手段として利用される証券（支払証券）である。つまり、支払のために現金を手元に用意しておくのは危険であり、また自ら金銭の出納をするのは煩雑であるから、あらかじめ銀行に預金をしておいて、支払の必要があるときに、銀行等に支払を担当させるために、振出人は小切手を振り出す。小切手の支払人の資格が銀行その他の金融機関に限られていること、振出人が支払人のところに小切手の支払にあてられるべき資金をもっている必要があること（小3条・71条）、支払呈示のあった日が満期とされていること（小切手の一覧払性。小28条1項）などは、小切手の支払証券性に基づく法律上の特色である（詳細については、第3編第3章Ⅰ、259頁参照）。

# 第2章　手形・小切手の完全有価証券性

## 1　有価証券の概略

　為替手形および小切手は金銭支払の委託書であり，約束手形は金銭支払の約束書である。しかし，手形および小切手は，単なる支払の依頼状または支払を約束した証拠文書（たとえば，借用証）などと違って（第4編第1章II2，297頁以下参照），有価証券としての性質を備えた証券であると解されている。

　学説では，有価証券とは何かをめぐって対立があり，有価証券とは財産的価値のある私権を表章する証券であって，その権利の発生・移転・行使の全部または一部が証券によってなされるものをいうとする説，これを権利の移転に証券の引渡しを要するものと定義する説などが主張されている（詳細については，第4編第1章II，295頁以下参照）。しかし，手形および小切手は，**証券に表章された権利の発生・移転・行使の全部が証券によってなされる**必要がある有価証券であると解する点については，学説で異論がない。

## 2　権利の発生と証券の作成

　(1)　設権証券性　　手形（以下で，手形あるいは手形上の権利というときは，小切手の場合を含む）は，一定の金額の支払を請求する権利（手形上の権利）を表章するが，この権利は手形を作成することによって初めて発生する権利である。手形は，なんらかの原因となる法律関係（たとえば，売買・消費貸借）を前提として振り出される。しかし，手形上の権利と，原因となる法律関係からすでに生じている

権利（たとえば，売買代金請求権，消費貸借に基づく返還請求権）とは法律上別の権利であり，手形上の権利それ自体は，証券の作成そのものによって初めて発生する権利である。このように証券の作成が証券に表章された権利の発生要件となっているという性質を，設権証券性という。この意味で，手形は設権証券である（第4編第1章Ⅲ2(3), 307頁参照）。

これに対して，同じ有価証券であっても，株券，貨物引換証・船荷証券などの運送証券，いわゆる倉庫証券の場合には，証券の作成前にすでに存在する権利（たとえば，株主権または運送品返還請求権）が証券上の権利となっており，したがって，これらの証券は設権証券ではないと解される（たとえば，株式会社が株券の汚損または株券喪失登録〔会社221条以下〕に備えて保管する予備株券は，流通におかれて，善意者によって取得されたとしても，有効な株券ではない）。

(2) 無因（抽象）性　　手形は，なんらかの原因となる法律関係（たとえば，売買・消費貸借）を前提として交付される。しかし，このような原因関係の法律上有効な存在は手形行為の要件ではないと解されるから（手1条2号・75条2号，小1条2号），たとえば振出の場合であれば，振出人に対する手形上の権利は，振出そのものによって独立に創造される権利である。したがって，原因関係の無効・取消し等によって，振出の効力が影響を受けることはなく，またこれによって生じた権利を行使する場合に原因関係の法律上有効な存在を証明する必要はない。手形のこのような性質を，無因（抽象）性といい，手形はこのような意味で無因（抽象）証券であると解される（その法律上の根拠等については，第2編第2章Ⅱ, 49頁以下参照）。これに対して，原因関係の法律上有効な存在が証券上の行為の要件であり，したがって，証券上の権利の効力が，原因関係の無効・取消し等によって，影響を受ける証券（たとえば，株券，運送証券，倉

庫証券）を有因証券という（第4編第2章1，311頁以下参照）。

なお，手形の無因性は，手形そのものについての性質であり，したがって原因関係上の直接の当事者間に手形がある場合でもこの点に変わりはなく，ただ直接の当事者間で原因関係の無効・取消し等はこれを抗弁として主張することができるにすぎない。しかし，手形債務者は，善意の第三者に対してこれを主張することは許されない（いわゆる人的抗弁制限の原則。手17条・77条1項1号，小22条。第3編第1章Ⅱ4(1)，169頁以下参照）。

(3) 文言性　手形上の権利関係は，手形上の記載のみによって決定され，手形当事者は手形以外の立証方法によって，その文言の意義を変更し，または補充することができない（たとえば，手形上の記載を変更しないで，当事者間で支払延期の特約をしても，手形の満期を変更する効果は生じない）。手形のこのような性質を文言性といい，手形はこの意味で文言証券であると解されている（その法律上の根拠等については，第2編第2章Ⅲ，52頁参照）。

なお，手形の文言性は，無因性と同様に，手形そのものについての性質であり，したがって直接の当事者間に手形がある場合でもこの点に変わりはなく，ただ当事者間で証券外の事由（たとえば，支払延期の特約）はこれを抗弁として主張することができるにすぎない。しかし，手形債務者は，善意の第三者に対してこれを主張することは許されない（人的抗弁制限の原則。手17条・77条1項1号，小22条。第3編第1章Ⅱ4(1)，169頁参照）。

なお，貨物引換証（現行商572条），倉庫証券（現行商602条・627条2項〔平成30年改正商604条〕），船荷証券（現行商776条・572条〔平成30年改正商760条〕，現行国際海運9条〔平成30年改正国際海運15条，平成30年改正商760条〕）なども文言証券であるが（株券は文言証券ではない），その文言証券性が認められる範囲（いわゆる空券・品違

いの場合にも，証券上の権利が成立するか）については，判例・学説で対立がある（本シリーズ商法Ⅰ第3編第3章Ⅴ参照）。

### 3　権利の移転と証券の交付

通常の債権（指名債権）は譲渡人と譲受人との間の合意によって譲渡され，債務者に対する債権譲渡の通知または債務者の承諾は対抗要件にすぎない（現行民467条1項。平成29年改正民法は，証券的債権の規定を削除したので，これに対応する概念である指名債権の語を使用する必要がなくなったため指名債権の用語は債権に改められた。改正民467条1項参照）。しかし，手形上の権利を譲渡するには，当事者間の合意だけでは十分ではなく，このほかに譲渡人から譲受人への手形の交付が必要である（交付が権利移転の成立要件である）と解されている（株券，運送証券，倉庫証券の場合にも，同様に解されている。第4編第4章，340頁以下参照）。したがって，裏書によって手形を譲渡する場合に，債権譲渡の対抗要件をみたす必要はないが，譲渡人が手形に裏書（署名または記名捺印を要する）したうえで，これを譲受人に交付しなければ，譲渡の効力は生じない（手11条1項・77条1項1号，小14条1項。ただし，持参人払式小切手の譲渡の場合には，証券の交付で足りる）。

### 4　権利の行使と証券

(1)　呈示証券性　　指名債権の譲渡の場合に，譲渡人から債務者に対して債権譲渡の通知がなされるから（現行民467条1項。3参照），債務者は債権者を確認する（たとえば，消費貸借の場合であれば，借用証の呈示を求める）必要はない。しかし，手形は裏書（持参人払式小切手の場合には，交付のみ）によって輾転と譲渡されるから，手形債務者は，支払を請求する者が権利者かどうかを確認する必要がある。

また，支払を請求する者としては，自己が権利者であることを証明する必要がある。そこで，手形では，その支払を請求するためには手形の呈示が必要とされている（手38条・77条1項3号，小29条・31条）。したがって，手形債務者は，手形の呈示がない限り，支払をする必要はなく，また遅滞の責を負うことはない（民412条1項の適用はない）。手形のこのような性質を，呈示証券性という（運送証券・倉庫証券も同じ。現行商517条〔改正民520条の9・520条の18・520条の20〕。なお，株券については，第4編第1章Ⅱ4，302頁参照）。

(2) 受戻証券性　債務者は手形と引換えでなければその支払をする必要がない（手39条1項・77条1項3号，小34条1項）。手形を受け戻さないで支払をしただけでは支払済の事実がわからないので，手形が善意者の手に渡るおそれがある（その結果，支払をなした手形債務者が二重払いの危険にさらされる）からである（第3編第1章Ⅵ1，214頁参照）。手形のこのような性質を，受戻証券性という（運送証券・倉庫証券も同じ。現行商584条・776条〔平成30年改正商764条〕，現行国際海運10条〔平成30年改正国際海運15条，平成30年改正商764条〕，現行商620条・627条2項〔平成30年改正商613条〕。なお，株券については，第4編第1章Ⅲ2(5)，308頁以下参照）。

(3) 手形の喪失と権利行使　手形上の権利を行使するためには，手形を必要とする。しかし，手形は権利を表章する手段であって，権利そのものではない。したがって，手形の喪失（盗難，紛失，滅失）が，当然に手形上の権利の喪失をもたらすわけではない。そこで，この場合に手形上の権利者は，公示催告手続（非訟114条以下）による除権決定（非訟118条1項）をえたうえで，権利を行使することが認められている（非訟118条2項。第3編第1章Ⅶ，228頁以下参照）。

### 5　有価証券としての手形・小切手の特色

　手形の場合には，株券，運送証券，倉庫証券などの有価証券と違って，手形上の権利の発生・移転・行使の全部につき証券が必要とされている。したがって，手形には，権利と証券との結合が最も強いという特色があり，この意味において手形は「完全な有価証券」と呼ばれている。

　このほか，手形には，無因性・文言性などの性質が備わっており，また人的抗弁制限・裏書人の遡求義務（担保責任）・簡易な訴訟手続である手形訴訟（第3編第1章Ⅷ，231頁以下参照）などの制度が用意されている。したがって，手形は，その取得者の地位が強く保護されている（支払の確実性が高い）という特色をもつ有価証券である（第4編第1章Ⅰ，285頁以下参照）。

# 第3章　手形・小切手の経済的機能

　手形・小切手は，有価証券としての性質が認められ，またその譲渡手続が著しく簡単で，しかもその支払の確実性が高い証券であるため，これを種々の経済取引に関連して利用することができる。手形・小切手の経済的な機能は多様であるが，典型的なものとしては，支払の手段，信用の手段および送金・取立ての手段としての機能をあげることができる。

## 1　支払の手段としての機能

　金銭債務の弁済は，通貨によってなされるのが原則である（民402条）。しかし，日常頻繁に金銭を支払う必要のある者が自ら現金で支払をするのは危険であり，また煩雑でもある。このような危険等を免れるために，銀行にあらかじめ預金をしておいて，必要に応じて銀行にその預金から支払をさせるのが便利である。小切手は，★このような目的のために——**支払の手段として**——利用することができる（図4）。すなわち，預金（当座預金）をしている銀行との間で，自分の振り出す小切手について銀行がその預金から支払をする旨の契約（小切手契約）を締結しておいて，実際に金銭を支払う必要が生じたときに，その銀行を支払人とする小切手を振り出し，これを相手方に交付して銀行から支払を受けさせることによって，振出人は金銭支払の目的を達成することができる。また，この場合において，小切手を受け取った者は，すぐにでも（小切手の一覧払性。小28条1項）小切手を支払銀行に支払呈示して，その支払を受ける

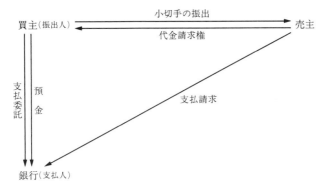

**図4 支払の手段**

ことができるものとされている（小切手を現金化する方法として，このほかに取立委任および譲渡がある。4, 20頁参照）。したがって，小切手は，振出人が自分に代わって銀行に支払を担当させるために利用する証券（支払証券）であり，現金の代用物であることを特色とする証券である。

## 2 信用の手段としての機能

(1) 手形割引　現在の商取引では信用取引が多く，たとえば，売買の場合に，売主は買主に対して期限付（代金）債権を取得するにすぎない。しかし，売主が，その履行期前に資金を必要とする場合がある。そこで，この場合に，売主が代金債権の弁済期日を満期とする約束手形を買主に振り出させるという方法を利用すると，その譲渡方法が簡単であり，また譲受人の地位が強く保護されているので，売主は，譲受人を比較的容易に見出すこと（譲渡によって手形を現金化すること）ができる。しかも，銀行は，与信取引の一つとして，満期前の手形を満期までの利息相当額（割引料）を控除した価

額で買い取る取引——手形割引——を行っており，買主である振出人に信用があれば，売主は手形を銀行に割り引いてもらって，代金債権を履行期前に容易に回収することができる（図5）。そして，この場合に，買主は，先に買い入れた商品を転売して，その代金を手形の決済資金にあてることができる。

★　この場合において，手形は，**信用の手段**（支払を繰り延べる手段）として利用されており，信用取引を円滑にする役割を果している（法律上一覧払とされている小切手は，このような役割を果すことができない）。この意味において，手形は信用の用具であることを特色とする証券である。なお，この場合に，約束手形が使用されることが多いが，買主が引受をして売主に交付し，売主が振出人として署名し，自己を受取人，買主を支払人と記載した為替手形（自己受手形・自己指図手形。手3条1項）が使用されることがある。

(2)　**手形貸付**　　手形はその支払の確実性が高く，また譲渡その他の処分が容易なので，債務履行のために担保を提供する必要がある場合に，手形をこれにあてることが多い。銀行が貸付をする際に，借用証を差し入れさせる（証書貸付）代わりに，貸金の担保として約束手形（義務者として署名している者が振出人だけの，いわゆる単名手形）を振り出させる場合などが，その例である。このように手形を担保にとってする貸付を，手形貸付という（図6）。

なお，手形が担保として利用される場合としては，将来発生すべき債務（たとえば，使用人が負担する可能性がある損害賠償債務）の履行を担保するために，手形が振り出される場合などがある（担保手形）。

(3)　**商業手形と融通手形**　　(ア)　商取引（たとえば，売買）に基づいて振り出された手形（商業手形）の場合は，比較的短い期間に代金を回収して，その代金を手形の決済資金にあてることができる（いわゆる自動決済力がある）ので，その信用度が高い。銀行が手形割

**図5 手形割引**

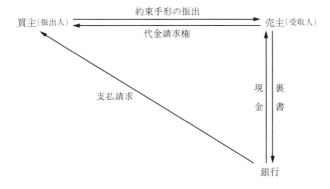

**図6 手形貸付**

引の対象としているのは、商業手形である。また、銀行は、金額が少額かつ多数の商業手形（たとえば、割賦代金の支払のために振り出された割賦手形）を担保にとって（裏書をさせるのが普通である）、別に単名手形を差し入れさせて手形貸付をすることがあるが（商業手形担保手形貸付、商担手貸と略されている）、これも商業手形に自動決済力があることに基づいてなされている取引の一つである（商担手貸については、第3編第1章Ⅱ6(3)、191頁参照）。

(イ) このほかに、手形が信用の手段として利用される場合として、具体的な商取引に基づかないで単に金融を受ける必要から手形を振り出して銀行から割引を受ける場合（融通手形）、金融を受けるとき

15

に信用のある者に手形関係に参加してもらい（振出・裏書・引受などによる），その者の信用によって割引を受ける場合（好意手形）などがある。

(ウ) コマーシャル・ペーパー（CP）　法人が，事業に必要な資金を調達するために，約束手形を発行することがある。この場合は，約束手形が，具体的な商取引に基づかないで，資金調達のために振り出されているから，手形が信用の手段として利用されている例に該当する。

このような約束手形のうち，当該法人の委任によりその支払を行う銀行などの金融機関が交付した「CP」の文字が印刷された用紙を使用して発行したものは，コマーシャル・ペーパーと呼ばれ（金商定義2条），金融商品取引法上の「有価証券」に該当する（金商2条1項15号）。同法上の有価証券については，原則として，その募集・売出し，および流通に関する開示制度（金商2条の2以下）の適用があり，有価証券の取引の公正を確保するための制度の適用がある（金商157条以下）。同法上の有価証券の売買・引受け等を業として行う者は，金融商品取引業者として，金融商品取引法による規制（金商28条以下）をうけるものとされている。

## 3　送金・取立ての手段としての機能

(1)　送金　遠隔の地に金銭を送る必要がある場合に（たとえば，売買代金支払のため），現金の輸送にともなう危険や不便を免れるために，手形（特に為替手形）を送金の手段として利用することができる（図7）。すなわち，甲地のA（債務者）が乙地のB（債権者）に送金する必要がある場合に，Aは甲地のC銀行（仕向銀行）に現金を払い込み，C銀行をして乙地にあるその支店または取引銀行（被仕向銀行）を支払人とする為替手形を振り出させ，そして，Aから

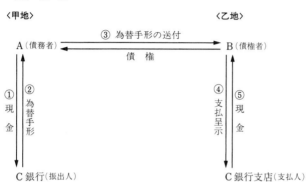

手形を送付されたBがC銀行の支店または取引銀行から支払を受けることによって、Aから直接に送金を受けたのと同じ効果をおさめることができる（送金為替）。なお、国内送金では、為替手形の代わりに小切手（銀行が依頼人から資金を受け取って、自行の本支店または他の銀行にあてて振り出した小切手）が利用される場合があり、これを送金小切手と呼んでいる。

沿革のうえでは、送金の手段としての機能が手形制度発生の要因であったが（第4章1，30頁参照）、今日では、国内送金のためには送金小切手、振込などの方法が発達しているため、手形による送金は、かつてほど重要ではなくなっている。しかし、国際取引では依然として重要な役割を果している。

(2) **取立て**　金銭債権を有する者がこれを取り立てようとする場合、債務者が遠隔の地に住んでいるなどの理由から、直接に取り立てることが困難なときに、為替手形を取立ての手段として利用することができる（図8）。すなわち、乙地のB（債権者）が甲地のA（債務者）を支払人とする為替手形を振り出し、これを第三者Cに

第1編　第3章　手形・小切手の経済的機能

図8　取立て

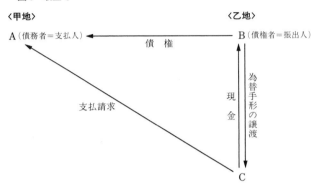

図9　荷為替手形

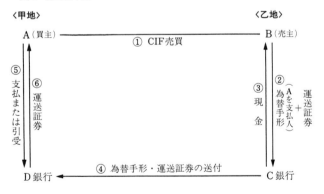

裏書譲渡して対価を取得し，直接 A から支払を受けたのと同じ効果をおさめることができる。そして，この場合に，C（または満期における手形所持人）は，手形を A に呈示してその支払を受けることになる（取立為替）。このように債権取立ての目的に利用される手形を，取立手形という。

(3) 荷為替手形　隔地間の売買（たとえば，いわゆる CIF 売買）において，乙地の売主 B が代金債権を取り立てるために取立手形を振り出し，手形の支払を担保するため甲地の買主 A にあてて運送中の物品について発行された運送証券（船荷証券または貨物引換証）をこれに添付して，乙地の C 銀行に裏書譲渡して（手形割引），売買代金を回収するという方法が利用されている（このような手形を荷為替手形という）。この場合に，C 銀行は甲地の D 銀行（または自行の本支店）に取立手形および運送証券を送付し，D 銀行等が手形を A に呈示して，その支払（支払渡し，D／P）または引受（引受渡し，D／A）と引換えに運送証券を A に交付し，A はこの証券を呈示して運送人から売買の目的物を受け取ることになる（図9）。A が手形の支払または引受をしなかったときは，C 銀行は，手形によって売主 B（振出人）に対して遡求義務の履行を請求することができるほか，担保として交付された運送証券によって物品を手に入れて，これを処分してその代金を手形金の弁済にあてることができる。

しかし，国際取引では買主 A の信用状態が不明なので，売主 B が荷為替手形によって代金を取り立てようとしても，銀行が割引に応じない場合があり，また応ずるとしても相当の割引料を徴収するので，B は採算上不利な地位におかれる。このような売主の不利益を解消するため，買主 A の信用状態をその取引銀行が保証する商業信用状（荷為替信用状）が利用されている。信用状を発行した取引銀行は，信用状に記載された条件に合致した為替手形の支払ま

は引受をする義務を負担するため，その手形の支払が確実になるからである。なお，商業信用状については，国際商業会議所が2007年に制定した「荷為替信用状に関する統一規則および慣例」（2007年改訂）が，国際的に広く利用されている。

## 4 手形・小切手と銀行取引

(1) 振出人と銀行との関係　小切手は，振出人が処分できる資金（当座預金）のある銀行を支払人とし，その資金を小切手によって処分しうる旨の契約（小切手契約）に従って振り出されることが，法律上要求されている（小3条）。手形には，このような制限はないが，たとえば，約束手形の振出人は，自己の取引銀行を支払担当者と記載することによって（手77条2項・4条），当座預金に資金を用意しておくだけで銀行を通して手形の支払をすることができる。振出人が，自分の営業所（これがないときは住所）で自ら手形の支払をする場合は稀であり，実際に流通する手形は銀行を支払担当者とするものが多い。したがって，手形が銀行と無関係に振り出されることは，実際には少ない。

なお，小切手または銀行を支払担当者とする手形を振り出すためには，振出人と銀行との間で，当座預金契約，および銀行に対して預金から小切手または手形の支払をすべきことを委託する当座勘定契約（小切手契約を含んでおり，委任・準委任契約と解されている。民643条・656条）が締結されなければならないが，この当座勘定契約については，全国銀行協会連合会（平成11年，「全国銀行協会」へ改組，平成23年「一般社団法人全国銀行協会」へ改組）が作成した「当座勘定規定例」が一般に利用されている。

(2) 所持人と銀行との関係　手形・小切手の所持人は，手形の支払担当者である銀行または小切手の支払銀行に自ら支払呈示して，

その支払を受けるという方法で手形・小切手を現金化することができる。しかし，所持人が自ら支払呈示して支払を受けるのは，困難かつ煩雑でもある。そこで所持人は，手形・小切手を現金化するため，自己の取引銀行に手形・小切手を預金として入金して（他店券入金），その取立てを委任するという方法を利用している。取立ての委任を受けた銀行は，支払担当者または支払銀行に直接支払呈示することはなく，手形交換所で支払呈示して（手38条2項・77条1項3号，小31条），その取立てをしている。

　以上のほかに，手形・小切手を現金化する方法としては，これを譲渡する（たとえば，手形割引）という方法がある。しかし，この場合にも，譲受人は，通常は，自己の取引銀行に手形・小切手を預金として入金して，その取立てを委任し，取立ての委任を受けた銀行は手形交換の手続でこれを現金化することになる。

　なお，手形交換所で支払呈示された手形・小切手が，支払義務者の信用にかかわる事由（たとえば，「資金不足」または「取引なし」）で支払拒絶（不渡）となった（6か月以内に2回）場合に，支払義務者に対して取引停止処分（不渡処分）がなされる。そして，この処分を受けた者に対して，交換所に加盟している銀行は，2年間当座勘定および貸出の取引をすることができないものとされている（東京手形交換所規則62条以下）。したがって，取引停止処分は商人にとって致命的であり，このような強力な制裁があることが，手形・小切手の支払拒絶を防止し，手形・小切手の所持人の地位を安全・確実にすることに役立っている。

## 5　手形・小切手と振込

　手形・小切手は，支払および送金の手段として利用され，現金による支払および現金の輸送にともなう危険や不便を取り除く作用を

担当する。しかし，国内取引では，支払・送金の方法の中心は，手形・小切手ではなく，振込に移っている。

振込には，手形・小切手と同様の作用を担当しうるという特色のほかに，為替通知の送達の迅速化によって受取人が早く資金を再利用することを可能にするなどの特色があり，振込は，国内取引における決済手段として，その重要性を増している。

## 6 電子記録債権

電子記録債権法（平成20年12月1日施行）は，事業者の資金調達の円滑化等を図るため，電子記録債権の制度を創設した。電子記録債権とは，その発生または譲渡について，電子記録債権法による電子記録を要件とする金銭債権をいう（電子債権2条1項）。

(1) 電子記録債権の発生等についての通則　㋐　電子記録は，電子債権記録機関（電子債権2条2項）が，磁気ディスク等をもって調製する記録原簿（債権記録が記録される帳簿。電子債権2条3項）に，記録事項を記録することによって行われる（電子債権3条）。

㋑　電子記録の請求は，原則として，電子記録権利者および電子記録義務者の双方がしなければならない（電子債権5条1項）。電子債権記録機関は，電子記録の請求があったときは，遅滞なく電子記録をしなければならない（電子債権7条1項）。

㋒　意思表示の無効または取消しの特則　電子記録の請求における相手方に対する意思表示が，無効または取り消される場合がある。民法では，虚偽表示による無効の場合の第三者および詐欺による取消し前の第三者については，第三者保護規定はあるが（民94条2項・96条3項参照），心裡留保（現行民93条但書，改正民93条1項但書）または錯誤（民95条）による無効の場合の第三者や，詐欺または強迫（民96条1項・2項）により意思表示が取り消された後の第

三者を保護する規定がない。そこで，電子記録債権法は，取引の安全保護のため，これらの第三者が善意かつ無重過失であれば，これを保護することとした（現行電子債権 12 条 1 項）。

なお，平成 29 年改正民法は，錯誤の効果を「取消し」とし，錯誤による取消しについて第三者保護規定を設け（改正民 95 条 1 項・4 項），心裡留保による意思表示を信頼した第三者を保護する規定を新設した（改正民 93 条 2 項）。以上の改正に応じて，電子記録債権法の第三者保護規定（現行電子債権 12 条 1 項）は，意思表示の「無効または取消し」の場合ではなく，意思表示の「取消し」の場合に適用があるものと改正され，錯誤または詐欺若しくは強迫による取消しは，取消し後の，善意かつ無重過失の第三者に対抗することができないとされた（改正電子債権 12 条 1 項）。

(エ) 電子記録の効力　電子記録債権は，発生記録をすることによって生ずるので，電子記録債権の内容は債権記録の記録によって定まるものとされている（電子債権 9 条 1 項）。

発生記録をすることによって電子記録債権が生ずるから，電子記録に電子記録債権についての権利者として記録されている者（電子記録名義人）は，真実の債権者である蓋然性が高い。そこで，電子記録名義人は電子記録債権について権利を適法に有するものと推定されている（電子債権 9 条 2 項）。

(オ) 不実の電子記録　電子債権記録機関は，電子記録の内容が請求された内容と異なっていたり，請求がないのに電子記録がなされている場合（不実の電子記録の場合）に，これを訂正しなければならない（電子債権 10 条 1 項柱書本文）。

不実の電子記録によって，当該電子記録の請求をした者その他の第三者が損害を受けることがある。電子債権記録機関は，これらの者に，不法行為責任（民 709 条以下）を負う可能性があるが，この

ほかに，電子債権記録機関の代表者および使用人その他の従業者（電子債権58条参照）がその職務を行うについて注意を怠らなかったことを証明しない限り，損害を賠償する責任を負うものとされている（電子債権11条）。

(カ) 権限のない者による取引　権限のない者（無権代理人のほか，他人になりすました者を含む）が電子記録の請求を行った場合，このような請求は有効でないから，電子記録債権は発生しない。しかし，第三者が，無効な電子記録を信頼して，電子記録債権を取得することがある。この場合，電子債権記録機関は，不実の電子記録の場合（電子債権11条）と同様の損害賠償責任を負うものとされている（電子債権14条）。

(キ) 無権代理人は，相手方に悪意または重大な過失がない限り，無権代理人としての責任（民117条）を免れない（電子債権13条）。

(2) 電子記録債権の発生　電子記録債権は，発生記録（電子債権16条1項）をすることによって生ずる（電子債権15条）。発生記録によって，電子記録債権の債務者は，債権者に一定の金額を支払う義務を負担する。

電子記録債権の原因関係が法律上有効に存在することは，電子記録債権の要件ではない。電子記録債権は無因債権であると解される。

(3) 電子記録債権の譲渡　(ア) 電子記録債権の譲渡は，譲渡記録（電子債権18条1項）をしなければ，その効力を生じない（電子債権17条。第3編第1章II2(7)，151頁参照）。

(イ) 譲渡記録の効力　譲渡記録によって，電子記録債権は，譲渡人から譲受人に移転する。電子記録名義人は電子記録債権についての権利を適法に有するものと推定されるから（電子債権9条2項），譲渡記録には資格授与的効力（手16条1項，小19条参照）と同一の効力が認められる。ただし，譲渡記録は，当然に電子記録債務者の

支払を担保する効力を有しない。その支払担保は，譲渡人の電子記録保証（電子債権31条以下）によることになる。

(ウ) 取引安全の保護　取引の安全を保護するため，電子記録債権の譲渡には善意取得（電子債権19条）および人的抗弁（原因関係の無効または取消し等の事由）の切断の保護（電子債権20条）が認められる。

(4) 電子記録債権の消滅　(ア) 電子記録名義人は電子記録債権についての権利を適法に有するものと推定されるので（電子債権9条2項），電子記録名義人に支払をした者には支払免責の保護が認められる（電子債権21条）。

(イ) 支払等記録　電子記録債権は，発生・譲渡等の場合と異なり，債権が消滅した旨の記録（支払等記録。電子債権24条）をしなくても，支払等によって消滅する。ただし，電子記録債権の支払等記録がない場合，債務者は債権消滅の抗弁（人的抗弁）を善意の第三者に対抗することできないおそれがある（電子債権20条）。

(ウ) 電子記録債務者が電子記録債権を取得しても，原則として，当該電子記録債権は混同（民520条本文）によって消滅しない（電子債権22条1項）。

(エ) 電子記録債権の消滅時効期間は3年である（電子債権23条）。

(5) 記録事項の変更　債権記録にいったん記録された事項を変更することが可能である（電子債権26条以下）。この変更については，その効力発生のために変更記録（電子債権27条）が必要となる場合と，必要ではない場合とがある。

(ア) 当事者の意思表示によって，電子記録債権の内容（債権額，支払期日等）または電子記録債権を目的とする質権の内容（被担保債権等）を変更する場合，変更は，変更記録をしなければ，その効力を生じない（電子債権26条）。

(イ) 相続等による債権者や債務者の変更の場合，法律上当然に変更の効力が生ずるから，変更記録は当該変更の効力要件ではない。電子記録が無効または取消しとなる場合も（現行電子債権12条参照），変更記録を行うことになるが，当該変更記録が無効または取消しの効力要件となるものではない。この場合の変更記録は，債権記録の内容を実態に合わせる手続である。

(ウ) 変更記録の請求は，当該変更記録につき電子記録上の利害関係を有する者の全員がしなければならない（電子債権29条1項）。ただし，電子記録名義人または電子記録債務者の氏名もしくは名称または住所についての変更は，利害関係者の権利義務を実質的に変更しないので，変更の生じた者が単独で変更記録を請求することができる（電子債権29条4項）。

(エ) 変更記録が，その請求の無効（民94条等），取消し（民96条等）その他の事由により効力を有しない場合，当該変更記録前に債務を負担した電子記録債務者は，当該変更記録前の内容にしたがって責任を負う（電子債権30条1項本文）。効力を有しない変更記録によって，変更記録前の債務者の責任が増減されることはない。ただし，当該変更記録の請求における相手方に適法に意思表示をした者の間では，当該意思表示をした電子記録債務者は，当該変更記録以後の内容にしたがって責任を負う（電子債権30条1項但書）。債務者は変更記録以後の内容にしたがう意思表示をした者だからである。

(6) 電子記録保証等　(ア) 電子記録債務者の支払を担保するための制度として，電子記録保証が認められている。電子記録保証に係る電子記録債権は，保証記録（電子債権32条1項）をすることによって生ずる（電子債権31条）。

(イ) 電子記録保証は独立性が認められる（電子債権33条1項）。電子記録保証債務を履行（「出えん」という。電子債権35条）した電子

記録保証人は，電子記録債権（特別求償権）を取得する（電子債権35条1項）。

　(ウ) 質権の設定　　電子記録債権を目的とした質権の制度が設けられている（電子債権36条以下）。

　(7) 電子記録債権の分割　　電子記録債権は，分割することができる（電子債権43条1項）。分割は，分割をする電子記録債権が記載されている債権記録（原債権記録）および新たに作成する債権記録（分割債権記録）に分割記録をすると同時に，原債権記録に記載されている事項の一部を分割債権記録に記録することによって行う（電子債権43条2項）。分割記録の請求は，債権者が単独ですることができる（電子債権43条3項）。

　(8) 電子記録債権の構造と特色　　電子記録債権は，債務者が，一定の金額を支払うことを内容とする金銭債権であるから（電子債権16条1項1号），法的構造の点では，約束手形に類似している（手75条2号）。しかも，電子記録債権では，法律的な特色の点において，有価証券である手形と共通する各種の制度が設けられている。

　電子記録債権は，手形債権と同じく，無因債権である（第2編第2章Ⅱ，49頁以下参照）。電子記録の記載には，手形の記載（第2編第2章Ⅲ，52頁，第3編第1章Ⅱ3(1)，157頁参照）に類似する効力がある。電子記録が無効または取消しとなる場合について，善意かつ無重過失の第三者の保護が認められている（現行電子債権12条1項。第2編第4章Ⅳ3，77頁参照）。電子記録債権の譲渡には，手形と同様に，善意取得および人的抗弁の切断の効力がある（第3編第1章Ⅱ4，169頁以下，179頁参照）。電子記録上の債権者に支払をした者に支払免責が認められている点でも，手形の場合と（第3編第1章Ⅳ2，201頁以下参照），変わりがない。手形保証類似の独立性を有する（第3編第1章Ⅲ(3)，193頁参照）電子記録保証の制度が設けられている。

しかし，有価証券である手形の利用には，証券の作成・交付・保管に要する費用の負担および証券の盗難・紛失・滅失の危険がともなう。これに対して，電子記録債権では，権利内容は電子債権記録機関が管理する記録原簿に記録されるので，このような費用の負担および危険を解消ないし削減することが期待される。このほかに，手形債権と異なり（手12条2項），電子記録債権は分割することができるから，その分割譲渡が可能である。手形には印紙税が課されるが（印税2条・別表第1），電子記録債権には課されない等の特徴がある。

電子記録債権については，有価証券である手形と共通する各種の制度が設けられているほか，有価証券である手形の利用にともなう問題点を解消するための仕組みが用意されている。電子記録債権は，手形と並んで，支払の手段および信用の手段として活用されることが期待される。

(9) 電子記録債権の利用　全国銀行協会が電子債権記録機関として設立した「でんさいネット（株式会社全銀電子債権ネットワーク）」が，平成25年2月にサービスを開始している。「でんさいネット」が運用するシステムでは，全国銀行協会加盟の銀行等が参加金融機関となり，銀行間のネットワークが利用される。支払の当事者は，自己の取引銀行等を指定参加金融機関に指定し，指定参加金融機関を通じて，電子債権記録機関にアクセスする。このシステムは，電子記録の請求は電子記録権利者と電子記録義務者の双方がすることを前提としつつ，その請求について相互に包括的に委任し，これに基づいて，債務者が電子債権記録機関に発生記録等の請求をすれば，発生記録等がなされるが，これに異議のある債権者は一定の期間内に削除の変更請求をすることができることとしている。債務者および指定参加金融機関は，電子債権記録機関と口座間送金決

済等に関する契約を締結し（電子債権 62 条），全国銀行内国為替制度を通じて決済がなされている。電子記録債権は決済の手段として普及が進んでいる。

# 第4章　歴史・外国法・法源

## 1　歴　　史

(1) 手形・小切手制度の沿革　　わが国の手形・小切手制度は，明治以後にヨーロッパの制度を継受したものである。

(ア) ヨーロッパにおける手形の起源は，12世紀に中世イタリアの両替商が発行した証書にあると考えられている。当時，金銭を他地へ送る必要がある場合に，危険で費用のかかる現金輸送を避け，また両替の目的を達成するために，送金しようとする商人は，その土地の両替商にその土地の貨幣を払い込み，両替商は，これを受領した旨（対価受領文句）を記載し，受領した金額を目的たる他地においてその他地の貨幣で支払う（貨幣の相違）ことを約束した証書を作成して，これを商人に交付するという方法が利用されていた。この証書が，手形の原形と考えられている。両替商が発行した証書は，今日の他地払の約束手形の形式をとっていたが，その後，他地の自己の取引先に支払を委託する支払依頼状が証書に添付されるようになった。13世紀以降，これが独立して他地払の為替手形へと発達していき，14世紀中には為替手形がもっぱら利用されるようになった。

15世紀のフランスでの定期的大市場の発達にともない，現金の輸送を避けるため，この市場に集まる商人が，市場を支払場所とし市日を満期とする手形（市場手形）を振り出し，両替商がその支払をするとともに，商人のために市場から手形を振り出すという方法が広く利用された。手形制度は市場で一段と発達をとげるにいたり，

引受・拒絶証書・参加・保証などの制度は，すべてこの時代に発生したものである。また，市場裁判所では，迅速に訴訟を処理し，人的執行によって手形の支払を強制する厳格な手続が行われていた。

初期の手形では，手形当事者は，振出人（両替商），支払人（両替商の代理人または取引先），受取人（両替商に現金を払い込んだ者），および呈示人（支払人に手形を呈示して支払を求める者）であり，呈示人は受取人の単なる受任者にすぎなかった。しかし，16世紀のイタリアでは手形の表面下部に，17世紀のフランスでは手形の裏面に，受取人または呈示人が，指図文句によって支払人に対し新たな受領者を指定するという方法が利用され，やがて受取人または呈示人が対価受領文句を記載した場合には，指定された者が独立の債権者と認められるにいたった。この指定が，手形上の権利を簡易に譲渡する方法である裏書へと発達していった。裏書によって，手形は市場外にも流通することになり，市場手形の重要性が失われ，手形は両替商の独占物から一般商人が利用する制度へと発達をとげた。その後，17〜18世紀中には，手形の流通保護のために，抗弁の制限・裏書人の担保責任などの制度が承認されるにいたった。

(イ) 小切手は，14世紀のイタリアで発生し，オランダを経て，17世紀のイギリスで発達をとげた制度であると考えられている。当時のイギリスでは，商人は，盗難を避けるため，両替商を営む金細工業者に金銭を預け入れ，必要に応じて書面によって金銭の支払を委託するという方法で，引出または支払を行っていた。金細工業者から銀行が分離した後に，支払委託書が銀行にあてて発行されるようになり，この支払委託書が小切手として発達した。その後，小切手は，イギリスにおいて一般的な支払方法として広く利用されるにいたり，さらに大陸諸国にも普及していった。

(2) 手形法・小切手法の発達　　手形法・小切手法は，最初は商

人の慣習法の形で成立した。しかし，17世紀に近代的統一国家が出現するとともに，各国で相次いで手形法・小切手法が制定された。すなわち，近代手形法の最初の立法である1673年のフランスの商事勅令以来（小切手については，1865年のフランス小切手法が最初の立法），各国で制定法が成立し，立法例としては，1807年のフランス商法（Code de commerce），1847年のドイツ手形条例（Allgemeine Deutsche Wechselordnung），1882年のイギリス手形法（Bills of Exchange Act），1896年のアメリカの統一流通証券法（Uniform Negotiable Instruments Law）などが代表的なものである。そして，19世紀後半における世界の手形法を，その内容に基づいて分類すると，フランス法系（手形関係と実質関係を明確に区別することなく，手形の移転は同時に資金の移転を生ずる），ドイツ法系（手形関係と実質関係を完全に分離し，手形要件について厳格な形式主義をとり，裏書が偽造された手形・小切手の善意取得を肯定する），英米法系（手形要件が一般に厳格でなく，分割払手形を認め，裏書が偽造された手形・小切手の善意取得を否定する）の三つの法系に分類することができる。

## 2 外 国 法

(1) ジュネーブ統一法　各国は，それぞれ手形法・小切手法を制定したが，各国法間の相違は，国際的に流通する手形・小切手の取引にとって著しい障害となっていた。そこで，19世紀後半以来，手形法・小切手法を世界的に統一する必要が唱えられ，1910年および1912年に，オランダ政府がハーグに手形法統一会議を招集し，この会議で，為替手形および約束手形の統一に関する条約，為替手形および約束手形統一規則が成立した（わが国は会議に参加したが，条約に調印しなかった）。しかし，第一次世界大戦の勃発により統一事業はいったん中断するにいたった。

統一事業は国際連盟によって継続され，1930年にジュネーブで開催された手形法統一のための国際会議において，①為替手形および約束手形に関し統一法を制定する条約ならびに第一および第二附属書，②為替手形および約束手形に関し法律のある抵触を解決するための条約，③為替手形および約束手形についての印紙法に関する条約が成立した。ついで，1931年にジュネーブで第2回国際会議が開催され，小切手についても手形に関する三つの条約に対応する条約が成立した。これらの条約は，日本・ドイツ・イタリアその他の諸国の批准をえて，1934年1月1日から効力を発生し，ここに大陸法系の国について統一法の成立をみるにいたった。

　(2)　英米法　　イギリスはジュネーブ会議に代表を送ったが条約に参加せず（印紙法に関する条約のみ批准した），アメリカはオブザーバーの資格で参加したにとどまった。イギリスでは，1882年に従来の判例・慣習法等を集大成した前述の「手形法」が制定されて（小切手は，為替手形の一種としてそのなかに規定されている），今日にいたっている。アメリカでは，前述の統一流通証券法が改正され，1952年の統一商法典（Uniform Commercial Code）の第3章「商業証券」（1990年の改正で，第3章「流通証券」に変更）に，手形・小切手について規制がなされている。

　(3)　国際為替手形および国際約束手形に関する条約　　手形法の国際的な統一の必要性がかねてから唱えられてきたが，手形法の立法例としてはジュネーブ統一条約に基づく大陸法系と英米法系の二つがあり，手形取引について国際的な統一規範は存在していなかった。そこで，手形が国際商取引の決済手段として重要な役割を果たしていることに鑑み，1971年に国連国際商取引法委員会（United Nations Commission on International Trade Law。UNCITRALと略称されている）で，国際的に流通する手形について統一規則を作成す

ることが決定された。その準備作業を担当する国際流通証券作業部会が1972年に設立され，この作業部会が1973年以来，草案の作成を行ってきたが（わが国は，1978年から作業部会の審議に参加している），最終的に，1988年12月9日に国連総会において，「国際為替手形および国際約束手形に関する条約」が採択され，成立した。条約（国際取引にだけ使用される国際為替手形・国際約束手形を適用の対象とする。同条約1条）は，大体において，ジュネーブ統一法を基礎として，これに英米法的な修正を加えたもの（たとえば，偽造裏書の法的な扱い。同条約25条）と評価してよいと考えられる。なお，この条約は10か国による批准等によって効力が生ずるものとされている。

## 3 法　　源

(1) 制定法　　わが国における手形についての最初の立法は，明治15年太政官布告第57号の「為替手形約束手形条例」である（主としてフランス法系に属する単行法）。第2回の立法として，明治23年のいわゆる旧商法第1編第12章に「手形及ヒ小切手」が規定され（ドイツ法とフランス法を折衷し，イギリス法の痕跡を残している），第3回の立法として，明治32年の商法第4編「手形」に手形および小切手があわせて規定された（ドイツ法系に属し，小切手についてイギリス法の痕跡を残している）。

その後，ジュネーブ統一条約に従って，昭和7年に「手形法」（昭和7法20），昭和8年に「小切手法」（昭和8法57）が成立し，いずれも昭和9年1月1日から，商法第4編に代わって施行された（手79条，小63条，昭和8勅315）。なお，手形法，小切手法の付属法令として，拒絶証書令（手84条，小70条，昭和8勅316），手形法第83条及小切手法第69条ノ規定ニ依ル手形交換所指定ノ件（昭和8司38），小切手法の付属法令として，小切手法ノ適用ニ付銀行ト同

視スベキ人又ハ施設ヲ定ムルノ件（小59条，昭和8勅329），小切手ノ呈示期間ノ特例ニ関スル件（小68条，昭和8勅317）が，それぞれ制定された。

(2) 手形法・小切手法　手形法・小切手法は，広義では，手形・小切手取引に関する法律関係を定める私法法規の全体を意味し，手形・小切手に特有な法規のほか，一般民商法の規定で手形・小切手に適用されるもの，つまり民事手形法・民事小切手法（行為能力・法律行為・権利の消滅事由等に関する規定）を含む。このほかに，刑法（刑162条・163条），行政法（印税2条・7条・8条・別表第1の番号三等），民事訴訟法（民訴350条以下），非訟事件手続法（非訟114条以下），民事執行法（民執122条以下），破産法（破60条・163条）に，手形・小切手についての規定があるが，これらはそれぞれの法律体系に含まれるべきものであり，広義の手形法・小切手法は私手形法・私小切手法に限られる。狭義の手形法・小切手法は，手形・小切手に特有な法規であって，広義の手形法・小切手法から民事手形法・民事小切手法を除いたもの（固有の手形法・小切手法）をいう。狭義の手形法・小切手法の中心は，前述の手形法・小切手法であるが，このほかに拒絶証書令などの付属法令を含むほか，手形・小切手に関する慣習法をも含む。

第2編　総　　　論

# 第1章　手形行為の意義と成立要件

## I　手形行為の意義

### 1　手形行為の定義

**手形という有価証券上になされる法律行為を一般に手形行為**という。　★
手形法は，為替手形については振出，裏書，引受，保証，参加引受の5種類の手形行為を，また約束手形については振出，裏書，保証の3種類の手形行為を定めている。なお，小切手の場合には，振出，裏書，保証，支払保証の4種類の行為が認められており，これを小切手行為という。

手形行為が法律行為であることについては争いはないが，手形行為の定義については，学説が対立している。古くは，手形行為とは，「手形債務の負担を目的とする要式の法律行為」であると定義する説が有力であったが，さらに「手形債務の発生原因たる法律行為」であるとする説，あるいは「手形上の法律関係を発生させる要件たる法律行為」であるとする説などがあり，見解は区々である。このような見解の対立は，①いずれの手形理論をとるか（Ⅲ2，42頁以下），②為替手形の振出人や裏書人の償還義務を意思表示の効果と考えるか，それとも手形の流通性を増すために法の課した効果と捉えるか，といった問題に関する見解の対立によって生ずるもので

るといえるが，それぞれ異なった目的を有する手形行為をその内容によって統一的に把握することはできないとして，形式的に「手形行為とは，自署または記名捺印を要件とする一定の形式を有する書面行為をいう」と定義する見解も少なくない。

## 2 手形行為の特殊性と目的

(1) 手形行為の特殊性　手形行為は，手形書面上に法定の方式をもってなされる法律行為（要式の書面行為）であることから，一般の法律行為に対して特殊性を有しており，その限りで，一般の法律行為とは異なる取扱いを必要とする（第2章 I 1, 48頁参照）。目的を異にする各種の手形行為を手形行為として統一的に考察することの意味の一つは，この点にあるといってよいであろう。

(2) 手形行為の目的　各種の手形行為の内容についての具体的な説明は，第3編以下（103頁以下）の叙述に譲るが，手形の振出は手形の発行であり，裏書は手形上の権利の移転を，引受，参加引受，保証および小切手の支払保証は手形債務の負担を，それぞれ目的とする法律行為である。なお，振出は，手形を創造する行為であって，他の手形行為の基礎となるものであるから，これを「基本的手形行為」といい，その他の手形行為は，振出によって作成されたいわゆる基本手形（第3編第1章 I 1(1), 103頁以下）を前提としてなされるものであるから，これを「付属的手形行為」という。

## II 手形行為の方式としての署名

### 1 署名の必要性（要式の書面行為）

(1) 手形書面の作成（手形上の記載）　手形行為はすべて要式の書面行為である。したがって，手形行為の成立には，意思表示など

一般の法律行為の成立要件のほか，法定の方式を具備した手形書面の作成（手形上の記載）を欠くことができない。各手形行為の成立のために必要な記載事項は，振出，裏書など各手形行為についてそれぞれ法定されているが，すべての手形行為に共通して必要な要件は，手形行為者の署名である。

(2) 署名の必要性　署名がすべての手形行為に共通な要件として要求されているのは，それが手形行為者の同一性の判断に役立つからであり，また手形行為の慎重を期するためである。

署名は，極めて個性的なものであり，人が異なれば筆跡が異なるから（署名の個別性），署名を調べることによって，その署名が，ひいては手形行為が真正に行われたかどうかを推しはかることができる。署名は，手形行為の成立を推認するための手がかりを与えるものであり，手形取得者が手形行為者の同一性を確認し，ひいては偽造を防止するために必要とされているといってよい（**手形行為に署名が必要とされる客観的理由**）。　★

これが署名が必要とされる主たる理由であるが，手形行為によって成立する手形債務は厳格なので，署名は「手形行為者の慎重さを要求する」ためにも必要であるといわれており（手形行為に署名が必要とされる主観的理由），この点を強調する学説もある。

## 2　署名の方法

署名とは，名を署す（しるす）ことであり，本来，行為者の名称を表示してなす自署である（争点 II 156）。

(1) 署名者の名称の表示　手形取得者が，署名（ひいては手形行為の成立）の真正を推認するためには，記載されている名称から「誰が署名者であるか」を確認し，次にその者の真正の署名であるかどうかを知るために筆跡を調べることになる。署名の真正の確認

は,「誰の署名であるか」ということを前提にして,はじめて問題となる。そこで,署名は,「誰の署名か」を知ることができるように,署名者の名称を表示して行うものとされている。

したがって,手形の署名において表示すべき名称は,手形上の記載によって「誰が署名者か」を知ることのできるものでなければならないが,そのようなものであれば足りることになる。すなわち,必ずしも戸籍上の氏名や正式の商号でなくても,通称,芸名,別名のように取引に慣用されており,その者の名称であることが客観的に認められるものであればよい（大判大10・7・13民録27輯1318頁,大判明39・10・4民録12輯1203頁参照）。慣用という語の理解の仕方とも関係するが,ペンネームや芸名を初めて使用する場合のように,過去における名称使用の有無を問わないで,ある名称が通称,芸名,別名と認められることもある。また,一般取引上の慣用ではなくても,手形取引上の慣用があれば,署名者の名称を表示するものと解してよいであろう（最判昭43・12・12民集22巻13号2963頁〔百選1〕,争点Ⅱ158参照）。

なお,自己の名称またはその慣用する名称でなくとも,他人または虚無人の名称を自己を表示する名称として用いることもできるとし,手形行為者が自己を表示する名称として使用したものであることを立証すれば,行為者の責任を認めるべきであると説く有力な見解もある（上に述べた通説では,このような場合は,偽造に準じて取り扱うことになるであろうか）。しかし,このような見解は,署名が必要とされる客観的理由を軽視するものであろう。

(2) 自署と記名捺印　自署とは,行為者の名称を自筆で手書きすることである。筆跡は,人によって区々であり,人が異なれば署名の筆跡が異なること（署名の個別性）が署名制度の前提となっていることからすれば,署名は,本来,自署でなければならないはず

である。

　しかし，わが国では，捺印（印章の押捺，押印）の習慣があり，署名は，「自署と捺印」または「記名をゴム印に彫ったもの（いわゆる記名判）と印章の押捺」などの方式で行われることが多い（記名捺印）。手形法も，署名には記名捺印を含むものとしている（手82条，小67条）。わが国のように，記名捺印が広く行われており，「印章」はみだりに他人に託さず，保管取扱いが慎重に行われている社会にあっては，手形上に印章が押捺されていれば，その手形行為は印章所持人の意思に基づくものであると推認してよいであろう。その限りで，記名捺印制度も手形行為に署名の必要とされる客観的理由，主観的理由にかなうものといえる。この点からすれば，記名捺印に用いられる印章は，少なくとも日常，取引等に用いられているものでなければならないはずであるが，判例は，行為者の印章として用いられていれば，いわゆる実印，認印，三文判を問わず，記名と印影の関連性も不要であり，同姓の知人の印顆（印章）でも，雅号でも古来の成句を彫ったものでもよいとしている（大判昭8・9・15民集12巻2168頁）。なお，いわゆる拇印（親指の先に墨や朱肉をつけて押す印）を捺印の一場合と認めることができるかどうかについては見解が分かれている（判例は消極に解している。大判昭7・11・19民集11巻2120頁）。

　(3)　署名の代行　　自署は，本人の筆跡を表すものであり，他人による代書（自署の代行）はありえない。これに対して，記名捺印は，本人の意思に基づくものであれば他人によって行うことができる。これは，他人をいわば「手足」として使うものであり，そのようにして行われる手形行為を「機関による手形行為」と呼ぶことがある（第5章I 2, 82頁参照）。もっとも，以上と異なり，「自署の代行」を認めて，他人が書いた署名であっても，筆跡によって行為者を識別できる以上，その行為者が権限を与えられているならば，本

人の責任を否定する必要はない，とする見解も有力である（争点Ⅱ156参照）。

なお，法人の手形署名の方式については後述する（第**5**章Ⅰ1(2)，81頁参照）。

## Ⅲ　手形の交付

### 1　交付の必要性（交付の欠缺）

手形行為は，手形上になされる要式の書面行為であり，その成立には，まず法定の方式を具備した証券の作成が必要である。このようにして作成された手形証券は，通常は，署名者（振出なら振出人，裏書なら裏書人）によって相手方（振出なら受取人，裏書なら被裏書人）に交付されることになる。しかし，場合によると，**証券は署名者の意思に反して**（たとえば，盗難，紛失などにより——いわゆる盗取手形——，あるいは，割引先の斡旋を依頼して他人に託したところ持ち逃げされて——いわゆるパクリ手形）**流通におかれることもある**。このように，手形の交付のない場合を**交付の欠缺**という。

交付欠缺の場合にも，署名者は善意の手形取得者に対しては手形債務を負うとすべきかどうか。そもそも，手形の交付は，法的にどのような意味をもつ行為と考えるべきか。これは，従来から，いわゆる手形理論の中心的問題の一つとして論じられてきたものである（争点Ⅱ164）。

### 2　手形理論

(1)　**手形理論の対立**　　手形理論とは，「手形上の義務（手形債務）がいかにして生ずるか」についての法律構成論であるが，それには，手形行為の成立要件からみると大きく分けて次の三つの学説

がある（争点Ⅱ154。なお，詳しくは，第4編第3章2, 329頁以下参照）。

まず，①契約説（交付契約説）は，手形行為は手形の授受（交付）という方式によってなされる契約であり，その成立には，手形証券の作成のほか，手形行為の相手方への手形の交付が必要であると説くものである。契約の申込みの意思表示の発信および到達は，手形の交付という方法によって行われ，相手方が手形を受領するときは，承諾の意思表示があったものとされる（現行民97条1項・98条の2・526条2項，改正民97条1項・98条の2・527条参照）。この説によれば，交付欠缺の場合には手形行為は成立せず，署名者は手形債務を負担しないことになる。

これに対して，②発行説（修正発行説）は，手形行為を単独行為と解するものであり，手形行為は証券の作成だけでは成立せず，手形の交付を必要とするが，この交付は，必ずしも手形行為の相手方への交付である必要はなく，何人か第三者に手形を交付して手形を流通におくことで足りるとする。この説によれば，前述のパクリ手形の場合には，手形の交付が認められるが，盗取手形の場合には，交付は認められず，署名者は債務を負担しないことになる。なお，わが国で発行説というときには，ここにいう発行説（修正発行説）とは異なり，手形行為の成立には手形が相手方に到達することを要するとしたうえ，手形行為を契約ではなくて単独行為と解する説を指すこともある（後述(2), 45頁参照）。

さらに，③創造説は，手形行為を単独行為と解し，しかも，それは手形証券の作成によって成立するのであって，手形の交付は必ずしも必要ではないとする。この単独行為によって成立した手形上の権利の権利者をどう考えるかによって，創造説にもいろいろな考え方があるが，わが国では，手形証券の作成によって，証券の作成者（署名者）自身を権利者とする手形上の権利（債権）が成立し，それ

とともにその成立した権利が証券に結合されるとしたうえ（この段階では，署名者自身，債務者であると同時に債権者でもある），手形の交付は，証券の作成によって成立するに至った手形上の権利を署名者から相手方に譲渡する行為にほかならない，とする見解が有力である。この見解は，純正創造説とか，——証券の作成と交付とを契約説のように一体として捉えないで，別個の二段階の行為として捉えているので，——二段階行為論とも呼ばれている。この立場では，交付欠缺の場合にも，手形を善意で取得した者は，善意取得（手16条2項）によって保護されることになる。

わが国においては，交付欠缺の場合にも手形流通の保護のために善意の取得者を保護すべきであるとすることでは，むしろ争いがなく，それに適した理論構成である創造説も有力である。しかし，創造説（二段階行為論）は，証券作成行為を「自己（署名者）の自己に対する債権を成立させる法律行為」と解するものであって，権利概念，法律行為概念をその伝統的な定義より拡張するものであるとの強い批判もある。むしろ，権利外観理論によるべきであろう。これは，手形上の権利の存在の外観（債務負担の外観）の発生につき原因を与えた責任のある者は，その外観を信頼して善意で手形を取得した者に対しては，たとえ相手方との間に手形の交付が存在しなくても手形上の責任を負担するとするものであり，契約説（または発行説）を補充する理論として主張されている。このように，権利外観理論で補充された契約説（契約・権利外観説）をとる者も多い。

もっとも，ここにいう権利外観理論に関しては，それが法律行為によらないで手形上の権利が成立するとすることに対する批判がある。また，交付欠缺の場合に証券の作成者（署名者）が，手形上の権利の存在の外観の発生につきその原因を与えたといえるためには，どのような事情がなければならないか（帰責事由）をめぐって議論

がある。多くの見解は，ドイツにおけるのと同様に，署名者が証券（手形）であることを認識し，または認識しうべくして署名したことで足りる，としているが，他方，証券の保管が不十分で署名者が過失により証券の流通に原因を与えたことをも要するとする見解も有力に唱えられている（第4編第3章5(4)，336頁参照）。

(2) 判例の手形理論　判例は，大審院昭和10年12月24日判決（民集14巻2105頁）以来，発行説（修正発行説）をとっているといわれてきた（最判昭40・6・1金法416号6頁，最判昭42・2・3民集21巻1号103頁など参照）。もっとも，事案は，いずれも発行説で善意者を保護できるものであったので，盗取手形のような事案の場合に裁判所が発行説によって署名者の責任を否定するかどうかは明らかではなかった。これに対して，最高裁昭和46年11月16日判決（民集25巻8号1173頁〔百選8〕）は，盗取手形の事案（振出人が手形を作成後，その使用人である経理係事務員に指示してその机上に保管させておいたところ，同人が近くの店にパンを買いにいった間に盗取されたというもの）についての最初の最高裁判決であるが，最高裁判所は，「手形の流通証券としての特質にかんがみれば，流通におく意思で約束手形に振出人としての署名または記名押印をした者は，たまたま右手形が盗難・紛失等のため，その者の意思によらずに流通におかれた場合でも，連続した裏書のある右手形の所持人に対しては，悪意または重大な過失によって同人がこれを取得したことを主張・立証しないかぎり，振出人としての手形債務を負うものと解するのが相当である」と判示している。この判決がいずれの手形理論によるものであるかについては，見解が分かれているが，権利外観理論によるものと解してよいであろう（第4編第3章3，331頁参照）。

## 3 電子記録債権の発生とその法律要件

前述のように（第1編第3章6、22頁参照）、電子記録債権とは、その発生または譲渡について電子記録を要件とする金銭債権であり（電子債権2条1項）、発生記録によって生ずる電子記録債権（電子債権15条）のほか、保証記録によって発生する保証記録による電子記録債権（電子記録保証債務履行請求権）（電子債権31条）および電子記録保証人が出捐をして支払等記録を受けることによって発生する特別求償権（電子債権35条）がふくまれる（電子記録保証については、第3編第1章Ⅱ2(7)、151頁・Ⅲ(4)、195頁、特別求償権については、第3編第1章Ⅱ2(7)(ヰ)、156頁参照）。

電子記録債権は、その発生（譲渡）について電子記録を要件としているので、電子債権記録機関の行う電子記録がなければ、その効力を生じない。電子記録は、原則として、当事者による電子債権記録機関に対する電子記録の請求を受けて行われることになっているが（電子債権4条・5条）、電子記録の請求に関しては、電子記録債権法の立法にあたって、①電子記録の請求は、当事者双方（債務者・譲渡人および債権者・譲受人の双方）がする必要があるのか、それとも債務者（譲渡人）による請求で足りるか、また、②電子記録の請求に加えて、電子記録債権を発生（譲渡）させることについての当事者間の契約が別途必要か、といった問題が議論された。

電子記録債権法は、①に関しては、原則として当事者双方の請求が必要であるとした（電子債権5条1項）。他方、②に関しては、電子記録債権法の立案担当者は、電子記録債権の発生（譲渡）の効力発生要件としての当事者の意思表示は、当事者双方の電子記録の請求の意思表示のみで足り、それ以外に発生（譲渡）に関する当事者間の契約や合意が成立することは要件ではないと解説している。しかし、立案担当者も、そのような説明に続けて、「電子記録の請求

という1個の意思表示の中に，電子債権記録機関に対して電子記録をすることを求める意思表示のほかに，相手方との間で当該電子記録（発生記録や譲渡記録）によって生じる法律効果を生じさせる意思表示もされている」ものとして取り扱うことにしたものである，と説明しているのであって，これを理論的にどう理解するかは，なお法解釈に委ねられているといってよいであろう。

　電子記録債権を発生させる法律要件を構成する要素としては，電子債権記録機関による電子記録，当事者による電子記録の請求，および当事者間の契約が考えられるが，それらをそれぞれどう理解するか，また，それらの関係をどのように捉えるか，などの理解は分かれるであろう。これは，手形の場合に，手形書面の作成と交付をどのように説明するかをめぐって見解が分かれるのと似ているともいえる。もっとも，電子記録債権を発生させる法律要件も，それは意思表示を要素とする法律要件であり，したがって手形行為と同じく，いわゆる法律行為の一つであるといってよいであろう。

# 第2章 手形行為の性質

## I 手形行為の性質

### 1 手形行為の要式性と書面性

手形行為の特殊性または性質としては，手形行為の無因性（抽象性），文言性，独立性などに言及されることが多いが，これらは前述のように（第1章Ⅱ1(1)，38頁），いずれも手形行為が「要式の書面行為」とされていることの結果と考えることもできる。

(1) 手形行為の書面性　　手形は「完全な有価証券」である。手形行為の成立には，手形という書面が作成され，その書面を通じて意思表示が行われなければならない。手形行為と書面とを分離して考えることはできないのである。

(2) 手形行為の要式性　　法律に定めた一定の方式（手形要件）を備えなければ，手形行為は有効に成立しない。これを手形行為の要式性という。手形行為の書面性から当然出てくる帰結である。すなわち，手形行為が書面を通じて行わなければならないものとされている以上，ある証券が手形かどうかも，またその権利の内容も書面の記載によって定まることになる（そもそも，書面行為であるといっても，一定の方式を定めておかなければ，何が手形なのかわからない）。他方，あまり細かい内容の記載を認めると，かえって手形取得者は手形の内容を理解できなくなるおそれがあるので，記載事項には一定の制限を加える必要もある。このようにして，手形行為にあたっ

て手形に記載すべき事項は厳格に法定されている。手形行為は，必ず，その方式に従って行わなければならず，その方式を離れては存在しえないものとなっている（行為と方式の融合）。なお，各手形行為の具体的な記載事項（手形要件など）については，後述（第3編第1章，103頁以下）する。

### 2 手形行為の商行為性

手形行為の性質として，その商行為性に言及されることがある。しかし，これは，商法が，「手形その他の商業証券に関する行為」を絶対的商行為としていることとの関係で問題にされるものであり（商501条4号参照），その他のものとは，いわば問題の次元を異にする。特別法である手形法（小切手法）が，商人であるかどうかを問わず適用される今日では，この規定の意味は，あまり大きくないといわれている。もっとも，手形行為が商行為（絶対的商行為）とされる以上，商法の商行為に関する通則は，手形行為の性質に反しない限り原則として手形行為にも適用されることになる。特に，商法504条，511条1項などの規定の適用については，議論がある。

## II 手形行為の無因性（抽象性）

### 1 無因性の意義と機能

(1) 無因性（抽象性）の定義と機能　　手形行為は，前述のように種々の経済目的を果たすために用いられているが，その原因となっている取引（たとえば売買契約，金銭の消費貸借契約）とは別個の，それから切り離された（抽象された）行為と考えられている。このように，**手形行為は原因である実質関係とは別個のものであり，原因関係の存否，有効無効の影響を受けないものと解されており**，これを　★

第2編　第2章　手形行為の性質

**手形行為の無因性（抽象性）**という。ほぼ同じことを手形債務または手形証券に着目して，手形債務の無因性とか手形の無因性と呼ぶこともある。

　無因性（抽象性）ということばは，用いられる場面によって，多少意味あいを異にすることがある（抽象性の多義性）。まず，手形上の権利の行使には，原因関係の主張立証を要しないが，このことが抽象性で説明される場合には，手形行為（手形関係）と原因関係はそれぞれ別個（独自）のものであること（独自性）が強調される。これに対して，手形抗弁の制限などの説明にあたって無因性（抽象性）に言及されることがあり，この場合には，手形行為（手形関係）は，原因関係の存否，有効無効の影響を受けないということが強調される（狭義の無因性）。この後者の意味の無因性は，前者の意味の無因性（独自性）を前提にするものである。もっとも，手形抗弁の制限は，必ずしも無因性で説明する必要はないであろう（なお，第3編第1章Ⅱ4(1)，169頁以下参照）。

　(2)　無因性（抽象性）の法的根拠　　ここに，いわゆる独自性の意味の手形行為の抽象性は，手形が設権証券であり，手形行為が書面行為であることから説明できる。手形行為は，売買その他の原因関係を前提としてなされるが，手形行為は別個独自の書面行為であるから，原因関係とは別個に手形の作成（作成交付）によってはじめて成立する。しかも，手形は設権証券（証券の作成によって初めて権利が成立するような証券）とされているから，書面行為たる手形行為より前に，後に手形上に表章される権利が原因関係上成立することもないのである。また，いわゆる狭義の無因性は，手形の記載文言と手形行為の文言性（後述Ⅲ，52頁以下）から説明できる。手形の記載文言によれば，手形は一定の金額を支払うべき旨の単純なる委託または約束であり，原因の記載は許されていない。しかも，手

形は文言証券であって，手形行為の内容はもっぱら手形に記載されているところによって決定されるから，手形行為は原因債権の存否，有効無効の影響を受けないとされるのである。

(3) 無因性と手形授受の当事者間における原因関係に基づく抗弁

たとえば，売買代金の支払のために買主が売主を受取人とする約束手形を振り出したが，後に，この売買契約が解除されたような場合，受取人（売主）が，この手形を返却しないで手形金の支払を求めるとどうなるであろうか。手形授受の当事者間では，手形債務者は原因関係に基づく抗弁を主張しうると考えられている。振出人は，原因関係消滅の抗弁を主張して支払を拒みうる。しかし，無因性の考え方からすれば，手形債務は，原因関係の有効無効の影響を受けず，したがって，依然，受取人は手形上の権利者のはずであるから，この結論を法的にどう説明すべきかは，困難な問題である。学説には，後述のいわゆる手形行為有因論による説のほか，いわゆる一般悪意の抗弁で説明する見解，不当利得の抗弁で説明する見解などがみられる（なお，第4編第2章1，311頁および最判昭39・1・23民集18巻1号37頁〔百選25〕参照）。

## 2 いわゆる手形行為有因論

わが国においては，一部の学者によって，前述の二段階行為論（純正創造説）と結びついた有因論が有力に唱えられている。証券作成行為は無因とするが，手形の交付（権利移転行為）は有因とする見解である。この説は，手形理論として創造説を前提とするものであること，この説によれば，従来，人的抗弁とされてきた抗弁の多くが無権利の抗弁の問題とされること，などが注目される。問題が多いので，後に詳論するところに譲る（第3編第1章Ⅱ4(1)㈩，173頁，第4編第4章，340頁以下および最大判昭43・12・25民集22巻13号3548

### 3 電子記録債権の無因性

電子記録債権は，電子記録により発生する金銭債権であるから（電子債権2条1項・15条・31条・35条），電子記録債権を発生させる原因となった法律関係（原因関係）とは別個（独自）の金銭債権であると解されている。そして，電子記録債権の内容は，電子記録（債権記録の記録）によって定まるので（電子記録債権の文言性。電子債権9条1項。後述Ⅲ3, 53頁参照），電子記録債権は，原因債権の存否，有効無効の影響を受けないと解されている。電子記録債権は，手形と同様に無因債権である（電子記録債権の無因性。第**1**編第**3**章6(2)，24頁・(8), 27頁参照）。

## Ⅲ 手形行為の文言性

### 1 文言性の意義

★　手形行為の文言性とは，**手形行為は手形上の記載をもって意思表示の内容とする**ものであり，したがって，手形行為により生ずる債務の内容は，手形面の記載（手形行為時の記載）のみによって決定される，ということである（なお，文言性ということばは，人的抗弁の制限と同意義に用いられることもある）。文言性は，手形行為が手形上の記載のみから成立する要式の書面行為であることからすれば当然のことであるとされている。

手形行為については，文言性が認められるから，手形の記載事項（手1条・75条，小1条参照）のうち，実際に行われたことの記録のようにみえる記載事項であっても，実際に行われたところよりも手形上の記載のほうが基準となる。したがって，実際と異なる振出日

や振出地の記載された手形も有効である（手形行為は，法定の方式を形式的に備えていれば，記載が真実に合致していなくてもその効力を妨げられない——手形外観解釈の原則）。もっとも，これは手形行為がなされたことを前提にして，その意思表示の内容が手形上の記載によって定まるとするものであるから，その意思表示がなされたかどうか，いつなされたかといった問題の場合には，手形上の記載ではなく，実際に行われたところが基準になる。たとえば，振出人が振出日に未成年であったかどうかが争われているときには，基準は，実際に振り出された日であり，手形に記載された振出日はその一つの証拠になるにすぎない。

## 2 文言性と手形行為の解釈

手形行為の文言性（手形行為は手形上の記載をもって意思表示の内容とする）からすれば，手形行為の解釈は，もっぱら手形面の記載（文言）に基づいて行うべきである。手形面の記載以外の事実に基づいて行為者の意思を推測して，記載を補充変更して解釈することは許されない（手形客観解釈の原則）。

もっとも，文字による表現は社会通念を前提にするものであるから，その記載（文言）の解釈にあたっては，字句や文言の形式に拘泥する形式主義に堕すことなく，一般の社会通念に従って合理的に解釈すべきである。したがって，誤字，脱字，文法上の誤りなどがあっても，その意味が明らかな限り問題とはならない（なお，平年における2月29日を満期とする記載を2月末日を満期として記載した趣旨と解した最判昭44・3・4民集23巻3号586頁参照）。

## 3 電子記録債権の文言性

電子記録債権は，その発生について電子記録を要件としているが

(電子債権2条1項・15条・31条・35条)，これは，約束手形との対比でいえば，手形行為が要式の書面行為であり，手形の振出にあたっては，手形用紙に一定の事項を記載することが要求されていることに相当するともいえる。

手形債務の内容は，手形面の記載のみによって決定されるが(手形行為または手形債務の文言性)，電子記録債権の内容は，電子記録(債権記録の記録)によって定まるので(電子債権9条1項)，このことを指して，電子記録債権の文言性ということがある(なお，第1章Ⅲ3，46頁参照)。

## Ⅳ　手形行為の独立性

### 1　手形行為の独立性の意義

(1)　独立性の意義と理論的根拠　　同一手形上の複数の手形行為のうち，論理的前提たる行為(たとえば，裏書にとっては，振出や先行する裏書)が実質的には無効であっても(たとえば，偽造のために)，法定の方式さえ具備していれば(前提となる行為の方式の瑕疵は，後続行為自体の方式の瑕疵となると考えられている。手32条2項，大阪高判昭28・3・23高民集6巻2号78頁参照)，それを前提とする**手形行為は，独立してその効力を生じ，前提たる行為の無効の影響を受けない**と解されている。これを**手形行為の独立性**(手形行為独立の原則)という。たとえば，振出人Aの偽造の振出署名のある為替手形に支払人Bが引受をすると，この引受は前提となる振出が偽造であって無効であるにもかかわらず，有効とされるのである。

この原則そのものは，法律の定めるところであり(手7条・32条2項・77条2項・3項，小10条・27条2項。なお，手形保証の独立性については第3編第1章Ⅲ(3)，193頁)，そのような原則を認めること自体

については争いはないが，その理論的説明については見解が分かれている。①手形行為の独立性は，法が手形取引の安全ないし流通保護のために政策的に認めた特則であると考える見解と，②手形行為の独立性は，各手形行為が，それぞれ別個独立に手形上の記載に従い手形債務を負担する旨の意思表示によって構成される文言的行為であることに基づく当然の原則であるとする見解の対立である。もっとも，いずれの説も手形行為の独立性を，機能的には手形取引の安全に役立つ制度としてとらえている点では変わりはない。

(2) 独立性の問題点　手形行為の独立性の理論的説明における見解の対立は，手形理論の相違とも相まって，①裏書にも手形行為の独立性は認められるか，②手形行為の独立性は，取得者が前提行為の無効について悪意の場合にも妥当するか，といった問題についても結論を区々にするに至っている。

## 2　裏書と手形行為の独立性

手形行為の独立性（手形行為独立の原則）についての手形法7条は，振出に関する手形法第1章におかれてはいるが，手形行為の独立性は，振出以外の手形行為についても広く認められると解されている。しかし，手形行為の独立性は裏書には適用がないとする説もかつてはみられた。この見解は，その理論的前提として，一方では，①手形行為の独立性は，各手形行為が独立の債務負担行為であることに基づく当然の結果であるとし，他方，②裏書の本質は債権譲渡であり，裏書の担保的効力（裏書の担保的効力に関しては，第3編第1章Ⅱ2(4)(イ)，146頁参照）は，債権譲渡としての裏書が有効なことを前提として生ずる法定の担保責任であるとするものである。たとえば，振出人Aの偽造の振出署名のある約束手形の受取人B（これは，譲渡すべき債権を有しない者である）がCに対してなした裏書は，債権譲

渡として無効であり，したがって，この裏書人Bは被裏書人Cに対して担保責任も負わない（すなわち，裏書には，手形行為の独立性は認められない）とするのである。

これに対して，現在では，多くの説は，あるいは，①手形行為の独立性は，各手形行為が独立の債務負担行為であることに根拠を有するが，裏書人の担保責任もその債務負担の意思表示の効果であると考えられるとし，あるいは，②裏書人の担保責任は，法定責任であるが，手形法7条は，債権譲渡としての裏書が無効であって，本来，裏書人が担保責任を負わない場合に，手形の流通性を高めるために，法がいわば政策的に認めた特則であるとして，いずれも手形行為の独立性は裏書にも適用があると解している（後掲最判昭33・3・20参照）。すなわち，上に述べた例においては，BはCに対して担保責任を負うことになる。なお，ここで問題となっているのは，裏書人が担保責任を負うかどうかである。裏書のいわゆる権利移転的効力（裏書の権利移転的効力に関しては，第3編第1章Ⅱ2(4)(ア)，145頁参照）との関係では，後の裏書は，当然に前提となる手形行為の有効なことを前提とするものである。

なお，手形行為の独立性が認められるためには，前提となる行為が法定の方式を具備していることが必要であるが（前述1(1)，54頁），これと理解を異にし，裏書に関して，「手形債務負担行為としては，先行する裏書は後行の裏書の前提となる行為ではなく，先行裏書の方式の瑕疵は後行裏書の方式の瑕疵とはならない」と説く見解も有力である。このような見解は，手形行為の独立性の理論的根拠に関して，手形行為の独立性は手形行為が独立の債務負担行為であることに基づく当然の帰結であるとする見解を前提とするものである。

IV 手形行為の独立性

## 3 手形行為の独立性と悪意の取得者

学説には，手形行為の独立性は，手形取得者が前提行為の無効について善意であると悪意であるとを問わず適用されるとする見解が少なくない（すなわち，前述の2で挙げた例のような場合において，CがAの振出署名の偽造について，たとえ悪意であっても，CはBに対して担保責任を追及できるとする。同旨最判昭33・3・20民集12巻4号583頁〔百選46〕，争点II165）。手形行為の独立性は，手形行為が独立の債務負担行為であることに基づく当然の帰結であるとする立場からは，このことは自明とされる。また，手形行為の独立性は，流通保護のための特則であるとする立場からは，その適用は，むしろ善意者の保護に限るとすべきであろうが，手形の信用を増すために善意者保護をさらに数歩進めたものであるとして，その適用を善意の取得者に限らないとする立場もみられる。

他方，手形行為の独立性は，手形の善意取得者（手16条2項），または，これに準じて取り扱うべき所持人（たとえば，振出無効の手形の受取人・第一裏書人から裏書により手形を善意で取得した所持人）についてのみ認めるべきであるとする見解も有力である。手形行為の独立性によって手形取得者は保護されるが，その反面において，手形行為が無効であるため本来手形の返還を請求できるはずの者は，手形の返還請求権を剥奪されることになる。手形の返還を請求できる者にこのような犠牲を負担させて手形取得者を保護するのであるから，取得者の側にも保護に値する理由がなければならない，とする立場である。このように考えることによって，手形法7条と手形法16条2項但書とが衝突する場合に（たとえば，AがBに有効に振り出した約束手形をCが盗取し，BからCへの裏書を偽造した後，C自身の裏書をしてDに譲渡した場合であって，Dが悪意であるときは，Bは手形法77条1項1号・16条2項但書によってDに対して手形の返還を請求

第 2 編　第 2 章　手形行為の性質

できるのか，それとも，Dは，手形法 77 条 2 項・7 条によりCに遡求しうるとして，手形の返還を拒みうるのか，という意味での両規定の衝突が考えられる)，手形法 16 条 2 項但書が優先することの説明も可能となるとされる。しかも，裏書の担保責任は，裏書により被裏書人が取得する手形の第一次的義務者（または支払人）に対する権利（または権限）を補強するものであることからみても，このような見解が正当であるというのである（この考え方は，さらに保証や引受にも及ぼすことができるとされている）。

## 4　電子記録保証の独立性

電子記録保証債務は，主たる債務者として記録されている者がその債務を負担しない場合においても，その効力を妨げられない（電子債権 33 条 1 項）。これは，電子記録保証にも，手形保証の独立性（手 32 条 2 項）と同様の独立性を認めるものである（電子記録保証の独立性に関して，詳しくは，第 1 編第 3 章 6，22 頁，第 3 編第 1 章 II 2(7)(イ)，153 頁・III(4)，195 頁参照）。なお，電子記録保証の独立性は，電子記録保証人が消費者（個人事業者である旨の記録がされていない個人）である場合には認められない（電子債権 33 条 2 項・32 条 4 項）。

前述したように（2，55 頁参照），約束手形の場合には，裏書の担保的効力との関係で，裏書にも独立性が認められるかどうかが問題となるが，電子記録債権の譲渡人は，手形の裏書人とは違って，債務者の支払を担保する責任を負わない。電子記録債権の譲渡人が債務者の支払を担保するには，電子記録保証を行うことになる（詳しくは，第 3 編第 1 章 II 2(7)(イ)，153 頁参照）。したがって，この場合には，電子記録保証の独立性は，約束手形の裏書の独立性と同様の機能を果たすことになる。

# 第3章　手形行為と原因関係

## I　手形の実質関係

　手形関係以外の法律関係であって，手形関係と密接な関連のあるものを手形の実質関係という。手形の実質関係には，原因関係，資金関係および手形予約がある。

　(1)　原因関係　　振出または裏書による手形の授受は，当事者の間の実質的な関係を前提として行われている。たとえば，売買や金銭消費貸借であり，この手形授受の原因となっている法律関係を「原因関係」という。手形の授受には反対給付（対価）の授受があるのが通常なので，対価関係ともいう。

　(2)　資金関係　　為替手形の支払人と振出人（資金義務者）との間の実質関係を資金関係という。資金関係の態様は多様であるが，振出人が支払人に対して手形の支払を委託し，あらかじめ資金を交付しておくことが多い。支払人が支払をした後で，振出人に補償を求める場合（補償関係）もある。なお，引受人と支払担当者，約束手形の振出人と支払担当者などの間にも資金関係と類似の関係が存在する。これを準資金関係という（資金関係については，第3編第2章II2(3)，245頁参照）。

　(3)　手形予約　　手形の授受に先立って当事者間で，手形を授受すること，および授受する手形の内容などについて合意されることがある。このように手形関係の設定を準備する契約を手形予約とい

う。手形予約は，原因関係と手形関係の中間にあって両者を媒介するものといえるが，原因関係に従属するものとして原因関係たる契約においてなされるのが普通である。

## II 手形の原因関係に及ぼす影響

### 1 手形の授受（手形関係）の原因関係に及ぼす影響

　法は，手形の流通証券としての機能を考慮して，手形関係を原因関係から分離して，手形関係は原因関係の存否，有効無効の影響を受けないものとしたが（無因性），他方，手形は，その原因関係の手段にすぎないという側面もあるので，両者の間には，一定の牽連関係が認められる。ここでは，問題とされることの多い「既存債務の履行に関連して手形が授受される場合，手形関係は原因関係にどのような影響を及ぼすか」という問題を取り上げる（争点Ⅱ166）。

★　(1) **手形授受の類型**　　売買代金債務など**既存債務の支払に関連して手形が授受されると，それによって既存の原因関係上の債務は，どのような影響を受けるか**。これは，一般に手形授受の当事者の意思によって決まると解されている。そのような当事者の意思の態様は，一般に次のように類型化して考えられている。

　(ア) **手形が既存債務の「支払に代えて」授受される場合**　　手形の授受と同時に原則として原因債権は消滅し，したがって債権者はもはや原因債権を行使しえない。この場合の法律関係を更改（民513条）と解すべきか代物弁済（民482条）とみるべきかについては，従来争いがあった。これを更改と解すると，旧債務（既存債務・原因債権）が存在しない場合には，更改契約は無効となり新債務（手形債務）も成立しないことになるが，これは手形行為の無因性に反するとして，学説の多数は，代物弁済と解してきた。なお，これに

関連して,「債務ノ履行ニ代ヘテ為替手形ヲ発行」する場合も「債務ノ要素ヲ変更スルモノ」であると規定していた平成16年改正前の民法513条2項後段の解釈が問題とされていたが,平成16年の民法改正によって,民法513条2項後段の規定は削除されるに至った(さらに,改正民482条・513条参照)。

(イ) **手形が既存債務の「支払のために」授受される場合**(「支払の確保のために」とも呼ばれる) 手形の授受があっても原因債権は当然に消滅するものではなく,原因債務(原因債権)と手形債務(手形上の権利)とは併存する。そして,この場合は,併存する両債権の行使順位によって,さらに次の2つの場合に分かれる。

(a) 手形が既存債務の**「支払の方法として」授受される場合**(「支払のために」ともいわれる) 債権者は,併存する両債権のうち,まず手形債権を行使すべきであり,支払(引受)が拒絶された後に,はじめて原因債権を行使できる。

(b) 手形が既存債務の**「担保のために」授受される場合** 債権者は,併存する両債権のうち,そのいずれでも任意に選択行使できる。債務者は,手形上の権利の先行使を求めることはできない(なお,原因債務の弁済期が到来すれば,手形の支払呈示がなくとも原因債務の履行遅滞となる。民412条1項。ただし,原因債務履行の場所は手形債務履行の場所と同一であると解すべきであろう。大判昭13・11・19新聞4349号10頁参照)。

(2) **当事者の意思の不明な場合と原因債権の消滅** 当事者の意思の不明な場合に,仮にその手形は「支払に代えて」授受されたものであり,原因債権は消滅すると解してよいとすると,これは債権者にとって不利益となる。原因債権が消滅すれば,それに伴って原因債権についての担保も消滅すると考えられるうえ,取得した手形も支払われるとは限らないからである。判例・通説は,「当事者ノ

意思不明ナルトキハ既存債務ノ弁済ヲ確保スル為メ（支払のために）」手形の授受があったと認めるべきものであるとしている（大判大7・10・29民録24輯2079頁，大判大9・1・29民録26輯94頁）。小切手が既存債務の支払に関連して授受された場合にも，これと同様に考えてよいであろう（大判昭3・2・15新聞2836号10頁）。

(3) 当事者の意思の不明な場合と原因債権の先行使の可否　手形が原因債務の「支払のために」授受されたとされ，原因債権と手形債権が併存する場合において，債権者がまず原因債権を行使できるのはどのようなときか。

判例・通説は，当事者の意思の不明な場合，「債務者自身が手形上の唯一の義務者であって他に手形上の義務者がない場合」には，その手形は「担保のために」授受されたものと認めてよく，債務者は手形上の権利の先行使を求めることはできないと解している（最判昭23・10・14民集2巻11号376頁〔百選86〕参照）。この場合には，手形債権，原因債権のいずれを先に行使されても債務者の利害には関係がないからである。具体的には，原因関係上の債務者が債権者に約束手形（または自己宛為替手形）を振り出す場合，債権者振出の自己受為替手形に債務者が引受をなす場合などが，これにあたる。これに対して，債務者が第三者振出の約束手形を債権者に裏書譲渡する場合，債務者が債権者に対して第三者を支払人とする為替手形（あるいは小切手）を振り出す場合（この場合，債務者は，唯一の義務者であるが，支払人に支払資金を供給している。次の(4)参照）などは，「支払の方法として」授受されたものと解される。この場合，債務者は手形債務の先行使を求める利益を有する。

(4) 支払場所（支払担当者）の記載のある手形の授受　原因関係上の債務者が手形上の唯一の義務者となってはいるが，手形に支払場所（支払担当者）の記載のある場合はどうか。この場合，債務

者は支払担当者に資金を供給しているのであり、債権者がまず手形で支払担当者に請求することを期待していると考えられる。これもまた「支払の方法として」授受されたものと解してよい。ただ、判例によれば、支払呈示期間経過後は支払場所（支払担当者）の記載は効力を失い、それ以後の支払請求は「支払地内における手形の主たる債務者の営業所または住所」においてなすものとされているから（最大判昭42・11・8民集21巻9号2300頁〔百選67〕、争点Ⅱ191）、支払呈示期間経過後は、債務者には手形債権の先行使を求める利益はなくなるであろう（なお、小切手の場合には、支払呈示期間経過後でも支払委託の取消しがない限り支払人は支払権限を有するから、債権者は呈示期間経過後も小切手債権をまず行使しなければならない。前述の(3)参照）。

## 2 原因債権の行使と手形の返還

(1) 原因債権の行使と手形の返還　手形（小切手）が①原因債務の「担保のために」授受された場合、および②「支払の方法として」授受されたが、手形の支払拒絶（引受拒絶）のあった場合には、債権者は、手形債権を行使せず、原因債権を行使することもできる。この場合、その原因債権の行使に手形の返還を要するかどうかが問題となる。債務者は手形の返還を受けておかないと、①原因債権と手形債権の二重払の危険におかれるおそれがあり、また②債務者に手形上の前者がある場合、前者に対する遡求権を行使できなくなるという不利益を被ることになる。

この問題については見解が分かれるが（争点Ⅱ167）、①債務者は原因債務弁済後に手形の返還を求めうるとする考え方では、債務者の保護として不十分であり、②債権者に原因債権の行使にあたっても手形の呈示を要求するのでは、債権者に原因債権の行使を認める

意味がほとんどない。そこで，判例・通説は，③債務者に手形と引換えにのみ支払うという一種の同時履行の抗弁権（民533条の直接規定する場合ではない）を認め，この抗弁権を債務者が行使した場合には，裁判所は手形と引換えに支払うべき旨の交換的給付の判決（引換給付の判決）をすべきであるとしている（貸金債務の支払確保のために交付された小切手についての最判昭33・6・3民集12巻9号1287頁〔百選87〕，さらに最判昭35・7・8民集14巻9号1720頁参照）。ここで，債務者に一種の同時履行の抗弁権を認める実定法上の根拠は，「民法533条の基礎にある信義衡平の原則」に求めることができるといわれている（なお，債務者は，手形の返還と引換えに原因債務を支払うべき旨の抗弁をなしうる場合であって，手形の返還を受けていないときにも，原因債務について履行期を徒過していれば，履行遅滞の責任を負う。最判昭40・8・24民集19巻6号1435頁）。なお，争いはあるが，原因債権が手形の支払拒絶証書作成期間経過後（期限後）に行使される場合についても，手形上の権利が有効に存在する限り，上の理論は妥当すると考えてよいであろう（なお，銀取規定例11条1項参照）。

(2) 手形上の権利の時効による消滅の場合の取扱い　　手形（小切手）上の権利が時効または手続の欠缺により消滅している場合にも，原因債権の行使には手形の返還を要するか。原因債権の債権者が債務者から約束手形の振出を受け，その手もとで手形を時効にかけたような場合には，債権者は手形と引換えでなくても直ちに原因債権を行使できるであろう（大判昭10・6・22新聞3869号11頁参照）。債務者には，二重払の危険も，前者に対して遡求する利益を失うおそれもないからである。問題は，原因関係上の債務者が第三者振出の約束手形を債権者に裏書譲渡しているような場合である。利得償還請求権の理解とも絡む困難な問題である。このような場合に債権者が手形を無効にしたときは，原因債権も消滅すると考えてよいの

かどうか，債権者は原因債権も行使しえないと考えてよいのかどうか，といった問題である。後述するところに譲る（第3編第1章Ⅵ4(4), 223頁参照）。

## 3 手形金請求訴訟と原因債権の時効

　手形債権と原因債権が併存する場合，当事者の間では原因債権の時効消滅は，手形債権の行使に対する人的抗弁事由となる（最判昭43・12・12判時545号78頁。なお，第3編第1章Ⅱ4(1)(エ), 171頁参照）。そうすると，現行民法のもとでは，原因債権の消滅時効期間が手形債権のそれよりも短い場合が少なくなかったので（手70条，現行民170条～174条参照），債権者が手形金請求訴訟を提起するなど手形債権を行使している間に原因債権の消滅時効が完成し，結局，債権者は手形金の請求も認められなくなるおそれがあった。このような結果は不合理なので，議論があったが，最高裁判所は，「債務の支払のために手形が授受された当事者間において債権者のする手形金請求の訴えの提起は，時効中断の関係においては，原因債権自体に基づく裁判上の請求に準ずるものとして原因債権についても消滅時効を中断する効力を有する」旨判示している（最判昭62・10・16民集41巻7号1497頁〔百選78〕。なお，手形債権の消滅時効期間が確定判決によって確定の時から10年に延長されるときには〔現行民174条の2, 改正民169条〕，これに応じて原因債権の消滅時効期間も同じくその時から10年となるとする趣旨の最判昭53・1・23民集32巻1号1頁参照）。

　平成29年改正民法のもとでは，時効障害制度が再編され，用語も「中断」，「停止」から「更新」，「完成猶予」に変更されたことに伴い，従来，時効の中断事由とされていた裁判上の請求（現行民147条）は，完成猶予事由とされ，その事由が終了するまでの間は時効は完成しないとされるとともに（改正民147条1項。なお，同項

括弧書参照），その場合において確定判決または確定判決と同一の効力を有するものによって権利が確定したときは，その事由が終了した時に時効の更新が生じるものとされている（権利確定が更新事由となる。改正民147条2項）。このような新しい時効障害制度のもとにおいても，前掲最判昭和62年10年16日の考え方（債務の支払のために手形が授受された当事者間における手形金請求の訴えの提起は，時効障害事由としては，原因債権自体に基づく裁判上の請求に準ずる効力を有する）は，時効の完成猶予および更新の問題としてではあるが，依然として妥当すると考えられる。

しかし，平成29年改正民法においては，いわゆる職業別の短期消滅時効（現行民170条～174条）および商事消滅時効（現行商522条）は廃止され（民法整備法3条），債権の原則的な消滅時効期間は，権利を行使することができる時から10年，権利を行使することができることを知った時から5年に統一されていることからすると（改正民166条1項），原因債権の消滅時効期間が手形債権のそれよりも短期であるといった場合は，あまり想定できなくなっている。

## 4 電子記録債権の発生，譲渡が原因関係に及ぼす影響

電子記録債権の発生，譲渡によって原因関係上の債務（原因債権）が消滅するかどうかについては，電子記録債権法には規定がない。したがって，手形の授受と原因関係の場合と同様に原則として当事者の意思によって決まると解される。

原因債権が消滅するかどうかについて当事者の意思が不明な場合には，電子記録債権は原因債権（既存債務）の「支払のために」発生し，譲渡されたものであって，それによって原因債権は消滅しない（原因債権と電子記録債権が併存する）と解すべきである。

原因債権と電子記録債権が併存する場合には，いずれを先に行使

すべきか。これも，当事者の意思によって決まる。当事者の意思が不明であっても，たとえば，口座間送金決済による旨の記録（口座間送金決済に関する契約に係る支払による旨の記録，電子債権16条2項1号）があるときは，債務者としては，電子記録債権の先行使を期待していると考えられるので，債権者は，まず電子記録債権を行使すべきであると解される。

　さらに原因債権と電子記録債権が併存しており，しかも原因債権を行使することが許される場合には，債務者は，債務者が支払等記録の請求をすることについて債権者が承諾するのと引換えに支払う旨の抗弁（電子債権25条3項）を主張できると解されている。支払等記録をしないで原因債権を弁済すると，債務者は，その後に当該電子記録債権を取得した者から請求を受け，二重払の危険が生じるからである。

# 第4章　手形行為と法律行為に関する一般原則

## I　手形能力

### 1　手形権利能力

　手形権利能力（手形上の権利義務の主体となる能力）については，手形法上別段の規定はないから，民法の規定により権利能力を有する自然人は，すべて当然に手形権利能力を有する。手形を利用できるのは商人に限らない。

　従来の判例・通説は，会社その他の法人の権利能力は，平成18年改正前の民法43条の適用または類推適用によって，「定款又は寄附行為で定められた目的の範囲内」に制限されると解してきた。平成18年改正後の民法34条は，旧法と同趣旨の規定を維持しており，同条は，会社にも適用されると解されている。

　しかし，このような考え方によっても，ここでいう目的の「範囲内」の行為とは，目的自体に属する行為だけでなく，「目的の達成（遂行）に必要または有益な行為」を含むのであり（大判大1・12・25民録18輯1078頁，最判昭27・2・15民集6巻2号77頁，最大判昭45・6・24民集24巻6号625頁参照），したがって，金銭の受払を必要とする会社が手形行為（手形の授受）をすることは，「会社の定款所定の目的達成（遂行）に必要な行為」として当然に定款所定の目的の範囲内に入ると解される。もっとも，手形授受の原因関係となって

いる取引が会社の定款所定の目的の範囲内に入らないことは考えられるが，これは，原因行為の無効として人的抗弁の問題となるにすぎない。

なお，以上，会社について述べたことは，非営利法人（たとえば公益法人）に関しても同様に妥当すると解される（なお，農業協同組合に関する最判昭 44・4・3 民集 23 巻 4 号 737 頁〔百選 15〕，中小企業等協同組合法の信用協同組合に関する最判昭 45・7・2 民集 24 巻 7 号 731 頁参照）。

## 2 手形行為能力

(1) 意思能力および手形行為能力　権利能力の認められる者であっても，正常な判断能力（意思能力）を欠く者（または欠く状態の者）の行為は，無効とされている。意思無能力者の手形行為は当然に無効である。改正民法 3 条の 2 は，あらたに，意思能力を有しない者の法律行為を無効とする旨の規定を設けたが，議論のあった意思能力の意義（「事理弁識能力」なのか，それとも「その法律行為をすることの意味を理解する能力」なのか）に関しては，定義をおいていない。

民法は，意思無能力者の保護を確実にし，同時に取引の相手方に不測の損害を与えないようにするために，正常な判断能力に欠けると解される者を定型化して，制限行為能力者の制度を設け，制限行為能力者が単独で行った行為は取り消すことができるものとするとともに（民 5 条 2 項・9 条・13 条 4 項・17 条 4 項），制限行為能力者以外の者は，単独で法律行為をすることのできる能力（行為能力）を有するものとしている。

手形行為能力（自己の行為により手形上の権利者または義務者となりうる能力）については，手形法上，別段の規定はないから，民法の

第2編　第4章　手形行為と法律行為に関する一般原則

一般原則に従って判断することになる（民4条～21条。約束手形の振出が平成11年改正前民法12条の規定〔現13条1項2号に相当〕にいう借財にあたるとする大判明34・6・8民録7輯6巻17頁，大判明39・5・17民録12輯837頁なども，このことを前提とするものである）。

(2)　**制限行為能力者の手形行為**　制限行為能力者（未成年者，成年被後見人，被保佐人および民法17条1項の審判を受けた〔特定の法律行為をするには補助人の同意を得ることを要する〕被補助人）の手形行為が取り消されると，手形行為は初めに遡って無効なものとみなされ（民121条），手形行為の効力自体が否定される。このような手形行為者は，善意の第三取得者に対しても手形債務を負担することはありえない（物的抗弁）。手形上の記載からは制限行為能力者かどうかは不明なのに，このような取扱いをするのは，結局，手形取得者の保護（手形流通の保護）よりも制限行為能力者の保護を優先するものにほかならない（なお，制限行為能力者による手形の譲渡〔裏書〕と善意取得に関する第3編第1章Ⅱ4(2)(ア)(b)，180頁の説明参照）。

　制限行為能力者の行った取り消すことのできる手形行為の「取消しおよび追認」についても，民法の規定（120条以下）による。取消しまたは追認の相手方については議論がある。判例は，手形行為は，民法123条にいう「相手方が確定している場合」であるとして，取消しの意思表示は直接の相手方に対してなさなければならないとしている（大判大11・9・29民集1巻564頁〔百選9〕）。これは，交付契約説を前提とするものであろう。もっとも追認については，無権代理の手形行為の追認の事案についてではあるが，現在の手形所持人に対してもなしうるとしている（大判昭7・7・9民集11巻1604頁）。輾転流通する手形の性質を考えると，手形行為の取消し・追認の意思表示は，手形授受の直接の相手方に対しても，現在の所持人に対しても，なしうると解すべきである。

## II　公序良俗違反の手形行為

　手形行為には民法90条の適用はあるか。たとえば，約束手形を振り出して賭博の負けを支払うのはどうか。手形は，金銭の支払手段として利用される倫理的に無色のものであり，手形行為の公序良俗違反ということはないと考えることもできる。この場合にも手形振出の原因である賭金債務は，公序良俗に反するものとして無効であるが，これはいわゆる原因関係上の抗弁（人的抗弁）であって，手形が善意の第三者の手中に入った後は，もはや債務者の主張できないものである（大判大9・3・10民録26輯301頁）。もっとも，このような場合には原因行為のみならず，手形行為も民法90条により無効であると解したうえ，善意の手形譲受人の保護は，表見理論（権利外観理論）によって実現するという構成も考えられるであろう。

## III　双方代理と手形行為

　民法108条の規定は手形行為にも適用されるかどうか。最高裁判所は，まず，これと類似の問題である株式会社と取締役の取引（いわゆる自己取引）の制限（平成17年改正前商265条，会社356条1項2号・365条）についての判決において，いわゆる相対的無効説を採用した（最大判昭46・10・13民集25巻7号900頁〔百選37〕，本シリーズ商法II参照）のに続き，民法108条の双方代理の禁止に違反してなされた手形行為（約束手形の振出）についても，やはり相対的無効説をとり，同条に違反してなされた代理行為は，本人による事前の承認または追認を得ないかぎり，無権代理行為として無効であるから，手形振出行為が双方代理となる場合においても，本人は，当該

行為の相手方に対しては手形の振出の無効を主張することができるが，手形が相手方から第三者に裏書譲渡されたときは，その第三者に対しては，その手形が双方代理行為によって振り出されたものであることにつき第三者が悪意であったことを主張立証するのでなければ，本人はその振出の無効を主張して手形上の責任を免れることはできないと判示した（最判昭47・4・4民集26巻3号373頁）。事案は，Aが，甲会社の支配人たる地位において（平成17年改正前商38条，会社11条参照）会社を代理して，みずから代表者の地位にある乙会社に対し手形を振り出したというものであった。

　平成29年改正民法は，このような判例の考え方を明文化して，自己契約および双方代理の効果は無権代理と同様に扱うことにするとともに（改正民108条1項），自己契約および双方代理には該当しないが，代理人と本人との利益が相反する行為についても自己契約および双方代理の規律を及ぼすことにしている（改正民108条2項，会社356条1項3号参照）。なお，代理行為の相手方からの転得者との関係では，本人が転得者の悪意を主張立証した場合に限って本人は代理行為についての責任を免れることができるとする判例（前掲最判昭47・4・4参照）の考え方が平成29年改正民法のもとでも引き続き妥当することが想定されている。

## Ⅳ　意思表示成立上の瑕疵に関する一般原則

　民法93条以下の**意思表示の成立上の瑕疵に関する規定**（意思の不存在といわれる心裡留保，虚偽表示，錯誤に関する規定，および瑕疵ある意思表示といわれる詐欺，強迫に関する規定）**が手形行為に適用されるかどう**かについては争いがある（争点Ⅱ157参照）。手形行為は，不特定多数人の間を輾転流通すべき手形上の行為であり，手形所持人を保護 ★

する必要があるが，固定的な特定の当事者間の法律関係を予想した民法の規定では，その点必ずしも十分ではないと解されるのである。

## 1 学　説

(1) 修正適用説　従来，わが国においては，手形の流通性を確保するために民法の規定を修正して適用すべきであるとする説（修正適用説）をとる見解が多かった。すなわち，民法の意思表示成立上の瑕疵に関する規定のうち，善意の第三者保護についての規定のある心裡留保（現行民94条2項の類推），虚偽表示（現行民94条2項），詐欺（現行民96条3項）の場合には，手形行為にも民法を適用するが，そうでない錯誤（現行民95条），強迫（現行民96条3項の反対解釈）については，あるいは民法の規定の適用を排除し，あるいは錯誤，強迫についても民法の規定の適用を認めつつ，その無効，取消しは当事者間における人的抗弁にすぎないとして，善意の第三者を保護するのである。その根拠は，あるいは手形流通の保護の要請や外観信頼の保護の必要に求められており，あるいは手形行為における表示主義の優越が強調されている（なお，第1編第3章6(1)(ウ)，22頁参照）。

平成29年改正民法においては，錯誤の効果が「無効」（現行民95条）から「取消し」に変更されるとともに（改正民95条1項），第三者が行った詐欺による意思表示は，相手方が「知っていた」場合だけでなく（現行民96条2項），「知ることができた」場合にも取り消すことができるようになった（改正民96条2項。なお，心裡留保に関する現行民93条但書，改正民93条1項但書参照）。また，意思表示に意思の不存在，錯誤，詐欺または強迫がある場合に第三者が保護される要件が整備され，詐欺および錯誤による意思表示の取消しは，「善意」でかつ「過失のない」第三者に対抗することができないが

(現行民96条3項の改正，改正民96条3項，改正民95条4項の新設），通謀虚偽表示および心裡留保による意思表示の無効の場合には，第三者は，「善意」であれば保護されるものとされている（現行民94条2項の維持，改正民93条2項の新設による明文化）。したがって，平成29年改正民法のもとでも，強迫の場合には，善意の第三者を保護する規定はなく，また第三者を保護する規定がある場合にも，民法の規定を適用する場合と，その適用を排除（修正）して，たとえば，手形法17条による場合（第三者の無過失は要件とされていない，第3編第1章Ⅱ4(1)(ケ)，176頁参照）との違いは必ずしも解消していないと解される（なお，後述2参照）。

(2) 適用排除説　民法の適用を全面的に排除して，手形行為が有効に成立するためには，手形であることを認識し，または認識すべくして署名すれば足りるとする説（適用排除説）も有力である。

この説によれば，手形行為者が手形であることを認識して（または認識できる状態で）手形に署名していれば，意思の不存在，錯誤，詐欺，強迫などの民法の規定の適用は問題にならず，これらの規定を適用すれば，その意思表示が無効となり，または取り消すことができるような場合にも，手形行為者は手形債務を免れることはできないが，しかし，これを知っていた相手方に対しては，その権利行使を拒むことができると解されている。その理由付けは分かれるが，あるいは，①一般悪意の抗弁により，あるいは，②意思の不存在または瑕疵を人的抗弁事由とすることにより，または，③創造説（純正創造説）に立ち，手形権利移転行為には民法の規定の適用を認め，民法を適用すれば意思表示の瑕疵になるとされるような場合は権利移転行為の瑕疵にあたるとして（無権利の抗弁），悪意の相手方の権利行使を拒むことができるとされている。なお，この場合，善意の第三者は，人的抗弁の切断（上の①および②の場合）または善意取得

IV　意思表示成立上の瑕疵に関する一般原則

(③の場合) によって保護されることになる。

## 2　判　　例

　判例の動向はどうであろうか。判例は，従来，一方で手形行為も法律行為であるから，意思表示に関する民法の規定の適用がある（虚偽表示についての大判昭10・3・30新聞3833号7頁）としながら，他方，詐欺，強迫による手形行為取消しの抗弁などは，「人的抗弁として，善意の手形所持人には対抗できない」としてきたので（強迫について最判昭26・10・19民集5巻11号612頁，詐欺について最判昭25・2・10民集4巻2号23頁〔百選7〕，錯誤について同旨，最判昭29・3・9判タ40号15頁），前述した修正適用説によっていると解されてきた。

　なお，上記の昭和26年の最高裁判決（前掲最判昭26・10・19）などが，手形行為の取消し・無効の抗弁を「人的抗弁」としていることの意味は必ずしも明確ではないが，おそらくは，手形法17条の人的抗弁を考えていると解しておいてよいであろう（判決理由は，条文を引用していない）。しかも，判例は，民法の規定の適用によっても第三取得者の保護が一応実現できると考えられる詐欺，心裡留保などとの関係でも手形法17条によっているのではないかとも考えられる（前掲最判昭25・2・10，最判昭44・4・3民集23巻4号737頁〔百選15〕参照。ただし，大判昭8・12・19民集12巻2882頁および最判昭44・11・14民集23巻11号2023頁参照）。そうであるとすれば，結局，判例は，「手形行為の直接の当事者の間では民法の適用があるが，第三取得者との関係では民法の適用はなく，直接の当事者の間における意思表示の無効・取消しは第三取得者との関係では手形法17条の問題となる」としてきたことになる（争点Ⅱ157参照）。

　判例の見解をこのように解する場合，平成29年民法改正によっ

75

て，意思の不存在，錯誤，詐欺および強迫に関する諸規定が前述のように改正された後においても（前述1(1)参照），これらの諸規定は，手形行為の直接の当事者間においては適用されるが，第三者（第三取得者）との関係では民法の適用はなく，直接の当事者間における意思表示の無効・取消しは，引き続き，手形法17条の問題として処理されることになると解される。

もっとも，錯誤については，①従来，判例は，錯誤に関する規定が手形行為に適用があるとしながらも，具体的事案においては縁由の錯誤（動機の錯誤）と認定することによって，その適用される場合を限定してきたこと（たとえば，最判昭29・11・18民集8巻11号2052頁は，「手形の振出行為の要素に錯誤があるというのは，手形の振出行為の主要な内容自体に錯誤の存する場合を指すものであって，その振出行為の縁由に錯誤のある場合をいうものではない」とする），また，②最高裁判所が，手形金額に錯誤ある裏書の事案において，傍論としてではあるが，手形の裏書は手形であることを認識して署名した以上，有効に成立するとして，あるいは適用排除説によったとも解される判示をしていること（最判昭54・9・6民集33巻5号630頁〔百選6〕）が注目される。

この錯誤に関する最判昭和54年9月6日は，従来の最高裁判例とは異なる法的構成をとるものであって，手形行為における意思の不存在，意思表示の瑕疵に関する判例が今後どのように展開するかは，にわかに予測できないといわれている。他方，手形行為の縁由の錯誤（動機の錯誤）に関しては，平成29年改正民法には動機の錯誤に関する明文の規定がおかれた（改正民95条1項2号・2項）。このことは手形行為の動機の錯誤の取扱いに影響を与えるであろうか。

動機の錯誤に関する平成29年改正民法の規定は，「錯誤は，意思の欠缺（不存在）であり，したがって，動機の錯誤は，民法95条の

IV 意思表示成立上の瑕疵に関する一般原則

錯誤には該当しないが,例外的に動機が表示されて意思表示の内容となるときには,法律行為の要素となり民法95条の錯誤となる」とする判例法理を明文化したものであるといわれている。なぜ,従来の判例は,手形行為に関しては,縁由の錯誤(動機の錯誤)は要素の錯誤とはいえない,としてきたのであろうか(前掲最判昭29・11・18参照)。あるいは,手形行為の場合には,意思表示は必ず書面を通じて行われなければならず,手形行為にあっては,手形上の記載をもって意思表示の内容とするものであり(手形行為の書面性,文言性。第2章Ⅰ1,48頁・Ⅲ1,52頁),しかも手形の記載事項は厳格に法定されているので(手形行為の要式性。第2章Ⅰ1,48頁),手形行為に関しては「動機が表示されて意思表示の内容となる」ということが考えにくかったのではないかとも考えられる。なるほど改正民法95条2項も「表示」を要求しているが,これは,手形行為の場合にも,動機との関係において書面による表示を必要とするものではないであろう。動機の錯誤の法的理解とも絡む問題ではあるが,手形行為にも改正民法95条1項2号・2項の適用があると考えることもできるであろう。

## 3 電子記録債権と意思表示の無効または取消しの特則

電子記録の請求も意思表示であるから,民法の意思表示成立上の瑕疵に関する規定(民93条~96条)の適用がある。民法の意思表示成立上の瑕疵に関する規定には,錯誤や強迫の場合のように第三者保護規定のないものがあるが(平成29年改正民法においては,錯誤による意思表示は取り消すことができるものとされ,第三者保護の規定も設けられている,改正民95条1項・4項),電子記録債権の取引の安全を確保するためには,電子記録の請求における相手方に対する意思表示が無効であり,または取り消された場合であっても,善意で電子

記録債権を取得した者を保護する必要がある。手形の場合には、この問題は、判例・学説に委ねられてきたが、電子記録債権法は、意思表示の無効または取消しに関する特則を設けて、そのような意思表示が無効または取り消された場合にも、電子記録債権を取得した第三者が善意でかつ重大な過失がなければ保護するものとした（現行電子債権12条1項。第1編第3章6(1)(ウ)、22頁および第3編第1章Ⅱ2(7)、151頁参照）。

特則は、具体的には、現行民法に明文の第三者保護規定のない心裡留保または錯誤による無効の場合の第三者および詐欺、強迫による取消し後の第三者に限って、その対象としている（現行電子債権12条1項）。虚偽表示や詐欺による取消し前の第三者に関しては、現行民法は規定の文言上は、善意のみを主観的要件としているので（現行民94条2項・96条3項）、一律に善意・無重過失を要件とすると規定の文言上はかえって第三者を保護する要件が厳しくなるからである。また、強迫による取消し前の第三者については、民法に第三者保護規定がないことを考慮して、取消し後の第三者のみを特則によって保護するものとしたのである。

平成29年改正民法においては、錯誤の効果が取消しに変更され（改正民95条1項）、意思表示に意思の不存在、錯誤または詐欺がある場合に第三者が保護される要件が改正され、詐欺および錯誤による意思表示の取消しの場合には、善意でかつ過失のない第三者に対抗することができないものとされた（改正民96条3項、改正民95条4項の新設）。通謀虚偽表示および心裡留保による意思表示の無効の場合には、第三者は、善意であれば保護されるものとされている（現行民94条2項の維持、改正民93条2項）。これを受けて、電子記録債権法12条も、錯誤および詐欺による意思表示の取消しの場合の第三者を対象とするものとなり（なお、強迫による意思表示の取消しにつ

IV 意思表示成立上の瑕疵に関する一般原則

いては，取消し後の第三者だけが対象とされている。改正電子債権12条1項括弧書)，条文の見出しも，従来の「意思表示の無効又は取消しの特則」から「意思表示の取消しの特則」に変更されている。

なお，電子記録債権の発生（譲渡）の効力発生要件としての当事者の意思表示は，当事者双方の電子記録の請求の意思表示のみで足りるのか，それとも当事者間の契約が別途必要なのかに関しては争いがある（第1章Ⅲ3，46頁参照）。上の説明は，電子記録の請求の意思表示のみで足り，それ以外に当事者間の契約や合意が成立することは要件ではないとする見解を前提にするものであるが，このような見解も，電子記録の請求という1個の意思表示の中に，電子債権記録機関に対して電子記録をすることを求める意思表示のほかに，相手方との間で当該電子記録によって生じる法律効果を生じさせる意思表示（相手方に対する意思表示）も行われていると説明している（第1章Ⅲ3，46頁参照）。この考え方によれば，電子記録債権法12条に「電子記録の請求における相手方に対する意思表示」という場合の意思表示は，電子債権記録機関に対する意思表示ではなく，電子記録の請求における相手方に対する意思表示を問題にするものであり，「相手方」とは，電子記録の相手方当事者を指すものである。

この第三者保護規定は，①第三者が支払期日以後の電子記録債権の譲受人である場合，および②意思表示の無効または取消し（平成29年の民法改正に伴って改正された電子記録債権法12条は，前述のように，意思表示の取消しの特則を定めるものであり，無効の場合の特則はなくなった）を対抗しようとする者が個人事業者である旨の記録をしていない個人である場合には，適用されない（電子債権12条2項・16条2項9号・18条2項2号・32条2項5号。なお，電子債権16条4項・18条3項・32条4項参照)。

# 第5章　他人による手形行為

## I　他人による手形行為

　手形行為は，代理人により，または他人に記名捺印を代行させて行うことができる。これは，いずれも代理人または機関としての他人を用いて手形行為を行う場合であるので，両者を総称して「他人による手形行為」と呼ぶことがある。

### 1　手形行為の代理
　手形行為の代理（代理方式の手形行為）については，手形法は無権代理人の責任に関する規定（手8条，小11条）を有するのみであり，その方式，効力などについては一般原則によることになる。
　(1)　代理の方式　　手形行為を代理人によってなす場合には，「A代理人B（Bの署名）」という方式で代理人は署名しなければならない。すなわち，①本人の表示（効果は本人であるAに帰属させる趣旨であり，手形債務者の表示ともいえる），②代理関係の表示（A代理人B，Aを代理してB，A支配人B，A支店長B，A営業部長B，A後見人Bなど，代理人としての資格で手形行為をなしたものと認めるに足る記載を要する。大判明40・3・27民録13輯359頁参照），③代理人の署名（代理人Bが意思表示者であるから，手形行為の書面性から当然B自身の署名を要する）を必要とする。これを要するに，手形行為は書面行為であるから，**代理人は手形上，「本人のためにすることを示して」**（代

理の顕名主義の要請。民99条。なお，民100条および商504条参照)，**代理人自ら署名して**行わなければならないのである。代理人が代理の方式によらず，単に自己の署名のみを行った場合には，本人は責任を負わず，代理人自身が手形上の責任を負うことになる。手形上は，代理人自身の手形行為が認められるだけだからである。

(2) 法人（会社）の代表の方式とその解釈　法人（たとえば会社）が手形行為をするときの署名の方式は，代理と同様であり，たとえば，「株式会社A代表取締役B（Bの署名）」というように法人（会社）名を表示し，代表関係を表示して，代表者が署名しなければならない。したがって，会社の代表機関が直接に会社の名称を記載して会社の印章（会社印）を押すことによって行う「甲株式会社（会社印）」という方式（例1）では，会社の手形署名の方式としては不十分である（裏書署名についての最判昭41・9・13民集20巻7号1359頁〔百選2〕参照)。およそ法人の行為は，代表機関の行為によってのみ実現されるものであり，書面行為である法人の手形行為にあっては，手形上そのことを明らかにする必要があるからである。

代表関係の表示を欠く，「A株式会社B（Bの署名）」という署名の場合（例2）はどうであろうか。このような署名は方式に従ったものではないから無効であるとすることも考えられるが，わが国では一般に多義的な署名（会社のためになされたものか，代表者個人のためになされたものか不明な署名）と解されている。手形行為の内容は，手形上の記載から決定しなければならないが（手形客観解釈の原則。第2章Ⅲ2，53頁参照)，これは解釈資料不足で断定的な解釈をなしえない場合といえる。判例は，このような場合には，「手形所持人は，法人および代表者個人のいずれに対しても手形金の請求をすることができ，請求を受けた者は，その振出が真実いずれの趣旨でなされたかを知っていた直接の相手方に対しては，その旨の人的抗弁

81

第2編　第5章　他人による手形行為

**例1　約束手形──「甲株式会社(会社印)」なる署名の例**

**例2　約束手形──代表関係の表示を欠く会社の署名の例**

を主張しうる」と判示している（最判昭47・2・10民集26巻1号17頁〔百選4〕，争点Ⅱ163）。

## 2　機関による手形行為

他人（たとえば，家族，従業員など）を機関として用いて記名捺印

82

を代行させることによって，手形行為が行われることがある。法的には，本人自身の手形行為があると考えられる場合であり，これを「機関による手形行為（機関方式の手形行為）」と呼んでいる。このような場合には，①他人が本人の指図に従って機械的に手形書面を作成する場合と，②一定の権限を与えられた代理人（たとえば一定の範囲の取引をなす権限とそのために手形行為をなす権限を与えられた商業使用人）が自己の判断に基づいて，しかし代理の方式によらないで，直接，本人の記名捺印を行って手形行為を行う場合とがありうる。後者は，実質的には代理であるともいえるが，代理関係の表示も，意思表示者の署名も手形上に表れていないから，手形行為の代理の方式と解することはできない（手形行為の書面性。ただ，本人と代行者との関係は事実上代理と異ならないから，必要に応じて代理の規定を類推適用してよいであろう。なお，最判昭37・7・6民集16巻7号1491頁参照）。

なお，機関による手形行為は，記名捺印が他人によって代行できるものであることを当然の前提にしている。他方，自署は，本人の筆跡を表すものであるから他人による代行（代書）はありえない（第1章II2(3)，41頁。ただし，自署の代行による振出署名のある手形も基本手形としての方式は備えている）。判例は，自署の代行をふくめて「署名の代理」を認めているとされることがあるが，判例の事案は，実は多くは記名捺印の代行についてのものであると指摘されている。

## II 手形行為と無権代理

代理方式の手形行為があっても，手形上に本人として表示されている者が本人としての責任を負うには，代理人として署名した者が

代理権を有しており，しかもその代理権の範囲内で行為していたことを要する。このような代理権が認められなければ，無権代理であり，代理権の範囲を超えて代理行為が行われていれば，超権代理（越権代理）である。

## 1 無権代理

(1) 本人とされた者の責任　無権代理の本人は，原則として手形上の責任を負わない。ただし，次の場合には，例外的に本人が責任を負う。①本人が追認をするとはじめに遡って本人に対して効力を生ずる（民116条・113条1項）。追認は，前述（第4章Ⅰ2(2)，70頁）のように，直接の相手方または所持人に対してなしうるが，無権代理人に対してもなしうると解される（民113条2項参照）。また，②本人は，表見代理（民109条・110条・112条）の成立する場合にも，手形上の責任を負うことになる（後述Ⅲ，88頁以下参照）。

(2) 無権代理人の責任　代理権を有しないのに代理人として署名した者は，証券（手形）上自己の名において手形行為をした者ではないから，手形行為に基づく手形上の責任を負う理由はない。し
★ かし，法は，**善意の第三者を保護するために無権代理人に手形上の責任を負わせている**（手8条1文）。この手形法8条の責任は，無権代理人が本人を法律効果の帰属者として表示したことに対する「一種の担保責任」であるといわれている。この責任は，代理権の欠缺があれば，法律上当然に認められ，本人に追認を求めることを要しないで直ちに追及することができるが，本人の追認によって消滅する。代理権の有無についての立証責任は，無権代理人が負うと解されている（無権代理人の責任を免れようとする代理人が代理権の存在することを立証しなければならない）。また，手形法8条の無権代理人の責任は，善意の第三者を保護するためのものであるから，無権代理人は，所

持人の悪意を抗弁として主張することができると解される（なお，無権代理行為自体に瑕疵があり，あるいは無権代理人が行為能力を欠く場合には，無権代理人は責任を負わない）。

手形法8条は，本来，本人が実在し，代理人が代理権を有すれば本人が手形上の責任を負ったであろう場合についての規定と解されるが，本人が権利能力または行為能力を欠き，あるいは実在しない場合にも，手形法8条を類推適用すべきであろう（実在しない法人の代表者名義で手形を振り出した者に手形法8条を類推適用した最判昭38・11・19民集17巻11号1401頁参照）。

なお，手形法8条による無権代理人の責任は，手形法に特有な法定責任であり，民法117条の適用を排除すると解される。また，無権代理人の手形法8条による責任と，表見代理による本人の責任とは，責任の根拠を異にするので，互いに排斥するものではない。表見代理が成立すると認められる場合であっても，手形所持人はこれを主張しないで，無権代理人の手形法8条の責任を問うこともできる（最判昭33・6・17民集12巻10号1532頁〔百選11〕）。

## 2 超権代理（越権代理）

超権代理の場合にも，代理人には無権代理の場合と同様の責任が認められている（手8条3文）。すなわち，超権代理（越権代理）の場合，本人は超権部分については責任を負わず，代理人が全額について手形上の責任を負う。たとえば，100万円までの手形行為の代理権限の与えられている代理人が，150万円の手形を代理の方式で振り出すと，本人は代理権を与えている100万円について責任を負い，代理人は手形金額の全額（150万円）について責任を負うものと解される。これに対して，無権代理人の責任は，本人の責任に対する補充的な責任であるとして，本人は授権の範囲（100万円）に

おいて，代理人は越権の範囲（50万円）において責任を負うとする見解もあるが，手形取得者の利益保護を考えると前説によるべきであろう。

### 3　無権代理人（超権代理人）の地位

手形法8条により責任を負う無権代理人および超権代理人は，代理権があったとすれば，本人が負担したであろうのと同じ責任を負うが（手形債務者として，本人が主張できたはずの抗弁をもって対抗できるとともに，無権代理人自身の責任であるから，無権代理人自身の抗弁も主張できる），他方，その支払をしたときは，本人と同一の権利を取得する（手8条2文）。したがって，たとえば無権代理人が裏書署名をした場合には，本人が負担したであろうのと同一の遡求義務を負うが，その支払をすれば，本人と同一の手形上の権利を前者に対して取得することになる。無権代理人は，本人と同一の権利を取得するのであるから，手形上の権利者として自己に対する人的抗弁のほか本人に対する人的抗弁（ただし，手形関係に直接関連するものに限るべきであろう）の対抗をも受けることになる。もっとも，このような無権代理人の多くは，無権限で手形を処分してその対価を着服した者であろう。この場合，本人は，無権代理人が取り立てるのを待って手形金額を不当利得として返還請求することは当然できるが，手形そのものの返還請求もできると考えてよいであろう。

### 4　無権代理と代理権限の濫用

代理人（代表者）が代理権（代表権）を濫用して，その個人的利益（自己または第三者の利益）をはかるために手形行為を行うことがある。この場合，本人（会社）は，善意の手形所持人に対しては手形上の責任を免れないはずである。無権代理でも超権代理でもないか

らである。

　ただし，相手方が代理権限濫用の事実について悪意の場合には，本人は責任を免れると解されているが，現行民法には代理権濫用行為に関する規定がおかれていないので，これをどのような法律構成によって説明するかについては議論があった。判例は，民法93条但書を類推適用して，本人において相手方（直接の相手方）の悪意または過失を立証したときには，その権限濫用行為は無効になり，本人は相手方に対しては責任を免れるが，手形を裏書譲渡によって取得した第三者に対しては，手形法17条但書の規定に則り，手形所持人の悪意を立証してのみその責任を免れうるとしている（包括的代理権を有する農業協同組合の参事の代理権濫用による手形の振出についての最判昭44・4・3民集23巻4号737頁〔百選15〕。なお，最判昭44・11・14民集23巻11号2023頁参照）。

　これに対して，代理権の濫用の場合にも行為の効果は本人に帰属するが，本人は権限濫用の事情を知っている直接の相手方に対しては，権利濫用または信義則違反を理由に履行を拒むことができるのであり，このことは当事者間の人的関係に基づく抗弁であって善意の第三取得者には対抗できない，と説く有力な見解も見られた。

　平成29年の改正民法は，上記の判例を受けて，代理権濫用行為を無権代理とみなす明文の規定を設けた（改正民107条）。代理権濫用行為を無権代理とみなすための相手方の要件については，判例を受けついで，相手方が代理権濫用の目的を知り，または知ることができたとき，と規定されたが，代理権濫用行為の効果は，無効ではなく，無権代理とみなすこととされた。これにより，本人による追認（民113条）や代理人に対する責任の追及（民117条）などをすることが可能となり，より柔軟な解決を図ることができると考えられている。

## 5 電子記録債権と無権代理人の責任

電子記録の請求も意思表示であるから、他人のために電子記録の請求をする場合には、民法の代理に関する規定が適用される（民99条以下参照）。したがって、他人のために電子記録の請求における相手方に対する意思表示をした者に権限がない場合には、本人が追認（民116条）または表見代理（民109条・110条・112条）などによって責任を負う場合を別として、本人は責任を負わない（民113条1項）。

電子記録の請求をした無権代理人は、民法117条1項によって責任を負うが、民法によれば、代理人として契約した者が代理権を有しないことを相手方が知っていたとき、または過失によって知らなかったときには、無権代理人は責任を免れることになっている（現行民117条2項、改正民117条2項1号・2号）。これに対して、電子記録債権法は、電子記録債権の取引の安全を確保するために特則を設けて、電子記録の請求における相手方に対する意思表示については、電子記録の請求をした者が代理権を有しないことを相手方が知っていたとき、または重大な過失によって知らなかったときに限って無権代理人は責任を負わないことにしている（電子債権13条）。なお、ここでも、前述の意思表示の（無効または）取消しの特則（電子債権12条）の場合と同様に、「電子記録の請求における相手方に対する意思表示」が問題とされていることが注目される（第1編第3章6, 22頁および本編第4章Ⅳ3, 77頁以下参照。なお、権限がない者の請求に基づいて電子記録をした電子債権記録機関の責任に関しては、第6章Ⅰ5, 95頁参照）。

# Ⅲ 手形行為と表見代理

手形行為についても民法の表見代理の規定（民109条・110条・112

条）の適用が問題となる。ただ，手形行為は，輾転流通する手形上にされる書面行為であること，わが国では機関方式でなされる手形行為の多いことなどにより，民法の表見代理規定の手形行為への適用にあたっては，特有の問題を生ずることになる（争点Ⅱ159）。

## 1 機関方式の手形行為と表見代理規定の適用

手形行為は，いわゆる機関方式（代行方式）で行われることが少なくない。記名捺印を代行した者にその権限がない場合は，偽造にあたると解すべきであるが，かつての判例は，無権限の機関方式の手形行為にも無権代理と解すべき場合があるとしていた（第6章Ⅰ2，93頁）。いずれと解するにせよ，無権限の機関方式の手形行為に表見代理の規定を適用または類推適用（最判昭43・12・24民集22巻13号3382頁〔百選13〕は偽造の場合に表見代理の規定を類推適用している）するためには，各表見代理規定の適用要件が備わっていなければならないが，機関方式の手形行為の場合には，すでにその点に問題がある。すなわち，表見代理が成立するためには，無権代理行為の相手方に，その手形行為は代理人によって行われたとの認識があり，そして，その代理人が代理権を有していると信じていたことが必要である。しかし，機関方式の手形行為の場合には，相手方には，むしろ，このような認識も信頼もないことが多いであろう。考えられるのは，記名捺印は誰がしたか知らないが，とにかく真正であろう，と信じたということである（本人が真正に手形行為をしたという信頼）。民法110条についての最高裁判所の判例は，機関方式の手形行為の事案についても相手方に本人が真正に手形行為をしたものと信ずべき正当の事由のあるときは，民法110条を類推適用するものとしている（最判昭39・9・15民集18巻7号1435頁）。いずれにせよ，交付契約説の立場では，表見代理の成否は交付の段階をとらえて考えれ

ばよいであろう。記名捺印を誰が行ったかは問題ではなく，形式の整った手形を権限のある者が交付すれば足りるのであり，交付権限の瑕疵は表見代理の規定によって救済されると考えるのである。

## 2 手形行為の表見代理と第三者

以上，1において取り上げた問題は，もっぱら機関方式の手形行為と表見代理規定の適用に関するものであるが，これに対して，機関方式の手形行為だけでなく，代理方式の手形行為の場合にも問題となるのは，表見代理の各規定にいう「第三者」の範囲である。表見代理規定にいわゆる「第三者」とは，無権代理行為の直接の相手方に限り，その後の手形取得者（第三取得者）は，これにあたらないとするのが大審院以来の判例の立場である（たとえば，最判昭36・12・12民集15巻11号2756頁〔百選10〕）。これは，たとえば，民法110条にいう「正当な理由」のような事情は，手形授受の際の具体的事情をいうのであり，原則として直接の相手方以外の第三取得者には認められないからであると説明されている（民法112条につき，大判昭8・11・22民集12巻2756頁参照）。ただ，「第三者」かどうかは，手形上の形式的記載からではなく，実質的に判断すべきであるとされている（最判昭45・3・26判時587号75頁，前掲最判昭39・9・15参照）。

これに対して，多数の学説は，手形流通の保護の必要を強調して，「第三者」には直接の相手方以外の第三者をも含むと説いている。しかし，仮に，このように第三者の範囲を広く解しても，そのような第三取得者について上に述べたような表見代理規定の適用要件が充足されることは必ずしも多くないであろう。特に，機関方式の手形行為の場合に，第三取得者が表見代理の要件を充足することは困難である。そこで，第三者には第三取得者も入るとする下級審の判

決には，たとえば民法110条の「正当の理由」を（民法110条の「正当な理由」に対応する平成16年改正前民法110条の文言は，「正当ノ理由」であった）「手形が権限ある者により真正に振り出されたものと信じ，かく信ずるについて正当の理由を有していた」との意味に解するものも見られる。

なお，このように第三取得者を表見代理の規定によって保護することは多くの場合には困難なので，学説には権利外観理論によって第三取得者の保護をはかろうとする見解も少なくない。

また，判例の立場に立っても，直接の相手方について表見代理が成立するときは，その後の手形取得者はその善意悪意を問わず当然保護されることになる。第三取得者は，前者の権利を承継するからである（大判大12・6・30民集2巻432頁，最判昭35・12・27民集14巻14号3234頁）。

## 3 民法715条による手形所持人の保護

無権代理や偽造は，本人や被偽造者の使用人によって行われることが多いので，判例は，本人または被偽造者に民法715条の使用者責任（不法行為責任）を負わせることによって，表見代理の規定が適用（類推適用）できない場合にも，そのような手形の第三取得者の保護をはかることが少なくない。

民法715条の適用にあたっては，同条にいわゆる「事業の執行について」の解釈が争われており，判例は，いわゆる外形理論（外観標準説）をとっている。すなわち，「事業の執行について」とは，被用者の職務の執行行為そのものには属しないが，その行為の外形から観察して，あたかも被用者の職務の範囲内の行為に属すると見られる場合をも包含するものである，とする（最判昭36・6・9民集15巻6号1546頁〔百選18〕。協同組合の理事長の記名印，印鑑等を保管し

ていた者が，それを使用して権限なくして手形を振り出した事例)。この
ような判例の見解によれば，被用者がその地位を濫用した場合はもちろん，多かれ少なかれ手形の作成事務に関与する地位にいた場合には，その者が無権限で手形行為をしたときは，使用者は，民法715条による責任を負わされることになる（最判昭40・11・30民集19巻8号2049頁。これは，かつて手形作成準備事務を担当していた係員が手形を偽造した事例である。さらに，やはり，被用者による偽造の事例である最判昭43・4・12民集22巻4号889頁参照)。

　もっとも，このような場合に外形理論によることに対しては，手形の第三取得者は「実際に記名捺印や交付をしたのが誰であるかを知らずに手形を取得するのが通常であるのに，偽造者の職務の範囲内の行為であることについての信頼の保護を問題にすることが妥当であろうか」といった問いかけもなされている。

# 第6章　手形の偽造，変造，抹消・毀損・喪失

## I　手形の偽造

### 1　偽造の意義

　手形の偽造とは，権限なくして他人名義の署名をもって（他人の名義を偽って・冒用して）手形の記載をなし，手形行為をなすことをいう。手形行為の主体を偽るものであり，手形行為の内容を偽る変造と区別される。振出人の署名を偽って手形を振り出す場合をはじめ，他人の名義を偽って裏書，引受，保証などの手形行為をするのは，いずれも偽造である。仮設人の署名（手7条参照）も偽造の一場合である。偽造の印章または盗取した印章などを用いて他人名義の記名捺印をするのが一般的な偽造の方法であるが，他人の署名のある書面を無権限で手形署名に利用するのも偽造である。

### 2　偽造と無権代理の区別

　他人による手形行為を形式のうえから，代理方式の手形行為と機関方式の手形行為に分ける前述のような考え方を前提として（第5章I，80頁以下参照），①無権限者が代理方式による手形行為をした場合が無権代理であり，②無権限者が機関方式による手形行為をした場合が偽造である，とする見解が学説においては有力である。これに対して，かつての判例は，記名捺印の代行をも有効な代理の方

式と認め，無権限者が記名捺印を代行して手形行為をなした場合には，署名をした者に「本人のためにする意思」があれば無権代理であり，「本人のためにする意思」のない場合には偽造であると解していたといわれる（大判昭8・9・28新聞3620号7頁参照）。もっとも，その後，最高裁判所の判例は，偽造と無権代理の区別についての従来の考え方を改め，学説のそれに従ったのではないかとも解される表現を用いるに至っている（手形の偽造の場合にも民法110条の類推適用があるとした最判昭43・12・24民集22巻13号3382頁〔百選13〕参照）。

### 3　手形の被偽造者の責任

被偽造者は，手形行為をなしていないのであるから，手形行為に基づく責任は負わない。ただし，①追認，②表見代理（民109条以下），③使用者責任（民715条。第**5**章Ⅲ3，91頁参照）などにより責任を負うことはある。かつては，無権代理と偽造の相違として，被偽造者には，民法の表見代理の規定の適用はなく，また，その追認は，遡及効のある民法113条の追認（民116条参照）ではなくて，民法119条の追認であると理解されていたようであるが，その後，判例は，偽造の場合にも民法の表見代理の規定の類推適用を認め（前掲最判昭43・12・24），また遡及効のある追認を認めるに至っている（最判昭41・7・1判タ198号123頁，無権限で記名捺印の行われた事例。なお，争点Ⅱ161参照）。その限りでは，偽造と無権代理を区別する意味は以前ほど大きくないといってよいであろう。

### 4　手形偽造者の責任

権限なく他人名義（または仮設人名義）で手形行為をした者は，手形所持人に対して手形上の責任は負わないとするのが，かつての判例（大判大12・3・14民集2巻103頁），通説の考え方であった。手形

上，偽造者の署名はなく，偽造者の手形行為はないからである。不法行為責任は別として，本人としての責任はもちろん，手形法8条の責任も負わないと解されていた。これに対しては，手形法8条の場合との対比において，手形法8条の無権代理人の責任は，名義人本人が手形上の責任を負うかのように表示したことに対する「一種の担保責任」であるが（第5章Ⅱ1(2)，84頁参照），偽造者も無権代理人も，他人が手形行為の主体であるかのような表示を無権限で行った点では全く同じであり，それにもかかわらず偽造の場合に偽造者は手形上の責任を負わないとすることは，無権代理の場合と比べ均衡を失するとして，偽造者に責任を認める見解がかねてから有力であった。最高裁判所もその後，このような考え方を採用し，**偽造者は手形法8条の類推適用により手形上の責任を負う**とするに至っている ★（最判昭49・6・28民集28巻5号655頁〔百選17〕，争点Ⅱ160）。

なお，一部の有力な学説は，偽造者は他人または仮設人の名を「自己を表示する名称」として用いたのであり，したがって自ら手形行為をした「本人」として責任を負うべきであると主張している（いわゆる偽造者行為説）。ただ，このような見解は，署名において表示すべき名称は署名者の名称またはその慣用する名称でなくてもよいとする立場を前提とするものであって（第1章Ⅱ2(1)，39頁参照），いわゆる手形署名の必要とされる客観的理由（第1章Ⅱ1(2)，39頁参照）を無視するものであることに注意すべきである。しかも，偽造者には，通常，手形上自己を表示する意図は認められないであろうから，このような見解は，あまりにも偽造者の主観的意図とかけ離れた理論構成であるといわざるをえない。

## 5 他人になりすました者による電子記録の請求

他人が本人になりすまして，他人の名義を冒用して電子記録にお

ける意思表示をすることがある。これもまた，無権代理人による電子記録における意思表示の場合と同じく，権限のない者による電子記録の請求がなされた場合であり，無権代理の場合と同様に取り扱うべきである。民法の代理に関する規定が類推適用され，本人になりすました者も相手方に対して責任を負う（第5章Ⅱ5，88頁参照）。

　他方，電子債権記録機関は，電子記録の請求があったときに本人確認や代理権を有することの確認等をする義務を負っており，それを怠って第三者に損害を与えた場合には，不法行為（民709条）による損害賠償の責任を負うことになるが，電子記録債権法においては，無権代理人または他人になりすました者の請求によって電子記録を行った電子債権記録機関は，その代表者，使用人その他の従業者がその職務を行うについて注意を怠らなかったことを証明しない限り，これによって第三者に生じた損害を賠償する責任を負うものとされている（電子債権14条。なお，第1編第3章6(1)(カ)，24頁参照）。

　電子記録債権に対する信頼は，電子債権記録機関が請求権限を有する者による請求かどうかを確認する義務を適正に果たして履行しているかどうかにかかっているから，電子記録債権法の立法にあたっては，民法の不法行為責任よりも厳格な責任を電子債権記録機関に負わせることが検討されたが，他方，権限のない者による請求は，請求の名義人の側の過失（たとえば，ずさんなパスワードなどの管理）に原因があることもあるので，電子債権記録機関に無過失責任を負わせるのは妥当でないとして，不実の電子記録等の場合の電子債権記録機関の責任（電子債権11条）と同様に過失の証明責任を転換することにしたものである。

## Ⅱ　手形の変造

### 1　変造の意義

手形の変造とは，既存手形の記載内容を権限なくして変更することをいう（最判昭41・11・10民集20巻9号1697頁参照）。偽造が手形行為の主体を偽るのに対して，変造は手形行為の内容を偽るものである。変造の対象となる記載は，手形要件（第3編第1章Ⅰ1(2)，106頁以下）に限らず，手形債務の内容をなす一切の事項である。方法は，訂正，付加，抹消など，これを問わない。したがって，たとえば，為替手形の振出人の記載した裏書禁止文言（手11条2項）を受取人が権限なく抹消する場合，約束手形振出人の署名の上頭に保証と記入する場合，手形金額，支払期日などが権限なく変更される場合など，いずれも変造である。

これに対して，権限に基づく記載（たとえば手27条）は変造ではなく，全手形関係者の同意のある変更も変造ではない。一部の手形関係者の同意を欠く場合にも，同意した者との関係では変造ではない（大判昭12・11・24民集16巻1652頁）。さらに，白地手形の不当補充（第3編第1章Ⅰ3(3)(ｲ)，130頁）も既存手形の記載の変更とはいえないから，変造にはあたらない。

### 2　変造の効果

手形法69条（小50条）によれば，**変造後の署名者は変造された文言に従って責任を負い，変造前の署名者は原文言に従って責任を負う**ものとされている。たとえば，満期の変造前に署名した遡求義務者は，変造前の満期を基準とする遡求権保全手続を条件として責任を負い（最判昭50・8・29判時793号97頁〔百選19〕），変造後の署名者は，変

★

更された満期を基準とする保全手続を条件に責任を負うことになる。もっとも，手形法69条は，「手形行為者の責任は，手形行為時の手形の記載内容に従う」という，いわゆる手形の文言性から当然のことを変造との関係で規定するものにすぎないといわれている。

なお，受取人欄の記載の変更も変造になるとするのが判例である（前掲最判昭41・11・10）。しかし，多くの説は，その場合にも裏書の形式で判定すべき手形法16条1項にいう裏書の連続は認められるものと解している（最判昭49・12・24民集28巻10号2140頁〔百選51〕，争点Ⅱ179。なお，最大判昭45・6・24民集24巻6号712頁〔百選52〕参照）。もっとも，このような理解に対しては，強い批判がある。これについては，後述に譲る（第3編第1章Ⅱ3(6)，166頁参照）。

### 3 変造と立証責任

手形所持人が，訴訟において手形上の権利の請求をするときには，請求原因として被告の手形行為の内容を主張，立証しなければならない。このことは変造のある手形についても同じである。その意味で手形変造のある場合にも，手形債務者が手形行為をした時の文言の立証責任（証明責任）は，原告である所持人の側にあるということになる（最判昭42・3・14民集21巻2号349頁〔百選21〕）。いずれにせよ，変造は，権利関係の得喪変更を生ずる要件事実ではなく，したがって，それについて厳密な意味で立証責任を考えることはできない。

### 4 署名者に原因のある変造

鉛筆で手形要件を記載するなど（前掲最判昭42・3・14参照），署名者によって変造されやすい不用意な記載がなされた場合の取扱いが問題となる。

たとえば，鉛筆による記載の場合には，いまだ確定的な記載がないとして白地補充権の授与の一場合と構成するのも一つの解決方法ではある。

　しかし，そのような例に限らず，およそ一般に変造されやすい不用意な方法で手形に記載を行ったために手形の変造を容易ならしめた者は，変造の事実を知りえないで変造後の文言に信頼した手形取得者に対しては，権利外観理論によって変造後の文言による責任を免れないと説く者も少なくない。

## 5　変更記録が無効な場合における電子記録債務者の責任

　電子記録債権の内容は意思表示によって変更することができるが，電子記録債権の内容の意思表示による変更は，原則として変更記録をしなければ，その効力を生じない（電子債権26条）。これは，電子記録債権の発生に発生記録（電子記録）が要件とされているのと同様である。

　変更記録が，その請求の無効，取消し，その他の事由により無効な場合（たとえば，変更記録の請求の意思表示が虚偽表示等により無効であったり，詐欺等によるものであったので取り消された場合，なりすましや無権代理人によって変更記録の請求がなされた場合，ハッキング等不正な手段によって債権記録の内容が改ざんされた場合など変更記録が効力を有しないすべての場合）における電子記録債務者の責任が問題となる。このような場合の電子記録債務者の責任に関しては，手形が変造された場合の手形行為者（署名者）の責任（手69条）と同様の取扱いがなされている（第1編第3章6(5)(エ)，26頁参照）。

　すなわち，無効な変更記録の前に債務を負担していた電子記録債務者は，原則として変更記録前の債権記録の内容に従って債務を負担する（電子債権30条1項本文）。ただし，その変更記録の請求にお

ける相手方に対する意思表示を適法にした者の間においては，その意思表示をした電子記録債務者は，変更記録以後の債権記録の内容に従って債務を負担するものとされている（電子債権30条1項但書）。たとえば，電子記録債権の債権額を増額する変更記録がされ，債権者と債務者による変更記録の請求は適法であったが，電子記録保証人による請求だけが無効であったような場合には，有効な請求をした債務者についてまで変更記録の効力を否定する必要はないからである。

　他方，無効な変更記録の後に債務を負担した電子記録債務者は，その変更記録後の債権記録の内容に従って責任を負う（電子債権30条2項）。たとえば，無効な変更記録の請求によって発生記録の債権額が減額された後に電子記録保証をした者は，無効な変更記録ではあっても，その変更記録の内容を前提として債務負担の意思表示をしているのであり，変更記録の効力を否定して減額の変更記録前の債務を保証するものであるとすることは，この電子記録保証人に不測の不利益を被らせることになるからである。

## Ⅲ　手形の抹消，毀損および喪失

　手形記載事項の抹消，毀損は，変造の一方法でもあるが，しかし，その結果手形要件を欠くことになる場合は「手形の抹消，毀損」である。抹消，毀損の程度がはなはだしく，手形の同一性が認識できなくなれば「手形の喪失」の一場合として，滅失，盗難，紛失と同様に取り扱われる（第3編第1章Ⅶ，228頁以下参照）。これらの場合にも，記載事項の抹消または毀損前の署名者が，当然に責任を免れるものでないことは，変造の場合と同じである。手形署名者は，手形行為の時の手形の記載内容に従って責任を負うのである。もちろ

ん，手形権利者が，権利放棄の意思をもって故意に抹消，毀損した場合に手形上の権利が消滅することは，いうまでもない。

第3編 各　　　論

# 第1章　約束手形

## I　約束手形の振出

　約束手形の振出とは，振出人が法定の要件を備えた証券（約束手形）を作成して，これを受取人に交付することをいう。約束手形を作成するためには，振出人は証券に法定の事項を記載して署名しなければならない（手75条）。この法定の記載事項および振出人の署名を手形要件といい，このようにして振り出された手形を基本手形という。

### 1　基本手形
(1)　基本手形　　(ア)　意義とその記載事項　　手形上の法律関係は，振出によって作成される手形を基礎として，そのうえに展開される。そこで，振出によって作成される手形を全手形関係の基礎となる手形という意味で基本手形と呼んでいる。

　**基本手形の記載事項は，手形要件と要件以外の事項に分けることができ**　★　**る**。要件（手形要件）は，法が絶対的に記載を要求している事項（必要的記載事項・絶対的記載事項）であり，これを欠くと原則として手形としての効力を生じない（手75条・76条1項）。手形は厳格な要式証券である（なお，第2編第2章 I 1(2)，48頁参照）。

第3編　第1章　約束手形

　要件以外の事項としては，まず，手形要件ではないが，法律に規定があり，手形に記載することによって一定の手形法上の効力を生ずるものとされている事項がある。これを**有益的記載事項**（任意的記載事項）という。

　手形要件および有益的記載事項以外の事項は，手形に記載しても手形上の効力を生じない。これには，手形に記載しても，その記載の効力の認められない事項（**無益的記載事項**）と，単にその記載が無効となるだけでなく，基本手形自体をも無効にするような事項（**有害的記載事項**）とがある（後述(2)(3)，106頁以下および115頁以下参照）。

　(イ)　基本手形の用紙および記載　　基本手形は，全国銀行協会連合会（平成11年，「全国銀行協会」へ改組，平成23年「一般社団法人全国銀行協会」へ改組）の制定した統一手形用紙を用いて作成されるのが普通である（例3。なお，例4は，約束手形に似せたチラシの例である）。手形法上は，統一手形用紙を用いる必要はなく，何に記載してもよいが，当座勘定規定（当座勘定規定については，第**1**編第**3**章4(1)，20頁参照）によれば，銀行は，銀行の交付した用紙によるものでなければ，手形（小切手）の支払をしない扱いとすることにしている（統一手形用紙制度。当座規定例8条3項参照）。統一手形用紙によらない，銀行を支払人または支払場所とする手形は，結局，不渡になることになる（なお，手形といっても，信用利用の用具とはいえないような私製の約束手形に基づいて提起された手形訴訟は，手形制度および手形訴訟制度を濫用したもので不適法であるとして，訴えを却下した下級審判決がある。東京地判平15・10・17判時1840号142頁）。

　基本手形の体裁，用語，文字など，記載の方法には，法律上の制限はない。自ら手書きする必要はなく，他人に書かせても，ワープロ，パソコン，タイプライターなどの文章作成機（印字機）を用いても，ゴム印などを利用してもよい（ただし，約束手形用法〔本書巻

Ⅰ　約束手形の振出

**例3　約束手形の記載例——統一手形用紙**

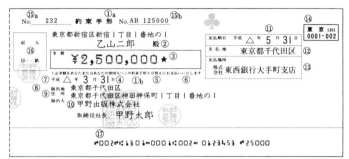

① ab　約束手形文句（手75条1号）
② 受取人の記載（手75条5号）
③ 手形金額（手75条2号の「一定ノ金額」の記載）
④ 指図文言（「あなたの指図人へ」，手77条1項1号・11条1項参照）
⑤ 引換文句（「引替えに」，手77条1項3号・39条1項参照）
⑥ 支払約束文句（手75条2号の「…ヲ支払フベキ旨ノ単純ナル約束」）
⑦ 振出日（手75条6号の「手形ヲ振出ス日……ノ表示」）
⑧ 振出地（手75条6号の「手形ヲ振出ス……地ノ表示」。⑨の振出人の肩書地の記載があれば省略できる〔手76条4項〕）
⑨ 振出人の肩書地（手76条4項の「振出人ノ名称ニ附記シタル地」）
⑩ 振出人の署名（手75条7号。手82条により記名捺印でもよい）
⑪ 満期（手75条3号の「満期ノ表示」）
⑫ 支払地（手75条4号の「支払ヲ為スベキ地ノ表示」）
⑬ 支払場所（手4条の第三者方払の記載。銀行交付の手形用紙には印刷してある）
⑭ 手形交換用番号（1301は手形交換所番号，0001は銀行番号，002は支店番号）
⑮ ab　aは振出人が記載する手形番号，bは手形用紙番号。
⑯ 収入印紙（税率は印紙税法別表第1の番号三）
⑰ 磁気プリント（002は約束手形であることを示す。中三つの数字は⑭と同じ。あとの二つは振出人口座番号と⑮bの手形用紙番号）

105

第3編　第1章　約束手形

**例4　約束手形に似せたチラシの例**

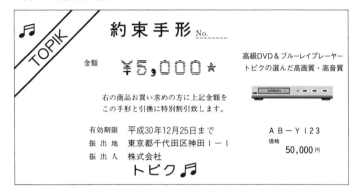

末の資料〕参照）。

　(ウ)　印紙税の納付　　印紙税法は，約束手形には所定の印紙をはり付ける方法によって印紙税を納付すべきことを定めている（印税8条・2条・別表第1の番号三。107頁の表参照）。しかし，印紙税の納付がなくても，約束手形の効力には関係なく，税法上の制裁を受けるだけである（印税20条・22条1号・23条・24条）。

　(2)　手形要件　　(ア)　約束手形文句（手75条1号）　　約束手形文句（「約束手形ナルコトヲ示ス文字」）は，「証券ノ文言」中に「証券ノ作成ニ用フル語」をもって記載しなければならない。これは，その証券が約束手形であることを明らかにするために必要とされるものである。「証券ノ文言」すなわち支払約束文句（手75条2号。前頁の例3の⑥参照）のうちに記載すべきであり，表題に記載しただけでは足りないと解すべきである。

　(イ)　支払約束文句（手75条2号後段）　　約束手形は，一定の金額の支払約束であるから，支払約束文句（「（一定ノ金額ヲ）支払フベキ旨ノ単純ナル約束」）は，いわば約束手形の中核をなすものである。

I 約束手形の振出

**表 手形の印紙税とその税率**(印紙税法 別表第1)

| 番号 | 課税物件 | | 課税標準及び税率 | 非課税物件 |
|---|---|---|---|---|
| | 物件名 | 定義 | | |
| 三 | 約束手形又は為替手形 | | 1 2に掲げる手形以外の手形につき、次に掲げる手形金額の区分に応じ、一通につき、次に掲げる税率とする。<br>百万円以下のもの 二百円<br>百万円を超え二百万円以下のもの 四百円<br>二百万円を超え三百万円以下のもの 六百円<br>三百万円を超え五百万円以下のもの 千円<br>五百万円を超え千万円以下のもの 二千円<br>千万円を超え二千万円以下のもの 四千円<br>二千万円を超え三千万円以下のもの 六千円<br>三千万円を超え五千万円以下のもの 一万円<br>五千万円を超え一億円以下のもの 二万円<br>一億円を超え二億円以下のもの 四万円<br>二億円を超え三億円以下のもの 六万円<br>三億円を超え五億円以下のもの 十万円<br>五億円を超え十億円以下のもの 十五万円<br>十億円を超えるもの 二十万円<br>2 次に掲げる手形一通につき 二百円<br>イ 一覧払の手形〈手形法(昭和七年法律第二十号)第三十四条第二項(一覧払の為替手形の呈示開始期日の定め)(同法第七十七条第一項第二号(約束手形への準用)において準用する場合を含む。)の定めをするものを除く。〉<br>ロ～ヘ (略) | 1 手形金額が十万円未満の手形<br>2 手形金額の記載のない手形<br>3 手形の複本又は謄本 |

支払約束は，単純でなければならない。支払に条件を付し，あるいは支払資金を限定する記載は，支払約束の単純性を害し，手形は無効となる（有害的記載事項）。

(ウ) 手形金額（手75条2号前段）　手形は金銭の支払を目的とする有価証券であるから手形金額の記載を要する。手形金額は，外国通貨で表示してもよいが，一定していなければならない。手形金額の選択的記載（たとえば，「10万円または5万円」という記載）をなし，あるいは重畳的記載をして，その合計をもって手形金額とすること（たとえば，「100万円と50万円の合計額」）は，手形金額の一定性を害する。なお，変造を防ぎ，また読みやすくするなどの目的で，同一の金額を同一手形上に重複的に表示することも少なくないが，手形金額に差異のある重複記載が行われると手形金額の一定性が害され手形が無効になるので，手形法77条2項・6条は，これを救済するために特別の規定を設けている（例5および最判昭61・7・10民集40巻5号925頁〔百選38〕参照。さらに銀行と顧客との関係では，当座規定例6条参照）。

手形金額につき満期まで一定利率の利息を付する旨のいわゆる利息文句（手77条2項・5条）は，一覧払または一覧後定期払の手形に限り，認められる。確定日払および日付後定期払の手形に利息文句を記載してもその記載はなかったものとみなされる（手5条1項）。利息文句には利率を表示しなければならず，その記載を欠くと利息文句の記載はなかったものとみなされる（手5条2項。なお，5条3項参照）。利息と異なり違約金（賠償額予定）文句の記載は無効と解される（後述(3)(ウ)，117頁参照）。

(エ) 手形当事者　①約束手形には，その原始当事者として振出人の署名（手75条7号）と，受取人の記載（手75条5号）が必要である。小切手と異なり，無記名式の手形は認められていない。これ

I　約束手形の振出

**例5　文字と数字で記載された手形金額に差異のある例**

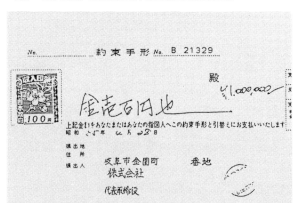

は，手形は信用証券であり，将来の満期が記載されているから，手形所持人は手形を譲渡（割引）して換金（現金化）する必要があるが，その際，譲渡に伴う過誤を少なくするために，法が裏書を要求することにしたためであると説明されている。

　手形当事者の記載は，特定の者が手形当事者と認められるためには，その者を表示しているといえるような記載でなければならないが，方式としては，人（自然人，法人）の名称が形式上記載されていれば足りる。振出人の表示は，署名によらなければならない。署名者の責任を問うためには，真正な署名でなければならないが，手形の方式の問題としては偽造の署名であってもよく，それで基本手形としては成立する。

　②各手形当事者は，通常は別人であるが，同一人が資格を兼ねてもよい（資格の兼併）。手形の当事者は形式的なものであって，資格の兼併を否定しなければならないような利害の対立が認められず，

しかも,手形が第三者に譲渡されると資格の兼併を認めることに実益もあるからである。手形法3条は,為替手形につき,自己指図手形(自己受手形,振出人と受取人が同一人)および自己宛手形(振出人と支払人が同一人)の認められることを規定しているが,これは実益の多い場合について疑いを避けるために特に明文の規定を設けたものにすぎず,為替手形の振出人,受取人,支払人を同一人が兼ねることも認めてよい。手形法3条の準用がなく,資格の兼併を認める規定のない約束手形の場合にも,振出人と受取人が同一人である自己受手形を認めてよい(大阪高判昭56・2・25金商623号10頁参照。ただし,大判昭5・2・6民集9巻1024頁は反対である)。

③約束手形の振出人の重畳的記載(甲および乙),すなわち共同振出は有効であり(なお,署名者の資格を示さない複数署名を共同振出または手形保証のいずれとみるべきかに関しては,Ⅲ(2),192頁,大阪地判昭53・3・7金商566号41頁〔百選5〕および争点Ⅱ186参照),各振出人はそれぞれ合同責任を負うことになる(手77条1項4号・47条1項。従来,判例は連帯債務と解していた。最判昭36・7・31民集15巻7号1982頁〔百選3〕は傍論的にではあるが,合同責任と解している。なお,合同責任については,Ⅴ3,208頁参照)。これに対して,振出人の選択的記載(甲または乙)はこれを認める説も有力であるが(争点Ⅱ172参照),手形関係の内容を不確定にするので認めるべきではない。受取人については重畳的記載も選択的記載も有効である。重畳的記載の場合には,その数人は共同的に権利を取得し,選択的記載の場合には,その数人のうち手形の交付を受けた者が権利を取得することになる。

㈠ 満期の表示(手75条3号)　①満期とは,手形の記載上,手形金額の支払われるべき期日である。満期は,必ずしも「支払ヲ為スベキ日」(手77条1項3号・38条1項)とは一致せず,満期が休日(手87条)の場合には,「之ニ次グ第一ノ取引日」(手72条1項)

が「支払ヲ為スベキ日」である。満期は，支払を求めうる唯一の日ではなく（手38条1項参照），現実に支払のあった「支払日」とも異なる。②満期は，存在しない日または不合理な日であってはならない。したがって，満期の日として振出日より前の日が記載されている確定日払の約束手形は，手形要件の記載が相互に矛盾するものとして無効であり（最判平9・2・27民集51巻2号686頁〔百選20〕），さらに，暦日にない日を満期とする記載も手形を無効とする（振出日に関する大判昭6・5・22民集10巻262頁参照。ただし，平年における2月29日を満期とする手形に関する最判昭44・3・4民集23巻3号586頁参照）。また，満期は，一定しており，手形金額の全部について単一でなければならない。分割払の手形は無効である（手33条2項）。③手形法は，満期の態様を次の4種に限定し，これと異なる満期は手形を無効にするものとしている（手77条1項2号・33条）。

(a) まず，確定日払とは，平成30年5月10日というように特定の日を満期とするものである（なお，手77条1項2号・36条3項・37条1項・4項の解釈規定参照）。

(b) 日付後定期払とは，振出の日付から手形に記載された期間を経過した日を満期とするものである。なお，特別の場合における満期の決定および期間の計算につき，規定がある（手77条1項2号・36条1項・2項・4項・5項・37条2項・4項，77条1項9号・73条）。

(c) 一覧払とは，一覧の日（支払のための呈示のあった日）を満期とするものである（例6）。一覧払の手形は，呈示があれば直ちに支払われることになる。支払の呈示は，振出の日付から1年以内にしなければならない（手77条1項2号・34条1項2文。なお，77条1項2号・34条1項3文・4文・2項・37条3項参照）。

(d) 一覧後定期払とは，所持人が一覧のために手形を呈示した日から手形に記載された期間を経過した日が満期となるものである

第3編　第1章　約束手形

**例6　満期の表示（統一手形用紙の使用例）**

〔一覧払〕

〔一覧後定期払〕

（例6）。為替手形の場合には，一覧のための呈示は，引受のための呈示であるが，約束手形の場合は，単なる一覧のための呈示である。一覧のための呈示は，原則として振出の日付から1年以内に振出人の営業所または住所で行わなければならない（手78条2項・23条）。一覧後定期払手形の満期は，振出人が一覧の旨をその日付とともに記載したときはその日付を（振出人が「日附アル一覧ノ旨」の記載を拒

んだときは，拒絶証書を作成させ，その日付を）一覧後の期間の初日として計算する（手78条2項・25条）。なお，約束手形の振出人は，拒絶証書の作成がなくても責任を免れないが，その場合の満期は，呈示期間の末日に呈示があったものとして計算する（手77条1項2号・35条2項）。また，一覧後の期間の計算については，日付後定期払の場合と同様の規定がある（手77条1項2号・36条1項・2項・4項・5項・37条2項・4項，77条1項9号・73条）。

　(カ)　支払地（手75条4号）　　支払地とは，満期（支払呈示期間内）において手形金額の支払がなされるべき地域である。支払のなされるべき地点である支払場所とは異なる。現実に支払のなされるのは，支払地内における振出人の営業所・住所（第三者方払手形のときは，支払をなすべき第三者方）であるが，法は，このような支払場所の探究の手がかりを与えるものとして支払地の記載を要求している。

　判例によれば，支払地として記載すべき地域または「地」とは，最小行政区画（市町村および東京都の区）をいうが，必ずしも最小独立の行政区画を示すべき文字の記載がなくとも，最小行政区画が推知できる記載があればよいとされている（たとえば，支払場所の記載をもって補充してよい。最判昭37・2・20民集16巻2号341頁。なお，争点Ⅱ172参照）。

　支払地は，振出地と場所的間隔のある地である必要はない。したがって，支払地と振出地が同一であるか（同地手形），異なるか（他地手形・異地手形）は問題とならない。さらに通説によれば，支払地は，単一かつ確定することを要するから重畳的記載または選択的記載は許されない。また，支払場所探究の手がかりを与えるものでなければならないから，実在する地でなければならない。

　(キ)　振出の日付（手75条6号）　　振出の日付（振出日）とは，手形が振り出されたとされる証券上の日付である。振出の日付は，日

付後定期払手形の満期，一覧払手形および一覧後定期払手形の呈示期間，さらには，いわゆる定期後一覧払手形（手77条1項2号・34条2項）の呈示禁止期間を定める基準となる。また，振出人の能力，代理権の有無などを決定する場合にも，事実上一応の基準となる。振出の日付は，満期や呈示期間を確定するための基準であるから，単一でなければならず（複数的記載は認められず），可能な日でなければならないが（前述(オ)②，111頁参照），手形意思表示の内容をなすものであって，事実の記録ではないから（第2編第2章Ⅲ1，52頁以下参照），実際に振り出された日と一致する必要はない（先日付または後日付の手形も有効である）。

なお，確定日払手形の振出の日付は，手形上の権利の内容に関係ないとして，受取人や振出地とともに，その手形要件としての意味を否定しようとする学説もみられるが（争点Ⅱ177），このような見解は支持できない（同旨，最判昭41・10・13民集20巻8号1632頁〔百選39〕）。

(ク) 振出地（手75条6号）　振出地とは，手形上手形が振り出されたものとされる地域である。約束手形の振出地の記載は，支払地または振出人の住所地（これは一覧後定期払手形の一覧のための呈示の場所を探究する手がかりとなる。手78条2項参照）を欠くときに，支払地または振出人の住所地とみなされる（手76条3項参照）。振出地は，国際手形法において，行為地が準拠法決定の基準となる場合にも（手88条2項以下）問題となるが，この場合には，真実の振出地が基準とされるのであって，振出地の記載には一応の推定力が認められているにすぎない（振出地の記載は最小行政区画たることを要するかどうかについては，下級審の判決が分かれている）。

(ケ) 手形要件と救済規定　手形要件を欠く証券は，約束手形としての効力を有しない（手76条1項）。もっとも，法は，所定の手

形要件については，手形が無効にならないように救済規定を設けている。まず，①満期の記載のない手形は一覧払手形とみなされる（手76条2項）。もっとも，満期白地の白地手形として振り出されたのであれば，別である。印刷された手形用紙の支払期日欄を抹消しないで空白のまま残した手形の取扱いは問題であるが，白地手形と認定する判例が多いといわれる（大判大14・12・23民集4巻761頁，大判昭11・6・12新聞4011号8頁など。反対，大判昭7・11・26法学2巻709頁）。次に，②約束手形に支払地の記載が欠けていても（独立の最小行政区画より広い地域など，不十分な記載のあるときを含む）振出地の記載があれば，それが支払地とみなされる（手76条3項）。さらに，③振出地の記載がない場合には，振出人の名称に付記された地（振出人の肩書地）が，振出地とみなされる（手76条4項）。

　(3)　手形要件以外の記載事項　　(ｱ)　有益的記載事項（任意的記載事項）　　手形法は，次のような有益的記載事項を定めている。①振出人の住所地（手76条3項），②振出人の肩書地（76条4項），③第三者方払文句（77条2項・4条・27条），④一覧払手形または一覧後定期払手形の利息文句（77条2項・5条），⑤裏書禁止文句（77条1項1号・11条2項），⑥一覧払手形の支払呈示期間の変更または支払呈示の一時禁止（77条1項2号・34条），⑦準拠暦の指定（77条1項3号・37条4項），⑧換算率または外国通貨現実支払文句（77条1項3号・41条2項・3項），⑨無費用償還文句（77条1項4号・46条），⑩戻手形の振出禁止（77条1項4号・52条1項）などである。ここでは，以下においてそのうち第三者方払文句にのみ説明を加える。

　(ｲ)　第三者方払文句（手77条2項・4条・27条）　　①約束手形は，本来，振出人により，その営業所または住所において支払われるべきものである（同所払手形・当所払手形）。しかし，特に「第三者ノ住所ニ於テ支払フベキモノト為ス」旨の記載（第三者方払文句）をす

ることもできる（他所払手形・第三者方払手形。手77条2項・4条）。ここに「第三者ノ住所」とは，「第三者方」（手27条1項），「支払ノ場所」（手27条2項）と同義であって，支払をなすべき地点である「支払場所」と「支払担当者」の両方を指すものであり，たとえば，広く行われている「支払場所○○銀行○○支店」という記載は，その両方を指定したものと解されている（大判昭13・12・19民集17巻2670頁。もっとも，争いはあるが，単に支払場所のみを指定することも可能であろう——たとえば，「○○ホテル○号室」という記載）。このような第三者方払文句の記載された手形（第三者方払手形）が用いられるのは，振出人が銀行でない手形も，銀行を支払担当者とすることにより，手形交換による決済が可能となり，ひいては手形の流通が容易になるという理由が大きいと考えられている。振出人は，取引銀行を支払担当者にすることによって，手形支払の手数と危険を省くことができ，他方，所持人は，支払場所の探知が容易になり，さらに，所持人が銀行と取引関係を有するときは，手形の取立ても容易になるというのである。なお，他地払手形（支払地が振出人の住所地と異なる手形）の場合には，第三者方払としなければ，そもそも支払が不可能になる（手27条参照）。

②第三者方払文句は，振出人が記載する。振出のときに記載するのが普通であるが，一覧後定期払手形の一覧のために呈示を受けたときにも記載できる（手77条2項・27条）。もっとも，統一手形用紙には，約束手形の場合，すでに用紙を交付した銀行の支店名が支払場所として記入されている。いわゆる「第三者ノ住所」は，支払地内になければならず，それを支払地外に定める記載は，無効である。前述のように他地払手形は，支払を実現するために第三者方払にしなければならないが，同地払手形（支払地と振出人の住所地とが同一）にも第三者方払文句を記載することができる（手77条2項・4

条・27条)。

　③満期における支払の呈示は，その「支払場所」でその「支払担当者」に対して行うべきである（「支払場所」のみを指定するものであるときには，その場所において振出人に対して行うべきである)。拒絶証書には，支払を拒絶した者の名称が記載される（拒絶2条1項1号)。なお，支払担当者は，支払をなす権限は有するが，手形上の署名者ではなく，手形上の権利義務を有するものではない。支払を行った支払担当者は，手形外において振出人に対して求償できるだけである。また，判例によれば，支払呈示期間経過後は，支払場所の記載は効力を失うので，支払の呈示は，支払地内における手形の主たる債務者の営業所または住所において，手形の主たる債務者に対して行うべきであるとされている（最大判昭42・11・8民集21巻9号2300頁〔百選67〕，争点II191)。

　(ウ)　無益的記載事項　　手形に記載しても，その記載の効力の認められない事項としては，次のようなものがある。①単に法の規定の反復であって，その記載がなくても同じ効果の認められる事項（たとえば，指図文句，受戻文句など。手77条1項・11条1項・39条1項)，②法の規定により，記載の効力が認められない事項（たとえば，一覧払手形，一覧後定期払手形以外の手形の利息文句。手77条2項・5条)，③手形に記載しても手形上の効力は生じないが，手形外における直接の当事者の合意としては，効力を生ずるとされる事項（支払遅滞による損害賠償額の予定，裁判管轄の合意，手形書換の契約など）などがある（最判昭39・4・7民集18巻4号520頁。詳しくは，争点II173参照)。

　(エ)　有害的記載事項　　手形そのものを無効にする有害的記載事項としては，次のようなものがある。①法に規定のあるもの（手77条1項2号・33条2項)，②手形債権を原因関係の存否，効力にかからしめるもの（ただし，手形債務負担の歴史的事実の記載は許される)，

③支払を条件または反対給付にかからしめるもの（たとえば、「売買の目的物を受領したときには」とか、「船荷証券と引換に（お支払いいたします）」など）である。

## 2　振出の意義および効力

(1)　振出の意義　約束手形の振出とは，振出人が法定の要件（手75条）を備えた証券（約束手形）を作成して，これを受取人に交付することをいう。このようにして振り出された手形を基本手形といい，振出は基本的手形行為と呼ばれる（前述Ⅰ1，103頁，第2編第1章Ⅰ2(2)，38頁）。

約束手形の振出が，一次的には手形金額の支払義務の負担（手形債務の負担）を目的とする手形行為であること，また，振出が，事実上，「手形書面（証券）の作成」とその「交付」とから成るものであることについては争いはない。問題は，これら「手形書面の作成」および「交付」を法的にどういう意味をもつものと考えるか，振出をどのような種類の法律行為と考えるか（契約か単独行為か）であり，前述のように激しい学説（手形理論）の対立がある（第2編第1章Ⅲ2，42頁）。

(2)　振出の効力　約束手形の振出人は，支払を約束する文句の記載のある手形書面に署名して（手75条2号・7号），これを交付するのであるから，債務負担の意思表示の効果として手形金額の支払義務を負うものである。この債務負担の意思表示を契約と解するか，単独行為とみるかなどは，手形理論によって分かれる。

★　手形法は，**約束手形の振出人は，為替手形の引受人と同一の義務を負う**と規定している（手78条1項・28条）。すなわち，**主たる債務者として，第一次的（無条件）で絶対的な支払義務を最終的に負担するの**である。

(ア)　振出人は，第一次的な無条件の支払義務を負担する。所持人は満期になれば，当然に振出人に対して手形金額を請求できる。まず他の者に対して支払を求め，支払がえられなかったときに（このことを条件として）初めて（すなわち，二次的に）振出人に支払の義務を生ずるのではない。所持人は，支払呈示期間内（手77条1項2号・3号・34条・38条）に支払を求めたにもかかわらず支払がなかったときは，振出人に対して遡求金額と同額（手形金額のほか「年6分ノ率ニ依ル満期以後ノ利息」）を請求できる（手78条1項・28条2項・48条1項1号・2号）。この法定利息の起算日は，呈示期間内に手形を呈示した日ではなく，満期の日である（なお，最判昭55・3・27判時970号169頁参照）。

　なお，平成29年の民法改正に伴って遡求金額を定める手形法48条も改正され，遡求金額は，手形金額のほか「法定利率ニ依ル満期以後ノ利息」に変更された（改正手48条1項2号。国内において振り出され，かつ支払うべき手形以外の手形については，年6分の率による利息〔同号括弧書〕。なお，再遡求金額に関する改正手49条2号参照）。改正民法においては，法定利率は，改正法施行時に現行民法の年5分から年3パーセントとなり，以後，3年ごとに見直される変動利率制に変わることになる（改正民404条）。商事法定利率に関する現行商法514条は，削除された。

　(イ)　振出人の支払義務は，絶対的な義務である。満期日後3年の経過による消滅時効（手77条1項8号・70条1項）によるほか，その責任は消滅しない。振出人は，手形の主たる債務者であり，償還義務者とは異なり，所持人が支払または一覧の呈示期間内に呈示をなさず，拒絶証書作成期間内に拒絶証書の作成を怠っても，その責任を免れない（手77条1項4号・44条2項・3項・53条1項但書）。

　振出人は，支払呈示期間後に初めて請求されたときでも直ちに支

払わなければ，遅滞の責任を負うことになる（現行民415条・419条，現行商514条・501条4号，改正民415条・419条，改正民404条参照）。これに対して，振出人は，所持人の費用および危険において手形金額を供託して，その債務を免れることはできる（手77条1項3号・42条）。

上記のように，平成29年の民法改正に伴って，現行商法514条は削除され，商事法定利率は廃止された。また，金銭の給付を目的とする債務の不履行については，その損害額は，法定利率によって定めるが（現行民419条），民法改正によって法定利率が変動利率制となることに伴い，損害を算定する法定利率の基準時は，「債務者が遅滞の責任を負った最初の時点」とされている（改正民419条1項）。

(ウ)　振出人は，最終的な支払義務を負う。支払の拒絶により適法な手続がとられたときは，現在の所持人に対してのみならず，償還を果たして所持人となったすべての他の手形債務者に対しても，手形上責任を負う。この場合の振出人の義務の範囲は，遡求金額，再遡求金額と同額である（手78条1項・28条2項・48条・49条。なお，改正手48条1項2号・49条1項2号）。

なお，振出人が以上のような支払義務を負うことは，約束手形の振出の本質的な効果と考えられているので，振出人が支払の責に任じない旨の文言（免責文句）を記載することは許されないとされている。免責文句は，有害的記載事項と解されている（なお，手9条2項参照）。

(3)　振出の実質関係　　前述のように，約束手形の振出人と受取人の間には，何らかの実質的な関係があり，これを原因関係（対価関係）といっている。約束手形振出の原因関係は，売買や金銭消費貸借であることが多いが，書替手形のように手形関係が原因関係と

なっていることもあり，融通手形のように対価の授受を伴わないこともある（第2編第3章Ⅰ，59頁参照）。

(4) 電子記録債権の発生　電子記録債権（電子記録保証債務履行請求権および特別求償権以外の電子記録債権）は，発生記録によって生ずる（電子債権15条）。取引の当事者が電子記録債権を発生させようとするときは，電子記録債権の債権者となる者と債務者となる者の双方が，請求者の氏名（名称）および住所その他の電子記録の請求に必要な情報として政令で定めるものを示して（電子債権6条），電子債権記録機関に対して発生記録の請求を行わなければならない（電子債権5条1項。なお，5条3項参照）。これを受けて電子債権記録機関が記録原簿に発生記録を行うことによって（電子債権7条1項・3条），電子記録債権が発生する。

電子記録債権には，手形債権のように単純な内容のものもあれば，当事者間で定めた詳細な契約にもとづく複雑な内容のものもある。そこで，発生記録において記録すべき事項としては，債権の金額のように，およそ金銭債権が成立するためには不可欠な必要的記録事項（電子債権16条1項）と，記録するかどうかが当事者の選択に委ねられている任意的記録事項とがある（電子債権16条2項）。必要的記録事項としては，「債務者が一定の金額を支払う旨（一定の金額の支払約束）」，支払期日，債権者・債務者の氏名（名称）および住所，記録番号，電子記録の年月日などが定められており（電子債権16条1項），そのうち，記録番号と電子記録の年月日以外の必要的記録事項のいずれかが欠けていれば，電子記録債権は発生しない（電子債権16条3項。なお，電子債権10条1項4号参照）。

また，手形と違って，電子記録債権には印紙税が課されない（第1編第3章6(8)，27頁および印税2条・別表第1参照）。

なお，前述のでんさいネット（第1編第3章6(9)，28頁参照）の運

用するシステムにおいては，電子記録債権を約束手形と同様の機能を有するものとして利用することが考えられている（手形的利用。なお，でんさいネットは，電子記録債権の利用者を法人，個人事業者および国・地方公共団体としている）。そのために，電子記録債権の任意的記録事項に制限を加え，記録事項は，基本的な事項に限定されている（でんさいネットは，善意取得や抗弁の制限の規定を排除する記録など電子記録債権法が予定している多くの任意的記録事項を認めていない。電子債権16条2項8号・10号参照。認められているのは，電子債権16条2項1号・9号・12号などである）。発生記録の請求に関しても，債務者があらかじめ債権者から包括的委任を受けたうえ，事実上，債務者単独の手続で発生記録の請求ができる仕組みにしている（約束手形方式または債務者請求方式）。また，債務者は，直接，電子債権記録機関に対して電子記録を請求するのではなく，自己の金融機関（指定参加金融機関）を通じて発生記録の請求をするものとされている（間接アクセス方式）。でんさいネットにおいては，電子記録債権は，現在の約束手形の運用に近いものになっており，電子記録債権の発生との関係においても，約束手形の振出に近い形で電子記録債権の発生手続が行えるようになっている（第1編第3章6(9)，28頁参照）。

## 3 白 地 手 形

★ (1) 白地手形の意義　(ア) 白地手形　**白地手形とは，署名者が後日他人（所持人）をして補充させる意思をもって手形要件の全部または一部をことさらに記載しないで流通においた証券をいう**（大判大10・10・1民録27輯1686頁）。

白地手形は，手形要件を欠く手形であるから，本来，手形としての効力を有しないはずである（手76条1項参照）。しかし，たとえば，原因関係上の債務の金額や弁済期が手形を振り出す時にまだ定まっ

ていない場合などに，要件白地の手形が広く用いられており，商慣習法上，一種の有価証券・商業証券（商501条4号）として一定の効力を認められている。また，手形法自体にも，そのことを前提とする規定（手77条2項・10条）が設けられている。白地手形には，補充権（白地手形の白地を補充して，これを手形として完成させることのできる権利）が付与されており，その行使による完成が予定されているので（未完成手形），要件欠缺のため無効とされる手形（不完全手形）とは異なるとされている。

なお，上述の定義のように白地手形と無効な不完全手形とを当事者の意思で分ける立場を「主観説」と呼び，他方，白地手形であるためには，署名者の具体的意思を問わず，証券の外形上補充が予定されていれば足りるとする立場を「客観説」という。ほかに，基本的には主観説に立ちながら，書面の外形上，欠けている記載が将来補充を予定されているものと認められる場合には（たとえば，手形用紙を使用した場合には），このような書面であることを認識し，認識すべくして署名すれば，それで白地手形になるとする学説（折衷説）もある（争点Ⅱ174参照）。判例は，主観説を採っている（前掲大判大10・10・1参照）。主観説によると，白地補充権を授与する意思の認められない場合（たとえば，割引の可能性を探らせるために要件白地の用紙を交付する場合）には，外形上，補充の予定されている証券であっても白地手形とは認められないことになる。この場合，善意の第三取得者の保護が問題となる。権利外観理論（または手形法10条の類推適用）によって，署名者は，善意・無重過失の取得者との関係では，白地手形行為者と同様の責任を負うとすべきであろう（最判昭31・7・20民集10巻8号1022頁〔百選40〕参照）。

(イ) 白地手形上の権利　白地手形は，白地の補充により白地手形の所持人が完全な手形上の権利者となりうる法律上の地位と補充

権とを表章している，などと説明されることがある。しかし，これは，補充権の授与が手形外の契約によって行われると解するか，補充権は白地手形への署名行為によって生ずると解するか（後述(3)(イ), 126頁参照）などとも関連して，議論の分かれるところである。いずれにしても，白地手形の発行および譲渡において，白地手形と補充権は不可分な関係にあるのであって，補充権も白地手形とともに譲渡されると考えてよいであろう（判例は，「白地補充権ハ手形ニ追随シテ転輾」するといっている。前掲大判大10・10・1）。

 (2) 白地手形の要件　　(ア) 白地手形行為者の署名　　白地手形であるためには，手形行為者になろうとする者（白地手形行為者）の署名が少なくとも一つ以上なければならない。典型は，約束手形の振出人となるべき者の署名であるが，その他の手形行為者となるべき者の署名のみのある白地手形もありうる。すなわち，白地手形になされる手形行為（白地手形行為）には，白地振出のほか，裏書人の白地署名，白地保証などがある（為替手形には，白地引受もある）。

 (イ) 手形要件の全部または一部の欠缺　　白地手形であるためには，手形要件の全部または一部が欠けていることが必要である。欠けている要件の種類は問わない（例7）。約束手形文句や支払約束文句を欠く白地手形もありうる。

 また，受取人，振出地，確定日払手形の振出日などは，手形上の権利の内容とは関係がないとして，これらの事項の手形要件としての意味を問題にする見解もあるが（争点Ⅱ177参照），少なくとも現行法上，これらの事項は手形要件であり，それを欠く白地手形もありうる（その補充権の範囲をどう考えるかにおいて考慮すべき点はあるであろう。このような要件については，たとえば，誰を受取人として記載し，いつを振出日として記載すべきかといった補充権の内容または範囲について，特に限定のないことも多いであろう）。

I 約束手形の振出

例7 白地手形

〔金額白地〕

〔手形用紙に振出署名のみ〕

　なお，手形要件以外の有益的記載事項を他人に補充させる意思で，ことさらにこれを記載しない場合もある。この手形は，すでに有効な手形であり，本来の白地手形ではないが，補充の関係では白地手形に準じて取り扱うべきであり（手10条の類推適用），これを準白地手形という。
　(ウ)　白地補充権の授与　　白地手形であるためには，白地手形行

為者から所持人に対して，白地補充権（補充権）が明示的または黙示的に授与されていなければならない。補充権については，後述((3)参照）する。

　(エ) 白地手形の交付　　白地手形であるためには，以上のような証券（白地手形）が交付されなければならない。これによって，白地手形という慣習法上の有価証券が成立する。なお，交付欠缺の場合の善意の取得者の保護は，通常の手形の交付欠缺の場合と同様に考えてよい（第2編第1章Ⅲ1，42頁以下参照）。

　(3) 補充権　　(ア) 補充権の意義と性質　　白地手形の白地を補充してこれを手形として完成させうる権利を白地補充権（補充権）という。これは，権利者の一方的行為によって白地手形を完成手形とし，証券（白地手形）上の白地手形行為に完成した手形行為としての効果を生ぜしめる権利であり，形成権の一種と解されている（大判明40・5・31民録13輯608頁参照）。

　(イ) 補充権の成立と内容　　前述の白地手形の意義についての主観説の立場からは，一般に白地補充権は，白地手形行為者とその相手方との手形外の契約（補充権授与の合意）によって授与されると解されている。これに対して，事実上，前述の客観説あるいは折衷説の立場を前提として，補充権は白地手形への署名行為によって成立することになると説く見解もある。後者の見解に対しては，白地手形署名者の意思を度外視して，署名という事実行為のみによって補充権の成立を認めるものではないのかとの批判もある。しかし，必ずしもそうではなくて，客観説および折衷説は，白地手形への署名そのものに，補充権授与の意思（法律行為）を認めているのであろう。この関係で客観説および折衷説の論者の多くが，手形理論として，創造説（または類似の見解）をとるものであることが注目される。

　いわゆる主観説をとり，補充権は手形外の当事者の合意（契約）

によって与えられるとする場合，補充権は，①白地手形の成立に伴い，それと不可分的に，しかし，白地手形行為者と相手方との間の手形外の合意によって成立するものであり，また，②その手形外の合意によって限定された具体的な内容の権利である，ということになるであろう。そして，この場合，手形取引の安全を考えて，補充権の具体的な制限は悪意・重過失のない第三者には対抗できないとしたのが，手形法10条の規定ということになる。

これに対して，補充権は白地手形行為者の署名行為によって授与される，とする立場（客観説，折衷説）からは，補充権は，①手形外の合意とは切り離されたものであり，②しかも，白地手形上には補充権の内容は記載されないから，補充権は無制限で抽象的な内容の権利であるということになるであろう。この場合，補充権授受の当事者間の合意は，その当事者の人的抗弁となるのであり，そのことを規定したのが手形法10条であるということになる。

(ウ) 補充権行使の時期　①補充権授与の合意において，補充権行使の時期に制限を加えることがある。その違反は，補充権の濫用の問題（手10条）に準じて考えてよいであろう。

②白地手形に満期の記載があれば（手形が満期およびその他の手形要件を白地として振り出された場合であっても，その後，満期が補充されたときは，その手形は満期の記載された手形となるとする最判平5・7・20民集47巻7号4652頁〔百選42〕参照），それによって補充権行使の時期は制限される。すなわち，補充された完成手形上の権利は，その満期を基準に時効にかかるから，約束手形の振出人に対する関係では，満期から3年以内に補充しなければならない（手78条1項・70条1項）。遡求義務者に対する関係では，呈示期間内に補充して完全な手形を呈示しておかなければ，償還請求権は保全できない（手77条1項4号・53条1項）。

③満期の記載のない白地手形の場合には，判例，通説によれば，補充権自体の消滅時効が問題とされているから，補充権は，その時効消滅までに行使しなければならない。

(エ) 補充権の時効　判例および通説は，満期の記載のある白地手形については白地補充権の消滅時効を特に問題としないが，満期の記載のない白地手形（振出日白地の一覧払・一覧後定期払手形・小切手）については，補充権自体の消滅時効を認めている。その時効期間については，大審院は，20年としていたが（大判昭 8・11・7 裁判例 7 民 259 頁），最高裁判所は，補充権授与行為を商法 501 条 4 号所定の「手形ニ関スル行為」に準ずるものと解したうえ，商法 522 条の「商行為ニ因リテ生シタル債権」の規定を準用して，補充権を行使しうべき時から 5 年としている（最判昭 36・11・24 民集 15 巻 10 号 2536 頁〔百選 44〕，最判昭 44・2・20 民集 23 巻 2 号 427 頁〔百選 41〕。なお，その後，商法の条文は改正により口語化されている）。

改正民法のもとでは，このような最高裁判例の考え方はどうなるであろうか。すでに述べたように（第 2 編第 3 章 II 3, 65 頁参照），平成 29 年の民法改正に伴い，商行為によって生じた債権の消滅時効に関する現行商法 522 条の規定は削除され（民法整備法 3 条），商行為によって生じた債権にも，民法の消滅時効に関する規定が適用されることになった。改正民法 166 条 1 項によれば，債権は，権利を行使することができる時から 10 年，権利を行使することができることを知った時から 5 年の消滅時効にかかるものとされている。そうすると，さらに消滅時効の起算点が問題になるが，契約にもとづいて生じる一般的な債権については，権利発生時にその権利行使の可能性を認識しているのが通常であるから，「権利を行使することができる時」（客観的起算点）は，「権利を行使することができることを知った時」（主観的起算点）と基本的に一致するといわれている。

したがって，契約にもとづいて生じる一般的な債権は，権利発生時（契約時）から5年で消滅時効にかかるとされている。

上記の最高裁判例は，補充権授与行為を「手形に関する行為」（商501条4号）に準ずるものと解して，商行為によって生じた債権の消滅時効に関する規定（現行商522条）を準用すべきであるとしている。改正民法のもとでは，商事消滅時効の規定が削除されるので，それに代わる債権の消滅時効に関する民法の規定（改正民166条1項）を適用することになる。ところで，判例のように，白地手形の意義に関して主観説をとり，白地補充権は，補充権授与の合意（契約）によって成立すると考える場合には（前述(イ)，126頁参照），補充権は，契約にもとづいて生じた債権に準ずる権利であるということになる。そうであれば，補充権は，契約上の一般的な債権に準じて，原則として権利発生時（契約時）から5年で消滅時効にかかることになる。その限りにおいて，改正民法のもとでも，白地補充権の消滅時効に関する上記の最高裁判決の考え方は引き続き妥当するであろう。

学説は，補充権自体が時効にかかるのか，それとも白地補充権は白地手形上の権利の時効に服するのか，また時効期間は何年か，などにより，極めて多くの見解に分かれている（争点Ⅱ176）。また，白地補充権は，権利というよりも代理人の代理権と同じく権限または権能というべきものであるとし，したがって，それは時効または除斥期間による消滅になじまない，とする見解も有力になっている（このような見解によったものと解される下級審判決も現れている。東京高判平14・7・4判時1796号156頁）。この見解によれば，白地補充権の範囲および行使期間は，白地手形行為をなす者とその相手方との内部関係・実質関係によって決定されるのであり，それに反する補充権の行使は，手形法10条によって規律されることになる。

(オ) 補充権の不当行使（補充権の濫用）　①白地手形の補充権を取得した所持人が，これを正当に行使して（あらかじめなした合意に従って）白地を補充すると，それによって白地手形は完成手形となり，補充された記載に従って白地手形行為者が責任を負うことになる。これに対して，**白地手形の所持人が，補充権の範囲を超えて（補充権授与の合意に反する）不当な補充をした場合の取扱い**が問題となる。手形法10条（手77条2項）は，白地手形にあらかじめなした合意と異なる補充がなされた場合，その違反は，所持人が悪意または重大な過失によって手形を取得した場合以外は，これをもって所持人には対抗できないと定めている。前述のように，補充権をどのような内容のものと解するかによって，この規定の理解も分かれるであろう（前述(イ)，126頁参照）。

②補充権の濫用（「予メ為シタル合意ト異ル補充」）とは，たとえば，補充権授与の合意において定められた金額を超える手形金額の補充であり，あるいは，合意において特定されていた者とは異なる者の受取人欄への補充などである（後者については，前述(2)(イ)，124頁および次の④において取り上げるような議論がある。なお，前述(ウ)①，127頁参照）。

③所持人の悪意・重過失は，白地手形行為者において主張立証しなければならない（最判昭42・3・14民集21巻2号349頁）。

④補充権の濫用が立証されても，白地手形行為者は，補充権の範囲内では，補充権を濫用した者（および，その手形の悪意・重過失ある取得者）に対しても責任を免れない。たとえば，金額白地の約束手形の手形金額を300万円と補充すべき合意が振出人（白地手形行為者）と受取人との間にあったのに，受取人が手形金額を800万円と補充して，裏書譲渡した場合には，手形取得者が補充権の濫用の事実を知って手形を取得した者であっても，振出人は，補充権の範囲

(300万円) においては，手形取得者に対して支払義務を負う（ただし，受取人の不当補充に関しては，このような考え方はなじまないことに注意すべきであろう）。

　(カ)　未補充手形の取得者と手形法10条　　手形法10条は，本来，白地手形として振り出された手形の不当補充（合意と異なる補充）後の取得者を保護するための規定と考えられている。同条が，未補充のままの白地手形を一定範囲の補充権が与えられているものと信じて取得した者についても適用（類推適用）されるかどうかについては争いがある。すなわち，重大な過失なくして一定範囲の補充権があるものと信じて，白地手形を取得して自ら補充を行ったところ，それが補充権の範囲外であったときの取扱いである。判例（振出日欄白地の小切手につき，前掲最判昭36・11・24。受取人欄白地の事案につき，最判昭41・11・10民集20巻9号1756頁）および多数説は，手形法10条は未補充の白地手形を取得し，自ら補充する所持人に対する関係でも適用されると解している。なお，このように未補充の白地手形を取得した者にも手形法10条の保護は及ぶ（適用がある）といってみても，たとえば，金額欄白地のままの手形を取得した者は重過失があったとされることが多く，他方，同条は未補充の白地手形取得者には及ばないとする説からも，受取人や振出日（確定日払手形）の補充されていない手形の場合には，何らかの理由で（たとえば，このような要件については，補充権の内容または範囲の限定がないとして），むしろ一般には取得者が保護されることになるであろう。

　**(4)**　白地手形の流通と権利の行使　　(ア)　白地手形の流通　　白地手形は，慣習法上の独自の有価証券として，相続，会社の合併，債権譲渡などにより譲渡・権利移転できる。また，完成手形ではないから当然には手形に特有な方法で譲渡することは認められないはずであるが，**慣習法により完成手形と同様の方式により譲渡することが認**　★

められている。受取人欄白地の手形の振出を受けた者は，完成手形を白地式裏書で取得した者と同様の方法（引渡し）で譲渡できる（最判昭33・12・11民集12巻16号3313頁，後掲最判昭34・8・18）。

裏書などによる譲渡の効果も完成手形の場合と同様と解されている。白地手形が裏書（または上に述べたような場合には引渡し）の方法によって譲渡された場合には，いわゆる善意取得（大判昭5・10・23民集9巻972頁）および人的抗弁の制限（後掲最判昭34・8・18）による所持人の保護が認められる（手77条1項1号・16条2項・17条）。なお，この関係で，受取人欄白地の手形が引渡しによって流通し，最後に取得した者が自己の名をもって受取人欄を補充した場合の取扱いが問題となる。手形の記載上は，振出人と所持人は直接の当事者であるが，手形授受の関係では直接の当事者ではない（手形法17条につき，為替手形に関する最判昭34・8・18民集13巻10号1275頁参照）。

なお，白地手形も有価証券の無効宣言のための公示催告手続の対象となる有価証券である（非訟114条・118条参照）。ただ，判例によれば，白地手形を喪失した者は，白地手形について除権決定をえても手形外の意思表示によって白地を補充することはできず（最判昭43・4・12民集22巻4号911頁参照），また手形債務者に対して喪失手形と同一の内容の手形の再発行を請求することも認められていない（最判昭51・4・8民集30巻3号183頁〔百選81〕，争点Ⅱ175，Ⅶ(3)，230頁参照）。白地手形を喪失した者は，除権決定をえても，他人の権利行使を阻止する利益をえるだけで，手形上の権利の行使はできないのである。

　(イ)　白地手形による権利の行使　　①白地手形は未完成な手形であるから，その流通の面においては慣習法により完成手形と同様に扱われるものの，その他の面では完成手形と同様に取り扱われるも

★ のではない。したがって，**白地手形によって，手形上の権利の行使を試みてもそれは無効である**（受取人白地のままの手形によって手形金の請求をすることはできない。最判昭 41・6・16 民集 20 巻 5 号 1046 頁）。白地未補充の白地手形による支払のための呈示は，約束手形の振出人を履行遅滞に付する効果を生じない。また，このような呈示では，償還義務者に対する遡求権保全の効力も認められない（最判昭 41・10・13 民集 20 巻 8 号 1632 頁〔百選 39〕）。その後，白地が補充されたとしても，未補充のままで行われた支払の呈示が遡って効力を生ずることはない（最判昭 33・3・7 民集 12 巻 3 号 511 頁）。ただし，手形の支払を担当する銀行は，支払委託者である顧客との間では，受取人白地の手形，振出日白地の確定日払手形に支払を行ってよく，それによって損害を生じても賠償義務を負わないものとされている（当座規定例 18 条参照）。

②白地未補充の白地手形により訴えを提起した場合は敗訴となるが（前掲最判昭 41・6・16），口頭弁論終結の時までに適法に白地を補充したときは勝訴判決を受けることができる。これに対して，白地手形の所持人が白地を補充しなかったため請求棄却の判決を受け，確定した場合，その後，白地を補充して再度同一被告に対して手形金請求の訴えを提起して手形上の権利の存在を主張することは，特段の事情のない限り，前訴の既判力により許されないとされている（最判昭 57・3・30 民集 36 巻 3 号 501 頁〔百選 45〕）。

(ウ) 白地手形による訴えの提起と時効の中断（完成猶予・更新）

前述のように，未補充の白地手形を呈示して支払の請求をしても，手形上の権利との関係では付遅滞の効果も遡求権保全の効力も認められない。しかし，白地手形による訴えの提起に手形上の権利の時効中断の効力が認められるかどうかについては議論がある。大審院は，時効中断の効力を認めていなかったが（大判昭 8・5・26 民集 12

巻1343頁)，最高裁判所は，まず受取人白地の手形につき（最大判昭41・11・2民集20巻9号1674頁〔百選43〕)，次いで振出日白地の手形につき，これを認めるに至っている（最大判昭45・11・11民集24巻12号1876頁)。判例は，白地手形の場合にも所持人の振出人に対する権利の時効は，白地の補充がなくても「未完成手形のままの状態で進行するが，このこととの比較均衡からいって」白地手形の所持人は「未完成手形のままの状態で，時効の進行を中断するための措置をとりうる」と説いている。これに対しては，未補充のままでは，いまだ手形上の権利は存在するに至っておらず，したがって，そもそも手形上の権利についての時効の進行や中断の問題を生ずる余地はないのではないか，といった疑問もないわけではない。しかし，時効の中断事由としての裁判上の請求（現行民149条）に該当するために訴提起の時点でみたされていなければならない要件は，相当弾力的に解してよいとする有力な見解がある。この見解によるときは，判例のように，白地未補充のままの白地手形による請求にも時効中断の効力を認めてよいことになる（ただし，金額または満期白地の手形については格別の検討を要するであろう)。

　すでに述べたように（第2編第3章Ⅱ3，65頁参照)，平成29年改正民法のもとでは，時効障害制度が再編され，用語も「中断」，「停止」から「更新」，「完成猶予」に変更されたことに伴い，従来，時効の中断事由とされていた裁判上の請求は，完成猶予事由とされ，その事由が終了するまでの間は，時効は完成しないとされるとともに（現行民147条・改正民147条1項。なお，改正民147条1項括弧書参照)，その場合において，確定判決または確定判決と同一の効力を有するものによって権利が確定したときは，その事由が終了した時に時効の更新が生じるものとされている（権利確定が更新事由となる。改正民147条2項)。

したがって，平成29年改正民法においては，ここで取り上げている問題は，白地未補充のままの白地手形による訴えの提起（裁判上の請求）にも完成猶予および更新の効力が認められるかという問題になる。白地手形による訴えの提起に時効中断の効力を認める判例の見解は，改正法のもとでは，完成猶予・更新の効力を認めるものとして，引き続き維持されるであろう。

(5) 白地補充の効果　白地手形は，補充によって手形として完成する。補充は，補充権の行使によって行われる。白地手形は，手形要件の補充によって，補充の時から完成した手形となる。白地手形上になされていた白地手形行為（振出，裏書，保証など）は，その補充の時から補充された文言に従って手形行為としての効力を生ずる。手形行為者が手形上の責任を負うのは補充の時からであるが，補充によって成立する手形行為の内容は，手形の記載によって定まる。たとえば，手形上の権利の時効期間の始期は，補充の時ではなくて手形記載の満期である。

なお，白地手形行為そのものは，白地補充より先に行われているのであるから，手形行為者の行為能力の有無，代理権の存否などは，白地手形行為の時を標準として決定するものとされている。

## II　約束手形の裏書

### 1　約束手形の譲渡

(1) 手形譲渡の理由　約束手形の受取人は，それを満期まで自ら所持し，満期に振出人から手形金額の支払を受けても，もちろんかまわない。原因関係の立証を要せず，手形だけで請求することができ（無因性），手形訴訟（後述Ⅷ，231頁以下参照）という簡易迅速な訴訟手続で権利の実現を図れるというメリットもある。しかし満

期まで受取人の資本は固定してしまうから，そのようにできるのは資金に余裕のある者に限られるであろう。将来手にしうる金銭を現在利用するには，たとえば，手形割引（第1編第3章2(1)，13頁以下）により現在利用できる金銭の形態にし，または受取人が第三者に対して債務を負うときにその弁済のためにあるいは弁済に代えて手形を譲渡して現金の支出を節約し，または担保に供して消費貸借を受けるなどが考えられる。

これらの事情は，受取人に限らず，その後手形を取得した者にもあてはまる。たとえば，手形割引をした銀行も資金の必要があれば，振出人の信用が厚く一定の条件に合うものを，日本銀行で再割引をしてもらう（こういう手形を日銀再割適格手形という）。

(2) 裏書による譲渡　裏書（手11条〜20条）というのは指図証券独特の譲渡方法である（例8）。手形債権を譲受人に譲渡する旨の譲渡人の意思表示を手形に記載すること（このこと自体を裏書ということもある）と，手形を譲受人に交付することによって構成される，要式行為である（第2編第2章Ⅰ1(2)，48頁）。民法が意思表示だけで指図証券上の権利は移転し，譲渡の裏書と交付は対抗要件にすぎないとしている（現行民469条）のと異なる（平成29年改正民法は，裏書と交付をもって指図証券の譲渡の成立要件としている。改正民520条の2)。

裏書は，単純であることを要し（手12条1項前段），裏書に条件を付すことはできない，無因行為（第2編第2章Ⅱ1，49頁）である。譲渡の原因となった法律関係の影響を受けない（たとえば別の債権の履行のために裏書されたとき，当該別の債権の無効・消滅により裏書譲渡が影響を受けることはなく，譲渡人の人的抗弁〔後述4(1)，169頁以下〕となるだけである）。裏書に際し条件を記載しても，記載なきものとみなされる（手12条1項後段）。

Ⅱ　約束手形の裏書

**例 8　裏書欄の記載例**

---

表記金額を下記被裏書人またはその指図人へお支払いください。
　　昭和　　年　　月　　日　　　　　　　　　拒絶証書不要
　　住所　東京都千代田区大手町1の6

　　　　山　田　次　郎　㊞(山田)

(目的)

| 被裏書人 | 高　橋　一　夫 | 殿 |

---

表記金額を下記被裏書人またはその指図人へお支払いください。
　　昭和　　年　　月　　日　　　　　　　　　拒絶証書不要
　　住所　東京都文京区竹早町18

　　　　高　橋　一　夫　㊞(高橋)

(目的)

| 被裏書人 | 大　木　太　郎 | 殿 |

---

表記金額を下記被裏書人またはその指図人へお支払いください。
　　昭和　　年　　月　　日　　　　　　　　　拒絶証書不要
　　住所　東京都港区芝白金町1の3

　　　　大　木　太　郎　㊞(大木)

(目的)

| 被裏書人 |  | 殿 |

---

表記金額を下記被裏書人またはその指図人へお支払いください。
　　昭和　　年　　月　　日　　　　　　　　　拒絶証書不要
　　住所



(目的)

| 被裏書人 |  | 殿 |

裏書による手形の譲渡の場合には，指名債権譲渡の方法による場合と異なり（民468条対照），人的抗弁の切断（手17条）および善意取得（手16条2項）により善意の譲受人が保護される（後述4, 169頁以下）。

なお，平成29年改正民法は，従来証券的債権とされてきた「指図債権」，「無記名債権」の語を採用しないこととし，その譲渡の方法と効力を有価証券としての指図証券・無記名証券に関する規定において定めた（現行民469条は改正民520条の2・520条の3に対応，現行民470条は改正民520条の10, 現行民472条は改正民520条の6に対応，現行民473条は改正民520条の20・520条の6に対応）。その結果債権の譲渡において，「指図債権」，「無記名債権」と区別された「指名債権」の譲渡は意味がなくなり，民法としては「指名債権」の語は用いられなくなる（なお現行民86条3項は削除され，無記名証券の譲渡の交付と効力として規定されている〔改正民520条の20・520条の13〜520条の18〕）。そこで以下では，従来「指名債権の譲渡」といわれてきたものを「債権の譲渡」・「民法上の債権譲渡」・「民法の債権譲渡」ということにする。

指図証券であるためには，証券の発行者（振出人）が指図文句（受取人または受取人の指定した者，またはこの被指定者がさらに指定した者に証券記載の給付がなされるべきこと）を証券に記載する必要があるが，約束手形は，流通を旨とする証券として，指図文句がなくとも当然裏書によって譲渡しうるものとされている（手11条1項）。これを「法律上当然の指図証券」という。

(3) 裏書を禁止される手形　約束手形は法律上当然の指図証券であり，さらに，振出人は，受取人との間にこの者が請求するのであれば支払を拒絶してよい事情が存在していても，その事情を知らずに裏書によって取得した者が請求するときは，当該事情を主張し

て支払を拒むことはできない（人的抗弁の切断。後述4(1)，169頁以下）。このことは振出人に酷な結果を招きやすい（支払えば，実体法上は受取人に対する不当利得返還請求権〔民703条〕が成立する場合が多いであろうが）。このような振出人の利益を護るために，振出人が，「指図禁止」の文字またはこれと同一の意義を有する文言を記載することが許される（手11条2項）。このような手形を裏書禁止手形・禁転手形という。しかしこの場合も，受取人は当該手形を譲渡することができないのではなく，民法の債権譲渡に関する方式（民467条）に従って譲渡することはでき，その効力も民法の債権譲渡の効力（民468条）のみを有する（手11条2項）。その譲受人がさらに譲渡するときも同様である。印刷された指図文句を抹消せずに，指図禁止文句を記載した場合，後者が優先し，裏書禁止手形にあたる（最判昭53・4・24判時893号86頁〔百選47〕）。

裏書禁止手形であっても，有価証券としての性質はなお失われず，支払を求めるには手形の呈示・交付が必要であり（手34条・38条・39条），譲受人は債権的な手形交付請求権を有する。民法の債権譲渡の効力のみを有するから，振出人は，受取人をはじめ所持人の前者（以前の権利者で，その権利を譲渡した者）に，手形金を支払う必要がない事情（人的抗弁）があれば，それを所持人（現在の権利者）に対抗することができる。裏書禁止手形の所持人の側からすれば，前者が多ければ多いほど，振出人に抗弁を対抗される可能性が増えるわけである。しかし，受取人やその後の所持人は，振出人の原因債務の立証を要しないし（無因性），手形訴訟を利用することができる。

(4) **裏書以外の譲渡方法**　裏書によらなくとも手形上の権利は次の方法で他人に譲渡され，あるいは移転する。

①手形裏書人が，再び手形上の権利を譲り受けるためには，戻裏書（手11条3項。後述2(5)，147頁）という方法のほかに，所持人か

ら，自己の裏書およびその後の裏書を抹消した手形の交付を受け，あるいは，交付を受けた後に同様に自ら裏書を抹消する方法が判例法上認められている（大判昭8・11・20民集12巻2718頁）。これを裏書の抹消による譲渡，あるいは，消極的裏書と呼んでいる。②民法上の債権譲渡の方法による譲渡。手形の譲渡は，裏書または白地式裏書の存する手形の単なる交付（後述2(2)，142頁）のみが強行法的に予定されているとする説もあるが，判例（最判昭49・2・28民集28巻1号121頁〔百選48〕）・通説は，民法の債権譲渡の方法による譲渡（民467条）もできるとしている。当然その場合の効力は，手形特有の譲渡方法による譲受人の保護は働かず，民法の債権譲渡の効力（民468条）のみを有する（争点Ⅱ184参照）。③相続や合併によって手形上の権利は，相続人，合併後の存続会社・新設会社に移転する。

なお，民事執行法施行（昭和55年）前は，転付命令（旧民訴600条1項・601条）によって，執行債務者の手形債権が執行債権者に移転することが認められていたが，現在は，転付命令（民執159条・160条）は裏書禁止手形についてのみ認められる（民執122条1項・143条）。

## 2 譲渡裏書の方式と効力

(1) 裏書の方式　(ア) 裏書記載の場所　前述のように，裏書は指図証券特有の簡易な債権譲渡の方法であり，裏書という言葉が示すように，手形の裏面になされるのが普通であるが，裏書は，手形の表面でも，また手形に結合させた紙片すなわち補箋にもなすことができる（手13条1項）。ただし，後述（(2)(イ)，142頁）の白地式裏書のうち，裏書人の署名のみをもってする裏書は，手形の裏面または補箋に限る（手13条2項後段）。これは約束手形にあっては，共同振出人の署名，保証人の署名（手75条7号・31条3項。為替手形で

はさらに支払人の引受署名，手25条1項）との混同を回避するためである。

(イ) 裏書できる者　裏書ができるのは，受取人および自分が連続した裏書の最終被裏書人である所持人に限らず，相続人，合併会社，民法上の債権譲渡の方法による譲受人のように，手形に特有な方法によらず，一般の民事承継によって手形上の権利を取得した者も，裏書によって有効に自己の権利を譲渡することができる。要するに，権利者であれば裏書ができる。

手形上の権利を有しない者は，有効に債権を譲渡するという意味での裏書はできないが，この者から裏書を受けた者は手形上の債権を善意取得（手16条2項）する可能性があり，裏書した当の無権利者は担保責任を負う（手15条1項。裏書と手形行為の独立性。第2編第2章Ⅳ2，55頁参照）。

(ウ) 裏書と手形要件の具備　裏書自体要式行為であるが（後述(2), (3), 142～145頁），裏書する基本手形も形式的に要式性を備えていること，すなわち手形要件を備えていることを要する。**基本手形が手形要件を備えていることは，振出の要件であると同時に，裏書の要件でもある**（手76条1項本文参照）。

裏書する手形は形式的に有効であれば，すなわち手形の記載上要件を備えていればよく，実質的に有効すなわち振出人または自己以前の裏書人の振出，裏書が有効である必要はない。たとえば，振出人が制限行為能力者であって振出行為を取り消した手形，振出署名が無権代理や偽造である手形，以前の裏書署名が無権代理や偽造の手形でも裏書できる（裏書と手形行為の独立性。第2編第2章Ⅳ2，55頁参照）。

もっとも手形要件未完成の白地手形を裏書によって譲渡することも認められているが，白地手形は完成した手形が要件を欠く場合と

異なるし，白地手形の譲渡方法は商慣習法によって認められるものであるから，上記の問題とは関係がない。白地手形を補充せずに裏書する者は，自らも白地手形行為をしていることになる。

(2) 各種の裏書方法　(ア) 記名式裏書（正式裏書・完全裏書）
被裏書人を指定して，この者に権利を譲渡する旨の裏書文句を付して，裏書人が署名する方式である（「被裏書人○○殿」とすれば，裏書文句は特に必要ではない）。

被裏書人の記載は，若干の誤記脱漏があっても，手形面上被裏書人が誰であるかを社会通念により判定できればよい。会社が被裏書人のときは，会社が振出，裏書をする場合とは異なり，商号だけでよく，代表者の氏名は不要であり，支店宛，出張所宛の裏書でも会社が権利を取得する。

(イ) 白地(式)裏書（無記名式裏書・略式裏書）　被裏書人の表示のない裏書で，裏書文句と裏書人の署名とでなすものと，裏書人の署名のみでなすものとがある。後者は，必ず手形の裏面か，補箋にしなければいけない（手13条2項後段）。

白地式裏書も裏書であって，その効力は記名式裏書と変わらない（後述(4)，145頁参照）。

(ウ) 持参人払式裏書　被裏書人の指定がないだけでなく，積極的に所持人に支払うべき旨を記載したものを持参人払式裏書というが，これは白地式裏書と同一の効力が認められる（手12条3項）。白地式裏書についての叙述はすべて持参人払式裏書にあてはまる。

(エ) 白地式裏書のある手形所持人の権利の譲渡　Bの白地式裏書のある手形を所持するCがこれをDに譲渡するには各種の方法がある（手14条2項。図10参照）。①自己の名（C）をBの裏書の被裏書人として補充して（手14条2項1号），記名式（B→C, C→D）または白地式（B→C, C→　）で裏書する方法。②直接他人の名称

Ⅱ　約束手形の裏書

### 図10　白地式裏書のある手形の譲渡方法

この手形をBから受領したCがDに譲渡する方法（⬚はCが記載。Cが何も記載しない④に注意）

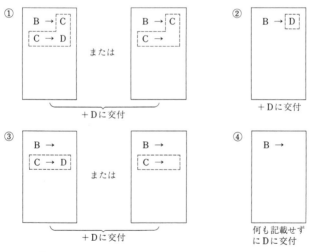

注1　④の方法でCから交付を受けたDは，Cと同じ方法で他人に譲渡できる。
　　①の右側，③の右側のときのDも同じ。

注2　以上は，また〔図：表面「約束手形 振出人Z 受取人A」／裏面「A → B ／ B →」〕を所持するCがなす譲渡でも同じ。

143

(D)を補充して（手14条2項1号。B→D），手形をDに交付する方法。③Bの白地式裏書を補充しないまま，記名式（B→　，C→D）または白地式（B→　，C→　）で裏書する方法（手14条2項2号）。④Bの白地式裏書のある手形（B→　）を単なる交付によってDに譲渡する方法（手14条2項3号）。②・④のときは，Cは署名をしていないから裏書人の担保責任（手15条1項）を負わないし，無担保裏書のように手形の信用を害することもない（後述(4)(イ)，146頁参照）。**無記名式手形は法律上認められないが，白地式裏書があると，④の方法が** ★ **認められるから，無記名証券と同じ方法と効力で譲渡できる**（特に，受取人が白地式裏書をしたとき）。もっとも譲受人Dにとっては，手形金を確実に入手するには，Cが担保責任を負う①・③の方法で譲り受けるのが望ましい。

(3) **要件以外の記載**　(ア) **有益的記載事項**　有益的記載事項としては，無担保文句・裏書禁止文句（手15条），裏書の日付（手20条2項参照），一覧後定期払手形の一覧のための呈示期間の短縮（手78条2項・23条3項），一覧払手形の支払呈示期間の短縮（手34条1項），裏書人の宛所（手45条参照），拒絶証書作成免除文句（手46条），予備支払人の記載（手55条）等について規定がある。

裏書人の宛所は，遡求の通知の宛先の意味をもつ（手45条1項・3項）。裏書人の住所はこれにあたる。

拒絶証書作成免除文句は，統一手形用紙では各裏書欄にすでに印刷されているから，所持人は満期において振出人に支払呈示すれば，遡求権を喪失することはない。裏書人の一人がこの文句を記載しなかったとき，この者に遡求するためには拒絶証書が必要である。全裏書人がこの文句を記載しても，約束手形に手形法46条3項3文の準用（手77条1項4号）の余地はないと解されるから，所持人がなお拒絶証書を作成するとき，その作成費用は各裏書人に求償しう

ることになるであろう。

　(イ)　無益的記載事項（条件付裏書）　　裏書の効力を条件にかからしめる条件付裏書は、裏書の効力を不確定にさせ、裏書の単純性（手12条1項1文）に反するので、裏書に付した条件は記載がないものとみなされる（手12条1項2文）。記載があっても単純な裏書となる。

　(ウ)　有害的記載事項（一部裏書）　　手形金額の一部について裏書することを認めると、残部についての権利者はすでに手形を交付してしまった裏書人ということになり、証券を所持している者を権利者として取り扱う法の趣旨（手16条・39条・40条3項参照）に反するので、一部裏書は無効とされる（手12条2項）。条件付裏書と同じく無益的記載事項としてもよいが、それでは全部裏書となって裏書人の意思に明らかに反するためであろう。

　(4)　裏書の効力　　(ア)　権利移転的効力　　被裏書人は裏書人の
★　権利を取得する。すなわち、**裏書によって、約束手形上の一切の権利は、裏書人から被裏書人に移転する**（裏書の権利移転的効力。手14条1項）。これは、裏書人の意思表示に基づく効力であって、裏書の本質的効力である。手形上の一切の権利とは、振出人に対する手形金請求権および以前の裏書人に対する遡求権（支払呈示期間内の呈示と拒絶証書の作成が条件であるが）、これらの者のための手形保証人があるときは保証人に対する権利である。

　裏書人が手形債権について、担保権、民事保証人に対する権利、違約金、損害賠償額の予定などの権利を有しているときに、これらは裏書によって被裏書人に移転するか。通説は、裏書そのものの効果としては移転せず、裏書人・被裏書人間に存する実質的な法律関係上の問題であるとする。判例（最判昭45・4・21民集24巻4号283頁〔百選49〕）は、民事保証債権は裏書自体の権利移転的効力により

被裏書人に移転するものではない，ということを認めた。そのうえで，しかし，保証債権（保証債務）には一般に随伴性があるところ，被担保債権（この場合は，約束手形振出人に対する手形債権）を裏書の権利移転的効力により取得した被裏書人へも，保証債権の随伴性により，約束手形振出人に対する民事保証債権が移転することを認めている。

(イ) 担保的効力　　裏書人は手形の支払を担保する。

(a) **裏書人は，裏書によって，被裏書人およびその後の手形権利者すべてに対して手形の支払につき担保責任を負う**（裏書の担保的効力。手15条1項）。これを裏書人の遡求義務ないし償還義務という。所持人が満期において振出人から支払を受けなかったときは，裏書人は遡求権の保全を条件に手形金額，満期以後の法定利息，その他の費用を支払う義務を負う。その場合，裏書人は，他の手形債務者（振出人，他の裏書人，手形保証人）と合同責任を負う（手47条。後述V，207頁以下参照）。

この責任は，裏書人の意思表示に基づくものであるとする説もあるが，現在の通説は，手形の流通確保の見地から，裏書人には被裏書人から対価（＝裏書の原因関係における反対給付）が与えられているのが常態であることを考慮して，特に法定された特別の責任であると解している。

この責任は，裏書行為が完了したとき，すなわち裏書人が署名して，手形を被裏書人に交付したときに発生するが，裏書署名後，交付前に，裏書人の意思によらず流通させられてしまったときにも，その事情を知らず，かつ知らないことにつき重過失のない所持人に対しては担保責任を負うことは，振出の場合と異ならない（第2編第1章III，42頁以下，同第4章IV，72頁以下参照。なお，最判昭54・9・6民集33巻5号630頁〔百選6〕参照）。

Ⅱ　約束手形の裏書

(b)　もっとも，裏書人は担保的効力を排除することができる。裏書の担保的効力は裏書の本質的効力ではないので，裏書人が支払を担保しない旨を記載すれば，その効力が認められる。これを無担保裏書という（手15条1項）。

さらに，裏書人は新たな裏書を禁ずることができ，その旨を記載すると，直接の被裏書人には担保責任を負うが，その後の被裏書人・所持人には担保責任を負わない。これを裏書禁止裏書・禁転裏書という（手15条2項）。

無担保裏書・裏書禁止裏書があっても，手形はなお指図証券で裏書によって譲渡でき，裏書による善意者の保護もあり，他の裏書人は担保責任を負う。支払無担保・裏書禁止の文句を記載した裏書人のみが，その効力を主張できる。

(ウ)　資格授与的効力　裏書は，裏書の権利移転的効力を前提に，次の権利者を指定する。手形面上裏書の記載があり，被裏書人が手形を所持していれば，この者が裏書人から譲渡を受けて現在権利者であるという蓋然性が高い。そこで法律上この者を権利者と推定することが可能となるが，そのためには法は裏書が連続していることを要求している。詳細は裏書の連続（後述3，157頁以下）のところで述べる。ともかく，各裏書は，その権利推定のための基礎を与える。換言すれば，**各裏書は，証券上の記載において次の権利者を指定し，この被裏書人を次の権利者と推定させる効力を有している**といえる（白地式裏書は被裏書人を手形に記載，指定しないから，手形の被交付者を権利者と推定させる）。このことを指して**裏書の資格授与的効力**（手16条1項）といっている（なお，後述3(5)，165頁以下参照）。

(5)　戻裏書　戻裏書というのは，すでに約束手形上の債務者になっている者（振出人，裏書人，これらの者の保証人）への裏書をいい，法は，これが可能なことおよび戻裏書の被裏書人はさらに裏書

第3編　第1章　約束手形

### 図11　戻裏書

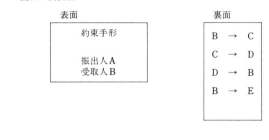

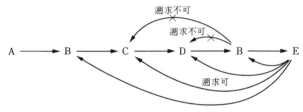

できることをあきらかにする（手11条3項）。戻裏書も，裏書の一般的効力があるが，特に考察すべきことは，民法の混同（民520条）との関係，戻裏書の被裏書人の権利行使の特異性および人的抗弁の関係である（図11参照）。

　DがBに戻裏書をすると，DのBに対する遡求権は，義務者たるBに移転し，混同によって消滅するようにも考えられる（CのBに対する遡求権も義務者Bが取得する。DがAに戻裏書をすれば，A・B・Cのすべての手形債務は消滅するとも考えられる）。その意味では，戻裏書は，混同の例外を手形の流通を保護するために認めたものと解しうる。ただ学説によっては，手形は有価証券として一個の客観的財産であるから自己の自己に対する債権であっても取得でき，あるいは，有価証券の性質上，所持人としての地位は個性がなく形式的であるから，むしろ当然のことであると説明するものもある。

Ⅱ　約束手形の裏書

　Ａが支払を拒絶した場合，Ｂは裏書人Ｄの被裏書人としてＣ，Ｄに遡求することが考えられるが，Ｃ，ＤはＢの裏書による後者としてＢに再遡求できる地位にあるから，ＢのＣ，Ｄに対する権利行使は認められない。その意味で戻裏書が担保的効力を有するのは，Ｂからさらに裏書を受けたＥ等に対してであり，またこの点に戻裏書後の裏書を認めた実益（Ｃ，Ｄの信用を利用した手形の譲渡）がある。Ｂは自己の前者（この例ではＡ）に対してのみ，手形債権を行使できる。ただし，Ｃ，Ｄの裏書がＡの手形債務を保証するなどの特殊の意味をもつときは，ＢはＣ，Ｄに手形債権を行使できるとするのが判例である（最判昭36・11・24判時302号28頁）。

　ＡがＤに対して人的抗弁を有しているときは，ＤからＢへの戻裏書によって原則どおり抗弁は切断される（手17条）。しかしＡがＢに人的抗弁を有しているときに，それがＣへの裏書によっていったん切断されても，Ｂが自己の裏書譲渡前の法律的地位より有利な地位を取得すると解さなければならない理はないから，ＢはやはりＡからその人的抗弁の対抗を受ける（最判昭40・4・9民集19巻3号647頁〔百選27〕。なお，最判昭52・9・22判時869号97頁〔百選34〕参照）。ＡがＢに対し人的抗弁を主張しえたという，ＡＢ間の人的関係は，Ｂがいったん裏書したとしても，（その後に変化がない限り）影響を受けないからである。

　(6)　**期限後裏書**　　満期後の裏書が直ちに期限後裏書となるのではなく，支払拒絶証書作成後，または拒絶証書作成期間経過後の裏書をいう。手形上支払拒絶が明らかであるか，または本来支払われるべき時期を徒過したものであるから，通常の手形の流通保護は必要なく，民法の債権譲渡の効力のみを有する（手20条1項但書）。たとえ銀行の不渡付箋がついていても，拒絶証書作成前かつ作成期間経過前になされた裏書は，満期前の裏書と同じ効力がある（最判昭

第3編　第1章　約束手形

**図12　期限後裏書**

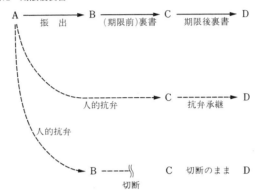

55・12・18民集34巻7号942頁〔百選60〕）。既存の白地式裏書を利用して，当該期限後に交付のみによってなされた譲渡も（手14条2項3号）同様である。期限後裏書か否かは，裏書の日付によってではなく，現実の裏書行為の完成時，すなわち交付時によって判断する。ただ裏書に日付の記載がないときは，支払拒絶証書作成期間経過前になされたものと推定される（手20条2項）。

　期限後裏書にも権利移転的効力はあるが，前述のように民法上の債権譲渡の効力しかなく，抗弁の切断はない。被裏書人は，期限後の裏書人に対して手形債務者のもっていた人的抗弁の対抗を無制限に受ける。しかしこのことは，それより前の期限前の裏書によって切断されていた人的抗弁が復活することを意味しない。すなわち期限後に裏書するCがすでに，Cの前者Bに対する手形債務者Aの人的抗弁が切断された手形を有していたときは，被裏書人Dは，このAのBに対する抗弁の切断された手形を取得する（図12参照）。このとき被裏書人がその抗弁を知って取得しても同様である（最判昭37・9・7民集16巻9号1870頁）。

II 約束手形の裏書

期限後裏書には担保的効力はない。担保的効力は満期における支払を担保するものであり，拒絶証書作成後の裏書は満期における支払がないことが明らかで（満期前の拒絶証書も「支払拒絶証書」であって，満期前の遡求が可能である。後述Ⅴ8, 213頁），拒絶証書作成期間経過後の裏書は本来支払われるべき期間を経過してから行われたものであるからである。期限後裏書人が担保を約束しそれを手形に記載しても，それは手形外の裏書当事者間の事情にすぎない（民569条参照）。期限後裏書にも資格授与的効力はあるが，善意取得の基礎となるものではない。通常の手形流通に関する完全な保護は必要でなく，善意取得は認められない（最判昭38・8・23民集17巻6号851頁〔百選61〕参照）というのが通説である。

(7) 電子記録債権の譲渡　(ア) 電子記録債権（第1編第3章6, 22頁以下）には文字通りの裏書という物理的行為はありえないが，それが俗に電子手形とも呼ばれているように，約束手形の裏書に関する考え方を応用して，取引の安全, 金銭支払の確実性を図っている。

(a) 手形の裏書は要式の書面行為であること（1(2), 136頁，前述(2), (3), 142～145頁）に対応して，電子記録債権の譲渡は一定の絶対的記載事項を含む譲渡記録（電子債権18条）をしなければその効力を有しない（電子債権17条）。

(b) 裏書に意思表示に関する民法規定が適用あるかどうかに関しては争いがあるところであるが（第2編第4章Ⅳ, 72頁以下），電子記録債権法は，譲渡行為を含む電子記録債権に係る意思表示に関する意思の欠缺・瑕疵について民法の規定よりも第三者の保護に厚く，意思欠缺・瑕疵ある者の保護に薄い規定を置いている（電子債権12条1項。第1編第3章6(1)(ウ), 22頁）。ただし，この規定は意思欠缺・瑕疵ある者が事業者ではない個人（消費契約2条2項）であるときは適用がなく（電子債権12条2項2号。正確には，個人事業者として

記録されていない者〔電子債権18条2項2号等〕)，個人は民法規定と同一レベルで保護される。消費者（消費契約2条1項）が個人事業者と記録しても記録の効力はなく，やはり民法規定により保護される（電子債権18条3項）。

取消しを対抗される第三者が，手形の期限後裏書に相当する譲受人（支払期日以後の譲受人・差押債権者等）であるときは適用がなく，民法と同一レベルで保護されるだけである（電子債権12条2項1号）。

(c) 手形法は債務者が，法人，個人，消費者であるかを区別しないが，電子記録債権法は(b)に述べたように，債務者が，個人および消費者であるときに，手形法的な債務の厳格性を緩和するという特徴を有する。

個人とは，発生記録・譲渡記録・保証記録の相対的記録事項としての個人事業者である旨を記録していない者（電子債権16条2項9号・18条2項2号・32条2項5号）をいい，消費者とは，事業としてまたは事業のために契約するのではない個人（消費契約2条1項）をいう（電子債権16条4項括弧書）。すなわち，手形法的な厳格な責任といいうる人的抗弁の切断（電子債権20条1項），保証の独立性（電子債権33条1項）は，債務者が法人のときおよび債務者が個人で，個人事業者として登録され，かつ，その行為（発生・譲渡・保証）が事業としてまたは事業のためにするときに限られる。債務者が個人であるときは適用がなく（電子債権20条2項3号・33条2項），消費者が個人事業者と登録されても登録の効力がなく（電子債権16条4項・18条3項・32条4項），人的抗弁の切断はなく，保証の独立性もない（善意取得〔電子債権19条2項3号〕については，4(3)(イ)，183頁参照）。

さらに，電子記録債権法は，約束手形の振出人に比すべき発生記録における債務者，裏書人・手形保証人に比すべき保証記録における保証人も，当該記録の相対的記載事項を利用すると，手形法的な

債務の厳格性を緩和できるという特徴を有する。手形法においては人的抗弁の切断（手17条）・手形行為の独立性（手7条）・手形保証の独立性（手32条2項）は強行法であるが，電子記録債権法は，債務者が法人・個人事業者であるとき，相対的記録事項として，人的抗弁の切断（電子債権20条1項）の適用がないことを定めうるとする（電子債権20条2項1号・16条2項10号・32条2項6号）。

　以上をまとめると，電子記録債権法は，発生記録の債務者・保証記録の保証人が法人のときと，個人事業者が個人事業者であることを登録（相対的登録事項）し，かつ事業関連で債務者としてまたは保証人として登録したときにのみ，約束手形の振出人・裏書人・手形保証人と同じ義務を負わせ，その場合も，相対的記録事項を利用すると，民法上の債権の債務者・保証人の責任にとどめることを認める。登録された債務者・保証人が事業者でないとき，個人事業者でもその旨を登録しないとき，個人事業者であることを登録しても債務発生・保証が事業関連でないときは，強行法として，民法上の債権の債務者・保証人の責任にとどめる。

　(イ)　譲渡裏書（手13条）と異なり，譲渡記録には担保的効力はないが，譲渡人が電子記録保証（電子債権31条以下）をすることにより，主たる債務者の支払を担保することができる。

　電子記録債権には裏書というものはないが，順次なされる譲渡のすべての譲渡人が，譲渡に際し，発生記録に係る債務者（電子債権16条1項5号）を主たる債務者として，事後のすべての譲受人に対し電子記録保証人としての保証記録（電子債権32条1項）をなせば，類似の法的機能を果たしうる。

　電子記録保証に係る電子記録債権は，譲渡のときと同じく，一定の絶対的記載事項を含む保証記録（電子債権32条1項・3項）をしなければ，その効力を有しない（電子債権31条）。

手形行為の独立性を定める規定（手7条・32条2項。第**2**編第**2**章 Ⅳ，54頁以下）に対応する，電子記録保証の独立性（電子債権33条1項）が認められている。独立性は，保証人が法人・事業者と記録された個人（保証記録の相対的記載事項。電子債権32条2項5号）であるときに適用され，保証人が事業者でない個人であるときは，適用されない（電子債権33条2項）。保証人が消費者で，事業者として登録されても，記録の効力はなく（電子債権32条4項）消費者が独立的に責任を負うことはない。

電子記録保証人についても人的抗弁の切断（電子債権20条1項）を原則とするが，保証人が法人または事業者として登録された個人（電子債権32条2項5号）である場合，保証時に債権者に対抗できた事由につき抗弁の切断がないこと，または一定の抗弁を債権者に対抗できることを，保証記録の相対的記載事項とすることができる（電子債権32条2項6号・7号）。保証人が個人事業者であることは保証記録の相対的記載事項であるが（電子債権32条2項5号），保証人が事業者として登録されていない個人のときは，そもそも人的抗弁の切断はない（電子債権20条2項3号。保証人が事業者と記録されていれば人的抗弁の切断がある）。消費者が事業者と記録されても，その記録の効力がなく，人的抗弁の切断はやはりない（電子債権32条4項・2項5号）。

(ウ) 電子記録保証人の責任は，約束手形の裏書人の合同責任（合同責任については，Ⅴ3, 208頁参照）と同様であって，いわば電子合同責任ともいうべきものである。電子記録債権法34条1項は，電子記録保証債務は保証という語を利用するが，民法上の保証人の催告の抗弁（民452条）・検索の抗弁（民453条）・主たる債務者に生じた事由の効力（民457条〔平成29年改正後は同条に若干の相違がある〕）は適用されないことを定め，さらに連帯保証人について生じた事由

の効力（民458条〔平成29年改正後は同条に若干の相違がある〕）も適用がないこと定めているから連帯保証債務ともいえない。また電子記録保証人が複数いるときは，分別の利益（民456条）はないこと，その間に保証連帯を認める規定（商511条2項）は適用がないことも定めるし（電子債権34条1項），その間の求償権を認める特別求償権では，保証連帯に関する求償権の規定（民645条）は適用がないものとする（電子債権35条1項）。すなわち電子記録保証人が複数いるときも保証連帯債務ではない。

ただし，事業者であると記録されていない個人が電子記録保証人のときは，主たる債務者が主張することができる抗弁をもって債権者に対抗することができるし（電子債権34条2項），主たる債務者がその債権者に対して相殺権・取消権・解除権を有するときに，その権利の行使により主たる債務者が債務を免れうる限度において，電子記録保証人は債務の履行を拒むことができる（電子債権34条3項）〔ここの電子記録債権法34条2項・3項は平成29年改正後の条文である。現行法は2項では，電子記録保証人は主たる債務者の債権による相殺が認められているだけであり（現行民457条2項），3項は平成29年新設である。要するに，平成29年改正電子記録債権法34条2項・3項は，事業者であると記録されていない個人は，催告・検索の抗弁がない（電子債権34条1項，民452・453条）だけで，民法上の保証人と同じ責任（平成29年改正民446条2項・3項）を負うことを明示した〕。消費者が事業者と記録して電子記録保証人となったと記録しても，事業者の記録は効力がない（電子債権32条4項・2項5号）から，消費者は電子記録債権法34条2項・3項における事業者の記録のない個人の一典型といえよう。

(エ)　電子記録債権の内容は債権記録により定まるものとする規定（電子債権9条1項）は，電子記録保証に係る電子記録債権について適用されないかのように見えるが（保証記録をするのであって，債権

記録〔電子債権2条4項〕にするものではないから），適用を否定する趣旨ではないであろう。したがって，電子記録保証債権・債務の文言性，無因性を認めることができる。

　(オ)　担保責任を履行した裏書人は約束手形の振出人に請求できる（手28条2項・47条〜49条・78条1項）のと同じく，電子記録保証人が弁済等自己の出捐により主たる債務の消滅をもたらし，その旨の支払等記録（電子債権24条）がされたときは，約束手形の振出人に比すべき，主たる債務者に対する求償権（**特別求償権**）を有する（電子債権35条1項1号）。

　約束手形が遡求段階に入った場合，後の裏書人（手形所持人により近い者）は前の裏書人に請求（再遡求）できるが，その逆（自分より後の裏書人への遡求）はできない（V1, 207頁）。電子記録債権の譲渡が順次行われ，各譲渡人がその後の譲受人らに対し主たる債務の電子記録保証人となった場合，ある譲渡人（＝電子記録保証人）が弁済等自己の出捐により主たる債務の消滅をもたらし，その旨の支払等記録（電子債権24条）がされた場合も，他の譲渡人（＝電子記録保証人）に対する求償権（**特別求償権**）については，出捐をした者が電子記録保証人となる前に電子記録保証していた他の電子記録保証人に限られるから（電子債権35条1項2号），裏書人の場合と同じである。

　**特別求償権**の額は，民法保証人の求償権に関する規定（現行民459条・462条・463条・465条〔改正民459条・459条の2・462条・463条・465条〕）にかかわらず，共同免責を得た額・出捐日以後の遅延損害金・避けることができなかった費用の合計額であるから（電子債権35条1項柱書），遡求金額・再遡求金額（手48条1項・49条）とほぼ等しい。

　(カ)　電子記録債権法には，期限後裏書（手20条1項。前述(6), 148頁）に対応する規定（電子債権19条2項2号・20条2項2号・38条），

混同の例外（手11条3項。前述(5)，147頁）に対応する規定（電子債権22条）がある。

(キ) 手形においては一部譲渡は無効であるが（手12条2項），電子記録債権はその分割が認められ（電子債権43条以下），実際的な必要性によりよく対処しており，一部譲渡も認められる。

なお，電子記録の請求は当事者（電子記録権利者〔電子債権2条7項。たとえば発生記録における債権者（電子債権16条1項3号）〕と電子記録義務者〔電子債権2条8項。たとえば発生記録における債務者（電子債権16条1項5号）〕）の双方がしなければならないが（電子債権5条1項・3項），分割記録の請求は，債権者だけですることができる（電子債権43条3項）。

## 3 裏書の連続

(1) 裏書の連続の意義とその手形法上の効果　(ア) 裏書の連続とは何か　約束手形は法律上当然の指図証券として，裏書によって他人に譲渡することができる（手11条）。したがって，手形の譲渡が順次行われると，受取人が第一の裏書人となって第一の被裏書人に，この者が第二の裏書人となって第二の被裏書人に，というようにして，最後の被裏書人たる所持人に至るまでの裏書が手形面上に顕現される。裏書の連続とは，このように受取人から最後の被裏書人までの裏書が，手形面上間断なく続いていることをいう。

(イ) 裏書連続の効果　法は被裏書人と記載された者は，実質的にも有効に手形上の権利を譲り受けた者であることの蓋然性に着目して，**裏書の連続ある手形の所持人を権利者たるものと推定する**（手16条1項1文。最判昭36・11・24民集15巻10号2519頁。法文上は「看做ス」となっているが，所持人が無権利者，たとえば盗取者，拾得者であって自ら裏書の連続を作り出すこともあり，これを権利者とみなして，反対

事実〔無権利者であること〕の立証を許さないとするのは行き過ぎであるから，推定するの意味に解すべきである）。このような所持人には形式的資格があるという。各個の裏書は次の権利者を証券上に記載・指定するが（裏書の資格授与的効力。前述 2(4)(ウ)，147 頁参照），裏書の連続とは，この指定が順次繰り返されて，最終的に記載上，所持人が権利者と指定されていることにほかならない（法律上の権利推定）。この最終権利者が証券を所持すれば，形式的資格があって，権利者と推定される。さらに裏書の連続は，それのある所持人から取得すると，所持人が無権利者であっても，悪意・重過失のない取得者は手形上の権利を善意取得するという効果をもたらし（手 16 条 2 項。後述 4(2)，179 頁），満期において支払をなす者が，裏書の連続ある所持人に支払えば，悪意・重過失のない限り免責される（手 40 条 3 項。後述 IV 2，201 頁）という効果をもたらす。これらの効果はあいまって約束手形の流通性を増大させる（争点 II 178 参照）。

(ウ) 白地式裏書が手形面上にある場合　最後の裏書が白地式である場合は，単なる所持人が権利者と推定される（手 16 条 1 項 2 文。1 文と同じく推定の意味に解すべきである）。

また，中間の裏書に白地式のものがある場合は，それに次ぐ裏書（記名式・白地式）の裏書人は白地式裏書によって手形を取得したものとみなされる（手 16 条 1 項 4 文。ここでは法文どおり「看做ス」でよい）。

裏書の連続の関係では，白地式裏書の存在は支障のないことが多い（図 13 参照）。

(2) 裏書の連続の判断　　(ア) 形式的な連続　裏書の連続は手形面上に顕現された裏書間に，外観上，形式的に連続があるか否かを問題にするものであり，実質的に有効な連続は必要でない。偽造の裏書でもよく，無権代理人の裏書でもよく，設立登記前の会社の

Ⅱ　約束手形の裏書

### 図13　白地式裏書と所持人の形式的資格

```
約束手形
振出人A
受取人B
```

実際の移転経過は　B → C → D → E → F → G

所持人は　G

（ⅰ）　Gの形式的資格が肯定される例

| B → | B → C<br>C → | B → C<br>C →<br>F → G | B →<br>D →<br>F → G | B → C<br>C →<br>F → |

Gは16条1項2文で権利者と推定。

16条1項4文でFはCの白地式裏書で取得したとみなされる。したがってGは16条1項1文で権利者と推定。

16条1項4文でDはBの白地式裏書で，FはDの白地式裏書で取得したとみなされる。したがってGは16条1項1文で権利者と推定。

16条1項4文でFはCの白地式裏書で取得したとみなされる。したがってGは16条1項2文で権利者と推定。

（ⅱ）　Gの形式的資格が否定される例

左から順番に，BからCへの，CからDへの，CからEへの移転経過を証券上基礎づけることができない。

注　これらはあくまで講学上の例で，実際には移転経過がかくも多段階にわたることはない。普通は，受取人が手形割引を受けるための裏書が一つか，それに加えて割引人が再割引を受けるための裏書があるくらいである。むしろ実務上は，裏書の多い手形ほど，法律上の裏書人の担保責任にもかかわらず，その決済が危ぶまれるものといってよい。

裏書が介在していてもよい（最判昭30・9・23民集9巻10号1403頁）。

　裏書の連続は数個の裏書の存在を要件とするものではなく，単に一個の裏書があるだけでも，その裏書人が受取人以外の者であるときは，裏書の連続はない。

　裏書の連続の有無は，受取人ないし被裏書人の表示と次の裏書人の署名が同一であるか否かによって決せられるが，両者が1字も違わず絶対に同じであることは必要でなく，たとえその間に多少の出入があっても主要な点に異なるところがなければ足り，社会通念上同一の者と認識できればよい。受取人ないし被裏書人の記載は他人である振出人・裏書人がなすのであるから，その表示に精確を期待することはできず，当然のことであろう。

　しかし，受取人・被裏書人の記載において芸名・雅号であるBと記載された者が，本名であるCで裏書署名したときは，この裏書は権利者BことCがなしたもので実質的には有効であるが，記載の外観上，形式的にみればBとCとは別人であるから，裏書の連続はない。

　(イ)　被裏書人は会社か，個人か　　受取人あるいは被裏書人の記載がB会社C，またはB商店C，次の裏書署名がCであるとき裏書の連続はあるか。前の記載がBを代表，代理したCを表しているとすれば，権利者はB会社またはBという商号で営業する商人（B）であり，次の裏書署名Cとの間には連続が欠けるということになる（裏書署名もB会社C，B商店Cならば，なんら連続に欠けるところはない）。この問題をめぐる判例は多数にのぼったが，現在の判例（最判昭30・9・30民集9巻10号1513頁〔百選50〕）は，受取人B会社C支店長，裏書人Cの記載につき，次のようにいって裏書の連続を肯定している。氏名に職名を付記してその個人を指称することは，取引において往々行われるところであるから，B会社C支店長な

る記載は，個人たるCに会社の支店長たる職名を付記して，個人たるCを指称するものと解することができる。そして第一裏書における裏書人は明らかにC個人名をもってなされているから，この第一裏書の記載と対照して，B会社C支店長なる受取人の記載は他に特段の事由のない限り，むしろ個人たるCを指称するものと解するのが妥当である。多くの学説もこの判例に賛成している。

(ウ) 民事承継があった場合　合併・相続・民法上の債権譲渡の方式による取得があった場合に，その旨が手形上に記載されていても，裏書の連続はないというのが通説である。相続の場合にその旨が記載されているとき，裏書の連続を認めた判例（大判大4・5・27民録21輯821頁）もあったが，その判例は旧法下で，裏書の連続がなければ権利を行使できないとの明文の規定があった時代のもので，現行法の下でも妥当するかは疑わしい（後述(5)，165頁参照）。

(エ) 連続の判断の時点　裏書の連続は，事実審の最終口頭弁論終結時で判断される。訴提起後，被告から裏書不連続の抗弁を提出された後に，不利ないし余計な裏書を抹消して自己を形式的資格ある所持人としてよい（最判昭32・12・5民集11巻13号2060頁）。

(3) 権利推定・形式的資格の効力　(ア) 推定された所持人の権利行使は簡単で，反対事実の立証は難しいのだが，それはなぜであろうか。**裏書の連続ある手形の所持人はそれだけで権利者と推定され，最後の裏書が白地式であるときは手形を所持するだけで権利者と推定される**（手16条1項1文・2文。最判昭42・2・3民集21巻1号103頁）。**あとは手形債務者の署名が真正であることを立証しさえすれば，手形金を請求できる。すなわち，請求を基礎づけるためには，被告が手形行為をした事実のほか，原告が連続した裏書の記載ある手形を所持するという事実を主張すればよい**（最判昭41・3・4民集20巻3号406頁）。

しかし裏書の連続ある手形の所持人が無権利者のこともあるから，

第3編　第1章　約束手形

**図14**

```
表面                          裏面
┌─────────────────┐       ┌─────────────────┐
│                 │       │ ┌─────────┐     │──Cの偽造裏書
│   約束手形      │       │ │ B → C   │     │
│                 │       │ └─────────┘     │
│                 │       │   C → D         │
│   振出人A       │       │   D → E         │
│   受取人B       │       │   E → F         │
│                 │       │                 │
└─────────────────┘       └─────────────────┘
```

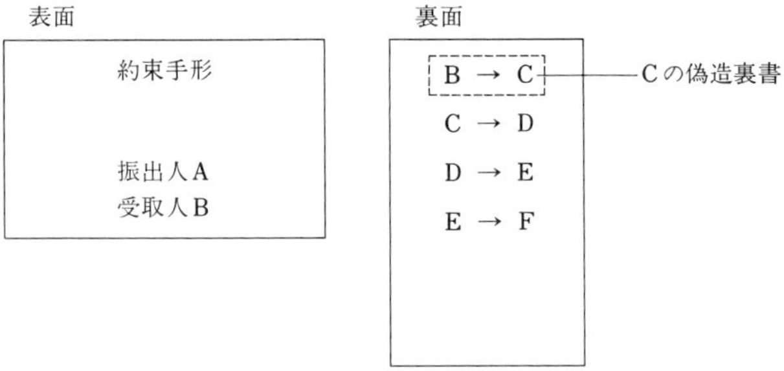

裏書の連続　B → C → D → E → F

Cは，Bの手もとから盗んでB→Cの裏書を偽造。所持人はF。

- Dが善意取得すれば，E，Fはその権利を承継取得。
- Dが善意取得しなくとも，Eが善意取得すれば，Fはその権利を承継取得。
- DもEも善意取得しなくとも，Fが善意取得することがある。

したがって，手形の返還を求めるBおよび手形金の支払を拒むAは，Cが無権利であることのほか，Dも，Eも，Fも善意取得しなかったことを立証しなければならない。(4(2)(ア)(C)最終段落参照）

手形債務者は所持人の無権利を立証して支払義務を免れることができる。所持人が盗取者，拾得者あるいは当該所持人への裏書が無効であればこの立証は容易ともいえるが，そうでない場合は，所持人が無権利者から善意取得していないこと（手16条2項但書。最判昭41・6・21民集20巻5号1084頁），さらに所持人の前者すべてについて善意取得はなかったことを立証しなければならない。所持人の前者の一人が善意取得していれば，その後者はその権利を承継取得するからである（図14参照）。

(イ)　手形所持人はこの権利推定規定を利用しなくとも，手形移転

の全経過を立証して，すなわち，順次裏書・交付によって（手14条1項），白地式裏書のある手形の単なる交付によって（手14条2項3号）現在自分が手形権利者となっていることを立証して手形金を請求することもできる。

しかし，裏書の連続ある手形を所持している者が，この権利推定規定を利用せず，必ずしも容易でない個々の裏書による実質的権利移転の事実を，わざわざ主張するということは通常考えられないものであるということも，理由のあるところである。そこで，判例（最大判昭45・6・24民集24巻6号712頁〔百選52〕）は，連続した裏書のある手形を所持して請求している場合には，当然に権利推定規定（手16条1項）の適用の主張があるものと解すべきである，としている。

(4) **裏書の抹消** (ア) **抹消の権限・方法の不問** 裏書の抹消とは，裏書そのものを塗りつぶしたり，×（バツ印）を引いたり，インク消しで消したりすることをいう。遡求義務を果たした裏書人は自己および爾後の権利者である後者のなした裏書を抹消できる（手50条2項）。また判例上，戻裏書に代わる消極的裏書としての裏書の抹消が認められることは前述した（1(4)①，139頁）。これらのために裏書の抹消が行われるし，権限を有しない者が不法に抹消することも，権限を有する者が誤って抹消することもある。

**所持人の権利推定との関係では，抹消した裏書は記載ないものとみなされる**（手16条1項3文）。この規定の適用については抹消権限の有無，抹消方法，抹消時期，故意の抹消か，誤ってした抹消かを問わない。ともかく抹消があれば，裏書の連続の判定にあたっては，記載ないものとして扱われる。したがって，裏書の抹消によって裏書の連続が作り出されることもあるし，あるいは連続していたものが，抹消によって切断されることもある。

(ｲ) 被裏書人の氏名のみの抹消　　(a) 記名式裏書の被裏書人の氏名のみを抹消した場合，裏書の抹消との関係でどう扱うかに関して，次の4つの考え方がある（争点Ⅱ179参照）。①被裏書人の指定も裏書人の意思表示の不可欠の一部をなすから，その抹消は裏書全部の抹消となるとする説（全部抹消説），②白地式裏書となるとする説（白地裏書説），③権限のある者が抹消すれば白地式裏書となるが，権限ある者の抹消と推定する説（白地裏書推定説），④③と同じく権限のある者が抹消すれば白地式裏書となるが，所持人は権限のある者が抹消したことを立証すべしとする説（全部抹消推定説）である（③・④を権限考慮説という）。

③・④は，手形上の記載から形式的に判断すべき裏書の連続に実質的な抹消権限をもち出すもので，前提と相容れない。①・②の対立は抹消の不正利用を危惧するか（①），手形の流通保護を重視するか（②）の相違といえなくもない。しかし，白地裏書説をとると，全被裏書人の氏名の抹消または第一裏書の被裏書人の氏名の抹消とそれに続く全裏書の抹消で簡単に形式的資格が認められ（抹消の権限，時期を問わないから），指図証券の本質といえる裏書を無意義に近くする点から，全部抹消説をとるべきであろうか（全部抹消説では，自己への記名式裏書を偽造しない限り，すでに受取人の白地式裏書があるか，裏書の連続ある被裏書人の白地式裏書があるか，いくつかの裏書を全部抹消することにより抹消者を裏書の連続ある所持人とする裏書がなければならないからである。白地式裏書があれば手形は無記名証券と同じ譲渡ができ，所持だけで形式的資格が認められることは手形法も予定している〔手14条2項3号・16条1項2文〕）。だが，判例（最判昭61・7・18民集40巻5号977頁〔百選54〕）は，白地裏書説を採用している。

(b) 抹消した被裏書人の氏名の傍に他人を新たに被裏書人として記載したときはどうであろうか。この場合には，記名式裏書とし

て，裏書の連続を判断する下級審の判例があるが，白地裏書説の立場でも同じになろう。全部抹消説の立場ではやや困難な問題となろうが，やはり形式的資格の面では裏書の連続は，裏書の全部抹消として取り扱い（単なる訂正といえない限り連続を欠くことになろう），ただ実質的権利移転の面では，裏書人が記名式裏書とする意思で行った場合は，当該被裏書人は裏書により手形の譲渡を受けるから（手14条1項），それを証明すれば権利行使はできると解すべきであろう（後述(5)参照）。

なお，(a)の被裏書人の氏名の抹消がある場合も全部抹消説では同じことで，形式上は全部の抹消となるが，その抹消が裏書人の白地式裏書の意思でなされたときは，取得者は白地式裏書により実質上手形を譲り受ける（手13条2項・14条1項）。

(5) **裏書の不連続と権利行使** (ア) **実質的権利取得の立証**
裏書の連続は，実質的権利の帰属とは区別して考えるべき形式的資格の問題，すなわち証券の記載の上で権利者と指定されているかの問題で，所持人の簡易な権利行使を認めたものであり，**裏書が不連続でも，所持人が実質的な権利移転を証明すれば権利を行使できる**ことには現在では異論がない。たとえば，被裏書人と所持人とは同一人であること，抹消されたものであれ裏書によって譲り受けたこと，相続したこと，民法の債権譲渡の方法によって譲り受けて対抗要件（民467条）を備えたこと等を証明すればよい。 ★

したがって手形面上裏書の連続はあるが，最後の被裏書人と所持人が異なるときは，所持人が最後の被裏書人から自己に至るまでの権利移転の実質的経過を立証し（最判昭31・2・7民集10巻2号27頁〔百選53〕等），あるいは最終被裏書人の氏名は所持人の別名であることを立証すれば，権利行使ができる。

(イ) **中間の裏書に断絶がある場合** 所持人は最後の被裏書人で

あるが，中間の裏書に断絶があるときの権利行使の要件については争いがある。

①通説は，裏書の連続ある手形の所持人を権利者と推定する形式的資格は，各個の裏書の資格授与的効力の集積したものであるから，連続の欠缺ある手形の所持人は，欠缺部分のみの実質的権利移転を証明すれば欠缺部分は架橋されて，裏書の連続する者として権利行使ができるとする（架橋説）。これに対して，各個の裏書に資格授与的効力があるとしても，手形の権利者と推定される意味での形式的資格は連続した裏書の全体について生じるものとされており（手16条1項），②断絶があると全体として破壊され，所持人は受取人から自己に至る全実質的権利移転を証明しなければならないとし，あるいは，③所持人は断絶以後の全実質関係の証明を要するとする。③はその理由として，断絶直前の被裏書人については過去において適法の所持人として権利が推定されるから，現所持人はその者以後の実質的権利移転を証明すればよいとする。③説が正当であろう。

③説を正当と考察したところで，改めて裏書の資格授与的効力について考え直してみよう。法文（手16条1項）との整合性をも配慮すると，**裏書の資格授与的効力**（前述2(4)(ウ)，147頁）**とは，手形上の形式的記載の上で，形式的資格のある者**（受取人および受取人から自己まで裏書の連続している被裏書人。これについては，**第4編第1章Ⅰ3，特に(1)(イ)，288頁以下参照**）**の裏書記載が，その裏書の被裏書人**（白地式裏書の場合は所持人）**を権利者と推定する効力である**，と定義するのが正確であるといえる。

この資格授与的効力と形式的資格の考え方によって，中間裏書不連続手形の善意取得（手16条2項）の肯否，手形債務者の支払の免責（手40条3項）の肯否も分かれうる。

(6) 受取人欄の変造と裏書の連続　　例をあげよう（図15参照）。

## Ⅱ　約束手形の裏書

**図15**

〈原手形〉

表面
```
約束手形

振出人A
受取人B
```

裏面

〈現手形〉

表面
```
約束手形

振出人A
受取人C
```

裏面
```
C → D
D → E
```

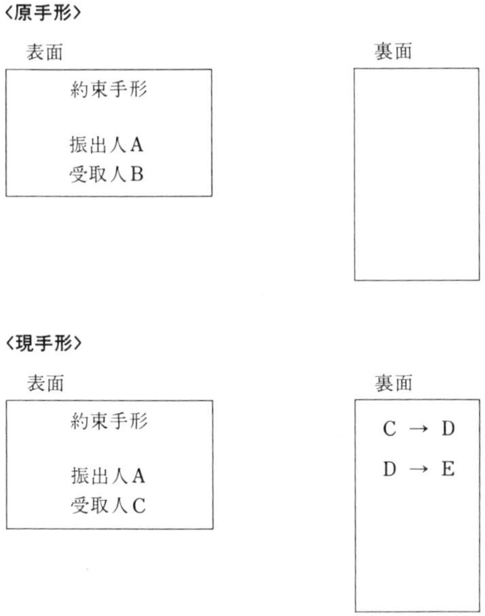

　AはBを受取人として手形をBに振り出した。その手形は，権限のない何者かによって受取人欄の記載が変更されてCとなった。Eは，CからDへ，次いでDからEへの裏書記載のある手形を所持している。EはAに手形金の支払を求めることができるであろうか。

　①受取人の記載は手形要件で（手75条1項5号）手形の内容をなし，それが無権限で変更され，変更後も手形要件は形式的には欠けていないから，変造（手69条）にあたる。とすれば，Aは原文言たる受取人Bの手形には振出人として責任を負うが，現文言たる受

取人Cの手形については責任を負わない（同条），といえそうである（最判昭41・11・10民集20巻9号1697頁）。

②Eの所持する手形は，外観上，形式的に裏書は連続している。またEの所持する手形は，物理的にはAが振り出した手形である。とすれば，Aに手形金を請求できそうである。

①，②のいずれを採るべきであろうか。その後，判例（最判昭49・12・24民集28巻10号2140頁〔百選51〕）は，変造を認めたうえで，手形法69条の趣旨は，いったん有効に成立した手形債務の内容は変造によっても影響を受けないことを明らかにしたものにすぎず，「手形面上，原文言の記載が依然として現実に残存しているものとみなす趣旨ではないから」，やはりEは裏書の連続ある手形の所持人として権利者と推定され，Aに対して手形上の権利を行使できるとする。多くの学説も賛成する。しかし，手形は指図証券で無記名証券ではないことを理由に，反対する少数説がある（争点Ⅱ179参照）。

実体法の議論としては，少数説が正当というべきであろう。振出人の責任がその意思表示に基づく責任であるならば，権利者を誰とするか，すなわち受取人を誰とするかは意思表示の内容だからである。指図証券であるということは，この意思表示の内容が証券に記載され，その権利者または権利者の指図した者に対して責任を負う証券であるということである（たとえば受取人のなす裏書が偽造されて裏書が連続し，所持人がAに対して権利者と推定されることがあるが，それは別の問題である）。無記名証券であればそれは，受取人の個性を重視せず，証券を所持する者に義務を履行するというのが証券に記載された意思表示の内容である。

結局，Aが，Cを受取人とする振出行為を否認すれば，たとえEが裏書の連続により権利者と推定されたとしても（それ自体は正当で

ある。ただ，それはCを受取人とする手形についてである），Eの権利行使は認められないというべきであろう。ただ，訴訟で，AがCへの振出行為を否認しなければ，争いがないとして，責任が認められてしまうことはありうる。

## 4 善意者の保護

(1) 人的抗弁の制限　(ア)　手形抗弁の制限　　一般の民法上の債権譲渡の場合（民468条）と異なり手形法は一定の抗弁は切断されるものとして，債務者の提出できる抗弁を制限した（人的抗弁の制限。手17条）。手形については手形訴訟（後述Ⅷ，231頁以下）が認められ，簡易迅速な権利の実現を企図していることを形式上の手形厳正というのに対して，これを実質上の手形厳正という。

(イ)　手形抗弁の種類とその対抗力　　手形抗弁というのは，民法学でいう抗弁権，訴訟法学でいう抗弁と同じではなく，債務者が所持人の手形による請求を拒む一切の事由をいう。たとえば，請求されている手形債務は不存在である，消滅した，額面そのままを支払う必要はない，今現在支払う必要はない，請求者は手形上の権利を有しない等，多種多様である。

手形抗弁は，対抗しうる者の範囲によって分類され，すべての所持人に対抗しうる抗弁を物的抗弁，特定の所持人に対抗できる抗弁を人的抗弁という。手形により請求を受けた者は，所持人の前者に対する人的関係に基づく抗弁（人的抗弁の語はここから出ている）をもって所持人に対抗することをえない，との規定があるが（手17条本文），何が人的関係に基づく抗弁かは規定していない。そこで，何が物的抗弁であり，何が人的抗弁であるかは，指図債権に関する民法472条（平成29年改正民法では，520条の6。以下，同じ）を基礎として，手形債務者の保護と，手形の流通保護すなわち取得者の保

護との調整の観点から，解釈によって決しなければならない。ただ，手形の流通保護の観点から物的抗弁の範囲を狭く，換言すれば抗弁を人的抗弁とする傾向にあるのが，現在の通説といえることに注意すべきである。たとえば民法472条は，債務者の証券債務が有効に成立しているが，それに抗弁が付着している場合を前提にしていると考えられ，債務者の証券的行為に意思表示の欠缺・瑕疵（民93条～96条）があって証券債務が無効または取り消され，それを善意の第三者にも対抗できる場合は，そのことを全所持人に対抗しうる，すなわち物的抗弁としていると解されるが，後述のように，判例・通説はこれを多く人的抗弁の問題としている。

(ウ) 各種の物的抗弁　物的抗弁は誰が手形所持人になってもこれに対抗できる抗弁であり，人的抗弁のように被裏書人が善意であると切断されるということのない抗弁である。

手形上の記載に基づく抗弁として，①基本手形の方式の欠缺（手76条1項），②本人の記載なき代理人の署名，③法人の手形行為で，法人名と法人印があるだけのもの（最判昭41・9・13民集20巻7号1359頁〔百選2〕），④手形上明瞭な支払済（手39条1項），⑤満期の未到来，⑥手形に記載された一部支払（手39条3項），⑦満期の記載あるときの時効消滅（手70条1項・2項），⑧拒絶証書が方式違反で無効，等である。

手形の記載からは明瞭でないが，物的抗弁とされるものとして，①偽造，変造（手7条・69条参照），②無権代理（民113条），③行為能力制限による取消し（民5条2項・9条・13条4項・17条4項），④拒絶証書が権限ある機関（公証人，執行官）によって作成されたものでないこと（拒絶1条），⑤手形金額の供託（手42条），⑥除権決定（非訟106条1項・3項・117条2項・118条），⑦満期白地の白地手形の補充権の時効消滅（多くは物的抗弁と考えている。Ⅰ3(3)(エ)，128頁以下

(エ) 人的抗弁の多様性　(a) **手形授受の実質関係に基づく抗弁**として，①原因関係ないし原因債権の不存在，無効，取消し，解除，消滅等，②振出，裏書の対価（反対給付）の欠缺，たとえば手形割引のために譲渡したが割引金の交付を受けていないこと，③手形債務を負担しない特約があること，たとえばいわゆる融通手形，見せ手形であること，④裏書は隠れた取立委任で被裏書人には手形債務を負担しないこと，等々がある。

なお，①の原因債権の消滅に時効消滅（民166条以下）も入るというのが判例（最判昭62・10・16民集41巻7号1497頁〔百選78〕）であるが，この判決の反対意見にあるように，原因債権の時効消滅は，たとえば原因債権につき別途弁済を受けたのとは異なり，手形債権を有することまたは支払を受けた手形金が請求者の不当利得（民703条）となるものではないから（民508条参照），人的抗弁とはならないとする少数説がある。

(b)　手形行為の成立に意思の欠缺または瑕疵が存する場合で（民93条〜96条），通説は前述のようにこれを人的抗弁とし，判例も詐欺（最判昭25・2・10民集4巻2号23頁〔百選7〕）・強迫（最判昭26・10・19民集5巻11号612頁）による意思表示を人的抗弁とする。錯誤も多くは縁由（動機）の錯誤にすぎないとする（最判昭29・11・18民集8巻11号2052頁。なお，最判昭54・9・6民集33巻5号630頁〔百選6〕参照）。

手形行為の成立に関する瑕疵として注目すべき交付（契約）欠缺の抗弁については，第2編第1章Ⅲ（42頁以下）参照。また，自己取引・双方代理手形については第2編第4章Ⅲ（71頁以下）参照。代理人が自己または第三者の利益を図るために手形行為をする，代理権の濫用については，第2編第5章Ⅱ4（86頁以下）参照。

(c) 手形上の権利の消滅等で，手形と引換えでない支払・免除・相殺（手39条1項），手形に記載なき一部支払（手39条3項），債務者と所持人の支払猶予契約等も人的抗弁とされる。

(d) 無権利者の抗弁といわれるもので，所持人は，盗取者，拾得者，預かっただけの者である，所持人に対してなされた手形行為は無効であるので所持人は権利を取得していない者である，またはこれらの者から善意取得していない（手16条2項但書）者であるとの抗弁である。この人的抗弁は，すべての債務者が，その者の無権利を抗弁できる点で若干特異なものである。

★ (オ) **人的抗弁の裏書による切断の原則** 　人的抗弁は，以上述べたような事情の存在する当事者間で問題になり，さらに**裏書譲渡されれば切断され，被裏書人以下の後者は手形債務者の有する人的抗弁の対抗を受けないのが原則**（手17条本文）であるが，悪意の抗弁（後述(ケ)，176頁）以外にも，手形本来の流通方法によらない場合，たとえば相続，合併，民法の債権譲渡の方法によるとき（民468条），および期限後裏書（手20条1項但書）のときは切断されない。会社吸収分割のときは，吸収分割承継会社と吸収分割会社が存続するから，会社分割の効力（会社759条1項・761条1項）により移転するときは抗弁は切断されないが，吸収分割会社が承継会社に裏書をすれば切断される。

手形授受の実質関係に基づく人的抗弁（前述(エ)(a)，171頁）の当事者とは，両者間の原因関係に関して手形が授受された者たちをいい，手形上の記載によって決まるものではない。したがって，たとえば，受取人欄白地の白地手形が交付のみで譲渡された場合は交付の当事者をいい，後に補充された受取人と振出人との間に人的関係があるわけではない（最判昭49・12・19金法746号26頁）。また，たとえば，AがBとの間の原因関係の決済のために振り出した手形をBがC

に裏書するにあたり，Aに対する原因債権も共に譲渡したとしても，AとCの間に人的関係を生ずるわけではない（名古屋地判昭 61・9・11 判時 1215 号 132 頁）。

人的抗弁の対抗を受ける者が裏書すると，人的抗弁は切断されて，その付着しない権利を被裏書人以下の後者が取得するが，後者に裏書した者が，手形を戻裏書（手 11 条 3 項）により，遡求義務履行による受戻しにより（手 49 条・50 条），またはその他の方法によって（たとえば割引手形の買戻し）再取得しても，抗弁の切断された手形を取得するものではなく，元来の人的抗弁の対抗を受ける（最判昭 40・4・9 民集 19 巻 3 号 647 頁〔百選 27〕）。人的関係があるという法的地位は，いったん裏書をしても変わりようがない。人的抗弁は裏書人その人に付着した抗弁だからであるとも説明される。

(カ) **人的抗弁の個別性**　　**人的抗弁は，それのある当事者間だけで問題になるのが原則**である。すなわち，CがDに対して人的抗弁があるときに，この抗弁を援用できるのはCのみであり，A，Bはそれを援用できない。このことを人的抗弁の個別性という。たとえば，DがAの支払拒絶のためCに遡求（手 47 条・48 条）したときに，DがCの資金難を配慮してCと支払の猶予契約をしたとき，Cはその猶予を人的に抗弁できるが，A，BはCD間の契約を自己の有利に援用できない。

しかしCがDに裏書したのは，DがCに対して有する債権（原因債権）の支払のためであり，この原因債権が実は不存在，無効であり，取り消され，あるいは消滅した場合はどうであろうか。CはDの手形金の請求に対しては，もちろん人的抗弁を主張して支払を拒める。A，BもDに対して支払わなくてもよいか，これが後者の抗弁として争われている問題である（図 16 参照）。

(キ)　**後者の抗弁（権利濫用の抗弁）**　　Cの裏書行為は原因関係と

第3編　第1章　約束手形

**図16　後者の抗弁**

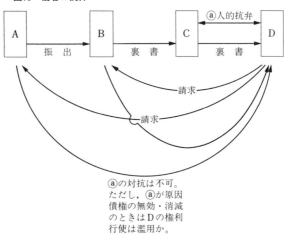

**図17　二重無権の抗弁**

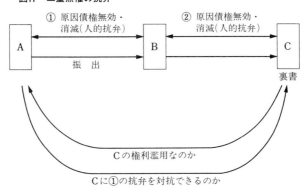

Ⅱ　約束手形の裏書

関連しない無因のもので（手形行為の無因性），前述の人的抗弁の個別性を一貫させる伝統的な説は，この場合にもＤからＡ，Ｂへの手形金請求を認め，後はＣがＤに対して不当利得の返還（民703条以下）を求めればよい問題であるとする（もっとも，ＣＤ間の原因関係が賭博の負け金の支払であるような公序良俗に反するものであるときには〔民90条〕，ＤのＡ・Ｂに対する裁判上の権利行使は認めない。最判昭46・4・9民集25巻3号264頁〔百選88〕）。要するに，ＤがそれまでＣに対する関係において（Ａ，Ｂ，Ｃに対する）手形債権を不当利得（民703条）していたものが，手形金を不当利得するという形に変わっただけであるとする。

しかし，Ｄは手形をもっている実質的利益はなくなっており，Ｃに手形を返還すべきであるのに，手形金をＡ，Ｂに請求できるというのは，素朴な法感情に反するように見える。

判例は，このようなＤが手形金を請求するのは権利の濫用にあたり，手形金の請求は認められないとする（最大判昭43・12・25民集22巻13号3548頁〔百選36〕，最判昭48・11・16民集27巻10号1391頁。争点Ⅱ189参照）。

最近唱えられる手形権利移転有因説（手形行為の無因性は手形債務負担の面だけにあるとする）では，ＣＤ間の裏書の原因関係の無効・消滅により，手形債権はＣに復帰し，Ｄは無権利者となるとし，Ａ，Ｂは，Ｄが無権利者であるという人的抗弁を提出できるとする。

(ケ)　二重無権の抗弁　　後者の抗弁の問題と類似する場合として，ＡＢ間の原因関係も，ＢＣ間のそれもともに無効あるいは消滅したときに，ＣはＡに対する手形金を請求できるかの問題がある（図17参照）。前述の最高裁の判例からは，Ｃの請求は権利濫用ということになりそうだが，判例は権利濫用論をもち出すまでもなく，抗弁切断（手17条）を定めた法の趣旨は手形取引安全のために，取得

者の利益を保護すべく認められたものであり，BC間の原因関係が消滅し，Bに手形を返還しなければならなくなっているCは，支払を求めるなんらの経済的利益もなく，AはAB間の原因関係の消滅をもって，Cに対抗できるとしている（最判昭45・7・16民集24巻7号1077頁〔百選35〕）。

★ 　(ケ) **悪意の抗弁**　　人的抗弁の切断は，手形取引の安全のために認められるのであるから，手形につき人的抗弁が付着していることを知っている悪意の取得者を保護する必要はなく，悪意者は人的抗弁付着のまま手形を取得すること，人的抗弁が承継されることを認めても構わないといいうる。これを悪意の抗弁という。どういう者が人的抗弁を承継するかについて，手形法は「債務者ヲ害スルコトヲ知リテ」取得した者とする（手17条但書）。善意取得のとき（手16条2項）と異なり，取得者の重過失は問題とならない（最判昭35・10・25民集14巻12号2720頁〔百選32〕）。

　この規定の仕方は，抗弁を切断させようという裏書当事者の共謀を要するという立場と，抗弁事由につき悪意であれば承継されるという立場の折衷的立場を表したものである。その趣旨は，単に人的抗弁の存在を知っていただけでは悪意の抗弁を対抗されない場合もあることを示しているわけである。たとえばCが，BがAに売った目的物に瑕疵があることを知りつつ，AがBに振り出した手形を取得したが，Bはいずれ完全な物を給付し不履行の事由が解消されるべきことを十分の理由をもって信じた場合には，特殊の事情でやはりBの不履行となって売買が解除されても，悪意の抗弁は成立しないことがよく例としてあげられる。

　「債務者ヲ害スルコトヲ知リテ」（「害意」）の解釈については，17条本文で切断される人的抗弁が多様であること，さらに，所持人の主観的要件である害意の有無は手形取得の時が基準となる（最判昭

26・2・20民集5巻3号70頁）ところ，所持人Cの前者Bに対する，手形債務者Aの抗弁は，所持人Cの手形取得時には，その発生の未確定なものもあり（前者Bの，原因関係における手形債務者Aに対する反対給付の債務不履行があるかどうかはいまだわからない），また発生しているとみうるとしても所持人の権利行使時に主張するかどうか確定的といえないものがある（手形債務者Aが前者Bに対して，原因関係につき取り消すか否か，解除するか否かはいまだわからない）ことから，見解は分かれる（争点Ⅱ181参照）。

判例は，債務者Aは前者Bに対して抗弁を有することを手形取得者Cが知悉しているときは，特別の事情のない限り，害意にあたること（大判昭16・1・27民集20巻25頁）を基本としつつ，Cの手形取得の際にAB間に抗弁が成立することの蓋然性が高い場合にも，その事情をCが知っているとき害意を肯定している（原因関係の取消しについて，大判昭19・6・23民集23巻378頁〔百選29〕，Bの債務不履行について，最判昭30・5・31民集9巻6号811頁〔百選30〕，最判昭48・3・22判時702号101頁）。学説は，「害スルコトヲ知リテ」とは，AB間に抗弁となりうるようなものがあることを知っていても，それで簡単に悪意の抗弁を認めてはならないという解釈の指針を示すだけであるとする説等があるが，多数説は，所持人Cが手形を取得するにあたり，その満期において，債務者Aが所持人の直接の前者Bに対して抗弁を主張することは取引通念上確実であるとの認識を有していた場合が害意にあたるとしている。

㈡　融通手形と悪意の抗弁　　AがBに融通手形を振り出す場合，AはBに自分の信用の利用を許すこと，Bは第三者Cに手形を割り引いてもらって金融を得，満期までに手形の支払資金をAに給付しまたは手形そのものをAに返還すること，これらを約束している。Bが満期にAに請求するときは，第三者に割り引いて

もらわなかった場合はもちろん，割引後に当該手形を再取得しても，Aは融通手形であることを人的抗弁として支払を拒める（最判昭29・4・2民集8巻4号782頁参照）。しかし，C以下の所持人に対しては，これらの者が融通手形であることを知っていても支払を拒めない（最判昭34・7・14民集13巻7号978頁〔百選26〕）。本来Aは，第三者のもとでBが割り引いてもらうことを承知のうえで手形を振り出したのであり，融通手形であることの悪意の抗弁を主張しえない。Cは，AB間の手形利用の約定に沿って，すなわちAの手形行為の目的を達成させるべく手形を取得したものであって，Cの取得はなんらAを「害スル」ことはないからである。

しかし，いったん割引を受けた後に再びBが手形を取得し，あるいは割引不能であることが確定して，手形をAに返還すべきであったのに，Bがさらに裏書したようなときは，この事情を知る被裏書人はAから悪意の抗弁を対抗される。

互いに融通手形を振り出すいわゆる書合手形ないし交換手形の場合も，その事情を知るだけでは悪意の抗弁は成立しないが，B振出の手形が不渡となり，または不渡となることが確実であることを知りながら，A振出の手形についてBから裏書を受けたCは，Aから悪意の抗弁の対抗を受ける（最判昭42・4・27民集21巻3号728頁〔百選33〕。争点Ⅱ182参照）。

(サ) **悪意の抗弁の適用関係**　AB間の人的抗弁につき，Cが善意であれば，Dが悪意であっても，DはAに悪意の抗弁を対抗されることはない（最判昭37・5・1民集16巻5号1013頁〔百選28〕）。Dは，Cのところで抗弁の切断された手形債権を承継取得するからである。また，たまたまCもDも悪意であったとしても，Dが取得するときに，AはCに悪意の抗弁を対抗できるということをも知って取得しない限り，AからAB間の人的抗弁についての悪意の

## Ⅱ 約束手形の裏書

**図18 悪意の抗弁の適用関係**

| | C | D | | AがDにAB間の抗弁を対抗することの可否 |
|---|---|---|---|---|
| AB間の人的抗弁につき | 善意 | 善意 | | × |
| | 善意 | 悪意 | | ×（DがCに遡求した後の、Cの請求にはAは応じなければならないから）|
| | 悪意 | 善意 | | × |
| | 悪意 | 悪意 AがCに悪意の抗弁を対抗できることにつき | 善意 | × |
| | | | 悪意 | ○（理論的にはAC間の人的抗弁の対抗を受けることとなる）|

抗弁を受けることはない。AがCに対してAB間の人的抗弁を対抗できるということは、AとCとの人的関係に基づく抗弁と見るべきだからである（図18参照）。

(2) **善意取得** (ア) **流通保護と善意取得の必要性** 　一般原則によれば債権の善意取得は認められず、「何人も自己の有する権利以上の権利を譲渡することをえない」という原則が行われ、無権利者から譲り受けても債権者になるわけではない。しかし、この原則を流通証券である手形にも貫くと、譲受人は譲渡人が真の権利者か否かの調査を要するし、調査を誤れば真の権利者に手形を取り戻され、

あるいは義務者に支払を拒まれ，安心して手形を譲り受けるわけにはいかない。

そこで，譲渡人が裏書の連続する手形の所持人であるときは，この者が権利者と推定されるので（手16条1項），この者の権利者としての外観を信じて譲り受けた者は，手形上の権利を善意取得することを認め，反面，真の権利者は権利を失うことにした（手16条2項）。たとえば，A振出の手形を所持しているBが，盗難にあい，遺失し，または預けた手形を横領され，盗取者，拾得者または横領者C（無権利者）が，B→Cへの裏書を偽造して，さらにDに裏書した場合，Cの無権利者であることを知らずまたは知らないことに重過失のないDは，手形上の権利を善意取得し，Dの善意取得と同時にBは手形上の権利を失う。また，たとえばBが制限行為能力者でCへの裏書行為を取り消した場合でも同様である。条文は真の権利者の手形返還請求権が制限されるという方面から，善意取得者は返還する義務がないという形で規定する。

また手形の善意取得には，盗品，遺失物の例外（民193条・194条）のない点で，動産取引における善意者よりも厚く保護される。

善意取得には次の3要件が必要である。

(a) 手形に特有な取得方法　　指図証券である手形にあっては，取得者は裏書交付によって取得するか，または最後の裏書が白地式裏書である手形を交付によって取得しなければならない。したがって民法上の債権譲渡の方法（民467条）で取得したり，相続，合併によって取得しても善意取得することはない（会社吸収分割のときは人的抗弁切断〔前述(1)(オ)，172頁〕と同様の関係となる）。裏書であっても，期限後裏書（手20条1項但書）のときは手形の予定された流通期間を経過したもので善意取得は生じないというのが通説である。

(b) 無権利者からの取得　　手形法16条2項は民法192条の

特則で，自分への譲渡人が裏書の連続によって権利者と推定される場合（形式的資格。手16条1項）に，その者の権利者の外観を信頼した者を保護するのであって，譲渡人の譲渡行為（裏書または最後の裏書が白地式のときの手形の交付）の瑕疵は治癒しない，というのが従来の判例であり，通説といえる（争点Ⅱ180参照）。

これに対して最近の有力説は，法文の「事由ノ何タルヲ問ハズ……手形ノ占有ヲ失ヒタル者」を広く解して譲渡人をも含め，かつ「所持人ガ前項ノ規定ニ依リ其ノ権利ヲ証明スルトキ」を文字通り取得者が裏書の連続する手形の所持人であればよいとして，譲渡人の行為能力制限，意思の瑕疵，代理権の欠缺，人違いなど，譲渡行為それ自体の瑕疵も治癒されるとする。代理権の欠缺について，この立場とも見うる判例がある（最判昭35・1・12民集14巻1号1頁〔百選23〕）。

通説の立場では，「占有ヲ失ヒタル者」とは直接の譲渡人以外の者をいうことになる。そして，その占有喪失の原因は問わない。盗難，遺失，保管者の横領のほか，善意取得すべき者への譲渡より前になされた譲渡行為に瑕疵があったとき（たとえば制限行為能力による取消し，無権代理）もその前の譲渡人の占有喪失で，後になされた裏書による善意取得が可能である。

(c) 悪意または重大な過失なき取得　悪意とは譲渡人が無権利者であることを知ることであり，重大な過失とは取引上必要な注意を著しく欠くことである。重大な過失の有無は結局取引社会の通念によって決まることであり，一概にはいえない（最判昭52・6・20判時873号97頁〔百選24〕参照）。譲渡人の前者（振出人，裏書人）にいちいち振出，裏書の有無を尋ねなくとももちろん重過失とはいえない。新聞紙上に約束手形無効広告という形でなされる盗難広告（もちろん私人の無効広告によって手形が無効になるわけではない）を調

査しなくとも，喪失手形の公示催告の公告（非訟117条1項・101条）を見なくとも，直ちに重過失となるのではない。現実にそれらを見ていながら（この立証は難しいが）取得したときに，悪意または重過失による取得となるだけである。

悪意・重過失は手形取得の時点に存しなければならない。後日譲渡人が無権利だったことを知っても，善意取得の効果を妨げない。

悪意・重過失の立証責任は，返還を請求する者＝真の権利者，また手形債務の履行を拒む者にある。取得者自身も裏書交付，または白地式裏書のある手形の交付を受けており，この者に形式的資格があり権利者と推定されるからである（手16条1項1文・2文）。

手形が流通されてしまうと返還請求がいかに困難であるかを例をあげて説明しよう。A振出の手形の所持人Bが，手形をCに盗まれ，CがB→Cの裏書を偽造したうえDに裏書譲渡し，DはこれをEに裏書したとしよう。Dが善意取得すれば，EはDの権利を承継取得するから，たとえEがCは無権利者であることを知っていても，BはEに対し返還を求めえない。またDに悪意・重過失があっても，EはDが無権利者であることを知らないかもしれず，Eに悪意・重過失がないと，Eのところで善意取得されてしまう。さらにEからFに譲渡されればなおさらであろう。Bが返還請求に成功するためには，無権利者C以下の全被裏書人が善意取得していないことを立証しなければならない。もし白地式裏書のある手形が交付によって流通した場合には，手形面上に表れていない交付当事者を確定したうえ，すべての譲受人は善意取得していないことを立証しなければならず，容易なことではない。

(イ) 手形抗弁と善意取得との関係　善意取得は，存在している手形上の権利が誰に帰属するかの，権利の帰属に関する問題であり（存在しない権利の善意取得ということはない），手形抗弁は，請求者の

主張する権利は存在しない，あるいは請求者の主張するような範囲，態様では存在しないという，権利の存在に関する問題である。

(3) **電子記録債権の譲渡と善意の第三者の保護**　(ア) 譲渡記録に譲受人として記録された者は，悪意または重大な過失がなければ，電子記録債権を取得し（電子債権19条1項），すなわち善意取得（手16条2項参照）が認められる。また，電子記録債務者（発生記録における債務者〔電子債権16条1項5号・6号〕および電子記録保証人）は，債権者が当該債務者を害することを知って電子記録債権を取得した者でない限り，譲渡した者に対する人的関係に基づく抗弁をもって，当該債権者に対抗できない（電子債権20条1項），すなわち人的抗弁の切断（手17条参照）が認められる。善意取得の前提として，電子記録名義人（債権記録に電子記録債権の債権者・質権者と記録されている者〔電子債権2条6項〕）は，電子記録債権についての権利を適法に有するものと推定されている（電子債権9条2項。資格授与的効力。手16条1項参照）。

(イ)　もっとも，これには例外が多く，また当事者が例外のほうを選択することもできる（前述 2(7)(ア)(c)，152頁参照）。

(a)　善意取得の規定（電子債権19条1項）は，①それを記録することによって電子記録債権が生ずる発生記録（電子債権15条）において，電子記録債権法19条1項を適用しない旨（電子債権16条2項8号。相対的記録事項），が記録されているとき（電子債権19条2項1号），②期限後裏書の被裏書人（手20条1項）に対応する譲受人で，支払期日以後にされた譲渡記録の請求により譲受人として記録された場合（電子債権19条2項2号），③事業者でない個人が譲渡人であって，その者の譲渡記録の請求による譲受人への意思表示が効力を有しない場合において，本来なら善意取得すべき譲受人への譲渡記録が，当該個人の譲渡記録より後になされた譲渡記録であるとき

（電子債権19条2項3号。要するに個人の譲渡の意思表示の効力がないときは，その後の第三取得者は善意取得しない。個人は，譲渡記録の相対的記載事項である，個人事業者である旨〔電子債権18条2項2号〕が記録されていないものをいう）は適用しない。

電子記録債権法は手形法に比べ，債務者である個人・消費者を優遇するが（前述2(7)(ア)(c)，152頁），債権の善意取得は，占有喪失者と悪意・重過失なき取得者のいずれに債権が帰属するか，債権の裏面といえる債務についていえば，「有効に存在する債務の債権者は誰か」という問題で，厳格な債務を負担することを避けるという，「債務者保護」という問題とは異なる。現行民法上は，指名債権・指図債権（証券）の善意取得は認められていない（無記名債権〔証券〕につき，現行民86条3項・192条〜194条対照。ただし，平成29年改正民法は，指図証券・記名式所持人払証券・無記名証券につき善意取得を認める〔改正民520条の5・520条の15・520条の20〕）。

電子記録債権法は，個人・消費者が電子記録債権を他人が善意取得するために失う危険を全面的に排除するのではなく，個人・消費者の譲渡行為が，この者の意思表示が効力を有しないため，直接の譲受人が権利を取得できないとき，その後の譲受人の善意取得を排除することにより保護している。このことを手形にあてはめると，遺失・盗難のときおよび預託・取立て・担保等の目的で譲渡裏書をした場合は他人の善意取得により債権を失うが，裏書行為に意思の欠缺・瑕疵があり譲渡の効力が生じないとき（手形行為と民法意思表示規定の適用につき議論のあるところである。第2編第4章Ⅳ，72頁参照）は債権を失わない，ということになる。電子記録債権では盗難・遺失は考えにくいが，理論的説明は難しいように思われる。善意取得の範囲をどのようにするかは法政策の問題といえ，電子記録債権法は譲渡行為に意思の欠缺・瑕疵がある場合にのみ，他人の善意取得

による権利喪失から個人・消費者は保護されるものとしているのであろう。

(b) 人的抗弁切断の規定（電子債権20条1項）は，①債務者が法人または個人事業者である場合に，それを記録することによって電子記録債権が生ずる発生記録・保証記録（電子債権15条・31条）において，相対的記録事項とされる，電子記録債権法20条1項の適用をしない旨（電子債権16条2項10号・32条2項6号）が記録されているとき（電子債権20条2項1号），②電子記録債務者が，前述(a)と同じ意味での，事業者でない個人であるとき（電子債権20条2項3号），③債権者が，前述(a)の，期限後裏書の被裏書人に対応する者であるとき（電子債権20条2項2号）は，適用しない。

③を除く，①・②および消費者保護規定（電子債権16条4項・18条3項・32条4項）の適用の結果を示すと次のようになる。

債務者が法人であるときには，原則として人的抗弁の切断があるが（電子債権20条1項），人的抗弁切断規定の適用がないとする相対的記録事項により切断がないとすることができる（電子債権20条2項1号・16条2項10号・32条2項6号）。

債務者が個人で，個人事業者の記録（相対的記録事項。電子債権16条2項9号・32条2項5号）があり，かつ，電子記録債権の発生・譲渡・保証が個人事業者の事業としてまたは事業のためにするときは，法人のときと同じである（電子債権20条2項1号・16条2項10号・32条2項6号・20条2項3号括弧書）。

債務者が個人事業者でも，その記録がないときは，電子記録債権の発生・譲渡・保証が個人事業者の事業としてまたは事業のためになされる場合であっても，人的抗弁の切断はない（電子債権20条2項3号）。

債務者が個人事業者でないときおよび個人事業者であっても，電

子記録債権の発生・譲渡・保証が個人事業者の事業としてまたは事業のためにするものでないときは，この個人は消費者であり（消費契約2条1項），たとえ個人事業者と登録されていても登録の効力がなく，人的抗弁の切断はない（電子債権16条4項・18条3項・32条4項）。

## 5 取立委任裏書

(1) 公然の取立委任裏書　　(ア) 他人への手形金の取立依頼
取立委任裏書は手形上の権利行使の代理権を与えることを目的としてなされる。通常の裏書の方式（白地式裏書でもよい）に加え「回収のため」，「取立てのため」，「代理のため」など，取立委任の趣旨を記載してなす（手18条1項）。そのため，(2)の隠れた取立委任裏書に対し，公然の取立委任裏書ともいわれる。

　なぜ取立委任裏書を利用するかというと，たとえば委任状によって代理権を証明することが不要となり，また代理権の範囲は法定されているから，裏書人は代理権の悪用の心配がなく，手形債務者は代理権の範囲を調査する必要がなく，被裏書人に支払えば免責されるからである。

　裏書人と被裏書人の原因関係は一般私法上の関係で，たとえば委任であったり雇用であったりする。ただし，裏書人の死亡または制限行為能力者となることによって，その関係は消滅しないことを定め（手18条3項），手形取引の安全，特に債務者の保護を図っている。

　(イ) 被裏書人の地位　　権利移転的効力はなく，被裏書人に代理権を授与する効力がある。被裏書人は約束手形から生ずる一切の権利行使，たとえば支払のための呈示，手形金の受領，拒絶証書の作成，遡求の通知，遡求権の行使，等ができ，裁判上の権利行使も，

裏書人の訴訟代理人としてできる。裏書の連続する手形の所持人が取立委任裏書をした場合，被裏書人は裏書の連続によって裏書人の代理人と推定される（手18条1項・16条1項）。債務者は被裏書人に支払えば，悪意または重大な過失がない限り免責される（手40条3項）。しかし被裏書人が代理権を善意取得するなどということはない。

被裏書人は手形上の権利行使の代理権を有するにすぎないから，手形債務者は裏書人に対抗することのできる抗弁は無制限に被裏書人にも対抗でき，人的抗弁の切断はない。逆に被裏書人に対する抗弁をもって対抗することはできない（手18条2項）。

被裏書人は譲渡裏書はもちろんできず，取立委任裏書をなすことだけが認められる（手18条1項但書）。これは取立委任を受けた銀行が，当該手形を決済すべき手形交換所に加入していないときに，そこに加入している銀行にさらに取立委任をするとき，いわゆる代理交換のときに利用される。被裏書人が単に譲渡裏書の方式をとったときは，それは取立委任裏書と見るべきで，積極的に譲渡裏書である趣旨を書き加えたときは，その裏書は無効と解すべきであろう。

(ウ) 裏書人の地位　権利を移転しないから，担保的効力は生じない。取立委任裏書を抹消しなくとも，権利者であるから自ら取立てができる。また取立委任裏書を抹消しなくとも，そのまま譲渡裏書ができ，それで裏書の連続を欠くことはない。裏書人の取立委任文句のみの抹消は単純な譲渡裏書となる。譲渡の合意の時ではなく，抹消の時から譲渡裏書の効力を生ずる（最判昭60・3・26判時1156号143頁〔百選56〕）。

(2) 隠れた取立委任裏書　(ア) 取立委任のための通常の譲渡裏書　取立てという経済目的のために，より強力な権利の譲渡という法的手段を利用するものである（争点Ⅱ183参照）。隠れた取立委

任裏書は，単なる取立てのほか，裏書人が許していれば手形割引に供して対価を取得することもできて簡便であり，また，取立委任の趣旨を表に出さないから，被裏書人に感情的な満足を与えることができる等の理由で利用される。

(イ) 隠れた取立委任裏書の効力　その法的性質論は大まかにいって次の四つに分かれる。

① 信託裏書説　裏書自体は通常の譲渡裏書であるから，手形上の権利は完全に被裏書人に移転し，手形面に顕れない取立委任の合意は当事者間の人的関係にとどまり，権利のいわば信託的譲渡の関係にあるとする説。この説では訴訟信託（信託10条）との関係が問題になるが，判例は，訴訟行為をなさしめることを主たる目的とするときは，裏書そのものが無効であるとする（最判昭44・3・27民集23巻3号601頁〔百選59〕）。

② 資格授与説　手形上の権利は移転せず，被裏書人は自己の名をもって，裏書人の計算において権利を行使する権限を取得するだけであるとする説。

③ ①か②かは裏書当事者の意思によるとする説。

④ 相対的権利移転説　一応譲渡裏書の効果が生じ，裏書当事者の側から権利が移転していないと主張することはできないが，当事者の間の関係では権利は移転せず，したがって第三者（手形債務者）の側から取立委任の実質関係をあばいて，権利が移転していないと主張することはできるとする説（最判昭39・10・16民集18巻8号1727頁）。

いずれにせよ，被裏書人は自己の名をもって権利行使ができ（公然の取立委任裏書では代理人として裏書人の名をもってである），当事者の内部関係で許されていれば，有効に裏書譲渡できる。裏書人は，被裏書人から手形を回収すれば権利行使，譲渡ができるが，その裏

書を抹消しないと裏書の連続を欠く。しかし，被裏書人倒産のとき，裏書人の取戻権（破62条，民再52条，会更64条）の有無，および被裏書人の債権者が当該手形を差し押さえたときの裏書人による第三者異議の訴え（民執38条）の成否は，採用する説により（また同じ説の中においても，取立委任の関係をより重視するか否かにより）異なりうる。

(ウ) 人的抗弁の関係　　隠れた取立委任裏書は通常の譲渡裏書であるから，債務者は被裏書人に対する人的抗弁をもって対抗できる。しかし，資格授与説はこれを認めない。

債務者は裏書人に対する人的抗弁をもって被裏書人に対抗できるか。資格授与説はこれを認め，相対的権利移転説も同じ（前掲最判昭39・10・16，最判昭54・4・6民集33巻3号329頁〔百選55〕参照）である。信託裏書説でこれを認める場合，その理論的根拠づけは難しいが，被裏書人に裏書人よりも優越な地位を与えることは事理の許さないところである（大判昭9・2・13民集13巻2号133頁），あるいは被裏書人には固有の経済的利益がないから手形法17条は適用がない，または当然に悪意の抗弁（手17条但書）を構成する，などといわれる。悪意の抗弁の性格からみて，各個の場合につき具体的に被裏書人の害意を問題とすべし，とする説もある。

債務者は，裏書人に対する人的抗弁と被裏書人に対する人的抗弁をともに対抗できるか。これは信託裏書説と相対的権利移転説で問題になる。たとえば，被裏書人に対しては支払猶予されたという人的抗弁があり，裏書人には一部免除を受けたという抗弁を提出できるというような場合が考えられる。債務者はそのどちらか一方を選択しなければならないという考え方と，裏書人が選択した裏書の方式からみて，両方を対抗できるとする考え方があろう。

(エ) 担保的効力　　ないという説も多いが，その後の被裏書人を

考慮すれば，（隠れた取立受任者に譲渡裏書が許されていなくとも，受任者の後者は善意取得しうるのであるから）担保的効力はあるが，直接の被裏書人は取立委任であることを人的に抗弁される，というべきである。

## 6 質入裏書

(1) 公然の質入裏書　「担保のため」,「質入のため」その他質権の設定を示す文言を記載してなす裏書をいう（手19条1項）。債務の担保のために手形債権の上に質権を設定するものである。現実には，後述の隠れた質入裏書，譲渡担保が利用され，公然の質入裏書はほとんど行われない。

質入裏書の場合，被裏書人は手形上の権利の上に質権を取得し，手形から生ずる一切の権利を，自己の名をもって行使できる（手19条1項）。この実質的効力に応じて，質入裏書は，被裏書人を質権者と推定する資格授与的効力があり（手16条1項），被裏書人には質権の善意取得も認められ（手16条2項），債務者はこの者に弁済すると悪意・重過失のない限り免責される（手40条3項）。被裏書人が質権を善意取得すると，真の権利者は自己の手形債権に質権が設定されていることを容認しなければならない。質入裏書には担保的効力もある（通説）。裏書人が物上保証人として他人の債務のために質権を設定するときに，特に実益がある。

被裏書人は，譲渡裏書はできず，転質たる質入裏書もできない。裏書をなせばそれは当然に取立委任裏書となる（手19条1項但書）。

害意がない限り，裏書人に対する手形債務者の人的抗弁は切断される（手19条2項）。

手形債務者は，質権の成立を否定する抗弁や質権者として無権利者であるという抗弁，たとえば被担保債権の消滅は提出できる。し

かし，民法366条2項・3項は適用ないものと解される（手19条1項の文言）。

(2) 隠れた質入裏書　　質入の目的のために通常の譲渡裏書をなす方法をいい，経済目的を超える法的手段を与えることは隠れた取立委任裏書と同じであるが，被裏書人には自己の債権の担保という固有の利益があり，人的抗弁について隠れた取立委任裏書のような特殊な考察は必要でない。また，取立委任裏書と異なり善意取得（手16条2項）は認められる。

(3) 譲渡担保　　これは銀行実務上行われている方法で，金額が少額で多数の手形を割り引くことは事務上煩瑣であるために，これらの手形を一括して担保のために銀行が譲り受け，そのたびに商業手形担保差入証を徴求して，この手形を見返りに手形貸付を行う方法である。それによって銀行は担保に供された手形の所持人としての権利行使が可能となる。これを商業手形担保の手形貸付あるいは商担手貸と呼んでいる。

その形態は隠れた質入裏書の方法と異ならないが，なぜこのような方法がとられるのか。質入であると（公然の質入裏書でも同じ），融資依頼者の国税の法定納期限後に設定された質権は国税に劣後する（税徴15条）。譲渡担保のときも，法定納期限後に設定された場合には銀行は融資依頼人の国税を二次的にではあるが担保物から徴収される関係になるが（税徴24条1項・8項），同法の附則により手形については当分の間，適用しないことになっている（税徴附則5条4項）ためである。

(4) 電子記録債権の質入　　電子記録債権の質入は，その発生・譲渡と同じく，質権設定記録をしなければ，その効力を生じない（電子債権36条1項）。手形の質入裏書（手16条2項・19条2項）と同様に善意取得，人的抗弁の切断およびその例外が認められる（電子

債権38条・19条・20条)。

## Ⅲ 手形保証

(1) 手形保証の意義　手形の振出人ないし裏書人の信用が不十分な場合，手形金額の全部または一部の支払を担保するために，手形行為として手形上にする保証を手形保証という（手30条）。手形債務者である振出人または裏書人の委託に基づくことが通常であるが，手形保証人は，手形保証を受取人（委託者が振出人のとき），または被裏書人（委託者が裏書人のとき）との間で行う。もっとも，手形保証を委託するのは手形債権者である受取人，被裏書人のこともある。委託を受けない手形保証（民462条参照）も当然ある。

手形保証は振出人または裏書人の手形債務を担保するものであるから，それにより手形の信用が増大するはずであるが，反面，振出人ないし裏書人の信用の不十分性を示すものともいえ，それが手形面に表示されるため，実際にはそれほど多く行われない。代わりに，裏書人として参加して担保責任を負うことによる隠れた手形保証が多く行われる。なお，（隠れた）手形保証をしたとしても，必ずしも原因債務の民事保証や手形債務の民事保証をしたことにはならず，契約解釈の問題である（最判昭52・11・15民集31巻6号900頁〔百選64〕，最判平2・9・27民集44巻6号1007頁〔百選65〕。争点Ⅱ188参照）。

(2) 手形保証の方式　手形保証は，手形または補箋にしなければならない（手31条1項）。手形保証をするには，「保証」その他これと同一の意義の文句（保証文句）と，誰のために保証するか，すなわち被保証人を記載し，保証人が署名する（手31条2項・4項前段）。被保証人を示さない手形保証は振出人のための保証とみなされる（手77条3項後段）。手形の表面に振出人以外の者が署名をする

と保証とみなされるので（為替手形では振出人・支払人以外の者。手31条3項），手形表面に振出人のために手形保証する場合には保証文句，被保証人の記載はなくてもよい。もっとも，手形保証か共同振出かの判定の問題が生ずることがある（争点Ⅱ186，大阪地判昭53・3・7金商566号41頁〔百選5〕参照）。補箋の表面になされた単なる署名も振出人のための手形保証とする判例がある（最判昭35・4・12民集14巻5号825頁〔百選62〕。手13条2項後段参照）。

(3) 手形保証の効果　(ア) **手形保証人の責任・付従性と独立性**　★

手形保証人は保証の付従性によって被保証人と同一の責任を負う（手32条1項）。したがって，被保証手形債務が支払・相殺・時効（最判昭45・6・18民集24巻6号544頁）などによって消滅すれば，手形保証債務も消滅する。被保証手形債務が方式の瑕疵により無効ならば，手形保証も無効である。

しかし，手形保証は一つの手形行為として独立性を有し（手7条参照），被保証手形債務がたとえば偽造，無権代理，行為能力制限による取消しなどの実質的理由で無効であっても，手形保証が無効になるわけではない（手32条2項）。

被保証手形債務の原因債務が不存在・無効ないし消滅の場合は，どうであろうか（図19参照）。たとえばA振出の約束手形を受取人Bが所持しており，CはAのために手形保証をしているが，AB間の原因債務が不存在・無効または消滅したとする。BがAに支払を求めてもAは原因債務の不存在・無効・消滅の人的抗弁をもって支払を拒絶できる。そこでBはCに手形保証責任を追及するのだが，Cは支払わねばならないか，という問題である。手形保証には独立性があって，Cは，方式の瑕疵以外のAの手形行為の瑕疵をBに対抗できないのであるから，ましていわんやAがBに対して有する原因債務不存在・無効・消滅の人的抗弁をBに対抗する

第3編　第1章　約束手形

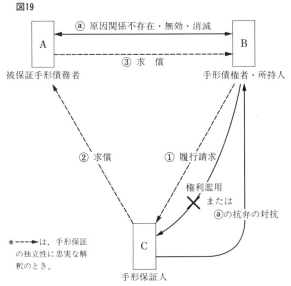

注　手形保証の独立性を貫くと，後者の抗弁と異なって，CがBに支払うと，C→A，A→Bへの求償により，金銭支払の循環が生ずる。

ことはできない，ということになろう（いわゆる勿論解釈）。ただ，CB間にAの手形債務または原因債務についての民事保証契約も締結されているのであれば，Cは，この民事保証の付従性に基づき，Bの手形保証の履行請求を拒みうるが，これはCB間に存する原因関係に基づくC固有の人的抗弁をBに対抗することであって，手形保証の独立性と付従性の問題，すなわち，CがAB間の原因関係に基づく人的抗弁を対抗することとは関係がない。しかし，Cが，AのBに対する人的抗弁をすべて対抗できるかどうかの点はともかく（手形保証人の求償に際して，対抗を否定，最判昭30・9・22民集9

巻 10 号 1313 頁), AB 間の原因債務の不存在・無効のときは, C は支払を拒むことができるという結論を認める説が増えてきており (B→C, C→A, A→B の請求の循環も一つの理由。後者の抗弁, Ⅱ4(1)(キ), 173 頁と対照), 判例も信義則違反, 権利濫用を理由に B の支払請求を認めない立場をとっている (最判昭 45・3・31 民集 24 巻 3 号 182 頁〔百選 63〕。争点Ⅱ185 参照)。

(イ) 保証人の求償権　手形保証人が保証債務を履行したときは, 被保証人に対して一般私法上の求償権 (民 459 条以下) を取得するほか, 手形法上, 被保証人に対して手形上の権利を取得し, また, 被保証人に対する手形上の債務者 (振出人・被保証人の前者たる裏書人, およびそれらの手形保証人) に対する手形上の権利を取得する (手 32 条 3 項。数人の〔隠れた〕手形保証人間の負担割合につき, 最判昭 57・9・7 民集 36 巻 8 号 1607 頁〔百選 66〕, 争点Ⅱ187 参照)。

**(4) 電子記録債権の保証**　電子記録債権の保証に関しては, 約束手形の裏書に関連づけて前述した (Ⅱ2(7), 151 頁)。

手形保証と同じく (手 30 条 1 項), 主たる債務の全部または一部を電子記録保証できる (電子債権 32 条 2 項 1 号)。

手形保証の独立性 (手 32 条 2 項) に対応するものとして, 電子記録債権法 33 条 1 項がある。発生記録・保証記録の絶対的記録事項 (電子債権 16 条 1 項 1 号〜6 号・3 項・32 条 1 項 1 号〜3 号) を欠く場合以外は, 主たる債務者が債務を負担しないときも, 保証の効力を妨げられない (電子債権 33 条 1 項)。独立性は, 事業者として登録 (電子債権 32 条 2 項 5 号) されていない個人が保証人のときは適用がないが (電子債権 33 条 2 項), 消費者が事業者であると記録してもこの記録は効力がなく, 消費者たる保証人には独立性を主張できない (電子債権 32 条 4 項)。

電子記録保証人がした弁済後の特別求償権については前述した

(Ⅱ2(7)(オ), 156頁)。裏書人の債務を保証した手形保証人に類するものとして, 電子記録保証債務を主たる債務とする電子記録保証人の特別求償権につき, 手形法32条3項と同結果となる規定をおく(電子債権35条3項)。なお, 電子記録債権法35条1項3号は, 手形でいえば再遡求関係がない(前の裏書人は後の裏書人に再遡求できない)ときの特別求償権, たとえば, 共同電子記録保証人間に, 自己の負担部分を超えて出捐した保証人に, 請求を受ける保証人の負担部分につき求償権を認めるものであり, 電子記録債権法35条2項は主たる債務が特別求償権に係る電子記録保証債務である場合も, 主たる債務が発生記録により生じた債務と同様に扱う趣旨である。

## Ⅳ 約束手形の支払

### 1 支払のための呈示

(1) 支払の意義と支払呈示の意義　約束手形の支払とは, すべての手形債務を消滅させる効果をもつ弁済であって, 振出人または振出人の支払担当者の支払をいう。振出人のために第三者が民法上の第三者弁済(民474条)をしたときも含まれる。

裏書人, 手形保証人としてなす弁済は, 自己および後者(保証人のときは被保証人より後の者)の債務を消滅させるだけで, 振出人, 自己の前者にあたる裏書人およびそれらの者の手形保証人の債務が残り(後述Ⅴ, 207頁以下), ここにいう支払にはあたらない。

★　**支払呈示とは手形の所持人が振出人またはその支払担当者に支払を求めて手形**(要件未完成の白地手形のままではいけない。確定日払手形の振出日が白地であってもいけない。最判昭41・10・13民集20巻8号1632頁〔百選39〕)**を呈示することで,** 手形の取立証券性, 呈示証券性の当然の帰結である。

IV 約束手形の支払

(2) 呈示者・被呈示者　呈示者は，手形の所持人である。連続する裏書のある形式的資格を有する所持人に限らない。もちろん所持人の代理人，使者が現実に呈示しても構わないし，公証人，執行官が代理人として呈示することもある。

被呈示者は，振出人または支払場所の記載が支払担当者を表していれば（たとえば銀行。統一手形用紙はすべてこれにあたる），その支払担当者である。

振出人が数人いるときは各人に呈示しなければならず（現行民434条は適用されない。なお，平成29年改正により，同条は実質的に削除され，改正民434条は別異の規定となった），法定代理人ある制限行為能力者であるときは，法定代理人に呈示する。振出人の死亡を知らないときは，死亡者を被呈示人として扱ってよい。破産手続開始の決定を受けたときは，破産管財人に呈示すべきであろう。

(3) 呈示の時期　(ア) 振出人およびその保証人に対しては，その債務が時効によって消滅するまで（満期から3年）は，いつでも呈示できる。ただ呈示者は満期以後呈示日までの法定利息をとれないだけである（最判昭55・3・27判時970号169頁）。なお判例は一貫して，裁判上の請求は手形の呈示がなくとも訴状の送達により付遅滞の効力を有するとしている（大判昭2・12・10民集6巻681頁など。争点Ⅱ190参照）。

(イ) 裏書人およびその保証人に対する遡求権を保全するためには，呈示期間内に呈示して，かつそのことをその期間内に作成した拒絶証書によって証明しなければならない（手44条1項・3項・53条1項2号）。拒絶証書の作成が免除されていても，呈示期間内の呈示は必要で（手46条2項・53条1項3号），ただ，所持人はそのことを立証する必要はなく，裏書人，保証人が呈示のなかったことを立証しなければならない（手46条2項）。また，支払呈示期間内に呈示すれ

ば，振出人またはその保証人に対して満期以後の法定利息も請求できる（手78条1項・28条2項・48条・49条）。

　(ウ)　支払呈示期間とは，本来手形の支払われるべきことが予定された期間であるが，それは「支払ヲ為スベキ日」およびこれに次ぐ2取引日である（手38条1項）。「支払ヲ為スベキ日」は通常満期日であるが，満期が法定の休日であるときは，それに次ぐ第一の取引日が「支払ヲ為スベキ日」となる（手72条1項）。

　(エ)　一覧払約束手形は満期日を決定することができず（いわば一覧の日が満期日），支払呈示期間は，原則として振出の日付から1年となる（手34条1項1文・2文）。振出人はこの期間を伸長または短縮する記載もできる（手34条1項3文）。

　裏書人はこれらの期間を短縮でき，所持人がこの裏書人に遡求するには短縮された期間内に支払呈示をして拒絶証書を作らなければならない（手34条1項4文・44条3項後段・53条1項1号・3項）。振出人は一定の期日前には呈示を禁止することもでき，このときは，その一定の期日から34条1項に定める呈示期間（2文～4文）が始まる（手34条2項）。

　一覧後定期払手形の満期は，振出人が一覧の旨を記載して署名した日から（手78条2項2文）手形記載の期間の経過した日が満期になるから，支払呈示期間は前述(ウ)のとおりとなり，前述(イ)の効果を生ずる。問題は，振出人が日付のある一覧の記載を拒んだときである。このときは，一覧のための呈示期間（手78条2項1文・23条）内に日付拒絶証書を作成することを要し（手78条2項3文・25条2項），満期はその日付を初日として手形記載の期間を経過した日となる（手78条2項4文。この満期から前述(イ)(ウ)の効果が生ずる）。この日付拒絶証書を作成しないときも，所持人は裏書人に対する遡求権を失う（手53条1項1号）。振出人は振出のときから絶対的義務者であ

IV 約束手形の支払

るから、この拒絶証書を作成しなくても、呈示期間の末日に一覧のための呈示があったものとみなされる（手35条2項）。

期間中の休日は期間に算入するが、期間の末日が休日のときは期間の満了はこれに次ぐ第一の取引日まで伸長し、期間の初日は常に算入しない（手72条2項・73条。民140条但書対照）。

(4) 呈示の場所　(ア) 支払呈示期間内　手形に支払場所の記載があれば、そこに呈示する。支払場所の記載がなければ、支払地（手75条4号）内における被呈示者の現実の営業所を捜し、それがなければ住所を捜してそこに呈示する（現行商516条2項参照。平成29年改正民法は、指図証券の弁済場所を債務者の現在の住所と定める。改正民520条の8。現行商516条2項は削除される。商行為については営業所が優先することは、商516条参照）。手形記載の営業所・住所と現実のそれとが異なるときは、後者に呈示すべきである。支払地に営業所・住所のないときは、支払地で呈示して拒絶証書を作成する（拒絶2条1項2号・3号・7条2項）。

呈示当事者の合意があれば、呈示の場所は遡求義務者の意思を問わず、支払地内の他の場所でよい。

呈示当事者が銀行であるときは、手形交換所に呈示することができる（手38条2項・83条。現実にはすべて交換所に呈示すべきことが銀行間で約されている）。法務大臣指定外の手形交換所での呈示も、呈示当事者の合意に基づくもので有効な支払呈示である。

支払場所でかつ支払担当者である銀行が同時に所持人であって、かつ、振出人の当座預金が資金不足で手形を落とせなかったときは、呈示があったものであり、支払拒絶となる。支払場所に所持人が出頭して呈示の準備をして待っていたが振出人が現れないときも、支払拒絶である。

(イ) 支払呈示期間経過後　支払地、支払場所の記載は、本来的

に支払が予定された支払呈示期間内だけ効力を有するものであるから，経過後は効力を失い，支払地の内外を問わず振出人の現実の営業所または住所に呈示すべきであるとするのが通説であるが，判例は，支払地は手形要件であり（手75条4号）経過後もなお効力を有するが，支払場所の記載は効力を失い，振出人の支払地内の営業所または住所に呈示すべきであるとする（最大判昭42・11・8民集21巻9号2300頁〔百選67〕。争点Ⅱ191参照）。少数説は，支払地および支払場所の記載は効力を失うものでなく，なお支払場所に呈示すべき，あるいは呈示してもよいとする。この議論は，呈示の有効・無効による遅延利息の起算日（前述(3)(ｱ)，197頁），および振出人に対する催告としての時効中断（現行民147条1号・153条〔改正民150条の催告による時効の完成猶予〕）に実益をもつ。

(5) 支払の目的物，一部支払　振出人は手形に記載された金額の支払を要する（なお，後述Ⅵ1，214頁参照）。手形金額が外国通貨で表示されている場合にも，外国通貨現実支払文句の記載（手41条3項）がない限り，満期の日の相場で日本通貨に換算して支払ってもよい。しかし支払を遅滞したときは，所持人はその選択によって満期の日または現実の支払の日の相場によって日本通貨で支払うことを請求できる（手41条1項）。振出人が為替相場の変動を利用して不当に利益を得るのを防ぐ趣旨である。

振出人は所持人に対して，手形に受取を証する記載をなして，これを交付することを請求できる（手39条1項。受戻証券性）。

民法の一般原則（民493条・413条）と異なり，所持人は一部支払を拒むことはできない（手39条2項）。遡求義務者にとっては一部支払があれば，その部分の遡求金額が減少するので，この者の利益のために一部支払を拒みえないとした。所持人は残額についてのみ遡求できる。このときは，振出人は，一部支払があったことの手形

Ⅳ　約束手形の支払

上の記載と受取証書の交付を請求できる（手39条3項）。所持人には遡求のために手形が必要だからである。

(6)　供託　　支払呈示期間内に支払のための呈示がないときは，振出人はそれだけの理由で（民494条対照），所持人の費用および危険において手形金額を供託できる（手42条）。供託の手続は民法（495条），供託法による。供託により振出人の債務は消滅する。

(7)　支払の猶予　　振出人と所持人の合意で，支払を猶予することが行われるが，これは両当事者間の人的抗弁となるにすぎず，遡求義務者はこれを援用できない。反対に，所持人が遡求するためには猶予契約があっても，支払呈示期間内に支払呈示をして，支払拒絶証書を作成しなければ，遡求権を喪失する（手53条1項1号・2号）。

　支払猶予のために全手形関係者が新たな満期を記載した手形に署名して，所持人に交付することがある。これを書換手形というが，これは旧手形を原因関係とする新たな手形行為である。人的抗弁の関係などは，旧手形について判断する。全手形関係者の同意により，既存の手形の満期のみを変更する場合も同様である（争点Ⅱ169参照）。一部の手形関係者の同意がない場合には，この者について変造（手69条）があったと解すべきであろう。

## 2　振出人の免責

(1)　迅速な支払の保障　　民法の一般原則によれば，債務者は無権利者に支払っても有効な弁済とならず，真の権利者が現れれば，債務者はこの者に弁済しなければならない。ただ，無権利者が債権の準占有者であるときに，債務者が善意・無過失であれば弁済として有効となる（現行民478条。改正民478条はその題を「受領権者としての外観を有する者に対する弁済」に換えている）。また民法の指図証券

では，通説によれば所持人が無権利者であることにつき悪意・重過失がなければ弁済として有効になるが，債務者は義務はないけれども所持人の調査および裏書人の署名が真正かどうかの調査の権利を有する（現行民470条，改正民520条の10。**第4編第6章4**，353頁参照）。同じ指図証券である手形の振出人にこの調査権を認めれば，調査の合理的期間内は支払わなくとも履行遅滞とならず，所持人は手形の円滑な決済をえられず，ひいては手形の流通性は阻害されかねない。

★ そこで，手形法は，**振出人の調査義務は裏書の連続があるかどうかに限り，裏書人の署名が真正かどうかを調査する義務はないものとし，悪意・重過失がない限り免責される**ものとした（手40条3項）。法は裏書人の署名を調査する義務なしといっているが，その権利もないものと解さなければ一貫しない。裏書の連続ある手形所持人の形式的資格（手16条1項）に基づく支払は，免責の効力をもつ。

満期における支払といっているが（手40条3項），満期後でも支払呈示期間内（手38条1項）は同様である。その後も，すなわち拒絶証書作成後または作成期間経過後の振出人の支払も同様であるとするのが通説であるが，この場合にはすでに遡求が始まっているか，遡求は起こらないことに確定しているので，迅速な決済による手形の流通保護の必要性はなく，民法の一般原則による支払免責（現行民478条）でよいという説もある。

遡求義務者の弁済についても，手形法40条3項の類推適用を認める説が多い。この場合は，単に義務者の免責だけでなく，有効な受戻しといえるかどうかに，再遡求権および振出人に対する権利の取得がかかっている（手47条3項）。

(2) 悪意・重過失の内容　　善意取得と同じく悪意・重過失のないことが要求されるが，善意取得は任意に手形を取得する問題であるから，譲渡人が無権利者であることを知り，または重過失で知ら

IV 約束手形の支払

ない取得者を保護する必要はないが，支払の場合は無権利者であることは知っていても，訴訟においてはその立証ができず敗訴することもありうる。手形法40条3項にいう悪意・重過失とは，呈示者が無権利者であることを単に知っているだけでは足りず，訴訟上その事実を立証しうる確実な証拠資料を有するにもかかわらず支払うか，容易で確実な立証手段があったにもかかわらず，著しく注意を欠いたためにそれを知らずに支払った場合をいう（最判昭44・9・12判時572号69頁〔百選70〕）。

(3) 形式的資格ある所持人と誤解した者への支払と免責　たとえば，形式的資格のある所持人に受領能力がない場合，所持人の代理人と称する者に代理権がなかった場合，所持人と称する者が実は別人であった場合はどうであろうか。これらに対する弁済は，権利者と推定されるという形式的資格とは直接結びつかない弁済である。学説には対立がある。(2)と同じくそのことを立証する手段を重過失なくして知らずに弁済した者は免責されるとする説，そのことを重過失なくして知らない以上免責されるとする説，また民法の原則（現行民470条，改正民520条の10）どおり債務者の調査権を認めたうえで重過失がなければ免責されるとする説，がある。さらに，平成29年改正民法478条はまさにこの場合を規定するものとして，善意・無過失であれば免責されるという説が考えられる。

(4) 裏書の連続がない場合　裏書の連続を欠いても，実際の権利移転を立証すれば，所持人は権利行使ができるが（Ⅱ3(5)，165頁），このときの振出人の免責はどうか。このときは所持人が権利者か否かの調査権もあるし，調査義務もある。もっとも調査権があっても，支払呈示期間内の権利者の呈示である限り，全く履行遅滞とならないわけではなく，満期以後の遅延利息は免れない（手78条1項・28条2項・48条1項2号）。所持人の立証がもっともだと思われる場合

は，40条3項の免責を認める説と，民法の一般原則（現行民478条）によるとの説がある。

(5) 支払担当者の免責　支払担当者は手形上の義務者ではないから，固有の意味での手形債務者の免責は問題とならない。支払担当者の免責は，振出人との手形外の委任関係において免責をえられるか否か，すなわち支払を振出人の計算に帰しうるか否かということで問題となる。

支払担当者は振出人の手形上の義務の履行補助者であるから，その支払が振出人をして，真の手形権利者に対して免責をえさせるものであればよい。結局，振出人自身がなす場合と同じ要件のもとで，支払を振出人の計算に帰しうる。

支払担当者は，有効に振出人の振り出した手形を支払う義務を負っているから，振出人の署名は真正であるか，手形要件は具備しているかも調査しなければならない。したがって偽造（変造のときもほぼ同様）の手形，要件を欠く手形を支払っても，支払担当者は支払の計算を振出人に帰せない筋合いになる。しかしそれでは，支払担当者＝銀行は委任事務を遂行できなくなるおそれもあるので，偽造，変造があってもあらかじめ届出の印鑑と相当の注意をもって照合した場合，および確定日払の手形の振出日（手75条6号），または受取人の記載（手75条5号）のない手形を支払っても，その計算を振出人に帰しうることを振出人と特約している（当座16条1項・17条）。前者は，振出人は銀行の交付した統一手形用紙を使用するのであり，偽造，変造は何らかの責に帰すべき事情が振出人にあることが大部分であること，後者は，世間ではそのような要件を欠く手形が流通していることが多くかつ要件を記載しないのも振出人の責に帰すべき事情が大であることを理由としている（最判昭46・6・10民集25巻4号492頁〔争点Ⅱ162参照〕）。

## 3 満期以外における支払

(1) **満期後の支払**　振出人は満期後も手形が時効にかかるまでは責任を負う（なお，最判昭33・9・11民集12巻13号1998頁〔百選69〕参照）。遡求が開始したときは遡求金額，再遡求金額についても責任を負う（手78条1項・28条2項・48条・49条）。その支払免責については前述した（前述2(1), 201（免責は202）頁）。

(2) **満期前の支払**　満期前には，所持人は支払の受領を強要されることはない（手40条1項）。振出人が期限の利益を放棄すること（民136条）は，たとえ一覧後定期払いの利息付手形（手5条）の利息を支払っても，できない。所持人の手形を流通させる利益を考慮したものであろう。

所持人がそれに応じたとしても，満期前の支払は，振出人の危険においてなしたものとされる（手40条2項）。したがって所持人が無権利者であれば，その支払はたとえ善意・無過失でも無効となり，免責されない。ところで，満期前には，振出人への戻裏書が可能であり（手11条3項），そのときには善意取得が可能となる（手16条2項）。振出人は，満期前に支払をなすよりは，戻裏書を受けたほうが安全だということになりそうである。これを認める説と，それでは40条2項は容易に潜脱されるので16条2項の適用は制限される，と解する説がある。


## 4 電子記録債権の支払

(1) 電子記録名義人（債権記録に電子記録債権の債権者または質権者と記録されている者〔電子債権2条6項〕）は，電子記録に係る電子記録債権についての権利を適法に有するものと推定され（電子債権9条2項。債権記録〔電子債権2条4項〕の資格授与的効力），この者に対してした支払は，名義人がその支払を受ける権利を有しない場合で

あっても，悪意・重過失がない限り有効である（電子債権21条）。手形の所持人（手16条1項）に，手形の満期において支払をなす者（手40条3項前段）と同様である。

支払は，支払等記録（電子債権24条）に記録しなくとも弁済の効力を有するが，支払等記録に記録されると，支払等（支払・相殺等債務の全部または一部を消滅させる行為または混同〔電子債権24条1号括弧書〕）をした電子記録保証人は，特別求償権として電子記録債権を取得する（電子債権35条1項）。

一部支払が認められることは手形（手39条2項・3項）と異ならない（電子債権24条1号参照）。一部支払を拒めないこと（手39条2項）は，一部支払等をした者が，電子記録義務者に対し，支払等記録のための承諾を請求することを認めている（電子債権25条2項）ことに窺える。

支払等記録に記録しない支払があって電子記録債権が消滅しても，電子記録名義人の資格授与的効力（電子債権9条2項）は残りそうなので譲受人の善意取得（電子債権19条1項）の余地，人的抗弁切断（電子債権20条1項）ないしその類推適用の余地，あるいは一般の権利外観法理に基づく責任はありそうである。

支払等記録には，消滅すべき債務，支払等の内容，支払等をした者，等が記録される（電子債権24条）。電子記録の請求は，電子記録権利者・義務者の双方請求が原則であるが（電子債権5条1項・3項），支払等記録請求は電子債権法25条1項各号に掲げる者だけで請求できる。約束手形振出人にあたる者は支払等記録についての電子的記録義務者（電子債権2条8項。発生記録の電子記録債務者〔電子債権16条1項5号・6号〕でもある）として電子債権法25条1項1号に該当し，単独でできるが，裏書人は電子債権法25条1項3号イの電子記録債務者（電子記録保証人。電子債権32条1項2号）として

電子記録義務者の承諾があると単独で請求できる。債権の支払をする者は，電子記録義務者の承諾を確保すべく，支払と引換えにこの承諾を求めることができる（電子債権25条3項）。なお，電子債権法25条1項3号ロの支払をした者は第三者弁済（民474条）をした者を指す。

(2) 混同の例外　　手形法が戻裏書により混同の例外を認めているように（手11条3項），電子記録債務者が電子記録債権を取得しても混同（民520条本文）によって債務は消滅しない。ただし，電子記録債務者の請求等により，その混同を原因とする支払等記録がされたときは別である（電子債権22条1項）。

混同の例外が認められる場合であっても，遡求において約束手形の振出人が裏書人に請求できず，前の裏書人が後の裏書人に請求できないように，発生記録における債務者は電子記録保証人に（電子債権22条2項1号），電子記録保証人は自分に対して特別求償権を有する電子記録保証人に（電子債権22条2項2号），電子記録保証債務の履行を請求することはできない。

## V　支払拒絶と遡求

### 1　遡求・再遡求の制度（償還請求）

所持人が満期において振出人または支払担当者から支払を拒絶されて手形金額の全部弁済はえられない場合に，所持人は，自己への裏書人に限らず，その他の裏書人，またはそれら裏書人の手形保証人に対して手形金額の償還を請求して，満期において支払われたのと同じ経済的効果を収めることができるようにする制度が遡求制度である。償還請求ともいう。

遡求に応じた裏書人が，さらに自己の前者にあたる遡求義務者に

遡求するのを再遡求という。

## 2 遡求当事者

遡求権利者は，完成した手形の所持人（手43条・47条2項。白地手形は不可。最判昭41・10・13民集20巻8号1632頁〔百選39〕），遡求義務を履行して手形を拒絶証書とともに受け戻した裏書人（手47条3項・49条）やその保証人（手32条3項），参加支払人（手63条1項），裏書人やその保証人の無権代理人（手8条2文・3文）である。

遡求義務者は，所持人の前者，すなわち各裏書人・その保証人である（手15条1項・32条1項）。裏書人でも担保責任を負わない者（手15条・18条・20条1項但書）は義務者ではない。特殊な義務者として裏書人・その保証人の無権代理人（手8条1文・3文）がある。

遡求義務者が数人あるときは，合同して責任を負う（手47条1項）。振出人は主たる義務者であって遡求義務者ではないが満期後も当然責任を負い，それは遡求義務者との合同責任とされる（手78条1項・28条2項・47条1項）。

## 3 合同責任の意味

所持人は，合同責任を負う遡求義務者および振出人に対して，債務を負った順序にかかわらずそのうちの誰に対して請求してもよいし，同時に数人に対して請求してもよいし，いったん前者に請求した後に，後者に請求してもよい（手47条2項・4項）。しかしそのうちの一人から弁済を受ければ，所持人の権利は消滅する。これらの点は**連帯債務と類似する**。しかし**連帯債務と異なる**点も多い。すなわち弁済者が振出人でない限り，弁済者の前者および振出人は債務を免れず，弁済者は出捐した額をこれらの者に請求できる（手47条3項・49条・78条1項・28条2項）。一人に対する請求は他の者を遅滞

に付しえないし（現行民434条対照。平成29年民法改正は実質的に同条を削除し，連帯債務者の一人に対する請求は相対的効力を有するとしたから〔改正民441条本文〕，この点は合同債務と異ならない），時効の中断も相対的効力を有するにすぎず（手71条。平成29年民法改正に際し民法の用語法に応じ同条は「時効ノ完成猶予又ハ更新ハ」に改められた。なお，連帯債務でも相対効〔改正民441条本文〕である），一人に対する更改，免除，混同，時効の完成は他の者に影響せず（現行民435条～439条〔改正民438条・440条〕対照。平成29年民法改正により連帯債務者の一人に対する免除，時効の完成は相対的効力となり〔改正民441条〕，現行民法437条・439条は実質的に削除されるから，更改〔改正民438条〕と混同〔改正民440条〕のみが対照すべき条文となる），負担部分がないから他の者の債権での相殺もありえない（現行民436条2項〔改正民439条2項〕対照）。なお，合同債務者の一人のなした相殺は，その者の遡求制度における義務を消滅させるだけであるから，他の者の債務に影響がないのは当然であり，現行民法436条1項（改正民439条1項）は適用がないことは明らかである。

### 4 遡求の要件

遡求の実質的要件は，満期において，正確には支払呈示期間内（手34条・38条1項）において手形金額の全部または一部の支払が拒絶されたことであり，支払拒絶の理由を問わない。形式的要件は，その期間内に支払拒絶証書を作成することである（手44条1項・3項）。

拒絶証書は，公証人または執行官が自ら支払拒絶の事実を実見したうえで，手形の裏面または補箋に法定の事項を記載して作成する公正証書で（手84条，拒絶1条以下），支払拒絶の事実を立証する唯一の証明方法である。通説は，支払を拒絶され拒絶証書を作成させ

る所持人は，裏書の連続ある所持人のほか，それを欠く実質的権利者でよく，その拒絶証書は有効であるとする。しかし，裏書の連続はあるが無権利の所持人が作成させた拒絶証書が有効で遡求権を保全するが（その遡求権の権利者は真の手形権利者。たとえば，裏書の連続した被裏書人Aの元から手形を盗取したB〔無権利者〕が，自らAの裏書を偽造したうえで，Bを裏書の連続する所持人として拒絶証書を作成させた場合の，真の手形債権者であるAや，同じ状況でBの盗取について悪意のCに裏書したときに，裏書の連続する所持人としてC〔無権利者〕が拒絶証書を作成させた場合のAをいう），連続を欠く無権利の所持人が作成させた拒絶証書は無効で遡求権を保全しないというのは説得力に欠けるうらみがある（拒絶証書には支払拒絶の理由は記載されない〔拒絶2条参照〕。裏書の連続する所持人に限るのであれば，手形の厳格性を理由とすることもできようが。本文と同じことは，拒絶証書作成免除のときの支払呈示にもいえる）。

　所持人が支払呈示期間（同時に拒絶証書作成期間である。約束手形の振出人には為替手形支払人の引受に関する猶予期間〔手24条1項〕は認められないから，手形法44条2項は準用の余地がなく，一覧払の約束手形の支払拒絶証書の作成期間も支払呈示期間と一致する）内に拒絶証書を作成しないと遡求権を喪失し，振出人に対する請求権だけが残る（手44条3項・53条1項1号2号。なお，最判平5・10・22民集47巻8号5136頁〔百選68〕参照）。ただし，期間の末日に不可抗力が存する場合には，拒絶証書作成期間は伸長され，また作成の省略（不可抗力が30日を超える場合）が認められる（手54条）。

　裏書人またはその保証人が，拒絶証書の作成を免除したときは，これらの者に遡求するためには拒絶証書は不要であるが，支払呈示期間内に支払呈示はしなくてはならない。ただし，この期間内に呈示のなかったことは，作成を免除した裏書人，保証人が立証しなく

てはならない（手46条1項・2項・53条1項3号）。統一手形用紙では拒絶証書不要文言が各裏書欄に印刷されている。

　遡求を受けた者は，本来手形金を支払うべき，最終的絶対的義務者である振出人の義務を追及できなければならないから，満期から3年の振出人の時効（手78条1項・70条1項）が完成した後は，所持人は遡求できない（大判昭8・4・6民集12巻551頁。最判昭57・7・15民集36巻6号1113頁〔百選73〕参照）。その意味で，所持人が遡求する手形は，振出人の債務が保存された健全な手形でなければならないとされる。遡求義務を履行した者が再遡求するにもやはり健全な手形でなければならない（なお，手71条・86条参照。86条1項は，約束手形の振出人を除くべきか，それとも為替手形の引受人を加えるべきかについては，Ⅵ 2 (2)(イ)，218頁参照）。

## 5　遡求の通知

　遡求の際には所持人は，拒絶証書作成の日に次ぐ4取引日内に，拒絶証書作成免除のときには呈示日に次ぐ4取引日内に，自己の裏書人に遡求の通知をし，通知を受けた者は，受けた日に次ぐ2取引日内に自己の受けた通知を自己の裏書人に通知し，かくして順次通知が繰り返されて，最終遡求義務者受取人に及ぶ。その際通知を受けた者は，前の通知者全員の名称および宛所を記載して通知しなければならない（手45条1項）。自己への裏書人が宛所を記載せず，または宛所の記載が読み難いときはその裏書人の直接の前者に通知すればよい（手45条3項）。裏書人に通知すべきときには，その保証人にも通知することを要する（手45条2項）。法文上，振出人にも通知すべきように見えるが（手45条1項），振出人は主たる義務者（手78条1項）で，支払拒絶者そのものであるから，通知はいらない。

この通知は，遡求義務者に履行の準備をさせ，また自ら進んで遡求に応じうる（手50条1項）ようにするためである。

通知は遡求の要件ではなく，通知を怠っても遡求権を失うわけではなく，手形金額の範囲内で，遡求義務者に生じた損害を賠償する責任を負うだけである（手45条6項）。

通知の方法はどのような方法でもよい。通知書を郵便に付すのが普通であろうが（手45条5項参照），単に手形を自己の裏書人に返付するだけでもよい（手45条4項）。

## 6 遡求金額・再遡求金額

所持人は満期に支払のあったのと同じ経済的効果を収めることを要するから，遡求金額は，①支払をえなかった手形の金額と利息の記載がある手形（手5条）ではその利息，②年6分による満期以後の利息（平成29年改正民法施行後は，わが国内で振り出されかつ支払うべき手形については法定利率〔改正民404条〕による満期以後の利息，それ以外の手形については年6分による満期以後の利息），③拒絶証書の費用，通知の費用およびその他の費用，の合計額であり，遡求義務者，および振出人に請求できる（手48条・78条1項・28条2項）。

遡求義務者が義務を履行して手形を受け戻したときは，再遡求金額として，①その支払った総金額，②①に対する支払った日以後の年6分の利息（改正民法施行後は，国内で振り出されかつ支払うべき手形については法定利率〔改正民404条〕による利息，それ以外の手形については年6分による利息〔改正手48条1項2号括弧書〕），③その支出した費用，の合計額を自己の前者たる遡求義務者，および振出人に請求できる（手49条・78条1項・28条2項）。

## 7　遡求の方法

　遡求義務者は，遡求金額または再遡求金額の支払と引換えに，拒絶証書，受取を証する記載をなした計算書および手形の交付を請求することができる（手50条1項）。これによって自己の前者に再遡求し，または振出人に再遡求金額の支払を求めることができる。その際交付を受けた手形の自己および後者の裏書を抹消して，形式的資格を整えることができる（手50条2項）。

　この規定は，遡求義務者に自ら進んで遡求義務を果たす権利（償還権）を認めたものと解される。遡求金額は時の経過により増大し，遡求が繰り返されると利息は複利で増えていくので，自己の前者の資力の減少をおそれて速やかに再遡求する必要もあるからである。数人から50条1項の申出を受けた遡求権者は，最も多数の遡求義務者を免責させる者の申出に応ずるべきである（手63条3項参照）。金額の一部についての申出には，もちろん応ずる必要がない。

　遡求権利者は，遡求義務者と住所地が異なる場合，直接請求する代わりにこの者を支払人とする一覧払の為替手形（戻手形）を振り出し，その割引を受けることによって，遡求権を行使したと同じ効果を収められる。戻手形の金額は（再）遡求金額と戻手形の仲立料（割引料）と印紙税を加えたものである（手52条）。支払人が支払えば遡求義務を履行したことになる。支払わなければ，この戻手形についても支払拒絶による遡求が生じる。

　順次遡求後の最終再遡求金額は振出人が負担する（手78条1項・28条2項・49条）。

## 8　満期前の遡求

　約束手形にあっては，引受拒絶による遡求は存しないが，振出人が破産手続開始の決定を受けた場合，支払停止の場合または強制執

行が効を奏しなかった場合は、為替手形（手43条2号）との権衡上、満期前の遡求を認めるのが通説である。破産の場合には、破産手続開始の決定（破30条）の裁判書の提出で遡求できる（手44条6項）。他の場合には、満期前でも一応支払呈示をして、拒絶証書を作成しなければならない（手44条5項・46条参照）。この場合の遡求金額は、満期において支払を受けるのと同じ経済効果を収めればよいので、手形金額から、所持人の住所地における遡求の日の公定割引率（いわゆる公定歩合）による割引を行う（手48条2項参照）。

### 9 約束手形の遡求と電子記録債権

電子記録債権には裏書がなく、裏書に代わるべき譲渡についても（裏書の）担保的効力がないこと、類似の法的機能は、すべての譲渡人が譲渡に際し、発生記録に係る債務者を主たる債務者として、事後のすべての譲受人に対し電子記録保証人として記録保証をすればよいことは、前述した（Ⅱ2(7)(イ)、153頁）。後の裏書人が前の裏書人に再遡求するのと同様であることも前述した（Ⅱ2(7)(オ)、156頁）。

## Ⅵ 手形上の権利の消滅と利得償還請求権

### 1 概　説

(1) 序　手形上の権利は債権であるから、債権の消滅に関する民法の一般原則が手形上の権利にも適用される。したがって、手形上の権利は、支払（弁済）、代物弁済、相殺、更改、免除、混同（なお、手77条1項1号・11条3項参照）、供託（手77条1項3号・42条）によって消滅する。このほか、手形上の権利は、短期消滅時効（手77条1項8号・70条）、手形に特有な消滅事由である遡求権保全手続の欠缺（手77条1項4号・53条）によっても消滅する。なお、手形

上の権利が時効または手続の欠缺によって消滅した場合に，所持人が受ける不利益を救済するために，利得償還請求権（手85条）の制度が設けられている。

(2) 支払と手形の受戻し　㋐　手形上の権利は，支払，相殺，供託などの要件がみたされれば消滅する。手形の交付は，権利消滅の要件ではない。しかし，これらの場合に，手形債務者は二重払いの危険を免れ，また遡求義務者については再遡求を可能にするために，手形の交付を請求することができる（手77条1項3号・39条1項，77条1項4号・50条1項）。手形の交付と手形債務の履行は同時履行（民533条参照）の関係にたち，手形債務者はその交付がない限り，支払を拒むことができる。手形債務者が手形を受け戻さないで債務を履行した場合にも，手形上の権利は消滅するが，手形債務者は，善意・無重過失（手10条・16条2項参照）の手形取得者に対して手形上の権利が消滅したことを主張できないと解される。

㋑　しかし，判例・学説は，手形債権を自働債権として相殺する場合について，手形の交付を相殺の効力発生要件と解している（手形債務者の承諾があった場合を除く。大判大7・10・2民録24輯1947頁）。したがって，たとえば銀行が手形債権で相殺するときは，原則として手形の呈示・交付が必要であると解されるが，銀行取引約定書例では，例外として特定の場合に限ってその必要がないものと定められている（銀取規定例11条2項）。

㋒　手形金額の一部支払の場合に，手形債務者は手形の呈示を請求できるが，その交付を請求することはできない（手77条1項3号・39条3項）。したがって，手形債権を自働債権として相殺する場合においても，手形金額が受働債権の額を超えるときには，手形の交付（呈示は必要）は必要ではないと解される（大判昭7・2・5民集11巻70頁参照）。

(エ) 訴訟上の相殺については、それが予備的相殺の抗弁として主張されることが多いことから、もし手形の呈示・交付を必要とすると、相手方の債権（受働債権）の不存在が確定されて相殺が不要であった場合に、相殺を主張した手形債権者が、いったん交付した手形の返還を受けられないという危険があることを考慮して、手形の呈示・交付は必要ではないとする説が、学説では多い。

## 2 消滅時効

手形上の権利も、一般の債権と同様に時効によって消滅する。手形法は**短期の消滅時効**を認め（手77条1項8号・70条）、また時効の中断（平成29年改正民法施行後は、消滅時効の完成猶予および更新。以下同じ）について特則（手77条1項8号・71条・86条）を設けている。しかし、手形法には、時効の効果などについての一般的な規定がないから、これらについては民法の一般原則（民144条以下）の適用がある。

(1) **時効期間** 手形債務者は手形の流通保護のため主張できる抗弁を制限されており（実質的手形厳正）、また手形上の債権について債務名義を特に迅速に与えることを目的として、手形訴訟制度（民訴350条以下）が設けられている（形式的手形厳正）。したがって、手形債務は、通常の債務に比較して債務者にとって厳格（不利益）な債務となっている。手形法は、これを緩和するため、特別の短期消滅時効を認めている。

(ア) 主たる債務者である振出人に対する請求権は、満期の日から3年（手73条、民143条参照）で時効消滅する（手77条1項8号・70条1項）。振出人の保証人（手32条1項）、無権代理人（手8条）に対する債権も、3年で時効消滅する。時効は満期から進行し（一覧払手形が支払呈示期間内〔手34条1項〕に呈示されなかったときは、呈示期

## VI 手形上の権利の消滅と利得償還請求権

間の末日が満期となる。手77条1項2号・35条2項参照。一覧後定期払手形については、手78条2項参照)、満期の日に支払呈示されたかどうかを問わない。学説では、手形外の支払猶予の特約がなされた場合でも、手形に記載された満期そのものが変更されない限り、手形債権の時効は満期から進行し、支払を猶予された債務者が、満期から時効が進行することを主張することは許されない（禁反言ないし信義誠実の原則）と解する説などがあるが（争点II192）、判例は、所持人と裏書人との間で裏書人の手形上の債務につき支払猶予の特約がなされた場合に、消滅時効は猶予期間が満了した時から進行すると解している（最判昭55・5・30民集34巻3号521頁〔百選75〕)。

(イ) 所持人の裏書人に対する遡求権は、拒絶証書を作成したときはその日付から、拒絶証書の作成を必要としないときは（手77条1項4号・46条）、満期の日から1年（手73条、民143条参照）で時効消滅する（手77条1項8号・70条2項）。

(ウ) 遡求義務を履行した裏書人の他の裏書人に対する再遡求権は、手形を受け戻した日または後者より訴え（確認訴訟も含むが、支払督促の送達等は含まない）を受けた日（訴状送達の日）から6か月の時効で消滅する（手77条1項8号・70条3項）。

**(2) 時効の中断（時効の完成猶予および更新）** 時効の中断（時効の完成猶予および更新）事由およびその効果は、すべて民法の原則（民147条以下）に従うが、手形法は二つの特別規定（手77条1項8号・71条・86条）を設けている。

(ア) 手形には複数の債権が表章されており（手77条1項4号・47条1項）、しかもそれぞれが独立の債権とされているから（手77条2項・7条）、時効の中断（時効の完成猶予および更新）はその事由が生じた者に対してのみ、その効力を生ずるものとされている（手77条1項8号・71条）。

(イ) 裏書人の再遡求権は，裏書人が訴えを受けた日から6か月で時効にかかるが（手77条1項8号・70条3項），訴訟が長期間継続する場合に，その間に再遡求権の時効が完成してしまう危険がある。そこで，裏書人の前者（他の裏書人・為替手形の振出人）に対する再遡求権の消滅時効は，その者が訴えを受けた場合には，前者に対して訴訟告知（民訴53条）をしたときは，訴訟が終了するまでの間は完成せず（完成猶予され），中断した（完成猶予された）時効は，訴訟の終了したときから，さらにその進行をはじめるものとされている（手86条）。なお，以上のような法の趣旨を考慮して，明文の規定（手86条1項）にかかわらず，約束手形の振出人に対する請求権について訴訟告知による時効の中断（完成猶予）は認められない（為替手形の引受人についても同じ）とする説が多い（最判昭57・7・15民集36巻6号1113頁〔百選73〕）。

(ウ) 裁判上の請求（現行民149条〔改正民147条1項1号〕）の場合に訴えの提起があれば時効は中断し（完成猶予され），手形の呈示は必要ではない（民訴規55条1項2号参照）。裁判外の請求（催告。現行民153条〔改正民150条〕）による時効の中断（完成猶予）の場合にも，債務者を遅滞に付する場合と違って，手形の呈示は必要ではない（最大判昭38・1・30民集17巻1号99頁〔百選76〕）。手形の呈示のない催告，たとえば，内容証明郵便による請求の場合に，催告した権利者はもはや権利の上に眠るものではなく，またこれによって権利行使の意思が客観的に表現されており，したがって催告のときに呈示を必要とするまでの理由はないからである。

なお，手形権利者が手形を所持しないで債務者に対して裁判上の請求をした場合にも，時効中断（完成猶予）の効力が生ずると解されている（最判昭39・11・24民集18巻9号1952頁〔百選77〕）。手形債権者としての権利行使の意思が客観的に表現されている以上，手形

の呈示はもとよりその所持も，時効中断（完成猶予）の効力を生ずるために必要ではないからである（争点Ⅱ190）。

　(3)　主債務者に対する時効の完成　　手形の時効は独立した手形上の権利についての時効であるから（手77条1項8号・70条・71条参照），時効の完成も各権利についてそれぞれ違ってくることになる。しかし，主債務者である振出人に対する手形債権が時効によって消滅したときには，裏書人などの遡求義務もこれにともなって消滅すると解される（大判昭8・4・6民集12巻551頁）。前者に対し遡求するには健全な手形を返還する必要があるが（手77条1項4号・50条1項参照），主債務者に対する権利が時効消滅した手形は健全な手形とはいえないし，また遡求権の補充的・二次的な性格から見て，このような手形と引換えに遡求義務を履行させることは妥当ではないからである（民504条参照）。

### 3　遡求権の消滅

　手形の主たる債務者である――無条件に手形の支払債務を負担する――振出人に対する権利は，消滅時効による以外は消滅することがない（手78条1項・53条1項但書参照）。これに対して，裏書人に対する遡求権は，手形の本来の支払がなされない場合に発生する補充的・二次的な権利である。そこで，遡求権を保全するために，一定の期間内での支払呈示および支払拒絶証書の作成が必要とされており（手77条1項4号・43条・44条），この保全手続がなされなかった場合に，遡求権は消滅するものとされている（手77条1項4号・53条1項本文）。

　遡求権は，保全手続の欠缺のほかに，一部支払の拒絶（手77条1項3号・39条2項），参加支払の拒絶（手77条1項5号・61条），参加支払の競合の際に自己に優先する参加支払の申出人があることを知

ってなした参加支払（手77条1項5号・63条3項）などによっても消滅する。

### 4 利得償還請求権

(1) 利得償還請求権の意義および性質　　手形上の権利は，**時効または遡求権保全手続の欠缺**によって消滅する。この場合に，手形債務者は手形の支払を免れ，しかも手形の授受によって得た利益をそのまま保持できるという結果になることがある。たとえば，売買契約において，買主が代金債務の「支払に代えて」約束手形を振り出したところ，売主が手形を時効にかけてしまったという場合に，買主は代金債務の支払を免れる結果になる。しかし，このような結果は，手形の時効期間が短く，また権利の保全手続が厳格であることを考慮すると著しく不公平である。そこで，手形法は，一定の要件のもとで，所持人は手形上の権利の消滅によって利益を受けた債務者に対して，その償還を求めることができるものとした（手85条）。

利得償還請求権は，手形の厳格性を緩和するため，衡平の見地から認められた特別の権利であるとするのが通説・判例（最判昭34・6・9民集13巻6号664頁〔百選84〕）である。したがって，手形上の権利のために設定された担保は，当然に利得償還請求権に及ぶとはいえない。なお，近時の学説では，利得償還請求権は，手形上の権利の消滅後に発生する権利であるから手形上の権利ではないが，実質的には手形上の権利が変形したものであるとする説，これを不当利得返還請求権の特別の形態と解する説などが主張されている。

(2) 利得償還請求権の当事者　　権利者は，手形上の権利が消滅した当時の正当な手形所持人である（手85条）。したがって，最終の被裏書人（隠れた取立委任裏書の被裏書人を含む）に限らず，適法に遡求義務を履行して手形を受け戻した所持人も権利者となる。手形

上の権利が消滅した当時実質的に権利者であれば，裏書の連続が欠けている場合でも，利得償還請求権を取得する（最判昭31・2・7民集10巻2号27頁〔百選53〕参照）。手形上の権利が消滅した当時，手形を所持していなくても，実質的権利を失っていなかった者は，利得償還請求権を取得することができる（小切手につき，前掲最判昭34・6・9）。

義務者は，原因関係からみて，通常は約束手形の振出人である。裏書人も義務者とされているが（手85条），裏書人は対価を支払って手形を取得するのが普通であるから，手形上の権利が消滅したことによって裏書人が利得する場合は稀である。

(3) 利得償還請求権発生の要件　利得償還請求権の発生（手85条）には，(ア)手形上の権利が有効に存在していたこと，(イ)手形上の権利が手続の欠缺または時効によって消滅したこと，(ウ)これによって手形債務者が利益を受けている（利得している）ことの三つの要件が必要である（争点Ⅱ193）。

(ア)　利得償還請求権の発生には，手形上の権利が有効に存在していたことが必要である。したがって，要件が不備の手形はもとより，白地が補充されていない白地手形については，利得償還請求権は発生しない。

(イ)　利得償還請求権の発生には，手形上の権利が手続の欠缺または時効（過失の有無を問わない）によって消滅したことが必要である。手形債務者が時効を援用した（民145条）ことは，利得償還請求権発生の要件ではない。したがって，手形上の権利が時効消滅したことを理由に利得の償還を請求するためには，所持人は時効完成の事実を証明すれば足り，債務者が時効を援用した事実があったかどうかは問題ではない。

判例（および一部の学説）は，利得償還請求権の発生には，すべて

の手形債務者に対する権利が消滅したほかに，民法上の救済方法もないことが必要であると解する（利得償還請求権の二次性の理論。大判昭3・1・9民集7巻1頁）。したがって，判例によれば，遡求権は手続の欠缺によって消滅したが振出人に対する手形上の権利が残っている場合（振出人が無資力の場合を除く。為替手形の引受人につき，前掲大判昭3・1・9参照），および，振出人に対する手形債権が時効によって消滅したが，振出人または裏書人に対する原因債権が残っている場合（手形が「支払のために」振出または裏書がなされた場合）には（最判昭36・12・22民集15巻12号3066頁参照），利得償還請求権は発生しないことになる。

　これに対して，学説では，利得償還請求権の発生には，すべての手形上の権利が消滅したことが必要であるとともに，それだけで足りるとする説もあるが，利得の償還を請求しようとする相手方に対する手形上の権利が消滅したことで足りるとする説が有力である。他の手形債務者が無資力の場合に所持人を保護する必要があり，また所持人の損害は利得償還請求権発生の要件とされていない（民703条対照）というのが，その理由である。したがって，この説によれば，所持人は，原因債権を有している場合でも，手形上の権利の消滅によって利得した債務者に対してその償還を請求できることになる。しかし，この有力説によっても，所持人と手形債務を免れた債務者が原因関係上の直接の当事者である場合に，債務者は手形債務が消滅しても原因債務を負担しているから，利得があるとはいえないことになり（通説），判例と同様に利得償還請求権は発生しないという結論になる。

　(ウ)　利得償還請求権の発生には，手形債務者が利得していることが必要である（手形所持人の損失で利得したことを要しない）。ここでいう利得とは，手形債務者が手続の欠缺または時効によって手形債

務を免れたこと自体ではなく，実質関係において現実に財産上の利益を受けたことをいい，利益を受けた場合とは，積極的に金銭を取得した場合に限らず，消極的に既存債務の支払を免れた場合をも含むというのが通説・判例である。したがって，約束手形の振出人が対価を取得し，または原因債務の支払を免れた場合には，振出人に利得があるが，振出人が金銭の「贈与のために」振り出した手形が時効にかかった場合には，振出人に利得があるとはいえないと解される。裏書人は手形取得のときに対価を支払っているから，さらに裏書して対価を取得しても裏書人に利得がないのが普通であり，また，その差額は裏書人の正当な利益として，ここでいう利得にあたらない。裏書人に利得がある場合は稀であるが，約束手形の振出人の手形債務を保証するため振出人から対価（保証料）をえて受取人＝裏書人となった者，および振出人に依頼して融通手形の振出を受けたが，その資金を供与していない受取人＝裏書人が，遡求義務を免れた場合などには，裏書人に利得があると解される。

　しかし，学説では，利得とは，原因関係上の合意によれば，最終的に自らの出捐で手形の支払をすべき者が手続の欠缺または時効によってその出捐を免れて節約したことをいうとする説（節約説）が主張されている。この説によれば，裏書人が取得した差額はもとより，振出人の債務を保証するために裏書をした受取人が取得した保証料は，手形が順調に決済されれば保持することができる利益であるから，ここでいう利得にあたらないが，金銭の「贈与のために」振り出された手形が時効にかかった場合には振出人に利得があると解される（振出人に資金を供与していない融通手形の受取人＝裏書人も同じ）。

　**(4) 利得の有無**　　(ア) 振出人が「支払に代えて」振り出した手形が時効にかかった場合に，振出人に**利得**がある。この場合に，受 ★

第3編　第1章　約束手形

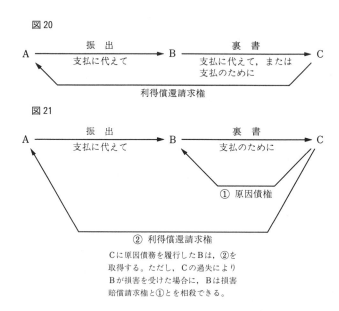

図20

図21

Cに原因債務を履行したBは、②を
取得する。ただし、Cの過失により
Bが損害を受けた場合に、Bは損害
賠償請求権と①とを相殺できる。

取人が所持人に「支払に代えて」裏書したときはもとより、「支払のために」裏書したときにも（ただし、利得償還請求権の二次性の理論を認める判例によれば否定）、所持人は振出人に利得の償還を請求できる（図20）。

なお、手形が時効にかかっても、所持人の受取人に対する原因債権は消滅しないと解されるから（手形の無因性）、この場合において、受取人が所持人に「支払のために」裏書したときは、原因債権と振出人に対する利得償還請求権が併存し、所持人は受取人に対して原因債権を行使することができる（履行した受取人は利得償還請求権を取得する。民422条の類推）。ただし、所持人の過失で手形上の権利が消滅し（民504条、民執158条参照）、その結果受取人の振出人に対す

VI 手形上の権利の消滅と利得償還請求権

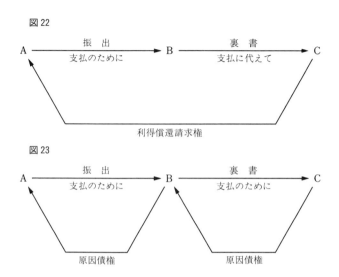

る権利が侵害された場合に（たとえば，振出人が無資力となった場合），受取人は受けた損害についての賠償請求権（民709条）と所持人が有する原因債権とを相殺することができるが，残額があればその範囲で所持人に弁済しなければならない（図21）。

(イ) 振出人が「支払のために」振り出した手形を，受取人が「支払に代えて」所持人に裏書した（手形割引の場合も同じ）ところ，所持人が手形を時効にかけたという場合に，所持人は振出人に利得の償還を請求できる（最判昭43・3・21民集22巻3号665頁〔百選82〕）。この場合に，所持人は受取人に対して手形上の権利も原因債権も行使できず，ひいては受取人の振出人に対する原因債権もまた消滅し，振出人に利得があると解されるというのが，その理由である（図22）。

(ウ) 振出人が「支払のために」振り出した手形を，受取人が「支

第3編　第1章　約束手形

図24

①②いずれの場合にも，利得償還請求権は発生しない。

払のために」所持人に裏書したところ，所持人がその手形を時効にかけたという場合に，所持人の受取人に対する原因債権および受取人の振出人に対する原因債権が消滅することはなく（手形の無因性），したがって，振出人に利得はないから，振出人に対する利得償還請求権は発生しないとも解される（図23）。この解釈によれば，所持人から受取人，受取人から振出人へと順次原因債権が行使されることになるが，手形債権の消滅につき所持人に過失があり（民504条，民執158条参照），その結果受取人が損害を受けた場合に，受取人は損害賠償請求権と原因債権とを相殺することができるが，残額があればその範囲で所持人に弁済しなければならないと解される。しかし，節約説によれば，この場合に，振出人に利得を肯定してよいから，所持人は振出人に対する利得償還請求権を取得する（裏書人に対する原因債権も併存する）と解すべきことになる。

(エ)　振出人が「支払のために」振り出した手形が時効にかかり，しかも受取人の振出人に対する原因債権もまた時効によって消滅した場合には，振出人に利得があるとはいえない。手形上の権利の時効消滅が，原因債権の時効消滅の前であるか（最判昭38・5・21民集

226

17巻4号560頁〔百選83〕），後であるか（最判昭40・4・13判時413号76頁）を問わず，振出人に対する利得償還請求権は発生しない。振出人が原因債務を免れたのは，手形の授受とは無関係な時効の完成という法定の原因によるからである（図24）。

(ｵ) 書換手形の場合，利得は，旧手形の実質関係において受けた対価を意味し，新手形の交付による旧手形債務の消滅は利得にあたらない。

(5) **効果** 義務者はその受けた利益の限度でこれを返還しなければならない。返還の範囲は，民法の不当利得（民703条）と違って，現存利益に限られていない。

(6) **利得償還請求権の譲渡・行使** 利得償還請求権は手形上の権利ではなく，指名債権の一種である。したがって，その譲渡を対抗するためには，民法が定める対抗要件（民467条）をみたす必要がある（証券の交付は必要ではない）。権利の行使にあたって，請求者は権利の発生要件をすべて（義務者が受けた利益の額も）立証しなければならない。利得償還債務は手形上の債務ではないが，手形上の債務（取立債務）が消滅したときに発生する債務であるから，依然として取立債務の性質をもつと解される（現行商516条2項〔平成29年民法改正にともない削除〕参照。債務者は請求を受けたときから遅滞の責任を負う）。

債務者は，権利者に対して，手形上の権利が消滅する前に有していたすべての抗弁を対抗することができる。原因関係の消滅・不存在の場合には，債務者に利得がないから，債務者が善意者（手17条）に対して利得償還債務を負担することはない。

利得償還請求権は債権の一種であり（手形訴訟の利用は認められない），失効した手形はこの権利の証明の役に立つにすぎない。したがって，権利の行使に手形の所持は必要ではなく，手形を喪失して

も除権決定を得る必要はない。なお，正当な権利者を確認し，二重払いを防止するため，その権利の行使（譲渡も同じ）に手形の所持を要するとする説もある（争点Ⅱ194）。

(7) 利得償還請求権の消滅　利得償還請求権も，債権の消滅に関する民法の一般原則によって消滅する。その権利の消滅時効期間は，商行為（商501条4号）に基づく債権に準ずるものとして5年（現行商522条〔平成29年民法改正にともない削除〕）と解するのが判例（最判昭42・3・31民集21巻2号483頁〔百選85〕）・通説である（争点Ⅱ195）。

## Ⅶ　手形の喪失

　手形は，権利と証券の結合が最も強い証券である（第1編第2章，6頁参照）。しかし，証券は権利を表章する手段であって，権利そのものではない。したがって，手形が滅失したとしても手形上の権利が消滅するわけではなく，また手形の盗難・紛失の場合に，手形の所持を失った者が当然に権利を失うわけでない。しかし，手形は権利の行使に証券の所持を必要とする証券（呈示証券）であるから，手形を喪失（盗難，紛失，滅失）した所持人は権利を行使することができない。喪失した手形が善意取得（手77条1項1号・16条2項）された結果，もとの所持人が手形上の権利を失うことになるのは当
★　然である。しかし，そうでない限り，**手形を喪失した所持人に権利行使の方法を与える**必要がある。

　そこで，手形を喪失した所持人の申立てに基づいて，その手形を所持する者に一定期間内に権利を争う旨の申述をさせ，そしてこの期間内に申述がなかった場合に，手形を無効とし，申立人が手形上の権利を行使できるようにするための制度が法律上用意されている。

この制度が公示催告手続（非訟99条以下）である（民施57条〔改正民520条の11・520条の18・520条の20〕）。

(1) 公示催告手続　公示催告の申立てができる者は，喪失した手形（裏書禁止手形を含む。手77条1項3号・39条1項参照）の所持人である（非訟114条）。したがって，最後の被裏書人，白地式裏書がなされた手形の最後の所持人は，公示催告を申し立てることができるが，このほかに，署名後流通前に手形を喪失した者（善意・無重過失の取得者に責任を負う場合がある）も，この申立てができると解される（最判昭47・4・6民集26巻3号455頁〔百選79〕）。しかし，手形を喪失しても，その所在が明らかで返還請求が可能な場合には公示催告は認められない。

公示催告の申立ては，書面で（申立書の提出による。非訟43条1項参照），手形に記載された支払地の簡易裁判所になされる（非訟115条1項）。申立てにあたって，申立人は喪失した手形の謄本を提出するか，または手形を特定するために必要な事項を明らかにし，さらに喪失の事実その他公示催告の申立てをすることができる理由を疎明しなければならない（非訟116条）。申立てがなされると，裁判所は，その手形の所持人が，一定の期日（権利を争う旨の申述の終期）までにその権利を争う旨の申述をし，かつ，手形を提出すべきことを催告し，そうしないと手形が無効となることを（非訟117条1項），裁判所の掲示場に掲示し，かつ官報に掲載する（非訟102条）。公示催告が官報に掲載された日から権利を争う旨の申述の終期までの期間（公示催告期間）は，2か月を下ってはならない（非訟103条・117条2項）。

(2) 除権決定の効果　公示催告期間中に権利を争う旨の申述をなす者があった場合に，裁判所は，申述がなされた権利についての裁判が確定するまで公示催告手続を中止し，または除権決定におい

て申述がなされた権利を留保しなければならない（非訟106条3項・117条2項）。期日までに申述がなかった場合に，裁判所は除権決定をしなければならない（非訟106条1項・117条2項）。

除権決定では，手形が無効と宣言され（非訟118条1項），官報によって公告される（非訟107条）。この場合に，申し立てられた手形は手形としての効力を失い（消極的効力），債務者は所持人に支払っても免責されることはなく，またその後に善意で手形を取得した者は手形上の権利を取得することができない。他方，申立人は手形上の債務者に対して，手形上の権利を主張することができる（積極的効力。非訟118条2項）。しかし，申立人は，除権決定によって権利行使の形式的な資格を回復するだけであって，手形上の権利そのものを取得するわけではない。したがって，申立人が権利者でないときには，債務者は無権利を証明して支払を拒むことができる。また，権利者ではない申立人が支払を受けたとしても，受領した金銭を権利者に返還しなければならない（民703条）。

除権決定があるまでは，公示催告を申し立てられた手形について善意取得（手77条1項1号・16条2項）が成立しうる。しかし，善意取得者が，公示催告期間中に権利を争う旨の申述をしないうちに除権決定がなされた場合に，除権決定制度の趣旨（手形喪失者の保護）を根拠として，申立人は，善意取得成立前に権利者であった限り，手形上の権利を回復し，したがって善意取得者の権利が否定されるとする説がある。これに対して，除権決定は申立人が手形について実質的な権利者であることを確定するものではなく，申立人に権利行使の形式的な資格を認めるだけであるから，この場合に，善意取得者は実質的権利を失うことはない，と解するのが判例である（最判平13・1・25民集55巻1号1頁〔百選80〕参照）。

(3) 白地手形の除権決定　　白地手形についても公示催告の申立

てが認められる（最判昭43・4・12民集22巻4号911頁）。しかし，除権決定がなされても，申立人は白地手形の所持人と同様の形式的資格を回復するだけであるから，その履行を請求することはできない。しかも，除権決定をえた白地手形の所持人は，手形外の意思表示によって白地を補充することはできないし（前掲最判昭43・4・12），また，手形債務者が任意に再発行した場合を除き（最判昭45・2・17判時592号90頁），喪失した白地手形と同一内容の手形の再発行を請求する権利も有しない（最判昭51・4・8民集30巻3号183頁〔百選81〕）。したがって，この場合，除権決定には喪失した白地手形の取得者の権利行使を妨げる意義しかなく，所持人は直接の当事者に対して原因債権を行使するほかない。しかし，これでは白地手形につき公示催告の申立てを認めた意味がないとして，学説では，除権決定をえた所持人に白地手形の再発行請求権が認められるとする説（会社228条2項・291条2項，抵証21条2号参照），手形外の意思表示によって白地を補充して手形上の権利を行使できるとする説（非訟118条2項参照）などが主張されている（争点Ⅱ175）。

## Ⅷ 手形訴訟

(1) **手形訴訟の意義**　手形は，取引における金銭支払の手段として十分に機能するため，適時に現金化される必要がある。しかし，手形債務は私法上の債務であるから，手形債務者が任意に弁済しない場合には，債務名義をえて強制執行することによって，その満足をはかるしかない。そこで，手形上の債権について，**通常の手続よりも迅速に債務名義が与えられるため**（形式的手形厳正），民事訴訟法（第5編）に手形訴訟制度が設けられている（小切手訴訟には，手形訴訟の規定が準用される。民訴367条2項）。

### 第3編　第1章　約束手形

(2) **手形訴訟の提起**　手形訴訟を利用できるのは，手形による金銭の支払の請求およびこれに附帯する法定利率による損害賠償の請求を目的とする給付の訴えに限られる（民訴350条1項）。手形訴訟は，被告の裁判籍所在地の裁判所のほか（民訴4条），手形の支払地（手1条5号・75条4号）の裁判所が管轄する（民訴5条2号）。手形による金銭請求のために，通常の訴訟手続を利用するか，手形訴訟の手続を利用するかは，原告の任意である（民訴350条1項参照）。そこで，手形訴訟を利用する原告は，その旨を明示して訴えの申立てをしなければならないとされている（民訴350条2項）。

(3) **手形訴訟の審理**　手形訴訟の審理の手続は，通常の手続よりも迅速でなければならない。裁判長は，直ちに口頭弁論期日を指定し，当事者を呼び出さなければならない（民訴規213条1項）。弁論および証拠調べは最初に指定した期日に完了しなければならないが（民訴規214条），やむをえず期日の変更や弁論を続行する場合にも，次の期日は原則として前の期日から15日以内の日に定めなければならない（民訴規215条）。

迅速な審理のために，請求の当否に関する証拠方法は「書証」に限られている（民訴352条1項）。迅速の要請にこたえるため，書証は当事者が任意に提出できる文書，つまり裁判所が文書提出命令（民訴219条・223条）や文書の送付の嘱託（民訴226条）をする必要のない文書に限られる（民訴352条2項）。文書の取調べも受訴裁判所が自ら行う場合に限られ，他の裁判所への嘱託等（民訴185条・186条）は，迅速性を害するから許されない（民訴352条4項）。

以上の原則には例外があり，文書の成立の真否に関する事実または手形の提示に関する事実については，文書が作成されることが少ないので，申立てによって当事者本人を尋問することが許されている（民訴352条3項）。

なお，裁判所が職権で調査すべき事項——たとえば訴訟要件の存否や訴訟行為の効力など——については証拠方法の制限はなく，一般の証拠方法を利用することが認められる（民訴352条5項）。

(4) **反訴の禁止** 手形訴訟では，被告は反訴（民訴146条）を提起できない（民訴351条）。迅速な審理が要請される手形訴訟では，その訴訟手続をできるだけ単純にする必要があるからである。

(5) **終局判決** (ア) 手形訴訟の請求としての適格を欠く請求について訴えが提起されたときは，裁判所は訴え却下の判決をしなければならない（民訴355条1項）。この却下の判決に対しては，控訴その他の不服申立てが許されず（民訴356条但書・357条本文），あらためて通常訴訟によって請求することになる（民訴355条2項）。

(イ) 一般の訴訟要件が欠けるときは，訴え却下の判決がなされるが，この判決に対しては控訴が認められている（民訴356条但書）。

(ウ) 手形上の請求に，理由があるときは請求認容の判決がなされ，理由がないときは請求棄却の判決がなされる。これらの判決に対し控訴は許されないが（民訴356条本文），その判決をした裁判所に異議を申し立てて，通常の手続に移行させることができる（民訴357条本文）。

裁判所は，請求認容の判決については，原則として，職権をもって担保を立てないで仮執行できることを宣言しなければならない（民訴259条2項本文）。したがって，勝訴した者は，直ちに強制執行できることになる（民執22条2号）。仮執行を止めるために，被告は異議を申し立てる（民訴357条）とともに，異議を申し立てた裁判所に対して，強制執行を停止する裁判を求めることができるが，その際手形判決が取り消されるべきこと等を疎明（民訴188条）しなければならないとして（民訴403条1項5号），原告勝訴の判決について安易に執行停止が行われないように配慮されている。

(6) 通常の手続への移行　　原告は，手形訴訟を選択した場合でも，たとえば請求原因の立証が書証だけでは困難であると考えたときに，口頭弁論の終結にいたるまで，被告の承諾をえないで，訴訟を通常の手続に移行させる旨の申述をすることができる（民訴353条1項）。原告は，通常の手続に移行した後に，証拠方法の制限を受けることなく請求原因事実を立証することになる。

(7) 異議の申立　　手形判決に対して不服のある当事者は，その判決をした裁判所に異議を申し立てて，通常の手続による審判を求めることができる。異議の申立ては，判決の送達後2週間（不変期間）以内にしなければならない（民訴357条本文）。この期間内に申立てがあれば，手形判決の確定が遮断される（民訴116条。仮執行宣言の効力については，民訴403条1項5号参照）。

(8) 異議申立後の手続　　適法な異議によって，訴訟は弁論終結前に戻り，通常手続による審判が続行される（民訴361条）。手形訴訟でいったん終結した弁論が通常訴訟として再開され，手形訴訟としての制約から解除された審理が行われることになる。

裁判所は，異議が適法である場合に請求の当否について判断し，その判断が手形判決と符合するときには，手形判決を認可する旨の判決をし（民訴362条1項本文），符合しないときは，手形判決を取り消して新判決をする（民訴362条2項）。なお，認可判決および新判決に対しては，通常の控訴が許される。

## IX　国際手形（小切手）法

手形（小切手）法は，ジュネーブ統一条約に基づく統一手形（小切手）法である。しかし，統一条約にはイギリス，アメリカが加盟していないし，また統一手形（小切手）法それ自体にも各国の立法

に留保されている事項があるから、各国間の法規が衝突する可能性がある。しかも、手形（小切手）は各国間を輾転と流通することが予想される。このような場合に、**手形（小切手）をめぐる法律関係にどの国の法が適用されるのか**（準拠法は何か）を決定する必要がある。手形（小切手）法の附則（手88条以下、小76条以下）に、そのための規定がおかれている（規定のない事項には「法の適用に関する通則法」が適用される）。

(1) 手形（小切手）行為能力　手形（小切手）行為能力は、国際私法の一般原則（法適用4条1項）と同様に本国法による（手88条1項前段、小76条1項前段）。ただし、本国法が他国の法によることを認めるときは、その他国（内国または第三国であってもよい）の法が適用される（手88条1項後段、小76条1項後段）。

本国法（または本国法が指定する他国の法）によれば行為能力を有しない者も、署名をなした地の属する国の法（署名地法）によれば行為能力者であるときは、責任を負う（手88条2項、小76条2項）。輾転流通する手形（小切手）について、本国法による行為能力の有無を調査するのは極めて困難であり、これを要求すると手形取引地における手形取引の安全が害される結果となるからである。

小切手の支払人であるための資格は、小切手に記載された支払地の属する国の法（支払地法）による（小77条1項）。しかし、支払地法によれば資格のない者を支払人としたため小切手が無効となる場合でも、振出人その他の署名者が、支払地国以外で署名し、しかも署名地法によれば、支払人であるための資格について支払地法のような規定がない場合には、署名地国での小切手取引の安全保護のため、その小切手になされた小切手行為は有効であるとされている（小77条2項）。

(2) 手形（小切手）行為の方式　手形（小切手）行為の方式は、

235

署名地法による（手89条1項，小78条1項本文）。ただし，小切手の場合に支払人が署名地法を調査することは容易でないので，支払地法により適式であれば足りるとされている（小78条1項但書）。

この原則には例外があり，手形行為（たとえば，為替手形の振出）が署名地法によれば形式的に有効ではない場合でも，後の行為（たとえば，為替手形の引受・裏書）をなした地の属する国の法によれば適式であるときは，後の行為は，前の行為が不適式であることによってその効力を妨げられないとされている（手89条2項，小78条2項）。この例外は，後の行為がなされた地での手形取引の安全を保護するために，実質法上の手形（小切手）行為独立の原則（手7条，小10条）を拡張したものである。このほかに，日本人間の手形行為を保護するために例外が認められており，日本人が外国でなした手形（小切手）行為は，署名地法によれば適式ではない場合でも，その行為が日本法の方式に適合している限り，他の日本人に対しては効力があるとされている（手89条3項，小78条3項）。

(3) 手形（小切手）行為の効力　主たる債務者である為替手形の引受人および約束手形の振出人の義務の効力は支払地法により（手90条1項），主たる債務者以外の手形債務者の義務の効力は署名地法による（手90条2項本文）。小切手から生ずる義務の効力については，署名地法が適用される（小79条本文）。

しかし，遡求権の行使期間（時効期間または除斥期間）は，一切の署名者について手形の振出地の属する国の法によって定められる（手90条2項但書，小79条但書）。この期間がそれぞれの行為地法によるとすると，各債務者につき遡求権行使の期間がそれぞれ違うことになり，後者に対して遡求義務を負っているのに前者に対して遡求できないという不都合が生ずるからである。

拒絶証書の方式および作成期間，その他権利の行使または保存に

必要な行為の方式は，拒絶証書を作成すべき地またはそれらの行為をなすべき地の属する国の法によって定められる（手93条，小81条）。

支払人が一部引受をできるか，所持人は一部支払を拒絶できるかは，支払地法によって定められる（手92条。小切手については，小80条4号参照）。手形（小切手）の喪失（滅失を含む）または盗難の場合に，どのような手続が認められるかは，支払地法による（手94条，小80条8号）。

なお，小切手に関するその他の事項，たとえば，小切手は一覧払である必要があるか，一覧後定期払として振り出せるか，先日付小切手の効力，呈示期間，小切手に線引の記載をできるか，引受・支払保証などの効力，振出人は小切手の支払委託を取り消すことができるか，裏書人，振出人その他の債務者に対する遡求権保全のために拒絶証書またはこれと同一の効力を有する宣言を必要とするかなどは，いずれも支払地法によるものとされている（小80条）。

(4) 原因関係上の権利　為替手形の所持人が手形振出の原因である債権を取得するかどうかは，振出地の属する国の法による（手91条）。しかし，小切手の所持人が支払人に対し原因関係上の権利（資金）を取得するかどうかは，支払地法による（小80条6号）。多数の小切手を集団的に扱う支払人が，それぞれの小切手の振出地の法を調査することは困難であるからである。

# 第2章 為替手形


## I 概　　説

(1) 為替手形の意義　　為替手形は，その発行者（振出人）が，第三者（支払人）にあてて，満期に一定の金額を受取人その他手形の正当な所持人に支払うことを委託する（手1条2号）有価証券である。約束手形は，振出人自らが，受取人その他手形の正当な所持人に支払うことを約束する（手75条2号）支払約束証券であるのに対して，為替手形は，振出人が支払人に支払を委託する支払委託証券である。基本手形上の当事者として，約束手形の場合は，振出人と受取人という二当事者が必要であるが，為替手形の場合は，振出人，支払人および受取人という三当事者が必要とされる。

(2) 為替手形と約束手形の異同　　支払約束証券である約束手形では，手形の発行者である振出人が同時に支払をなすべき主たる義務者であるが（手78条1項・28条1項），支払委託証券である為替手形の場合，振出人は支払を委託しただけであるから，手形上の主たる義務者ではない。為替手形の場合に，主たる義務者として手形の支払をすることが予定されているのは，支払人（手1条3号）である。しかし，支払人は，振出によって支払の委託を受けただけであるから，当然に手形金を支払う義務を負うわけではない。したがって，所持人としては，手形が支払人によって満期に支払われるかどうかを確かめる必要がある。そこで，手形法では，所持人はいつで

も手形を支払人に（引受のために）呈示して，この点を確かめることができるものとされている（手21条）。支払人は，これに応じて「引受」という手形行為（手25条1項）をすることによって，手形の支払をなすべき主たる義務者（引受人）となる（手28条1項）。

　しかし，支払人は，引受をする手形上の義務を負っていないから，所持人が引受のために呈示したときに，引受を拒絶する場合がある。この場合に，所持人が満期に支払を受ける可能性は事実上少ない。そこで，所持人の利益を保護するため，引受を拒絶された所持人は，支払を委託した振出人（手9条1項）に対して，満期前に手形の支払を求めることができるものとされている（手43条後段1号。満期前の遡求）。

　引受がなされた場合でも，引受人が満期に支払を拒絶することがある。また，支払人は，自己を支払人とする為替手形が振り出されたからといって，当然に手形の支払をする義務を負うわけではないから，満期に支払を拒絶することがある。そこで，これらの場合にも，所持人は，振出人（手9条1項）に対して手形の支払を求めることができるものとされている（手43条前段。満期後の遡求）。

　以上の点で，為替手形は約束手形と異なっているが，両者には手形として共通する点が多い。為替手形は，約束手形と同じく，証券上の権利の発生・移転・行使の全部に証券を必要とする「完全な有価証券」である（第1編第2章，6頁参照）。また，為替手形は，厳格な要式証券であるとともに（手2条1項本文），強い流通性を有する（善意取得，人的抗弁制限の保護がある）文言証券・無因証券であるという点でも，約束手形と変わらない。両者に共通の点は約束手形について述べたところに譲り，以下では為替手形に特有な点を中心として説明する。

第3編　第2章　為替手形

## Ⅱ　振　　　出

### 1　基本手形

(1) 手形要件　　為替手形には，法律が要求している一定の事項（手形要件）を記載しなければならない（手1条。例9）。手形要件のどれかが記載されていない証券は，法律によって特別に救済される場合を除いて，手形としての効力を生じない（厳格な要式証券。手2条1項本文）。為替手形には印紙の貼付が必要であるが（印税2条・別表第1の番号三），その貼付がなくても手形は有効である。

(ア) 為替手形文句（手1条1号）　　約束手形の約束手形文句に代わるものであり，記載の方法・位置などは約束手形文句の場合と同じである。

(イ) 支払委託文句（手1条2号）　　為替手形の振出人は，約束手形の振出人と異なり，自ら支払の約束をするのではなく，一定の金額の支払を第三者（支払人）に委託する。以上の点で，為替手形は約束手形と基本的に異なっているが，支払委託が単純でなければならないこと，手形金額が一定である必要があること，手形金額の記載に差異がある場合の取扱い（手6条）などについては，約束手形の場合と変わらない。

(ウ) 手形当事者　　為替手形の当事者として，振出人（手1条8号），受取人（手1条6号）および支払人（手1条3号）の名称の記載が要求されている。当事者は形式上記載されていれば足り，その者が実在するかどうかは問題ではない（手形外観解釈の原則）。同一人が，振出人と支払人（自己宛手形。手3条2項），振出人と受取人（自己受手形・自己指図手形。手3条1項）を兼ねてもよく，さらには振出人，受取人および支払人の三つの資格を兼ねてもよいと解されている。

Ⅱ　振　　　出

**例9　為替手形の記載例**

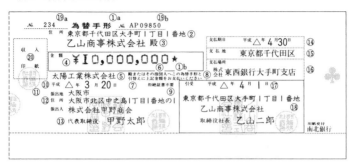

① ab　為替手形文句（手1条1号）
② 支払人の肩書地（手2条3項にいう「支払人ノ名称ニ附記シタル地」）
③ 支払人（手1条3号の「支払ヲ為スベキ者（支払人）ノ名称」）
④ 手形金額（手1条2号の「一定ノ金額」の記載）
⑤ 受取人の記載（手1条6号）
⑥ 指図文言（「……またはその指図人へ」。手11条1項参照）
⑦ 引換文句（「引替えに」。手39条1項参照）
⑧ 支払委託文句（手1条2号の「……ヲ支払フベキ旨ノ単純ナル委託」）
⑨ 拒絶証書作成免除文句（手46条1項）
⑩ 振出日（手1条7号の「手形ヲ振出ス日……ノ表示」）
⑪ 振出地（手1条7号の「手形ヲ振出ス……地ノ表示」。⑫の振出人の肩書地の記載があれば省略できる〔手2条4項〕）
⑫ 振出人の肩書地（手2条4項の「振出人ノ名称ニ附記シタル地」）
⑬ 振出人の署名（手1条8号。手82条により記名捺印でもよい）
⑭ 満期（手1条4号の「満期ノ表示」）
⑮ 支払地（手1条5号の「支払ヲ為スベキ地ノ表示」）
⑯ 支払場所（手4条の第三者方払の記載）
⑰ 引受文句（手25条1項）と引受の日付（ただし引受の要件ではない）
⑱ 引受人の肩書地と署名（支払人が署名する〔手25条1項〕）
⑲ ab　aは振出人が記載する手形番号。bは手形用紙番号
⑳ 収入印紙（税率は印紙税法別表第1の番号三）

241

第3編　第2章　為替手形

各当事者を複数記載することは，手形関係を不明確にしない限り認められる。約束手形の振出人の場合と同様に，支払人については重畳的記載は認められるが，選択的記載は手形関係を不明確にするから許されないと解される。

(エ)　満期（手1条4号）　満期の意義・態様（手33条1項），満期の記載がない場合の効果（手2条2項）などは，約束手形の場合と変わらない。

ただし，為替手形には引受の制度があることから，一覧後定期払手形（手33条1項2号）の一覧とは，支払のための呈示ではなく，引受のための呈示を意味する（引受呈示期間は振出日より1年。手23条1項）。この場合には，呈示された日を標準として，その後手形記載の期間の末日が満期となる（手36条参照）。この標準となる日は，①引受があり，かつ日付の記載があるときは（手25条2項前段），その日付（手35条1項），②引受はあるが，日付の記載が拒絶されたときは，引受日付拒絶証書の作成があれば（手25条2項後段），拒絶証書の日付（手35条1項），③引受が拒絶されたときは，引受拒絶証書の日付（手35条1項）によって定められる。④日付の記載のある引受がなされず，拒絶証書も作成免除その他の理由で作成されなかったときは，引受呈示期間（手23条1項・24条1項前段）の末日に引受がなされたものとみなされる（手35条2項）。

(オ)　支払地（手1条5号）　支払地（振出地と同一地でもよい。同地手形）については，約束手形の場合と変わらない。ただし，支払地の記載がない場合にも，支払人の名称に付記された地が，特別の表示がない限り，支払地にしてかつ支払人の住所地とみなされ，手形の無効が救済されている（手2条3項）。なお，手形の支払がなされる支払場所は，手形に支払場所の記載がある場合（手4条・27条1項）を除いて，支払地内にある支払人の営業所または住所である

(現行商516条2項〔平成29年民法改正にともない削除〕)。

(カ) 振出日および振出地（手1条7号）　これらについても，約束手形の場合と変わりはない。振出地の記載がない場合も，振出人の名称に付記された地の記載があれば，それを振出地とみなして手形の無効が救済される（手2条4項）点でも，約束手形（手76条4項）の場合と変わらない。

(キ) 振出人の署名（手1条8号）　署名の意義・方法，および署名には記名捺印を含む（手82条）ことなどについては，約束手形の場合と同様である。

(2) 要件以外の記載事項　手形要件以外の記載事項につき，有益的記載事項・無益的記載事項・有害的記載事項があることは，約束手形の場合と変わらない。ただし，為替手形の場合に，振出人が記載できる有益的記載事項として，拒絶証書の作成免除（手46条），予備支払人の記載（手55条1項）および複本についての記載（手64条2項・3項）が認められており，また，複本の一通の支払が他の複本を無効とする旨の破毀文句の記載（手65条1項本文）が無益的記載事項の例にあたるなどの点で，特色がある。

(3) 白地手形　為替手形についても白地手形が認められるが，その法律関係は約束手形の場合と変わらない（手10条）。

## 2　振出の意義および効力

(1) 振出の意義　為替手形の振出は，振出人が手形要件を記載した基本手形を作成して，これを最初の権利者（受取人）に交付することである。約束手形の振出と同じく，為替手形の振出は，振出人が作成した手形を受取人に交付し，受取人が受領することによって成立すると解される（交付契約説）。しかし，為替手形の振出には，約束手形と異なり（手75条2号），支払委託を目的とする行為であ

る（手1条2号）という特色がある。

★　**為替手形振出の本質的効果である支払委託の性質**をめぐって学説で対立があるが，学説の多くは，これを「支払指図」（ドイツ民法783条以下）と解している。もっとも，支払指図については明文の規定がなく，その法律的性質について議論が分かれているが，一般に「二重授権」を内容とする行為にあたるとする説が多い。したがって，振出人は，振出によって，支払人にその名前で振出人の計算において支払をする「権限」を与えると同時に，受取人にその名前で振出人の計算において支払を受領する「権限」を与えると解される（振出後の振出人の死亡または行為能力の喪失は，振出の効力に影響しない。小33条参照。引受または支払のない限り，振出人は支払人への授権を撤回できるが，受取人への授権の撤回は認められない。なお，小32条参照）。

ただし，為替手形の振出には一般の支払指図には見られない特色があり，振出人は以上のような授権をするだけではなく，従たる効果として，法律上当然に受取人以下の所持人に対して引受および支払を担保する責任を負うものとされている（手9条1項）。

(2)　振出の効力　　(ア)　為替手形の振出によって，支払人は自己の名前で振出人の計算において手形金を支払う権限を取得し，受取人は自己の名前で振出人の計算においてその支払を受領する権限を取得する。

為替手形の支払は振出人の計算でなされるから，支払人が所持人に支払えば，その支払の結果を振出人に負担させることができる。つまり，その支払によって，支払人が直接振出人に支払をした場合と同様に，支払人が振出人に負担する債務は消滅することになる。また，支払人が振出人に債務を負担していないのに為替手形の支払をした場合であれば，支払人は振出人にその補償を求める請求権（補償請求権）を取得する。なお，学説では，補償請求権は，振出人

と支払人との間の手形外の実質関係（たとえば，委任・事務管理）に基づいて発生するとして，その請求には支払のほかに実質関係を証明する必要があると解する説が多い。これに対して，補償請求権は支払指図である為替手形の振出行為の存在そのものから推定されるから，支払人は実質関係を証明する必要はないとする説もある。

　受取人は，自己の名前で——振出人の代理人としてではなく——支払を受領する権限を与えられているから，受領した手形金を振出人に引き渡す必要はない。また，受取人は振出人の計算において支払を受領するから，振出人が直接受取人に支払った場合と同様に，振出人が受取人に負担する債務もまた消滅することになる。したがって，為替手形の支払によって，支払人の振出人に対する債務および振出人の受取人に対する債務という2つの債務が消滅するわけである。

　(イ) 為替手形の振出人は，手形の引受および支払を担保する責任を負う（手9条1項）。この責任のうち，振出人は，引受担保責任を特別の記載（無担保文句）によって免れることができる（手9条2項前段）。しかし，支払担保責任を負わない旨の記載は，記載がないものとみなされているから（無益的記載事項。手9条2項後段），振出人は支払担保責任を免れることができない。なお，振出人の担保責任は，振出人の意思表示による効果ではなく（手1条2号・9条2項参照），法律が，対価関係を基礎として，手形の流通を確保するために認めた特別の法定責任であると解される（通説）。

　(3) 振出の実質関係　　振出人から支払の委託を受けた支払人は，手形を引き受け，さらに，支払をすれば，その支払の結果を振出人に負担させることができる。しかし，支払人が引受または支払をするのは，支払人と振出人との間になんらかの実質関係があるからである。また，受取人は，自己の名前で支払人から手形金の支払を受

領することができるが，このような権限を振出人が受取人に与えるのは，振出人と受取人との間になんらかの実質関係があるからである。

(ｱ) 資金関係　　支払人と振出人——委託手形（手3条3項）の場合は，委託者——との間にある実質関係を，資金関係という。

資金関係は多種多様であるが，支払人があらかじめ振出人から手形支払の資金の交付を受けているとか，振出人に対して債務（売買代金債務，預金債務など）を負担しているなど，支払人が振出の前に資金（対価）を取得している場合が普通である。しかし，そうでなくても，振出人が支払人との合意（与信契約）に基づいて手形の支払後に支払人に補償することを約束している場合であれば，やはり資金があることになる。

資金があるからといって，それだけで支払人は振出人が振り出した為替手形の引受または支払をする義務を負っているわけではない。為替手形を振り出すにあたって，資金関係として，振出人が資金をもっているほかに，この資金によって為替手形の支払をするという合意（通常は，準委任契約）が振出人と支払人との間になければ，引受または支払の義務はない。

為替手形は資金関係に基づいて振り出されるが，資金関係は振出の実質関係である。資金関係は手形関係に影響しないから（手形の無因性），資金関係がなくても振出は有効である。また，支払人が実質関係において引受または支払の義務を振出人に負っている場合でも，支払人は，引受をしない以上，振出人に債務不履行責任を負うことはあるが，手形の支払をする手形上の責任を負うことはない。この場合に，支払人が引受または支払を拒絶すれば，振出人は遡求義務を免れない。資金関係がないのに支払人が引受をした場合にも，引受は有効であり，所持人に支払をした引受人は，資金関係がない

ことを証明して（通説），振出人に求償することができる（事務管理にあたる。民697条以下）。この場合に，引受人は手形を受け戻した振出人に対して手形上の責任を負担するが（手28条2項），資金関係がないことを振出人に主張して，支払を拒むことができる。

(イ) 対価関係　振出人と受取人との間にある実質関係を，対価関係という。為替手形は対価関係を原因として——債務の支払，贈与などのために——，受取人に交付される。振出（無因行為）と対価関係との関係は，約束手形の場合と同様である。ただし，振出人が既存債務を決済するために為替手形を受取人に交付したときは，手形は「支払のために」交付されたものと推定される。この場合，既存債務の債務者ではない支払人が手形を支払うことが予定されている——振出人が支払人に資金を交付するなど資金関係に配慮しているものと予想される——からである。

## III　裏　　　書

(1) 裏書の意義・方式・効力　裏書の意義，裏書性とその排除（手11条），裏書の要件（手12条）・方式（手13条）および効力（手14条〜17条）については，約束手形で述べたところと変わらない。ただし，裏書人は支払だけでなく，引受を担保する責任も負担するが，無担保文句の記載によってこれらの責任を免れることができる（手15条1項）。

(2) 特殊裏書　裏書禁止裏書（手15条2項），戻裏書（手11条3項），取立委任裏書（手18条），質入裏書（手19条），期限後裏書（手20条）などの特殊裏書についても，約束手形で述べたところと変わらない。ただし，為替手形には引受の制度があるので，引受人および参加引受人を被裏書人とする裏書も戻裏書（手11条3項）となる

点で，約束手形と異なっている。なお，引受をしない支払人および予備支払人（いずれも手形債務を負担していない）に対する裏書は，戻裏書ではなく，通常の裏書と解されている（手11条3項参照）。

## IV 引　　　受

### 1 引受の意義および方式

(1) 引受の意義　　引受とは，為替手形の支払人が手形金を支払うべき債務を負担することを目的としてする手形行為（債務負担行為）である（手28条1項）。為替手形の場合に，支払人は当然に手形金を支払う義務を負うわけではない。そこで，信用証券である手形の信用を高め，その流通性を強化するために認められたのが，引受の制度である。

　引受は，支払人と呈示者（手21条）との契約ではなく，手形債務の負担を目的とする単独行為であると解されている（通説）。したがって，通説によれば，引受は支払人の署名によってその効力を生ずるから，たとえ引受のために呈示した者が無権利者，無権代理人または制限行為能力者であっても，引受の効力は影響を受けないことになる。なお，支払人は，手形が呈示者に対して返還される前であれば，いったんなした引受の記載を抹消することができるが（手29条1項），抹消は，通説によれば，いったん有効になされた引受を「撤回」する行為にあたると解される。ただし，学説では，引受も一般の手形行為と同じく，支払人が署名して相手方に交付し，相手方が受領することによって成立する，つまり，引受は支払人と所持人との間の契約である（手29条1項は当然の規定）と解する説もある。

(2) 引受の方式　　引受は，裏書・保証（手13条1項・31条1項・67条3項）と異なり，補箋または謄本にすることは認められず，為

## IV 引　　受

替手形そのものにしなければならない（手25条1項1文）。引受は，引受その他これと同一の意義を有する文字（引受文句）を記載して，支払人が署名（記名捺印を含む。手82条）することによってなされるのが原則である（正式引受。手25条1項2文）。しかし，支払人が単に手形の表面に署名（記名捺印）したときにも引受とみなされており（手25条1項3文），これを略式引受と呼ぶ。

引受は，支払人によってなされる必要があり，第三者がした引受は引受としての効力を生じない。引受が支払人によってなされたというためには，支払人と引受人が，実質上同一であれば足りるとする説も有力であるが，手形行為の性質上（文言行為），形式的にも同一でなければならないと解するのが判例（最判昭44・4・15判時560号84頁〔百選95〕）・通説である。

なお，引受に日付の記載が必要とされる場合がある（手25条2項）。しかし，これは一覧後定期払手形の満期（手35条）を確定するなどのために要求されたものであるから，この記載がなくても引受の効力は影響を受けない。引受の時期については制限がない。

### 2　引受のための呈示

(1)　**引受呈示の意義**　　支払人が引受をするためには，手形が支払人に呈示される必要がある。これを，「引受のための呈示」（引受呈示）と呼ぶ。この呈示によって，所持人は満期に手形が支払われるかどうかを確かめることができるし，また，支払人は自分を支払人とする手形が振り出されたことを知り，そして支払の準備をする機会を与えられる。しかし，支払人は呈示を待たずに進んで引受をしてもよく，自己宛為替手形のときには，振出人が引受をしたのち受取人に手形を交付することが多い。

(2)　**引受呈示の当事者**　　引受呈示は手形上の権利を行使するも

のではないから，手形上の権利者だけでなく，単なる占有者（たとえば，所持人から引受呈示の委任を受けた銀行，所持人の使用人などの占有補助者，さらには無権利者）もこれをすることができる（手21条参照）。被呈示者は，常に支払人（複数のときは全員）である。第三者方払手形（手4条）の場合でも，支払呈示と異なり，引受呈示は支払人に対してしなければならない。

(3) 引受呈示の自由　手形の所持人は，満期までは，いつでも（ただし，手72条1項後段，現行商520条〔改正民484条2項〕参照），支払人の住所（営業所があるときは営業所）で，引受のために手形を呈示することができる（手21条）。引受呈示は，所持人にとっては実際上必要であり，また支払人にとって支払の準備をするうえで便利なことではあるが，法律上は引受呈示をすべきかどうかは所持人の自由に任されている（引受呈示自由の原則）。したがって，所持人は引受呈示をしないで，満期に支払呈示をしてもよいことになる。ただし，この原則には，以下の例外がある。

(ア) 呈示の禁止　振出人は，期間を定めれば，一定の期日前の呈示を禁止することができる（手22条3項）。これは，支払人に引受の準備の機会を与えるために認められたものである。これに対して，期間を定めない呈示の禁止（絶対的禁止）は，一覧後定期払手形，第三者方払または他地払手形以外の手形についてだけ認められる（手22条2項）。絶対的禁止を認めたのは，支払人が満期に支払う意思があっても引受を好まない場合があることを考慮したためである。しかし，一覧後定期払手形の場合に，満期の確定に引受の日付の記載が必要であり（手35条1項），第三者方払および他地払手形の場合に，支払人に支払の準備または支払場所の記載をする機会を与える必要があることから，これらの手形について絶対的禁止は許されていない（手22条2項但書）。

IV 引　受

　引受呈示の禁止に違反して，所持人が引受のために支払人に呈示した場合に，引受が拒絶されたとしても，遡求権（手43条後段1号）は生じない（ただし，手43条後段3号参照）。

　(イ)　呈示の義務　　一覧後定期払手形では，満期を確定する必要があるので，所持人は，一定の期間（呈示期間）内に引受のために呈示しなければならない（手23条1項）。この期間は振出の日（手1条7号）から1年であるが，振出人はこの期間を短縮または伸長し，裏書人は法定の期間または振出人が定めた期間を短縮することができる（手23条2項・3項）。

　振出人は，一定の期間を定め，または定めないで，引受のために呈示すべきことを記載することができる（引受呈示命令。手22条1項）。引受呈示命令は，振出人が支払人の支払の意思を確かめるために，また支払人に支払の準備の機会を与えるために，認められた制度である。裏書人も，振出人と同じく引受呈示命令を記載できるが，振出人が引受呈示を禁止している場合には，裏書人は記載することができない（手22条4項）。

　一覧後定期払手形の呈示期間内または振出人の定めた呈示期間内に所持人が引受呈示しないときは，所持人は支払拒絶および引受拒絶による遡求権を失う（手53条1項1号・2項）。裏書人が定めた期間内に，所持人が引受呈示しないときは，その裏書人に対する遡求権を失う（手53条3項）。

## 3　猶予（考慮）期間

　支払人は，引受呈示を受けた場合に，所持人に対して翌日にもう一度呈示することを要求できる（手24条1項前段）。この1日の期間を猶予（考慮）期間という。支払人が振出人に対して照会する必要があることなどを考慮して，認められた期間である。この場合に，

所持人は翌日に第二の呈示をして，引受が拒絶されたときでなければ，遡求することができない。

なお，所持人は，支払人がたとえば調査のため手形の交付を求めた場合でも，これを交付する必要がない（手24条2項）。

### 4 引受の効力

★ (1) **手形金支払債務の発生** 支払人は，引受によって，満期に手形の支払をする義務を負担する（手28条1項）。引受をした支払人は，手形上の主たる義務者である引受人となる。引受人は，最後の手形所持人だけでなく，遡求義務を履行して手形を受け戻した者（振出人を含む）に対しても，この義務を負担する（手28条2項）。この義務は絶対的な義務であって，約束手形の振出人の義務と同じく，時効による以外は消滅することがなく，遡求義務者の義務のように，保全手続の欠缺によって消滅することもない（手53条1項但書）。

(2) **支払金額** 引受人は，満期に手形金額（利息の記載があれば，これを含む。手5条）を支払わなければならないが，満期に支払をしないときは，手形金額のほか満期後の利息および拒絶証書作成などの費用も支払わなければならない（手28条2項前段・48条・49条）。

(3) **不単純引受** 引受は，単純でなければならない（手26条1項本文）。引受をするときに，満期または支払地を変更したり，条件を付け加えたりするなど（通説），手形上の権利義務に影響を及ぼすような変更を加えると（不単純引受），引受を拒絶したことになる（手26条2項本文）。この場合に，所持人は満期前に遡求権を行使することができる（手43条後段1号）。しかし，不単純引受がなされた場合でも，引受人は記載した文言による責任を負っているから（手26条2項但書），所持人は，満期の到来を待ってから，引受人に対してその責任の履行を求めることができる。

これに対して，支払人は手形金額の一部について引受をすること（一部引受）が認められているから（手26条1項但書），この場合は不単純引受ではなく，所持人は引受がない残額について遡求権を行使できるにすぎない（手43条後段1号・51条，拒絶5条2項）。なお，支払人が引受をするときに第三者方払文句を記載（手27条）しても，不単純引受とはならない。

## V　手形保証

為替手形についても，手形保証が認められている。手形保証の意義・方式・効力については，約束手形の場合と変わらない（手30条〜32条）。被保証人・保証人についても，同様である。

なお，為替手形の場合に，引受の制度が認められているので，引受人および参加引受人のために保証することが認められる点，被保証人が表示されていないときは，振出人のために保証がなされたものとみなされる（手31条4項後段。これによって，最も多くの者が保証の利益を受けることになる。なお，手77条3項後段参照）点に，特色がある。

## VI　支　　払

(1) 支払の意義・効力　為替手形の支払については，約束手形の振出人による支払について述べたことが，大体において為替手形の引受人または支払人による支払にも妥当する。

(2) 為替手形に特有の問題　満期に引受人が支払をする場合については，約束手形の振出人による支払の場合と同様に，その調査義務が軽減されており，引受人に悪意または重大な過失がない限り，

所持人が無権利者であっても引受人は免責される（手40条3項）。以上の点では，満期後（支払拒絶証書作成期間経過後）の引受人による支払の場合も同様に解される。

　これに対して，手形上の義務者ではない支払人（支払担当者を含む）による支払について，免責を問題とする余地はない。しかし，支払人による支払が有効かどうかは，遡求義務者が義務を免れるかどうか，振出人に支払の結果を負担させることができるかどうかについて，法律上の意義がある。そこで，学説では，支払人による支払についても満期における調査義務を軽減し，支払人が無権利者に支払ったとしても，悪意または重大な過失がない限り，その支払は有効である――遡求義務者は義務を免れ，振出人は支払の結果を負担する――と解されている（手40条3項参照）。

　なお，支払人が満期後に支払った場合は，満期における支払を委託したという振出の趣旨からみて，振出人にその支払の結果を負担させることはできないと解されている（なお，小32条2項参照）。満期前に支払をする支払人（引受人も同じ）が自己の危険で支払うことは（手40条2項），約束手形の場合と変わらない。

　(3)　**支払のための呈示**　　引受人に対する支払呈示は，支払をなすべき日以後，時効完成に至るまでこれをなしうること（付遅滞の効果がある。ただし，時効中断〔平成29年改正民法施行後は，時効の完成猶予〕に呈示は不要）は，約束手形の振出人の場合と同様である。支払人または引受人の支払拒絶に基づく前者への遡求権を保全するためには（手43条前段），支払呈示期間内（手38条1項）の呈示が必要である。

## VII 遡　　求

### 1　遡求の意義・当事者

　遡求の意義およびその当事者は，約束手形について述べたことと変わらない。ただし，**為替手形の場合に**，約束手形と異なり，**「満期前の遡求」が一般的に予定されており**，また遡求の当事者として，為替手形の振出人が遡求義務者に加えられている点に，特色がある。　★

### 2　遡求の条件

　(1)　満期前の遡求　　所持人は，満期前でも，以下の場合に前者に対して遡求することができる（手43条後段）。これらの場合に，満期に支払がなされる可能性が事実上低いからである。

　(ア)　引受呈示期間内に呈示したが，手形金額の全部または一部について引受が拒絶された場合（手43条後段1号）。不単純引受がなされた場合も同様である（手26条2項本文）。形式的要件として，引受拒絶の事実は，原則として引受拒絶証書（ただし，手46条1項参照）によって証明することが要求されている（手44条1項）。これを怠ると，所持人は，満期前には遡求できないが，満期になって支払拒絶を理由として遡求することは可能である（手43条前段）。また，この形式的要件がみたされていれば，満期に支払呈示および支払拒絶証書の作成をしないでも，遡求することができる（手44条4項）。

　(イ)　引受人または支払人が破産手続開始の決定（破15条。破産は必ずしも手形振出の後に生じた新事実であることを要しない）を受けた場合（手43条後段2号。民事再生法による再生手続開始の決定の場合等を含む。民再33条，会更41条参照）。この場合に，所持人は破産手続開始の決定の裁判書（謄本で足りる）の提出だけで遡求することができ

る（手44条6項）。

(ウ) 引受人または支払人が支払を停止した場合，または，その財産に対する強制執行（何人による強制執行であるかを問わない）が効を奏しない場合（手43条後段2号）。この場合に，所持人が遡求するためには，支払のための呈示と拒絶証書の作成が必要である（手44条5項。ただし，手46条1項）。

(エ) 引受の呈示が禁止された手形（手22条2項本文。この場合に，手形は主として振出人の信用によって流通する）の振出人が破産手続開始の決定を受けた場合（手43条後段3号。民事再生法による再生手続開始の決定の場合等を含む。民再33条，会更41条参照）。所持人は，(イ)の場合と同じく，破産手続開始の決定の裁判書（謄本で足りる）の提出だけで遡求できる（手44条6項）。

(2) 満期後の遡求　約束手形の場合と同じく，満期に所持人が手形を呈示して（手38条1項）支払を求めたのに，手形金額の全部または一部について支払が拒絶された場合に，所持人は前者に対して遡求することができる（手43条前段）。形式的要件として，支払呈示期間内に支払拒絶証書を作成することが原則として要求されており（手44条3項），これを怠ると遡求権を失うことになる（手53条1項本文）点でも，約束手形の場合と変わりがない。

(3) その他の遡求要件　引受および支払拒絶証書の作成免除（手46条），遡求の通知（手45条），遡求金額（手48条），再遡求金額（手49条），遡求義務者の権利（手50条），遡求の方法（手52条），不可抗力の場合の特則（手54条）などは，約束手形の場合と変わらない。ただ，為替手形については，支払人が一部引受をした場合に，その残額について支払をする遡求義務者は，その支払の旨を手形に記載することおよび受取証書（手51条前段参照）の交付を求めることができるが，このほかに，再遡求を可能とするために，手形の証

明謄本（公の認証ある謄本）および拒絶証書の交付を請求することが認められている（手51条後段）。

## Ⅷ 参　　加

参加は，引受または支払拒絶により遡求が開始した場合に，第三者（参加人）が，特定の遡求義務者（被参加人）のために，手形関係に加入して引受（参加引受）または支払（参加支払）をすることをいう（手55条以下参照）。参加によって，被参加人の前者の義務は影響を受けないが，被参加人およびその後者は遡求義務を免れる（手56条3項・63条2項）。参加は，遡求を阻止して，手形関係者の信用を維持し，かつ遡求金額の増大（手48条・49条）を防止するために設けられた制度であるが，実際に利用されることは少ない。

## Ⅸ　手形の複製

(1)　複本　　複本は，1個の手形上の権利を表章する数通の手形をいう。各通は，それぞれ完全な手形である。複本は，手形を喪失する場合に備えたり，あるいは引受のために1通を送付している間に他の1通を譲渡するなどの便宜があることから認められた制度である（手64条～66条参照）。

(2)　謄本　　謄本は手形を謄写したものであるから，謄本それ自体は複本のような手形ではない。謄本は，原本を引受のために送付している間に，謄本に裏書をして手形上の権利を譲渡する目的のために設けられた制度である（手67条・68条）。

第3編　第2章　為替手形

## X　時効・利得償還請求権

(1)　時効　　為替手形の時効については，約束手形の場合と基本的に変わりがない。しかし，為替手形の場合，主たる義務者は引受人であり，振出人は遡求義務者にすぎない。そこで，時効期間については，引受人に対する請求権は約束手形の振出人の場合と同じく3年で時効にかかるという扱いがされており（手70条1項），また，振出人に対する請求権は裏書人に対する請求権の場合と同じ扱いがされている（手70条2項・3項）。

(2)　利得償還請求権　　利得償還請求権についても，約束手形の場合と基本的に変わりはない。ただし，為替手形の場合には，義務者に振出人・裏書人のほかに引受人が加えられており（手85条），また振出人および引受人に利得があるかどうかは，資金関係を考慮して判断することになる。

# 第3章 小 切 手

## I 概　　説

(1) 小切手の意義　　小切手は，その発行者（振出人）が支払人（通常は銀行）にあてて，一定の金額を受取人その他小切手の正当な所持人に支払うことを委託（小1条2号）する有価証券である。

小切手は，手形と同じく，証券上の権利の発生・移転・行使の全部に証券を必要とする「完全な有価証券」である（第1編第2章，6頁参照）。また，小切手は，厳格な要式証券であるとともに，強い流通性を有する（善意取得，人的抗弁制限の保護がある）文言証券・無因証券である点でも，手形の場合と変わらない。

(2) 為替手形との差異　　小切手は，支払を委託する形式の証券であるという点で，為替手形と共通している（手1条2号）。しかし，為替手形の場合は，満期の記載が法律上必要とされており（手1条4号。約束手形の場合も同じ。手75条3号），手形は満期にその支払がなされるべき証券である。満期まで手形の支払をする必要がないから，手形は主として満期まで支払を繰り延べるために——信用の手段として——振り出される（信用証券）。これに対して，小切手では，満期の記載は法律上必要ではなく（小1条参照），小切手は常に一覧払とされている（小28条1項）。したがって，小切手を受け取った者は，いつでも支払人（通常は銀行）のところで小切手を支払ってもらえるから，小切手は金銭を支払う必要のある者が現金の代用物

第3編　第3章　小切手

——支払の手段——として利用する証券である（支払証券）。証券の経済的機能からみて，手形は信用証券であるのに対して，小切手には支払証券であるという特色がある（第1編第3章，12頁参照）。

★　**小切手法は小切手の経済的機能を考慮して，小切手が支払証券であることを明確にし，また信用証券化することを防止しようとしている。**小切手法が，小切手の支払証券性を明確にしようとしている例としては，①支払人は金銭を取り扱う専門家である銀行その他の金融機関でなければならないこと（小3条・59条），②振出人は支払人のところに小切手の支払にあてられるべき資金をもっている必要があること（小3条），③小切手が常に一覧払とされていること（小28条），④呈示期間（小29条1項）経過前に支払委託を取り消すことを禁止し，かつ呈示期間経過後も振出人が支払委託を取り消さない限り，支払人が支払をしてもよいとされていること（小32条）などがある。また，小切手法が小切手の信用証券化を防止しようとしている例としては，支払人による引受を禁止し（小4条），引受と同じ効果をもつ支払人の裏書や保証を禁止していること（小15条3項・25条2項前段）などがある。

小切手については，小切手法（昭8法57）が詳細な規定を設けている。しかし，小切手の法律的な性質や構造は，手形（特に為替手形）と共通しているから，小切手には手形と同様の原則が適用される場合が多い。

## II　振　　　出

### 1　基本小切手

(1)　**小切手要件**　　小切手には，法律が要求している一定の事項（小切手要件）を記載しなければならない（小1条。例10）。小切手要

Ⅱ 振　　出

例10　小切手の記載例

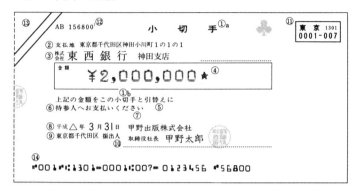

① ab　小切手文句（小1条1号）
② 支払地（小1条4号の「支払ヲ為スベキ地ノ表示」。なお，小2条2項参照）
③ 支払人（小1条3号の「支払ヲ為スベキ者（支払人）ノ名称」）
④ 小切手金額（小1条2号の「一定ノ金額」の記載）
⑤ 引換文句（「引替えに」。小34条1項参照）
⑥ 持参人払文句（「……持参人へ……」。小5条1項3号の「持参人払式」の記載）
⑦ 支払委託文句（小1条2号の「……ヲ支払フベキ旨ノ単純ナル委託」）
⑧ 振出日（小1条5号の「小切手ヲ振出ス日……ノ表示」）
⑨ 振出地（小1条5号の「小切手ヲ振出ス地……ノ表示」）
⑩ 振出人の署名（小1条6号。小67条により記名捺印でもよい）
⑪ 手形交換用番号（例3の約束手形の説明⑭を参照）
⑫ 小切手用番号（印刷してある）
⑬ 線引（小37条3項の一般線引）
⑭ 磁気プリント（001は小切手であることを示す。他は例3の約束手形の説明⑰を参照）

件のどれかが記載されていない証券は，法律によって特別に救済される場合を除いて，小切手としての効力を生じない（厳格な要式証券。小2条1項）。なお，手形と違って小切手には印紙の貼付は必要ではない（印税2条・別表第1の番号三参照）。

　(ア)　小切手文句（小1条1号）　　手形の場合の手形文句（手1条1

号・75条1号）に該当し，その記載の方法・位置などは手形の場合と同じである。

　(イ) 支払委託文句（小1条2号）　小切手の振出人は，為替手形の振出人と同じく，一定の金額の支払を委託する。小切手金額が一定である必要があること，小切手金額の記載に差異がある場合の取扱い（小9条）については，手形の場合と変わらない。支払委託（単純でなければならない）の意義は，為替手形と変わらない。

　なお，小切手は支払証券であるから，直ちに支払われることが予定されており（小28条1項），しかもその流通期間が短い（小29条1項）。そこで，その実際上の必要がないことから，小切手の場合には，手形と異なり（手5条），利息文句の記載は認められていない（無益的記載事項。小7条）。

　(ウ) 小切手当事者　小切手の当事者として，振出人（小1条6号）と支払人（小1条3号）の名称の記載が要求されている。支払人は，銀行に限られている（小3条）。ただし，ここでいう銀行には，法令（小切手法ノ適用ニ付銀行ト同視スベキ人又ハ施設ヲ定ムルノ件）によって銀行と同視される人または施設も含まれる（小59条）。支払人の資格が制限されているのは，金銭を取り扱う専門家を支払人とすることによって，小切手が簡易迅速しかも安全確実に支払われるようにするためである。しかし，銀行以外のものを支払人とする小切手も無効ではなく（小3条但書），振出人が過料に処せられるにすぎない（小71条。署名者は責任を負う）。

　権利者（受取人）の指定については，小切手は記名式，指図式（小5条1項1号），記名式で指図禁止文句が記載されたもの（指図禁止小切手。小5条1項2号）として振り出すことが認められている。このほかに，持参人払式（小5条1項3号）または選択持参人払式（小5条2項）の小切手も認められており，さらに受取人を記載しな

いでもよく（無記名式小切手），このような小切手は持参人払式とみなされている（小5条3項）。したがって，手形の場合と異なり，受取人の記載は小切手要件ではない。そして，実際に最も多く利用されているのは，持参人払式の小切手であるが，このように持参人払式または無記名式の小切手が認められているのは，支払証券である小切手についてはその必要があり（小切手の所持だけで権利者としての資格が認められる），また流通期間が短い小切手（小29条1項）についてこれを認めても，弊害（通貨類似の作用を果たす）が少ないからである。

このほか，当事者は形式上記載されていれば足り，その者が実在するかどうかは問題ではなく（外観解釈の原則），同一人が振出人と支払人（自己宛小切手。小6条3項），振出人と受取人（自己受小切手・自己指図小切手。小6条1項）を兼ねてもよいことなどは，手形と変わらない。当事者の複数的記載は，為替手形の場合と同じである。

(エ)　支払地（小1条4号）および振出地（小1条5号）　これらの要件については，手形の場合と変わらない。支払地および振出地が記載されていない場合については，特別の救済が認められること（小2条2項・4項），第三者方払の記載が許されること（小8条）も，手形の場合と同様である。なお，支払地の記載がない場合に，支払人の名称に付記された地（肩書地）が支払地とみなされているが（小2条2項前段），支払人の数個の営業所が並記された場合などのように，その名称に数個の地が付記されているときは，初頭に記載されている地が支払地とみなされている（小2条2項後段）。以上の記載その他何らの表示もない小切手は，振出地で支払うべきものとされている（小2条3項）。

(オ)　振出日（小1条5号）　振出日の記載は，支払呈示期間の計

算（小29条1項）について意味があるので，小切手要件とされている。しかし，手形の場合と同様に，その記載は，必ずしも真実の振出日と合致する必要はなく（外観解釈の原則），したがって，振出の日付を現実の振出日よりも将来の日とする小切手（先日付小切手）も有効である。

(カ) 振出人の署名（小1条6号）　署名の意義・方法，および署名には記名捺印を含む（小67条）ことなどについては，手形の場合と同様である。

(2) 要件以外の記載事項　小切手要件以外の記載事項として，小切手法上その効力が認められるもの（有益的記載事項）とそうでないもの（無益的記載事項）がある。

有益的記載事項としては，支払人または振出人の名称に付記した地（小2条2項・4項），受取人の指定（小5条），第三者方払の記載（小8条。この場合の第三者は，銀行その他の金融機関に限られる），指図禁止文句（小14条2項），小切手金額換算率および外国通貨現実支払文句（小36条2項・3項），線引小切手としての線引の記載（小37条），拒絶証書作成免除文句（小42条），複本の表示（小48条）などが認められている。

無益的記載事項としては，利息の約定（小7条），振出人の無担保文句（小12条後段），満期の記載（小28条1項）などがある。なお，有害的記載事項は，満期の記載の場合を除いて（小28条1項と手33条2項・77条1項2号とを対照）手形の場合と変わらない。

(3) 小切手帳・小切手用紙　小切手の振出にあたって，振出人は小切手要件を記載して，署名または記名捺印をする必要があるが，要件を記載する証券の材料・記載の方法等については，法律上の制限はない。しかし，実際には，銀行が交付した小切手帳の小切手用紙が利用されており，その銀行が定めている用紙以外のもの（私製

小切手・自製小切手）が使用されることはない（当座規定例 8 条 1 項）。

　小切手で支払をしようとする振出人は，支払銀行と当座預金契約ないし当座貸越契約を結ぶ。そして，銀行は，預金者に小切手帳を交付し，その際に預金者は印鑑（または署名鑑）を届け出る（当座規定例 14 条 1 項。ただし，個人当座用小切手〔パーソナル・チェック〕の場合には署名鑑だけ）。小切手帳に綴られている小切手用紙には，小切手要件のうち，小切手文句（小 1 条 1 号）・支払委託文句（小 1 条 2 号）・支払人（小 1 条 3 号）・支払地（小 1 条 4 号）・振出地（小 1 条 5 号）などが，印刷によって記載されている。小切手を振り出すにあたって，振出人は，小切手用紙に記載されていない，小切手金額（小 1 条 2 号）・受取人の表示（小 5 条。ただし，「持参人」と印刷されている）・振出日（小 1 条 5 号）を補充し，かつ届け出た印鑑を使用して記名捺印すればよいことになる。

　なお，小切手金額（小 1 条 2 号）の記載については，その記入の際に注意すべき事項に関する小切手用法（巻末資料参照）に，アラビア数字で記入するときはチェックライターを使用すること，文字で記入するときは改ざんしにくい文字（壱，弐，参，拾など）を使用すること，金額を誤記したときは訂正しないで新しい小切手用紙を使用すること，などが定められている。

(4) 白地小切手　　小切手法は，白地小切手を承認することを前提として，補充権が濫用された場合について規定を設けている（小 13 条）。白地小切手の法律関係は，手形の場合と同様である。

## 2　振出の意義と効力

(1) 振出の意義　　小切手の振出は，振出人が小切手要件を記載した基本小切手を作成して，これを最初の権利者（受取人）に交付することである。小切手の振出は，手形の振出と同じく，振出人が

作成した小切手を受取人に交付し，受取人がこれを受領することによって成立すると解される（交付契約説）。

小切手の振出によって，振出人は支払人に小切手金の支払を委託する（小1条2号）。振出人が小切手に支払人と記載した者が当然に小切手金を支払う義務を負うわけではないから，この場合に小切手には主たる義務者が存しない点で，為替手形の場合と同様である。しかし，為替手形と異なり，小切手には引受の制度がないから（小4条），引受によって小切手が支払を受ける権利を表章する有価証券となることはない（ただし，支払保証の制度がある。後述Ⅷ，282頁参照）。

(2) 振出の効力　(ア) 小切手振出の主たる効力は支払委託であり，支払委託は，為替手形の場合と同じく（第2章Ⅱ2(2)，244頁参照），支払人に対する支払の授権と受取人に対する支払受領の授権という二重の授権（振出人の死亡または能力喪失によって影響を受けない。小33条）を内容とする行為である（支払委託の取消しについては，小32条）。

(イ) 小切手の振出人は，振出の従たる効力として，法律上当然に支払担保責任を負う（小12条前段）。振出人は，支払担保責任を免れることは許されず，この責任を排除する記載をしても，記載がないものとみなされている（無益的記載事項。小12条後段）。

## 3　振出人と支払人との関係

★　(1) 資金契約・小切手契約　**小切手法**は，支払証券である小切手の支払を確実にするために，**振出人と支払人との間に資金契約・小切手契約があることを要求している**。つまり，小切手を振り出すためには，まず，支払呈示（小29条）のときに振出人が支払人のところに処分できる「資金」をもっていることが必要である。しかも，振出

人と支払人との間に，この資金を振出人が振り出す小切手によって処分することができる旨の契約（小切手契約）がなければならない（小3条本文。罰則，小71条。手続は非訟119条以下参照）。このような必要をみたすために，振出人と支払人との間で，当座預金契約と小切手契約が締結されており，これらの契約を一括して当座勘定取引契約といっている。振出人は支払人とこのような契約を結び，これに基づいて預金額（さらに当座貸越契約があれば当座貸越額）の限度内で小切手を振り出すことになる。

資金契約・小切手契約によって，支払人は契約の相手方が振り出した小切手を支払う義務を負うから，小切手の支払の確実性は高くなる。しかし，これらの契約は小切手関係とは別の資金関係に関連する契約である。したがって，これらの契約があるかどうかは小切手振出（無因行為）の効力に影響を及ぼすことはなく，資金がないのに振り出された小切手も有効であり，その支払が拒絶された場合に，振出人は遡求義務を負担する。小切手契約は，小切手の所持人を受益者とする第三者のためにする契約（民537条）ではないから，小切手の所持人が直接支払銀行に対して小切手金支払請求権を取得することはない。

なお，資金契約・小切手契約は，振出人と支払人との間にあるのが通常である。しかし，振出人が第三者の委託に基づいて第三者の計算で小切手を振り出す場合（委託小切手。小6条2項）に，資金契約・小切手契約はその第三者と支払人との間にあり，この場合に，振出人は小切手の振出によって資金を処分しうる権限を与えられている必要がある。

(2) 先日付小切手　　小切手要件である振出日（小1条5号）は，必ずしも真実に合致する必要はない（外観解釈の原則）。したがって，将来の日を振出日とする小切手（先日付小切手）も有効と解される。

しかし，小切手の振出人は支払銀行に資金をもっている必要があり（小3条本文・71条），また小切手は法律上当然に一覧払とされている（小28条1項）。先日付小切手を記載された振出日まで支払呈示できないとすると，資金がないうちに小切手が振り出され，しかも小切手が長期間流通して，その結果小切手が信用証券化する危険がある。そこで，小切手法は，これに備えて，所持人は記載された振出日の前でも小切手を呈示して，その支払を求めることができるものとしている（小28条2項）。したがって，振出日の前でも支払人が支払を拒絶すれば，所持人は振出人に対し遡求することができる（小39条）。

(3) 銀行振出小切手　　銀行振出小切手とは，銀行が振出依頼者の依頼に基づいて，自ら振出人となって振り出す小切手のことである。銀行振出小切手には，預金小切手（預手と略称される）と，送金小切手（送手と略称される）がある。

(ア) 預金小切手　　預金小切手は，振出依頼者の依頼に基づいて銀行が自ら振出人となって振り出す小切手のうち，その銀行が支払人となり（自己宛小切手。小6条3項），かつ振出店舗と支払店舗が同一のものをいう。銀行は，取引先から支払資金として額面と同額の資金等を受け入れ，これを資金として小切手を振り出す。取引先と銀行との間に，支払委託の関係はなく，小切手の売買類似の特殊な関係があると解される。

預金小切手には資金関係上の不安がなく，また，支払が拒絶されても振出人である銀行に対し遡求権（小12条・39条）を行使して小切手金を確実に回収することができるから，預金小切手は一般の小切手よりも信用が高い。しかし，法律上は預金小切手も一般の小切手と変わりがないから，預金小切手を現金と同じに見ることはできない。したがって，預金小切手による弁済の提供は，当事者の合意

または慣習がない限り，法律上当然に有効な弁済（民493条）にあたるとはいえないから，一般の小切手の場合と同様に債権者は預金小切手による支払の受領を強制されることはない。しかし，取引界で預金小切手が支払の確実なものとして現金と同様に取り扱われていることから，預金小切手による弁済の提供を債務の本旨に従った履行の提供とみるのが判例である（最判昭37・9・21民集16巻9号2041頁）。

　預金小切手も小切手としての性質の点では一般の小切手と変わらないから，振出人と支払人を兼ねている銀行に対し遡求権を行使するためには，所持人は，呈示期間内に（小29条1項）支払呈示し，かつ支払拒絶の事実を拒絶証書等によって証明することが必要である（小39条）。

　また，預金小切手の場合，銀行は取引先との実質的関係（小切手の売買類似の特殊な契約）とは独立して，自己を支払人として小切手（無因証券）を振り出す。したがって，取引先（小切手の振出人ではない）と銀行との間には支払委託をするという関係はないから，この場合に支払委託の取消し（小32条）を問題とする余地はない。預金小切手に盗難・紛失の事故があった場合に，取引先が振出銀行に支払の停止を依頼することがあるが，これは支払委託の取消し（小32条）ではなく，銀行に対し無権利者に支払わないように注意する事故届にすぎないと考えられる。

　(イ)　送金小切手　　送金小切手は，銀行が振出依頼者から依頼を受けて，遠隔地にある自行の本支店または取引銀行を支払人として振り出す小切手である。

　送金小切手は国内取引において送金の手段として利用されており，現金の輸送にともなう不便を取り除く作用を果たしている。銀行は依頼者から資金等を受け取り，送金目的地にある自行の他の店舗ま

たは取引銀行を支払人とする小切手を振り出し，次に，依頼者がこの小切手を送金受取人に送付し，そして，受取人がこれを支払人に呈示して支払を受けることによって，送金の目的が達成されることになる。

(ウ) 旅行(者)小切手（トラベラーズ・チェック）　旅行先に現金を携帯して支払をなすことは，不便かつ危険である。そこで，旅行者の依頼で，銀行（外国為替公認銀行等）が自己を支払人とする小切手（自己宛小切手）を振り出すことがある。売渡代金と手数料を支払って，これを購入した旅行者は，旅行先で必要に応じて，小切手を銀行等で現金化したり，あるいは滞在費等の代金支払にあてることができる。この小切手を旅行(者)小切手と呼ぶ。小切手は指図式で，二つの署名欄があり，購入者が購入時と利用時にそれぞれ署名し，受領者が2個の署名を照合して，本人であることを確認するという仕組みになっている。旅行(者)小切手は，金銭を確実な方法で輸送して，旅行先で旅行者に現金を供与するものであるから，送金の手段として利用されていることになる。

## Ⅲ　小切手の譲渡

小切手を受け取った者は，小切手を現金化するために，直ちに（小切手の一覧払性）支払人に支払呈示して支払を受けることができるが，このほかに第三者に小切手を譲渡してその対価を取得することもできる。小切手を譲渡する方法として，手形の場合と同様に裏書による譲渡（記名式または指図式小切手の場合）のほかに，交付による譲渡（無記名式または持参人払式小切手の場合）が認められている。しかし，小切手は流通期間が短いので（小29条1項参照），手形と比較して小切手が譲渡される場合は少ない。

Ⅲ　小切手の譲渡

(1) 記名式または指図式小切手の譲渡　　記名式または指図式小切手は、手形と同じく（手11条1項）、裏書によって譲渡することができる（小14条1項）。裏書の要件および方式（小15条・16条）、裏書の効力（小17条〜19条）、小切手の流通期間中は善意取得（小21条）および人的抗弁制限の保護（小22条）が認められること、および小切手の裏書性を排除できること（小14条2項）などの点でも、手形と大体同じである。

ただし、小切手の支払人が担保責任（小18条1項）を負うのは、小切手の支払証券性に反するから（小4条）、支払人の裏書は無効とされており（小15条3項）、小切手（流通期間が短い）には謄本の制度がないから謄本上の裏書もありえない（手67条3項参照）などの点では、手形と違っている。戻裏書が認められているが（小14条3項）、所持人が受取の証拠として小切手に裏書署名するという商慣習を考慮して、支払人に対する記名式裏書（小17条。18条の適用はない）には、受取証書としての効力が認められている（小15条5項本文）。ただし、支払人が数個の営業所を有する場合について、例外がある（小15条5項但書）。

特殊裏書も手形の場合と大体同じであるが、支払証券である小切手はその流通期間が短いので、質入裏書（手19条）は、必要性が少ないことから認められていない。小切手にも期限後裏書があるが（小24条）、小切手の場合は、拒絶証書もしくはこれと同一の効力を有する宣言（小39条）の作成後の裏書または呈示期間経過後の裏書が期限後裏書となる（小24条1項）点で、手形と違っている。

(2) 無記名式（持参人払式）小切手の譲渡　　小切手の場合に、**受取人を表示しない無記名式ないし持参人払式小切手**（選択持参人払式も同じ）**が認められており**（小5条1項3号・2項・3項）、この方式（特に持参人払式）の小切手が一般に利用されている。この場合に、小切　★

271

手は譲渡の合意と小切手の交付（権利移転の成立要件）によって譲渡される。小切手の所持人に，権利者としての形式的資格が認められ（権利者と推定される。現行民86条3項・188条〔改正民520条の20・520条の14〕），また善意取得（小21条），人的抗弁制限の保護（小22条）が認められることなどは，裏書による譲渡の場合と変わらない。ただし，持参人払式の小切手が呈示期間経過後交付によって譲渡された場合は，呈示期間経過後の裏書の場合と同様に（小24条1項），その譲渡は指名債権譲渡の効力だけしかなく，善意取得の規定の適用はないと解される（最判昭38・8・23民集17巻6号851頁〔百選61〕）。

なお，持参人払式小切手に裏書がなされた場合に，裏書をした者の合理的意思および取得者の信頼保護の必要性を考慮して，裏書人は担保責任を負うものとされている（小20条本文）。しかし，このことによって，小切手が指図式小切手に変わるわけではないから（小20条但書），裏書がなされた持参人払式小切手は交付によって譲渡することができるし，また，その所持人には形式的資格が認められることになる。

## IV 小切手保証

小切手保証の意義・方式および効力（小25条〜27条）は，手形の場合と変わらない。ただし，小切手の信用証券化を防止するために，引受が禁止されている（小4条）のと同様の理由から，支払人が保証することも禁止されている（小25条2項前段）。

## V 小切手の支払

(1) 支払の意義　　支払は，すべての小切手債務を消滅させる効

果をもつ弁済である。このような支払は，支払人または支払担当者（小8条）によってなされる必要があることなどは，手形の場合と変わらない。

(2) 支払のための呈示　小切手を現金化するために，所持人は小切手を支払人に呈示してその支払を求めなければならない。そして，支払証券である小切手は迅速に支払われる必要があるので，小切手法は，小切手を常に一覧払とし，小切手の一覧払性に反する記載は記載がないものとみなしている（小28条1項）。したがって，小切手の所持人は，いつでも小切手を呈示して支払を求めることが許される。以上の点では，先日付小切手の場合も同様であり，所持人は記載された振出日より前に支払呈示することができる（小28条2項）。

支払呈示の場所（支払場所）は，支払人である銀行の営業所であり，第三者方払の記載があれば，その第三者（小8条）の営業所である。したがって，所持人は直接支払銀行で支払のために小切手を呈示してもよい。しかし，このほかに法務大臣が指定する手形交換所（小69条，昭8司38）で，支払銀行に支払呈示（交換呈示）する方法が認められている（小31条）。そこで，所持人は，自己の取引銀行（普通預金または当座預金の口座をもっている金融機関）に依頼して交換呈示してもらい，そして取り立てた小切手金を預金として預け入れる，という方法を利用できる。この方法が，小切手を取り立てるうえで安全かつ確実なので，広く利用されている。

(3) 支払呈示期間　所持人は，振出地および支払地が国内にある小切手を，振出日の日付後10日以内に支払のために呈示しなければならない（小29条1項。いわゆる外国小切手については，小29条2項・3項参照）。呈示期間が短いのは，支払証券である小切手が長期間流通し，その結果，信用証券化することを防ぐためである。

呈示期間は，実際に小切手を振り出した日ではなく，小切手に記載された日付を標準とし（小29条4項にいう起算日は初日を意味する），また期間の算定にあたっては初日を算入しない（小61条）。したがって，振出日を含めて11日間が小切手の呈示期間となる。

支払呈示は，取引日にしかできない（小60条1項）。期間中の休日は呈示期間に算入されるが，その末日が法定の休日（小75条）のときは，呈示期間は次の取引日まで伸長される（小60条2項）。

呈示期間内に小切手が支払のために支払人に呈示されなかったときは，所持人は，振出人や裏書人などの遡求義務者に対する遡求権を失い（小39条。ただし，小32条2項），利得償還請求権（小72条）を行使できるにすぎないことになる。

★　**(4) 支払委託の取消し**　　振出人は，**支払人に対し小切手の支払を差し止める必要がある場合に**（たとえば，小切手の盗難・紛失，小切手振出の原因契約の解除など），支払委託を取り消すことができる（小32条1項）。

支払委託の取消しは，小切手契約の取消しではなく，振出人が小切手の振出によって支払人に与えた支払権限を撤回することをいう（通説）。支払委託が取り消されたのに支払っても，支払人は支払の結果を振出人に負担させることができない。なお，支払委託の取消しによって，支払権限が支払人との関係で撤回されるだけであるから，小切手上の権利義務（所持人の支払受領権限，前者に対する遡求権）は影響を受けることはない。

支払委託の取消しは支払人に対してなされるが，特別の方式が定められているわけではない（口頭でもよい）。しかし，実際には取消しは振出人から支払人に対する盗難・紛失等の事故届（当座規定例15条1項）によってなされることが多く，事故届は支払委託の取消しの意思表示を含むと解される。

## V 小切手の支払

　支払委託取消しの効果は，取消しが呈示期間経過前になされたか，経過後になされたかによって違っている。

　(ア) 呈示期間経過前に，振出人は支払委託を取り消すことはできないし，また取り消しても呈示期間が経過した後でなければその効力を生じない（小32条1項）。小切手を振り出しておきながら，いつでも支払委託を取り消せる（民656条・651条1項参照）というのでは，所持人の地位が不安定になり，小切手は支払証券としての機能を果たすことができないからである。したがって，呈示期間経過前に支払委託が取り消されても，取消しはその効力を生じないから，支払人は支払の結果を振出人に負担させることができる。

　しかし，支払人は所持人に小切手上の義務を負担しているわけではないから，小切手の支払を拒んでも，所持人に対して責任を負うことはない。そこで，支払人である銀行は，この場合に取引先を保護するために支払を拒絶するのが普通である。

　(イ) 呈示期間経過後になされた支払委託の取消しは有効であり，取り消されたのに支払った支払人は，その結果を振出人に負担させることはできない。しかし，呈示期間経過後であっても，振出人が支払委託を取り消さない間は，支払人は振出人の計算で支払をすることが認められている（小32条2項）。呈示期間経過後に支払委託を取り消してこない場合には，一応振出人にその小切手（支払呈示期間が短いので徒過されやすい）によって原因関係を決済しようとする意思があると考えてよいからである。

　(5) **支払**　支払をなすべき貨幣（小36条），小切手の受戻証券性および一部支払（小34条）などは，手形の場合と同様である。ただし，引受の制度がない小切手には（小4条），支払人（債務者ではない）の供託権（手42条参照）は認められていない。また，小切手は常に一覧払とされているから，満期前の支払（手40条1項・2項

参照）は小切手では問題にならない。

　(ア)　支払人の調査義務　　小切手法は，支払人が指図式小切手の支払をする場合について，裏書の連続の整否を調査する義務はあるが，裏書人の署名を調査する義務がないと定めているにすぎない（小35条）。小切手法には，支払人は「悪意又ハ重大ナル過失ナキ限リ」免責されるという規定（手40条3項参照）がない。しかし，この点について手形（特に，為替手形）の場合と異なった取扱いをする
★ 理由はないから，**支払人に悪意または重大な過失がない限り，その支払は有効である**——支払の結果を振出人に負担させることができる——と解される（手40条3項の類推）。

　これに対して，持参人払式ないし無記名式の小切手の支払については規定がない。しかし，これらの小切手の所持人には権利者としての形式的資格が認められるから（現行民86条3項・188条〔改正民520条の20・520条の14〕参照），支払人に悪意または過失がない限り，その支払は有効であり，支払人は支払の結果を振出人に負担させることができると解される（民478条参照。なお，学説では小切手法35条を根拠とする説が多い）。

　なお，所持人は，呈示期間（小29条）内に支払呈示しなかったときは遡求権を失い（小39条），利得の償還を請求できるにすぎないが（小72条），この場合にも支払委託の取消しがない限り，支払人は有効に小切手の支払をすることができる（小32条2項）。この場合の支払人の調査義務については，小切手法の規定（小35条）を適用する学説が多いが，判例は債権の準占有者に対する弁済として（現行民478条。改正民法478条は債権の準占有者という用語について，受領権者以外の者であって取引上の社会通念に照らして受領権者としての外観を有する者と改めている），支払人が善意・無過失であれば弁済は有効であると解している（最判昭39・12・4判時391号7頁〔百選98〕）。

(ｲ) 支払人が過失なく偽造または変造された小切手の支払をした場合については，支払銀行と振出人との間で特約がなされている（当座規定例17条。第1章Ⅳ2(5)，204頁参照）。

## Ⅵ 線引小切手

(1) 線引小切手の意義　　支払証券である小切手は常に一覧払であるから（小28条1項），所持人は呈示期間内であればいつでも支払呈示してその支払を受けることができる。しかも，所持しているだけで権利者と推定される（現行民86条3項・188条〔改正民520条の20・520条の14〕参照）持参人払式小切手が，広く利用されている。したがって，小切手に盗難または紛失の事故があった場合に，**不正に取得した所持人がその支払を受けてしまう危険が大きい**。このような危険を防止するために，線引小切手の制度が設けられている。線引小切手であってもその善意取得（小21条）を妨げることはできないが，線引小切手の場合に支払人は銀行または自己の取引先にしかその支払をすることができないし（小38条1項・2項），また銀行が線引小切手を取得（取立委任についても同じ）する場合にも同様の制限がある（小38条3項）。したがって，被害者は，支払人から支払を受領した者——さらに，この者から遡って小切手の流通経路——を容易に知ることができる。これによって，被害者に損害賠償請求などの救済を受ける可能性を確保させるとともに，不正の取得者が支払を受ける（または譲渡する）危険を防止しようとしたのが線引小切手の制度である（なお，小74条参照）。

(2) 線引小切手の種類および効力　　線引小切手（横線小切手）とは，小切手の表面に二条の平行線を引いた小切手をいう（小37条2項前段）。線引の記載をなしうるのは，振出人または所持人である

(小37条1項前段。署名は不要)。線引には，一般線引および特定線引の2種類がある（小37条2項後段）。

(ア) 一般線引小切手は，二条の平行線内に，なんの指定もないか，または銀行その他これと同一の意義を有する文字が記載された小切手をいう（小37条3項前段）。この場合に，支払人は銀行または支払人の取引先に対してだけ支払をすることができる（小38条1項）。

(イ) 特定線引小切手は，二条の平行線内に特定の銀行（被指定銀行）の名称が記載された小切手をいう（小37条3項後段）。この場合に，支払人は被指定銀行に対してだけ支払をすることが許されており，また被指定銀行が支払人のときは，自己の取引先に対してだけ支払をすることができるとされている（小38条2項本文）。ただし，被指定銀行は他の銀行に委任して小切手を取り立てさせてもよいことになっている（小38条2項但書）。その方式としては，持参人払式小切手の場合には，取立てのためであることを表示して特定線引の記載をなし（ただし，小38条4項但書参照），記名式または指図式の小切手の場合には，取立委任裏書（小23条）をなす必要があると解されている。

(ウ) 線引小切手の場合に，銀行または支払人の取引先でなければ支払を受けることができないから，線引の記載には小切手の支払を受領する資格を制限するという効力があると解される。そこで，このような趣旨を徹底するために，銀行は自己の取引先または他の銀行以外のものから線引小切手を取得し，または取立委任を受けることができないとされている（小38条3項）。これを認めると，線引小切手を不正に取得した者も，他の銀行を利用することによって線引の記載を無意味にできる，という結果になるからである。

(3) 取引先の意味　線引小切手の場合に，支払人が直接自己の取引先に支払ってもよいとされている理由は，支払人は取引先の素

性を知っているから，他の銀行の仲介によらないで直接支払をしても，線引小切手制度の趣旨に反しないということにある。したがって，支払人の取引先とは，預金関係がある，あるいは従来手形割引を受けているなど，継続的な取引関係のあるものであって，結局その素性が知れたものであればよいと解される。当座取引のある者が取引先の典型であるが，現金によって口座を開設しこれと同時に線引小切手を預け入れた者は，取引先に該当しない。普通預金の口座がある者は，取引の継続性・預金額とのバランスの点で問題がなければ，取引先と扱ってよいと解される。

なお，取引先とは，支払の呈示を受け，または取立てを委任された当該営業所単位で決定すべきであり，支払人は当然に同一銀行の他の支店（いわゆる僚店）の取引先に支払うことができるとはいえないとする説が有力である。

(4) 線引の抹消と変更　　線引小切手は，不正の所持人が支払を受ける危険を防止するために支払受領資格を制限した制度であるから，その資格を限定することはできるが，これを広げることは認められない。一般線引を特定線引に変更することはできるが，特定線引を効力の弱い一般線引（または普通の小切手）に変更することは許されず（小37条4項），線引または特定線引の被指定銀行の名称が抹消されても，抹消がないものとみなされている（小37条5項）。

数個の特定線引のある小切手の場合に，支払人は原則としてどの銀行に対しても支払をすることができない（小38条4項本文）。数個の特定線引を認めると，支払人はいずれの銀行に支払うべきかを定めることができず，また不正の所持人が線引の記載を書き加えて，小切手を取り立てるおそれがあるからである。ただし，被指定銀行が手形交換所に加盟していない銀行であるときに，加盟銀行に取立委任をするために特定線引の記載をする必要があるので，2個の特

定線引のうち1個が手形交換所で取り立てるためになされた場合には、支払人は取立てを委任された銀行に支払ってもよいとされている（小38条4項但書。特定線引の一つに、交換所での取立てのためであることを記載する必要がある）。

(5) 線引違反の効果　線引記載の効力は、支払受領資格の制限であるから、小切手のその他の法律関係に影響することはない。支払人が線引の制限に違反して支払っても、それが正当な権利者に対する支払である限り、その支払は有効であり、また線引小切手の譲渡方法が通常の小切手と異なるわけではなく、線引の記載があるからといって、小切手の善意取得（小21条）が妨げられることはない。しかし、支払人は、線引の制限に違反して支払った結果正当な所持人が受けた損害について、小切手金額を限度として賠償する（無過失の）責任を負わなければならない（小38条5項）。

このような損害の賠償請求権を、振出人が支払銀行との関係で個別的に放棄する合意は有効と解される。また、線引の抹消は抹消がないものとみなされるので（小37条5項）、線引の効力を排除する合意が振出人と支払人との間でなされたとしても、線引違反の支払が有効である——支払人に損害賠償責任が一般的に生じない——とはいえないが、このような合意の趣旨が、損害賠償請求権を個別的に放棄することにあるとすれば、当事者間では有効と解される（最判昭29・10・29金商529号13頁〔百選96〕）。なお、当座勘定規定例では、振出人の届出印が線引小切手の裏面に押捺されて（裏判が押されて）いるときには、銀行は持参人に支払うことができ、これによって損害（小38条5項）が生じても、銀行は責任を負わず、また、銀行が第三者にその損害を賠償した場合には振出人に求償できるものと定められている（当座規定例19条）。

## Ⅶ 小切手の遡求

(1) **遡求の意義**　呈示期間内に（小29条1項）小切手を支払呈示したのに，その支払が拒絶された場合に，所持人は，裏書人・振出人その他の債務者に対し遡求することができる（小39条）。ただし，支払証券として引受の制度がなく，また常に一覧払である小切手には，引受拒絶などによる満期前の遡求はなく，またこれを阻止するための制度である参加引受および参加支払も認められていない。

遡求の通知（小41条），拒絶証書の作成免除（小42条），遡求義務者の合同責任（小43条），遡求金額（小44条），再遡求金額（小45条），遡求義務者の権利（小46条），不可抗力による呈示期間の伸長（小47条）などは，手形の場合と大体同じである。

(2) **小切手の遡求に特有の問題**　(ア) 小切手の遡求原因は支払拒絶だけである（小39条）。しかし，支払拒絶の証明は，支払拒絶証書（小39条1号）によるほかに，小切手（裏面でもよい。しかし，補箋には認められない。大判昭12・2・13民集16巻112頁）に呈示の日を記載しかつ日付を付した支払人の拒絶宣言（署名は不要），または適法の時期に小切手を呈示したがその支払がなかった事実を証明し，かつ日付を付した手形交換所の宣言によってすることが認められている（小39条2号・3号。一般には，支払人の拒絶宣言が利用されている）。

なお，拒絶証書またはこれと同一の効力を有する宣言は呈示期間経過前に作らなければならないが（小40条1項），期間の末日に呈示したが支払を拒絶されたときは，これに次ぐ第一の取引日に作らせることが認められている（小40条2項）。その日のうちに作成が困難な場合がありうるからである。いわゆる不可抗力で支払の呈示

または拒絶証書もしくはこれと同一の効力を有する宣言の作成が妨げられた場合に，その作成期間が伸長されるが（小47条1項・3項），不可抗力がその通知（小47条2項）の日から15日を超えて継続するときは，以上の手続をとらないで遡求することができる（小47条4項）。

(イ) 小切手には利息の記載が認められていないから（小7条），遡求金額に利息は加算されず（小44条1号参照），また法定利息は呈示の日以後の利息となっている（小44条2号）。

## Ⅷ 小切手の支払保証

(1) 支払保証の意義　支払保証は，支払人が小切手金額について支払債務を負担することを目的とする行為である（小53条〜58条）。支払証券である小切手には引受の制度はないが，小切手の支払の確実性を高めて，その流通を円滑にするという目的のために，支払保証の制度が認められている（小切手法統一条約第二附属書6条本文）。しかし，銀行は，支払保証の請求があったときに，自己宛小切手（預手）を交付することにしており（当座規定例13条），実際には支払保証の制度は利用されていない。

(2) 支払保証の方式　支払人は，小切手の表面に支払保証その他支払をする旨の文字を記載し，日付を付して，署名（記名捺印）する（小53条2項）。支払保証は単純である必要がある（小54条1項。条件を付しえない）。小切手の記載事項に加えた変更（たとえば小切手金額の一部についての支払保証）は記載がないものとみなされ（小54条2項），単純な支払保証があると解される。

(3) 支払保証の効果　支払保証をした支払人は，すべての小切手所持人に対し小切手の支払をする義務を負う（小55条1項）。し

かし，支払保証人が負担する義務は，引受人の義務（手28条1項）と異なり，呈示期間の経過前に呈示がなされ（小55条1項・57条），かつ支払拒絶について支払拒絶証書等が作成（免除をなしえない）されることを条件とする（小55条2項・39条）支払義務である。支払保証人の責任の範囲は，遡求義務者が支払うべき遡求金額（小44条・45条）と同じである（小55条3項）。支払保証人に対する請求権の消滅時効は，呈示期間経過後1年（小61条参照）とされている（小58条）。

なお，支払保証は支払そのものではないから，これによって振出人その他の小切手上の債務者が当然に責任を免れるものではない（小56条）。

## IX 補　説

(1) 時効　　小切手は金銭債権を表章するものであるから，小切手上の権利も一般の債権と同様に時効によって消滅する。小切手の時効には，民法の一般原則（民144条以下）が適用されるが，小切手法は，時効期間と時効の中断（平成29年改正民法施行後は，時効の完成猶予および更新。以下同じ）について特則を設けている。

小切手の時効期間は，一般の債権の時効に比較して短縮されている。所持人の裏書人・振出人その他の債務者（裏書人・振出人の保証人，無権代理人）に対する遡求権は，呈示期間経過後6か月（小61条，民143条参照）で時効にかかる（小51条1項）。再遡求権は，遡求義務者が小切手を受け戻した日または訴えを受けた日（訴状送達の日）から6か月（小61条，民143条参照）で時効にかかる（小51条2項）。

小切手の時効の中断（時効の完成猶予および更新）については，民

法の一般的規定（民147条以下）の適用があるほか，手形の場合と同じく，訴訟告知（民訴53条）が時効中断（時効の完成猶予）事由に加えられており（小73条1項），訴訟告知によって中断した（完成が猶予された）時効は訴訟の終了したときから，さらにその進行をはじめるとする規定（小73条2項）があり，また，中断（完成猶予および更新）はその事由が生じた者に対してのみその効力を生ずるとする規定（小52条）が設けられている。

(2) 利得償還請求権　　手形の場合と同様に，小切手上の権利が手続の欠缺または時効によって消滅した場合に，利得償還請求権が発生する（小72条）。なお，その義務者として，為替手形の引受人の代わりに，小切手の支払保証をした支払人が加えられている。

(3) 複本　　小切手には引受の制度がないから，複本を認める実益は為替手形に比較して少ない。しかし，送付途上の小切手を喪失する危険に備える必要があることから，各国間を流通する小切手（持参人払式小切手を除く）については複本の制度が認められている（小48条・49条）。

# 第4編　有価証券法通論

# 第1章　有価証券の概念

## I　序　　論

### 1　有価証券法

　本編で考察するのは有価証券に関する実体私法である。証券という紙片が権利を表していると観念できるとき、その権利の実体法上の発生、移転、行使、消滅における特殊性が考察の中心となる。債権を表章する証券についていえば、普通の債権と証券上の債権とが、その発生、移転および行使による消滅において、どこで相違し、どこで同一に扱われるかということである。

　証券上に権利が発生し、または証券上の権利が譲渡されるときには、その原因となった契約とか、社団への出資により社員となる行為およびその地位を移転する行為などの実質的な法律関係が必ずあり、これを原因関係と呼ぶが、有価証券法としてこの原因関係と証券上の権利との関係も問題になる。証券上の義務が履行されれば、原因行為上の義務との関係が論理的に問題になることは、発生、譲渡と同じである（この問題は第2章1, 311頁以下、第4章1, 340頁で言及する。その他は第2編第3章, 59頁以下を参照）。

　証券を売買や消費貸借の目的物とする取引における法律関係も有価証券に関する私法ということはできるが、それは他の物品を取引

の対象としたときと同じであり（商501条1号・2号参照），それらの取引が証券譲渡の原因関係をなすという以外には，有価証券法として特別に考慮すべきことはない。

有価証券私法について，わが国に単独の法典はない。通則的規定は，民法および手形法・小切手法・会社法を含めた意味での商法などに分散している。その中心をなすのは手形法・小切手法で，その規定は商行為編総則（商519条）で金銭その他の物または有価証券の給付を目的とする証券に準用されている。

なお，平成29年改正民法は，債権を表章する有価証券につき，第3編第1章に第7節「有価証券」を新設し，従来有価証券法として論じられてきたことのエッセンス（その中核は，証券の所持人に形式的資格を認めたことといいうるであろう）を規定している。本編の叙述は全面的な書換えを必要とするが，その施行日を定める政令により改正民法の施行は平成32年4月1日とされ，それまでは現行民法によるため，以下の記述は現行民法によっている。必要に応じ改正民法（以下【改正民○条】と表示する）の規定も，《　》書により紹介する（商法も改正民法と同日に改正され，施行日も同じであるが，こちらも現行法による記述とし，改正後商法は【改正商○条】と表示する）。そこで，本編本文中の条文は，平成29年改正の民・商法で削除されあるいは内容が変わっているものも多いが，現行法のままなので，注意されたい。

## 2　有価証券法の基本理念

各種の有価証券が利用されるときの具体的な経済的目的は多様であるが，抽象的にいえば，資本の調達，その反面としての資本の投下，資本の回収・還元，財貨サービスの給付の容易性にあるといってよいであろう。有価証券私法は，これらに関与する者の間の利害

# I 序　　論

調整を図るものであるが，その基本理念は，証券それ自体ないしその記載を基準とした権利の確実な実現，およびその裏をなす証券それ自体ないしその記載を基準とした義務の確実な履行ということに尽きるであろう。もう少し具体的には，次のようにいえるであろう。

　①発行を受けた者もその後の取得者も，証券を所持している限り，発行者の発行行為を主張，立証するだけで権利行使ができること。証券発行の原因となった具体的な契約とか会社への出資行為をいちいち主張，立証することは不要なこと。②逆に，証券を所持していなければ，自分が権利者であるということを他の方法で立証できるとしても，それだけでは権利行使を認めないこと。他に証券を手中にする者があるかもしれないし，その者と，証券なしに権利者と主張する者とのいずれが真の権利者かは，第三者である義務者には判定がつかないからである。③証券の譲渡は，義務者を関与させることなく譲渡当事者間だけでできること（民467条対照）。④証券の発行を直接に受けた者はともかく，その後の取得者は証券に書かれたとおりの権利を行使できること。すなわち，本当の権利の内容は記載されたものとは異なるという義務者の抗弁を認めないこと。⑤義務者は証券の所持人に履行すれば容易に免責をえられること。⑥譲渡過程に多数人が参加すると，中には無権利の所持人もありうるが，そのような者から取得した者も有効に権利者となりうること。

　①〜⑥がすべて認められれば，証券を利用する経済目的の達成は間接的に保障されることになり，これらを有価証券法の基本理念とすることもできる。証券のうちにはそのいくつかを欠くものも存在することを考慮にいれれば，やや抽象的に，有価証券法の基本理念は，証券の流通性の確保と流通後それを取得した者の権利の確実な実現およびそれと裏腹をなす義務者の所持人への履行による容易な免責であるとするのが適当であろう。

第4編　第1章　有価証券の概念

## 3　基本理念実現のための法律技術――特に形式的資格・譲渡行為の無因性について

(1)　証券の動産性と形式的資格　　有価証券法の基本理念を実現するのに好都合なことは，有価証券は観念的な権利を表章しているが，証券紙片は物，動産でもあることである。このことは，証券の流通に関して，特に動産取引の法規制を導入することの容易性を物語り，現に，範囲を全く同一にするものではないが，指図証券，無記名証券において導入している。表章される権利の流通過程における権利者を，動産取引における所有権者になぞらえることである。証券の所持（指図証券にはさらに裏書の連続が加わるが。なお，後述第2章2(2)，316頁以下参照）を動産の占有とおきかえて考えればよい。

(ア)　証券の譲渡　　動産の所有権を譲渡するには，意思表示と占有の移転が必要であるように（民176条・178条），証券の譲渡にも意思表示と占有の移転が必要である。民法上は占有移転は所有権譲渡の対抗要件とされているが，有価証券では民法上のものを除き（民469条・86条3項・178条参照），占有移転は譲渡の成立要件である（株券：会社128条1項本文，新株予約権証券・新株予約権付社債券：会社255条1項本文・2項本文，社債券：会社687条）と一般に解されている（指図証券特有の譲渡方法を裏書と呼ぶ）。

《改正民法は，指図証券は証券の裏書と交付が【改正民520条の2】，無記名証券は証券の交付が，譲渡の成立要件であるとする【改正民520条の20・520条の13】。現行民86条の3項は削られた。》

(イ)　証券の占有

《改正民法は，指図証券の裏書の連続する所持人【改正民520条の4】，無記名式証券の所持人【改正民520条の20・520条の14】を適法の権利者と推定する，すなわち形式的資格を認め，善意取得も認める【改正民520条の5・520条の20・520条の15】ので，以下の民法に関するものは，現行

法においてだけである。なお現行商519条も削除されているが，形式的資格と善意取得については，前述【改正民520条の4・520条の5・520条の20・520条の14・520条の15】が適用される。》

　動産の占有者は適法の権利者と推定され（民188条），さらに所有の意思も推定されるが（民186条1項），無記名証券の所持人（会社131条1項・258条1項・3項・689条1項），裏書の連続ある指図証券の所持人（手16条1項・77条1項1号，小19条，商519条）も適法の権利者と推定される。このような所持人は権利者としての形式的資格があるという。形式的資格というのは，平たくいえば権利者らしさであり，法律的にいえば権利者と推定される（法律上の権利推定）ということである。したがって，民法188条は，186条1項の法律上の事実推定規定も加わると，物の占有者に，適法の所有権者としての資格を認めた規定であるといえる。指図証券において最初に裏書をなすべき，証券に受取人として記載されている者が証券を所持しているときは，この意味での形式的資格があることは当然のことである。ここに，有価証券法において，証券を所持していれば権利行使ができ（前述2①），所持していなければ権利行使ができず（前述2②），証券を所持する者に弁済した者は容易に免責されること（前述2⑤）の基礎が与えられる（なお，証券を所持する受取人に形式的資格はあるが，この者が発行者に請求するときには，発行者が自分に証券を発行したという事実により自分は権利者であるということを証明しなければならないので，形式的資格により権利者と推定されるということが独立の意義を有しないだけである）。

　物の占有者を適法の権利者，所有者とする法律上の推定も，それを争う者が反対の事実（権利者でないこと）を立証すれば，破れる。

　(ウ)　反対事実の立証　　反対事実の立証には次のような方法が考えられる。①物の占有者は盗取者，拾得者であるという事実，すな

わち占有取得がそもそも適法な取引に基づくものではないという事実の立証，②占有者は，たとえば預かったに過ぎず，権原の性質上（民185条参照）所有の意思がないという事実の立証，さらに，③占有者への占有移転行為が前占有者の有効な行為に基づいていないという事実の立証である。単に物を占有していることだけで適法の権利者，所有者と推定されることを形式的資格と呼ぶことができれば，先にあげた三つの反対事実のないことは，物の取引において，その占有者が適法の権利者，所有者であることの実質的資格と呼ぶことができる。実質的資格を欠けば，占有者は適法の権利者，所有者ではないこととなる。

この考え方は，有価証券の所持人についてもあてはまる。所持人に形式的資格があっても，先の三つの反対事実が立証されれば，すなわち実質的資格を欠くことが明らかになれば，適法の権利者であるとの推定は破れる（形式的資格に対応するものを直ちに実質的権利として説明されることが多いが，権利者たることの実質的資格があれば権利者であるから同じことといえる。実質的資格と実質的権利は，物に関して占有権を中心に考えるか，所有権を中心に考えるかの差といってよい）。

形式的資格ある所持人に弁済した証券上の義務者，形式的資格ある所持人から譲り受けた新所持人は，一応の保護は受けられる。図25ⓐ，ⓑで，Dに弁済したA，Dから譲り受けたEは，Dに実質的資格が欠けること，すなわちⓐではBからCへの譲渡行為は不存在・無効であり，何も譲り受けていないCはDに何ものをも譲渡できないこと，DからEも同じこと，ⓑではBからCへの譲渡行為は不存在・無効で，その後のC，D，Eも何ものをも取得できないこと，これらの立証をBができなかった限りで弁済者A，取得者Eは保護される。Bがその立証に成功すれば，AのDに対する弁済は無効となり，EはBに証券を返還しなければならなくな

I 序　　論

**図25**

⟨ⓐ指図証券の場合⟩

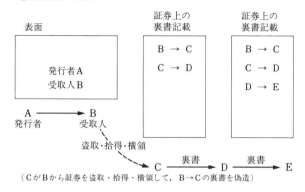

⟨ⓑ無記名証券の場合⟩

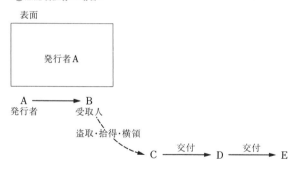

る。このことは、輾転流通する有価証券では、その取引の安全をよりよく保護するためには、形式的資格を中心に処理すべきであり、実質的資格を問題にすべきでないことを示すものといえる。法律は指図証券、無記名証券の大部分について、形式的資格ある所持人を相手とした義務者や譲受人について、その者に一定の主観的要件が

291

第4編　第1章　有価証券の概念

備わるとき（善意・無重過失とするのが通例である），一層の保護を図っている。すなわち，形式的資格ある所持人に弁済した義務者の容易な免責を認め（手40条3項・77条1項3号，民470条・478条），形式的資格ある所持人から有価証券的譲渡方法（指図証券では裏書，無記名証券では交付）により証券を取得した者の善意取得を認める（手16条2項・77条1項1号，小21条，商519条，会社131条2項・258条2項・4項・689条2項，民192条・86条3項）。図25ⓐ，ⓑで，AがDにした弁済の無効を主張するBは，Cが盗取したことのほか，Dは善意取得していないこと，およびそれ故にDが無権利者であることにつきAが悪意または重過失で弁済したことを立証しなければならない。Eから証券の返還を求めるBは，DもEも善意取得していないことを立証しなければならないことになる。

　なお，善意取得の認められない有価証券があり（民法のみの適用のある指図証券），また善意取得は証券が盗品・遺失物でないときにのみ認められる有価証券がある（民法のみの適用ある無記名証券。民86条3項・192条～194条）。これら証券では，善意取得の認められない範囲において，実質的資格ということも同時に問題になりうる。したがって，たとえば図25ⓐ，ⓑで譲受人D, Eは，自らが実質的資格を有することを立証する必要はないが，D, Eの善意取得は認められないので，BがBからCへの譲渡が無効であることを立証するときには（それは，最初の権利者BからC，CからD，DからEへの譲渡が有効でないこと，すなわちD, Eの実質的資格を否定して，D, Eが権利者でないことを立証することにほかならない），証券を真の権利者Bに返還しなければならない。これら証券の形式的資格ある所持人に弁済した義務者の免責に関して，義務者は所持人の実質的資格を調査する権利があるかどうか（民470条【改正民520条の10】と478条【改正民478条は，現行民478条と内容が若干異なる】の関係），解釈

Ⅰ 序　　論

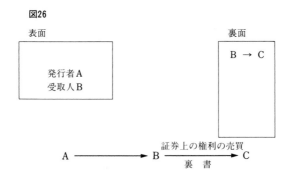

図26

上の争いがあるが、後述する（第6章4, 353頁以下）。

　善意取得が認められるということは、2の基本理念で述べた、⑥(287頁)に対応するものである。

　(2)　譲渡行為が有因か無因かで法律構成が変わる　　(ア)　物権行為の独自性との比較　　物権の変動をもたらす原因である債権行為の有効、無効とは別に、物権行為自体についてその有効、無効を観念するのが、多分に技術的ではあるが、物権行為の独自性を承認する考え方である。たとえば図26で、CがBから、証券に表章されているBのAに対する権利を買ったとしよう。Cに形式的資格があっても、Bの裏書行為が何らかの理由で無効であれば、Cには実質的資格がなく、CはBに対しては無権利者であって、Bのいわば所有権に基づく返還請求権に服する。これは、民法において物権行為の独自性を観念するとき、物権行為がBC間で無効なときに対応する。

　(イ)　物権行為の無因性との比較　　同じく図26で、Cに形式的資格も実質的資格も備わるときであっても、すなわちBの裏書行為が有効であっても、Cは証券の表章する権利をBに対して保持

293

し，証券義務者Ａから受けた弁済を確保してよいことに，直ちになるわけではない。たとえば，Ｂの裏書の原因が証券の表章する権利の売買であるとき，この売買が何らかの理由で無効であり，あるいはＣの売買から生ずる債権が消滅している場合である。

これはちょうど，BC間に物の売買契約があり，BC間の所有権譲渡（物権行為）は有効であるが，売買契約（債権行為）に瑕疵がある場合に対応する。これは民法で，物権行為の無因性を認めるか否かとして議論されてきたところである。無因性を否定すれば，ＢはＣに対して物の所有権に基づく返還請求権という物権的請求権を有すると構成され，無因性を肯定すれば，ＢはＣに対してＣが所有権を不当利得（民703条）していることを理由にした債権的請求権を有すると構成される。

上の議論を有価証券の場合に応用すると，証券の譲渡行為（準物権行為）が，原因たる債権行為（たとえば売買契約）と有因であるか，無因であるかによって，異なってくる。無因性を肯定すれば，ＣはＢに対して証券の表章する権利を不当利得（民703条）していることとなり，無因性を否定すれば，Ｃは無権利者であるということになる（後述第4章1，340頁参照。なお，証券発行者の債務負担の無因性については後述第2章1，311頁以下参照）。

(3) 抗弁の制限　物の取得者は，物を見ればそれが何であるかが判明することはあたり前である。このことを流通する有価証券に応用すれば，証券の取得者は証券に記載されたとおりの権利を取得できることを意味する。それに応える法律制度は，文言証券性のある有価証券であり（後述Ⅲ2(2)，305頁参照），指図証券，無記名証券では，義務者は最終所持人の前者に対する抗弁事由をもって対抗できないとする，抗弁の制限である（手17条・77条1項1号，小22条，民472条・473条【改正民520条の6・520条の20・520条の16】。後述第

5章2, 348頁以下)。2の基本理念で述べた④（287頁）に対応する。

(4) **譲渡方法**　証券義務者の関与なく，譲渡は譲渡当事者間だけでできること，という2の③（287頁）は，指図証券は裏書で，無記名証券は交付で譲渡できるというところに表れている。

## II　有価証券の概念

### 1　序　論

有価証券を定義する私法の制定規定はないから，その概念は理論によって定義するしかない（争点II 112参照）。定義は学説によって違いうるが，伝統的通説をどう修正するかの違いにとどまるといってよい。

《改正民法も，有価証券の定義規定を置くことなく，各款で指図証券・記名式所持人払証券・その他の記名証券・無記名証券の規定を置くだけである【改正民520条の2以下】。》

伝統的通説は「有価証券とは，財産的価値ある私権を表章する証券であって，権利の発生，移転，行使の全部または一部が証券によってなされるものをいう」と定義する。

理屈をいえば，この定義では，権利の発生は証券をもってなされるが，権利の移転にも行使にも証券を必要としないものも有価証券ということになる。しかし，そのようなものを想定したとしても意味がないということについては異論がない。

伝統的通説の修正の問題として，理論的にいわれている事柄には，次の二つがある。

(ア)　**権利の行使か，権利の移転か**　有価証券の本質を，権利の行使に証券を必要とするところに見るか，権利の移転に証券を必要とするところに見るか，の相違による修正である。

第4編　第1章　有価証券の概念

　前説は，権利の行使に証券が必要であるが故に移転にも必要となるとして，有価証券とは権利の行使に証券が必要なものと定義する。

　後説は，有価証券の本質は権利の証券化による流通にあり，有価証券というよりはむしろ流通証券というべきであるとし，行使にも証券が必要なのは義務者が権利者を知るためであって，有価証券とは権利の移転に証券が必要なものと定義する。

　この両説の相違は，記名証券も固有の有価証券といえるかどうか，株券は証券によって権利行使をしているとはいえないのではないか，という点に意味をもってくる（後述3，300頁，4，302頁）。

　(イ)　無因証券・有因証券と証券上の権利の発生　　通説によると，有価証券には，権利の発生を証券によってなすものとそうでないものがある。前者には手形，小切手など，証券化の原因になった契約上の権利が何であれ，それとは別個独立の証券行為によって権利が生じる無因証券が，後者には貨物引換証，倉庫証券，船荷証券，株券など，証券化の原因となった契約上の権利や会社への出資行為による株主権がそのまま証券に表章される有因証券が考えられている。

　しかし，後者の有因証券において，所持人が権利行使をするとき，原因となった権利の発生を具体的に主張・立証することは必要でなく，発行者の証券発行行為を主張・立証するだけでよいとすれば，むしろ有因証券においても，証券の発行によって，原因となった権利とは別個の証券上の権利を生ずると観念するほうがより合理的とも考えられる。もっとも，有因証券であるから，証券上の権利はその効力，範囲を原因となった権利に依存し（それが義務者の抗弁となる），証券を離れた原因となる権利の移転，行使などの処分を認めるわけにはいかず（商573条・604条・627条2項・776条，国際海運10条参照），証券に対する弁済には当然に原因となる権利の消滅の効果を認めなければならない。その意味では多分に技巧的であること

は免れない（なお，後述Ⅲ2(2)，305頁参照）。この考え方では，有価証券の表章する権利も証券の発行により発生することとなり，権利の発生に証券をもってすることは，有価証券の通有性であるということになる。

なお，商法は，平成29年の民法改正に伴い改正された後，平成30年に改正を経ている。平成30年の商法改正は第2編商行為・第3編海商のすべてを網羅する広範なものであるが，有価証券に関しては，貨物引換証についての規定を廃止したこと，倉庫証券につき預証券と質入証券の複券主義をやめて，倉荷証券の単券主義を採用したことが大きな改正といえる。現行商法の有価証券の①文言性・②処分証券性・③当然の指図証券性・④物権的効力・⑤受戻証券性を示す572条～575条・584条とそれらの全部または一部を準用する条文（現行商776条・604条）は，貨物引換証の規定がなくなったことにより別途規定されるにいたっている。①文言証券性は，倉荷証券につき平成30年改正商604条，船荷証券につき同760条，②処分証券性は倉荷証券につき同605条，船荷証券につき同761条，③当然の指図証券性は倉荷証券につき同606条，船荷証券につき同762条，④物権的効力は倉荷証券につき同607条，船荷証券につき同763条，⑤受戻証券性は倉荷証券につき同613条，船荷証券につき同764条・765条である。また，国際海上物品運送法では，10条による現行商法573条～575条・584条の準用をやめ，外航船荷証券にも同760条～765条の適用がある旨規定する（平成30年改正国際海運15条）。

## 2 有価証券と区別されるもの

(1) 財産的価値ある私権　　通説が「財産的価値ある私権」を問題にしている点は，そこにいう「財産的価値ある私権」には，法律

上の具体的な所有権・債権とはいえないようなある給付を受領する権限や自己の計算で他人に給付する権限も含まれること（後述第2章3(2), 323頁）以外には，特に説明を要しないであろう。

(2) 権利の表章　「表章する」というのは，権利を紙に化体する，権利を紙に結合するなどともいわれるが，これらは要するに，紙に書かれた思想内容そのものが「財産的価値ある私権」を表していることの，比喩的表現ないし簡約的表現である。

何かが紙に書かれることにより財産的価値を生ずるものは，何も有価証券に限らず，詩歌，小説，論文，書家の書，などがあるが，これはその芸術的，学術的価値がある故に財産的価値を生ずるのであって，思想内容そのものが財産的価値ある権利を表しているわけではない。法的には，これが書かれた紙そのものの所有権を問題にすれば足りる。なお，これらは紙などに書くことによって著作権を生ずるが，それは知的創作物につき，無断複製の禁止などの排他的支配を目的とする権利を著作者に生ずるもので（著作1条・17条），書かれた物そのものは，それについての所有権を問題にすれば足りる。

有価証券では証券に書かれた思想内容，すなわち表章するものが，たとえば一定の金銭の給付を受ける債権，一定の物の引渡しを受ける債権，ある会社の社員であることを示す社員権（持分権）などの権利（給付を保持できる権限のこともある。後述第2章3(2), 323頁参照）であることが必要である。

(3) 権利の発生，移転，行使　　(ア) 証券と権利の発生，移転，行使との実体法上の関係　「権利の発生，移転，行使……が証券によってなされる」というのは，権利の発生，移転，行使と証券が実体法上の関係を有するということである。

証券と権利の発生の実体法上の関係は，証券の作成がなければ，

証券の表章する権利は発生しないという関係があることである（前述1(イ), 296頁参照。後述第3章, 328頁以下参照)。

　証券と権利の移転，行使の実体法上の関係は，権利の移転，行使には証券を要するということであり，具体的には形式的資格について前述したように（Ⅰ3, 288頁以下参照), 証券を所持している者は権利者と推定され，所持していなければ権利者の推定は受けられないという関係があることである。権利の行使に証券が必要だということは，他に権利者と推定されるものはいないということを自らの証券所持によって示すことである。証券を所持していないときは，自分が権利者であることを証明する他の何らかの手段をもっていたとしても，直ちには証券の表章する権利は行使できない。所持に代わる公示催告手続を経た除権決定または法律上それに代わるもの（株券喪失登録。会社221条以下）が必要である（後述第7章2, 359頁参照)。

　(イ)　有価証券と証拠証券　　有価証券と単なる証拠証券としての借金証文や売買契約書との相違は以上のところにある。これらも紙に書かれた思想内容そのものは財産的価値ある権利といえるけれども，紙を持っていれば権利者であるとの法律上の推定を生ずるものでなく，逆に紙がなくとも消費貸借契約や売買契約を他の証拠方法により立証すれば，契約上の権利を行使できる。契約上の権利の移転と紙の移転が必然的に結びついているわけではなく（民467条2項参照)，譲受人に，譲渡人に対する証拠証券の債権的な引渡請求権があるだけである（民487条参照)。

　(ウ)　有価証券と免責証券　　証券とその表章する権利との実体法上の関係が，所持人を権利者と推定するものではなく，義務者が所持人に証券の表章している給付をなせば免責されるという関係だけであるものは，単なる免責証券であって有価証券とは区別される。

たとえば，ホテルのクロークの預り証や預金通帳（これには届出印鑑というもう一つの免責要件が加わるが）などである。ホテルや銀行が預り証，預金通帳（および届出印鑑）を所持する者に弁済したとき，所持人が無権利者であっても，そのことにつき悪意または重過失がなければ免責される（ただし，銀行の印鑑照合義務については，その使用する約款の解釈とも関連して，過失の有無として争われている。最判昭46・6・10民集25巻4号492頁，最判平10・3・27金商1049号12頁参照）。すなわち預け主や預金者の債権は消滅するという意味で，証券とその表章する権利に実体法上の関係はある。しかし，本人，権利者であれば，預り証，預金通帳を失くしても権利行使ができるし，たとえ本人がそれを所持していても，ホテル，銀行に権利者であることの証明を求められれば，法律上はそのことを証明しなければならない。この程度の証券とその表章する権利との実体法上の関係では，有価証券と扱うに足りないと考えられている。

(エ)　有価証券と金券　　紙幣，郵便切手，収入印紙など金券と呼ばれるものは，財産権を表章するものではなく，そのもの自体が法律上特定の価値を保有するものと考えられている。

## 3　記名証券の有価証券性

記名証券も理論的に有価証券に含まれると，本来的に考えるべきものなのかどうか。手形，倉荷証券など法律上当然の指図証券とされているものが，裏書禁止・指図禁止として発行されたときは（手11条2項・77条1項1号，小14条2項，商574条但書・603条1項但書・627条2項・776条〔平成30年改正商606条但書・762条但書〕，国際海運10条〔平成30年改正国際海運15条〕）記名証券といわねばならないが，この場合にも権利行使には証券の呈示，引換えが要求される（手38条・39条・77条1項3号，小29条・31条・34条，商584条・620条・627

条2項・776条〔平成30年改正商613条・764条・765条〕, 国際海運10条〔平成30年改正国際海運15条〕)。この要求は指図証券, 無記名証券と同じであるから, 有価証券に共通する要素として権利行使に証券を要することを採り上げることは一理あり, 有価証券とは権利行使に証券を要するものと定義することも可能である。

しかし, 記名証券には, 証券喪失の場合に証券の所持に代わるものとしての公示催告と除権決定の手続が, 指図証券や無記名証券と異なって, 許されていない (民施57条。現行商法518条を記名証券について公示催告を許した規定と読むのは無理な解釈であろう《【改正民520条の19第2項】は, 記名証券についても公示催告【改正民520条の11】を認め, 現行商法518条の権利行使【改正民520条の12】を認めている。民施57条および現行商法518条は, 平成29年民法改正に際し削除されている》)。このことは, 権利行使に証券を要するとしても, 実定法は, 指図証券, 無記名証券と記名証券とは異なるものとし, 記名証券は基本的には証拠証券と考えていることを示すものといえよう。さらに, 指図証券, 無記名証券は, 全く義務者の関与なく裏書, 証券の交付で譲渡されるのに対し (I 2の③〔287頁〕参照), 記名証券では, 証券交付のほかに譲渡人から義務者への通知または義務者の承諾 (民467条) という義務者の関与が必要とされている。また, 商法上, 指図証券, 無記名証券は, 履行場所は民法の持参債務の原則 (民484条) を変更して取立債務とし (商516条2項), 期限の定めがあってもその後に所持人が証券を呈示して請求しない限り義務者は履行遅滞の責任を負わないものとしている (商517条。民412条1項・2項対照) のに対し, 記名証券については, 民法の一般規定を排斥する規定は存在していない《10行上の「さらに」以降は, 改正民法の記名証券でも同じ【改正民520条の19第1項】》。

これらを勘案すると, 有価証券を権利の行使に証券を要するもの

と定義することも可能であるが，義務者の関与なしに譲渡されること，すなわち権利の証券化による流通に着目して，有価証券を権利の移転および行使に証券を要するものと定義することが，より適切かもしれない。

本編では，記名証券を含めたものを広義の有価証券として，それを除いたものを狭義の有価証券として考察することにする。

## 4 株券は権利行使に証券を要しないか

株券の取得者は，株主名簿の名義書換え（会社130条・133条，会社則22条2項1号）を行えば，株券所持（占有）という形式的資格（会社131条1項）は株主名簿に反映され，その後の株主権の行使につきいちいち株券の呈示を要しない。だからといって株券を，権利行使に証券を要しない例としてあげるのは適切ではないであろう。株主名簿の名義書換えには株券の呈示が必要だからである。この範囲ではやはり権利行使に証券を要する。しかも株主名簿は，日々変わりうる多数の株主を会社が把握しておく便宜のための制度であって，名簿に記載されていれば権利として株主権を行使しうるものではない。他人に名義書換えがなされていなければ，なお株券を所持しているであろうという蓋然性に基づいて，株主らしさ，すなわち会社に対する関係での株主の形式的資格が認められ（ある株式が誰の財産であるかの形式的資格，すなわち流通面で誰が株主としての形式的資格を有するかは，無記名証券であるから証券の所持が基準となる〔会社131条1項〕。その意味では，株券の形式的資格は，流通面のそれと，名義書換え後の対会社におけるそれとの二重構造になっている），会社に対しなお株主であることが推定され続ける。たとえば，名簿上の株主がその株券を譲渡した後は，会社は名義書換え未了の譲受人を株主と認めて，譲受人に株主権を行使させることができる（最判昭30・

10・20民集9巻11号1657頁)。すなわち，名簿上の株主は，譲受人が名義書換えをしないことの反射的利益を享受しているにすぎないといえる。

　なお，上記のことは，会社設立，新株発行のときの原始株主についてもあてはまる。すなわち，株券発行前は，原始株主は株式を引き受けて株主になったという社団法理に基づいて株主権を行使しており（証券による権利行使はそもそもありえない)，株券発行後は，株主名簿の名義書換えがない以上，原始株主がなお株券を所持しているであろう蓋然性に基づき，社団法理による対会社関係での株主名簿における形式的資格が継続しているにすぎず，株券発行後に株式を譲渡してしまい，株券を所持していなければ，原始株主も権利として株主権を行使できないことは，同じである。

　株券も株主名簿の名義書換えには証券の呈示が必要であり，名簿上の株主が権利として株主権を行使するには証券の所持が必要であるから，権利行使に証券を必要とするものということができよう。

　なお，記名式の新株予約権証券・新株予約権付社債券・社債券は，証券に権利者の記載があり，譲渡には証券の交付が必要ではあるが（会社255条1項本文・2項本文・687条)，裏書は予定されておらず，証券の占有者が適法の権利者と推定され（会社258条1項・3項・689条1項)，新株予約権原簿・社債原簿の名義書換えをしないと会社に対抗できないだけである（会社257条2項・688条2項）から（商法典時代の株券と同じ，平成17年改正前商205条1項・2項・206条)，有価証券としては無記名証券に属し，上記株券について述べたところがほぼあてはまる。ただし，新株予約権の行使には新株予約権証券・新株予約権付社債券の提出（会社280条2項〜5項)，社債の償還には社債券との引換え（会社292条2項前段・705条2項後段参照）が条文上も必要。

第4編　第1章　有価証券の概念

## Ⅲ　有価証券の属性

### 1　証拠証券性
有価証券は文書であり，一般の文書と同じく事実を立証するための証拠資料，特に証券になした行為の書証となる。有価証券はすべて証拠証券の性質も具有する。

### 2　その他の属性
その他，すべてに共通するものではないが，有価証券には次のような属性がある。

(1)　要式証券性　　有価証券はその記載により義務者，権利の内容が明らかであればよいわけであるが，法律は，取引界で多く利用される証券について型を定めて一定の記載事項を要求している（要式証券性）。証券作成者に便宜であるし，証券取得者にとっても法定記載事項があれば，その型の証券として安心して取得できる。株券（会社216条），新株予約権証券（会社289条），社債券（会社697条1項・292条1項），貨物引換証（商571条2項〔平成30年改正商法は貨物引換証については規定を置かない〕），倉荷証券（商599条・627条2項〔平成30年改正商601条〕），船荷証券（商769条〔平成30年改正商758条〕，国際海運7条〔平成30年改正国際海運15条〕），為替手形（手1条），約束手形（手75条），小切手（小1条），抵当証券（抵証12条），投資信託受益証券（投信6条6項・50条2項），貸付信託受益証券（貸信8条2項～4項）などは要式証券である。これらは，さらに作成者またはその代表者の署名または記名捺印（手1条8号・75条7号・82条，小1条6号・67条，会社216条柱書・289条柱書・697条1項柱書等）を要することでも共通している。

法定記載事項はその型の証券の最小限度の要求であり，その一つを欠くときは証券は無効であるのが原則である。この原則が貫徹しているのは手形，小切手で，法律が救済する場合にだけ有効となる（手2条・76条，小2条）。その他の証券では，権利の内容が明確である限り，重要でない事項，たとえば船荷証券における運送賃の記載の欠缺は，当然に証券を無効にするものではない。

　法定事項以外を記載した場合，一般には，記載されたとおりの内容，範囲における権利が証券に表章され，あるいは記載どおりの権利行使方法が所持人に要求される。すなわち，法定事項以外の記載は自由であり，記載どおりの効力を有する（民472条・473条【改正民520条の6・520条の20・520条の16】参照）。ただし，手形，小切手については，第3編第1章Ⅰ1(3)（115頁以下）を参照。

　(2)　**文言証券性**　文言証券を，証券の表章する権利の内容が証券記載の文言によってのみ定まり，証券以外の立証方法をもって権利内容を変更，補充しえない証券をいうとする考え方と，文言証券性を抗弁制限則（後述第5章2参照，348頁以下）と同様に捉え，文言証券を，証券を善意で取得した者の権利内容は証券記載の文言が標準となるものとする考え方とがある。

　無因証券たる手形・小切手の文言証券性は異論がない（手69条，小50条参照。手形法〔昭和7年〕・小切手法〔昭和8年〕施行日〔昭和9年1月1日〕前に施行されていた商法〔手形編〕435条〔昭和7年改正前〕には「手形ニ署名シタル者ハ其ノ手形ノ文言ニ従ヒテ責任ヲ負フ」という規定があった）。

　有因証券たる貨物引換証，倉庫証券，内航船荷証券は，運送に関する事項，寄託に関する事項について，文言証券性が認められている（商572条・602条・627条2項・776条〔平成30年改正商604条・760条〕。これらは証券の債権的効力・証券的効力といわれる）。外航船荷証

券では，記載が事実と異なることをもって善意の船荷証券所持人に対抗できないとして（国際海運9条〔平成30年改正国際海運15条〕），むしろ前述した抗弁制限則と同様に捉える考え方における文言証券性を認めている（平成30年改正商604条・760条は，文言性について国際海運9条と同一の考え方を採用し，同趣旨を定めている〔平成30年改正国際海運15条は平成30年改正商760条を準用〕）。

ところで，有因証券に文言証券性を承認することは，理論的に困難な問題を生じさせる。なぜなら，有因証券であるということは，証券の表章する権利は，証券化の原因となった運送契約・倉庫寄託契約から生ずる権利の発生・内容・範囲・消滅に法律上依存しているということだからである（後述第2章1，311頁参照）。文言証券性を強調しても，たとえば運送品・受寄物が不可抗力で滅失した場合は，たとえ善意で証券を取得した者があっても，この者に証券の表章する引渡請求権，したがってその債務の履行不能に基づく損害賠償請求権を承認することはできない。また，契約上の債権が時効消滅すれば，証券の表章する債権も時効消滅する（そこで，有因証券とは，原因を証券に記載することが本質的に要求される証券であるとする説もある）。有因証券に文言証券性がどの範囲で認められるかは，結局，それを定めた上述の商法572条（平成30年改正商604条・760条）などの解釈問題に帰する（この点の詳細については，本シリーズ商法Ⅰ第3編第3章Ⅴ3参照）。

株券には文言証券性はない。これは，株式会社における社員たる地位＝株式はもっぱら社団法理により定まり，それと異なる内容の株式の存在を法律上認めることはできないことに基づくものといえよう。その意味では，有価証券法理における証券取引の安全のための文言性というテクニックよりも，社団法理を優先させているわけである。ただし，平成26年改正による，出資の履行を仮装した者

に株券を発行した場合，株券の譲受人に善意取得を認める規定（会社52条の2第5項・102条4項・209条3項等）は，新たな問題を提起しそうである。

(3) 設権証券性　設権証券とは，権利の発生に証券の作成を必要とする証券をいう。証券を発行することにより，原因債権とは別個，独立の債権を生ずる手形・小切手がその典型である。社債券をこれに数える説もある。これに対し，株券・貨物引換証・倉庫証券・船荷証券などは，既存の法律関係から生じている株主権・債権を証券に記載するものであって，これには属しない。非設権証券という。設権証券か否かは，無因証券か有因証券か（後述第2章1，311頁以下参照）と同義といってよい。

ところで，有価証券にあっては，その所持人は，最初の受取人を含めて，発行者が証券を作成・発行したことを主張・立証するだけで権利行使ができるということでもあるから，行使される権利は証券の発行によって創られたと見ることもでき（Ⅱ1(イ)，296頁参照），有価証券はすべて設権証券であるという理解も成り立つ。

(4) 呈示証券性　呈示証券とは，証券の表章する権利の行使には証券の呈示を必要とするものをいう。義務者に着目すると，呈示され，請求されて初めて義務者が履行遅滞に陥る（商517条）証券が呈示証券である。狭義の有価証券はすべてこの属性をもつといいうる。

株券は，株主名簿の名義書換えには証券の呈示を要するが（会社133条，会社則22条2項1号），書換え後はいちいち呈示することなく権利行使が認められる。しかし呈示証券性を否定するまでもないであろう（Ⅱ4，302頁以下参照）。

記名証券にも呈示証券性がある。むしろ，流通を予定しない記名証券を有価証券に含めて考えるということは，権利の行使に証券を

要するということ，すなわち呈示証券性に着目するからであるといえる。

《改正民法は狭義の有価証券について呈示証券性を認める規定を新設し【改正民520条の9・520条の20・520条の18】，同趣旨を定める現行商法517条は削除されている。しかし，記名証券については【改正民412条】を変更する規定は置いていない【改正民520条の19第1項参照】。》

(5) 受戻証券性　　受戻証券とは，証券と引換えでなければ給付を要しないものをいう（手39条1項・77条1項3号，小34条1項，商584条・620条・627条2項・776条〔平成30年改正商613条・764条・765条〕，国際海運10条〔平成30年改正国際海運15条〕，抵証40条）。証券の受戻しは義務者の弁済の証拠となる。受け戻さずに履行すると，その後に証券を取得した者から再度履行請求されるという危険性がある（後述第6章1，352頁以下参照）。

呈示証券は同時に受戻証券であることが多いが，数回の給付が予定される証券については，最後の給付までは呈示証券性はあっても受戻証券性はない。株券，各期の利札（会社700条）を除く社債券（会社292条2項前段・705条2項後段参照），寄託物質入の場合に一部出庫したときの預り証券（商622条1項）と倉荷証券（商628条）などである（平成30年改正商法は複券主義をやめ，倉荷証券の単券主義を採用〔平成30年改正商614条〕）。

証券の受戻しは，義務者が他の義務者に求償するために必要なこともある（手50条1項・77条1項4号・58条2項，小46条1項，商613条2項〔平成30年改正商法は質入証券につき規定を置かないから（前述Ⅱ1(イ)最後の段落，297頁参照），現行商法613条は対象をもたない規定となり，実質的には削除〕，抵証40条）。

(6) 免責証券性　　有価証券と単なる免責証券とは異なるが（Ⅱ2(3)(ウ)，299頁参照），有価証券は同時に免責証券でもある。

特に指図証券・無記名証券では，義務者の関与なしに権利の譲渡がなされるから，証券との結びつきにおいて権利者と指示される者（指図証券の裏書の連続ある所持人，無記名証券の所持人），いわゆる形式的資格ある所持人を権利者と扱って弁済した義務者は免責されなければならない。義務者は，所持人が権利者か否かを子細に調査しなければ有効な弁済にならないとするならば，所持人が真の権利者であってもなかなか履行を受けえないこととなって，ひいては証券自体の流通性が阻害されかねないからである。

免責証券性についての規定は，広い意味での商法においては，手形法40条3項があるだけである。民法における，指図証券・無記名証券に関する義務者の免責に関係する規定といえるのは，民法470条・471条〔改正民520条の10・520条の20・520条の18〕および478条【改正民478条は，現行民478条と内容が若干異なる】である（後述第6章4(2)，354頁以下参照）。手形法40条3項を有価証券における義務者免責の原則規定と解し，他の有価証券に類推するのが一般的傾向といえる。

(7) 引渡証券性　　貨物引換証・倉庫証券・船荷証券は，物品の引渡請求権という債権を表章しているが，その証券の引渡しに運送品・寄託物の引渡し（民178条）と同一の効力が法律上認められている（商575条・604条・627条2項・776条〔平成30年改正商607条・763条〕，国際海運10条〔平成30年改正国際海運15条〕）。これを証券の物権的効力といい，これら証券を物権的有価証券・引渡証券ということがある。物権的効力があるので，物品は運送途上あるいは寄託中のままでも，証券所持人は証券の占有を移転することにより，すなわち有価証券的な裏書・交付による証券上の債権の譲渡によって，物品の売買による所有権の移転（民178条）や質権の設定（民344条）が可能となる。

第4編　第1章　有価証券の概念

物権的効力の法律構成の詳細は，本シリーズ商法Ⅰ第3編第3章Ⅴ4を参照。

# 第2章 有価証券の分類とその法的意義

　有価証券はさまざまの観点から分類することができる。たとえば、証券が担う主な経済的機能に着目して、信用取引・支払取引に資するもの（手形・小切手）、資本調達ないし投資に資するもの（株券・社債券・新株予約権証券・国債など）、物資流通に資するもの（貨物引換証・倉庫証券・船荷証券など）に分類できる。ここでは、法的意義の相違に基づいた分類を考察する。

## 1　証券に表章される権利とその原因との関係による分類
### ——有因証券と無因証券

　ある者が証券上の義務を負担する場合は、必ず法律上の原因がある。たとえば、売買契約の買主として代金を支払わねばならないとか、消費貸借契約の借主として返済を要するとか、贈与契約の贈与者として物を与えるとか、運送を完了した運送人が運送契約の履行として運送品を返還するとかの原因である。全然原因がないのに、証券上負担した義務を無条件で履行しなければならないということはない。

　有因証券か無因証券かという区別は、証券に表章される権利の発生・存続がその原因となった法律関係（原因関係）に依存し、それにより直接影響を受けるか否かの区別である。直接影響を受けるものを有因証券（要因証券・実質権的証券・具体権的証券）といい、直接の影響は受けないものを無因証券（不要因証券・抽象証券）という。

　たとえば、買主Ａが代金を支払わねばならないので、そのため

に有価証券を作成して売主Bに交付した場合を考えてみよう。証券の作成・交付の原因となった代金債務自体は，売買契約が無効であったり取り消されたときは発生せず，契約が解除されれば代金債務は消滅し（原状回復義務，損害賠償義務が発生することは別として），証券とは別途に代金債務が弁済されたときは消滅し，また時効にかかれば消滅し，さらに同時履行の抗弁権があることがある。売主Bの証券上の権利，すなわち買主Aの証券上の義務も，このような事情を担ったものであって，あるいは発生せず，消滅し，または同時履行の抗弁権が付着したものであると法律構成されるのが有因証券であり，先のような具体的事情を捨象し，原因となった代金債権（債務）の運命がどうであれ，それとは別個，独立に，証券は抽象的な金銭支払債権を売主Bに与え，抽象的な金銭支払債務を証券作成者・買主Aに負わせていると法律構成されるのが無因証券である。無因証券では，売主Bは，原因となった売買契約で自己に代金債権があることを主張・立証する必要がなく，Aが証券を有効にBに作成・交付したことを主張・立証すれば，証券上の義務の履行を求めうる。

　無因証券の場合，証券を授受する当事者間では，原因となった権利と，証券上の無因の権利の二つが一方当事者に存することになり，この両者の関係が当然に問題となる（手形の原因関係。第2編第3章，59頁以下参照）。無因証券は，その表章する権利は証券を作ることによって発生するといえるから，当然に設権証券である。

　原因となった権利と無因証券上の権利は，一つの経済的効果をもたらすための法律上の技術にほかならず，いわば目的と手段の関係にあるとも見うる。二つの権利があるからといって両方とも満足を受けうるわけではない。また，原因となった権利に前述の具体的事情があるときは，Bの証券上の権利行使に対して，証券義務者A

はその事情をBに対する人的抗弁として主張することができ，Bの証券上の権利行使に直ちに服する必要はない。AB間の売買契約が無効，取消しで原因債権が発生せず，また解除や第三者弁済で原因債権がすでに消滅しているときは，売主Bが証券上の無因債権を有していること自体，原因がないわけであり，法律的に表現すれば法律上の原因なくして証券上の債権という財産を利得している（民703条）。そこで，証券義務者Aは，証券上の権利自体がBのAに対する不当利得であるとして，証券の返還を求めることができる。また，証券の返還を求めることは，AB間においては，Aが証券上の義務を履行しないことと同義であるから，Aは証券の返還請求に代えて，証券上の義務の履行を拒絶できる（原因関係に基づく人的抗弁。不当利得の抗弁）。証券授受の原因関係がある当事者間で，証券を無因証券とすることと義務者の不当利得の抗弁とは，法律構成上コインの表と裏の関係に立つ。

また，無因証券とすることは，証券作成・交付の原因関係において瑕疵がある当事者AB間の法的紛争を，そのAB間の不当利得（そのもの，またはその抗弁）の問題として限定し，証券をさらに譲り受けた第三者Cの法的地位を，AB間の原因関係上の瑕疵に係らせることなく，隔絶する，という利点を有することも指摘しておくべきことであろう（なお，BC間の証券譲渡行為にも無因性を承認する場合については，第1章Ⅰ3(2)，293頁，第4章1，340頁を参照）。

有因証券は原因となった権利（義務）そのものが証券に表章される。したがって，証券上の権利以外になお法律上別個の原因となった権利を観念しなくてもよいといいうる。しかし，先の例で，証券権利者Bは原因となった売買契約の主張・立証を要せず，Aが有効に証券を作成・交付したことを立証すれば，証券の表章する権利の行使はできることは認めねばならないであろうし，また，有因証

券であっても文言性の認められるもの（第1章III2(2), 305頁参照）にあっては，証券上の権利と原因となった権利の範囲は一致しないから，理論的には無因証券と同じく，原因となる権利とは別個の（独立性においては完全ではないが）証券上の権利を観念することも可能である。このように考えると，有因証券も設権証券といえるという理解も成立しうる。本来，有因か無因かは（物権行為の有因・無因の議論から明らかなように），ある処分行為，出捐行為が原因となった行為に依存するか否かの問題である。そのため，上述のように理解するほうが証券上の債務負担（や証券譲渡）を原因債務とは別の出捐行為と捉えて，これにつき有因か無因かを論ずるということに適しているともいえよう。有因証券のときにも，証券権利者Bは義務者Aの証券発行行為を主張・立証するだけでよく，原因行為における権利内容は，むしろ証券義務者Aの抗弁という形で処理されているのが実際であるが，それに適合しているといえよう。

## 2 証券における権利者の指定の方法による分類

　権利を証券に結合させる有価証券において，その権利者も証券上に記載され指定されるときは，証券義務者はこの者に安心して弁済できること，証券を譲り受ける者はこの者から安心して取得できること，が要請される。証券の上に権利者が具体的に記載・指定されない証券であるときは，同様な証券義務者，譲受人の保護のためには，証券上の具体的な指定に代えて，証券の所持を問題とせざるをえない。ここに，証券における権利者の指定方法の相違が法的意義をもつ。

　(1) 記名証券（指名証券）　　証券上に特定人を権利者として指定した証券である。法律上当然の指図証券につき発行者が裏書禁止の記載をなしたとき（手11条2項・77条1項1号，小14条2項，商574

条但書・603条1項但書・627条2項・776条〔平成30年改正商606条但書・762条但書〕，国際海運10条〔平成30年改正国際海運15条〕），および，権利者を記載するが，証券の流通を予定せず，しかも権利者の証券の呈示あるいは引換えがない以上弁済することを要しない旨を特約した証券がこれに属する。

発行者＝証券義務者が権利の譲渡をも禁止しない限り（民466条2項），譲渡は可能であるが，譲渡に際しては債権譲渡の対抗要件（民467条・468条）が必要である（手11条2項・77条1項1号，小14条2項参照）。記名証券を広義の有価証券とするとき，その表章する権利の譲渡に伴い証券の交付が必要となる（譲受人は譲渡人に対して債権的な証券交付請求権があるというべきであろう。譲受人が全部の弁済を受けたときは，債権証書の返還を要する〔民487条〕からである）。記名証券にも呈示証券性があること，すなわち権利行使に証券を要することが，記名証券を有価証券に含める理論的根拠であったのであるから（第1章Ⅱ3, 300頁），呈示のために，譲受人は譲渡人に対し，証券の交付を求める権利を有するといわなければならない。ただし，記名証券は有価証券であることから，証券の交付は譲渡の成立要件であるとする説も有力である。

記名証券には抗弁の制限や善意取得など，狭義の有価証券における流通保護は認められていない。したがって，記名証券は，証券義務者が権利の流通を目的としないとき，ないし最初の受取人に対する抗弁を留保しておきたいときに利用するのに適した形態といえる。

広義の有価証券としての記名証券における権利と証券の結合の目的は何であろうか。債権譲渡の手続（民467条）のほかに証券の交付も必要であるから，権利の流通促進のために権利が証券化されているとはいえない。第一に，証券の呈示がなければ義務履行の必要がないという，義務者の便宜のための証券化があげられる。第二に，

第一の裏の関係にあるが、証券の呈示がない履行は直ちに義務者の免責をもたらさないので、証券の交付を受けた譲受人は、譲渡人自身が弁済受領したり、譲渡人が権利を第三者に二重譲渡することを心配する必要がない、という譲受人の権利の安全機能（確保的機能）のための証券化があげられる。記名証券を有価証券に含める考え方は、最低、この第一、第二があれば有価証券とするものである。

《【改正民520条の19】は、「その他の記名証券」として、「債権者を指名する記載がされている証券であって指図証券及び記名式所持人払証券以外のもの」と表示する。なお、本文中の第一、第二の機能については明示していない。》

(2) 指図証券　(ア) 裏書　証券上に特定の者（B）を権利者として指定するが、この者Bが権利を譲渡するにあたり他の者（C）を指図して、Cを証券上に権利者と指定することができる証券。CはさらにDを、DはEをという具合に順次権利者を指定することができる。

指図により次の権利者を証券上に指定することを裏書という（記名式裏書）。指図証券であるか否か、すなわち裏書できる証券か否かは、一般的には証券発行者（A）が指図可能すなわち裏書可能と記載（指図文句）したか否かによる（小20条但書参照）。指図文句がなく記名式で発行された証券でも、法律上当然の指図証券とされるものがある（手11条1項・77条1項1号、小14条1項、商574条・603条1項・627条2項・776条〔平成30年改正商606条・762条〕、国際海運10条〔平成30年改正国際海運15条〕、抵証15条）。

最初の証券記載の権利者Bの裏書によって証券上指定された者（被裏書人）が、裏書人に代わる権利者となるので、裏書のこの機能を指して、裏書には資格授与的効力があるという。すなわち、被裏書人には裏書による権利者の資格が認められる。次いでCが裏書

してDを被裏書人とすると，Dに権利者としての資格が認められる。最初の権利者から最後の被裏書人に至るまで間断なく裏書が連続している場合に，最後の被裏書人として証券を所持している者，たとえば，B→C，C→D，D→Eの裏書のある証券を所持するEを，裏書の連続ある証券の所持人といい，Eは，裏書の資格授与的効力が連続することにより，権利者としての資格が認められる。しかも，流通する有価証券の場合は，法律効果は証券外の事実にかからしめるより，証券上の事実にかからしめることのほうが合理的である。そうすると，資格についても，たとえばB→Cの裏書行為は有効で実質的に資格授与があったか否かという，実質的資格授与を問題にすることは適切でなく，証券の記載の上で裏書がなされているか否かという，形式的資格授与を問題にするほうが合理的である。証券の記載の上で被裏書人とされている者には，権利者としての形式的資格があるという。証券の記載の上で裏書の連続ある所持人（B→C，C→D，D→EのE）を，権利者としての形式的資格ある所持人という。形式的資格ある所持人は権利者と推定される（手16条1項1文・77条1項1号，小19条1文，商519条1項〔平成29年改正後は削除〕。手16条1項1文と小19条1文の「看做ス」は推定するの意であると解釈されている）。このことは，民法が物の占有者の本権を推定すること（民188条。法律上の権利推定）に照応している（民186条1項は，所有の意思も法律上事実推定している）。

ところで，証券記載の最初の権利者（受取人）も，権利者と推定されるという意味での形式的資格はある。ただ，この者が証券義務者に対して権利を行使するときには，発行者が自分に対して発行行為をしたことを主張・立証することを要するため，そのことのうちに権利者と推定されることは包み込まれてしまい，権利推定は独自の機能を有しないだけである。したがって，B→Cの裏書記載で，

Cに形式的資格があるというのは，形式的資格のあるBの裏書記載がCに形式的資格を与えるということである。B→Cの記載に次ぐC→Dの裏書でDに形式的資格を生ずるのは，形式的資格あるCのした裏書記載がDに形式的資格を与えるということである。さらに続くD→Eでも同じことである。そうすると裏書の資格授与的効力とは，証券記載の上で形式的資格があるとされた者のした証券上の形式的裏書記載が，その被裏書人を形式的資格のある者とする効力，すなわち権利者であると法律上の権利推定をする効力を指すものといえる。指図証券のこの形式的資格に着目して，有価証券法は，形式的資格ある所持人への義務者の弁済の保護（免責。手40条3項），形式的資格ある所持人からの譲受人の保護（善意取得。手16条2項，小21条，商519条2項【改正民520条の5】，抵証40条）を行っている。

なお，このように所持人の形式的資格に基づき，弁済者の保護と被裏書人の保護として処理できる指図証券は，厳密にいえば，手形（手16条1項・77条1項1号），小切手（小19条）およびその条文が準用される証券（商519条1項【平成29年改正で商519条は削除】，抵証40条）である。民法のみの適用がある指図証券は善意取得が認められていないので，弁済した義務者の免責という場面でのみ問題となる。換言すれば民法では，取得者は譲渡人の形式的資格を信頼しても保護されず，譲渡人に実質的資格（この語については第1章Ⅰ3(1)(ウ)，289頁参照）もなければ保護されないが，義務者は所持人の形式的資格に基づいて弁済すれば免責される（民478条【改正民478条は，現行民478条と内容が若干異なる】または470条【改正民520条の10】），ということである（後述第6章4，353頁参照）。

さらに，法律は指図証券一般について，義務者は元の権利者に対する抗弁を，裏書を受けた新権利者には対抗できないものとしてい

るので(民472条【改正民520条の6】,手17条・77条1項1号,小22条),指図証券は一層流通に適するものとなっている。

(イ) 白地式裏書　裏書には,被裏書人を指定せず,または単に裏書人の署名のみをもってする白地式裏書があるが(抵当証券は記名式裏書であることを要するものとする。抵証15条2項後段),白地式裏書は,それのある指図証券において,所持人の形式的資格の要件を緩和するだけで,他の点は記名式裏書と変わらないことについては,第3編第1章Ⅱ2(2)(イ)・(ウ),142頁および(4),145頁を参照。

《改正民法は,指図証券につき,裏書と証券交付を譲渡の成立要件としたうえ【改正民520条の2】,裏書の連続する証券の所持人を証券上の権利を有するものと推定するとして形式的資格を認め【改正民520条の4】,善意取得も認めた【改正民520条の5】。裏書の方式については,その指図証券の性質に応じ手形法の規定を準用し【改正民520条の3】,譲渡の際の債務者の抗弁については従来の規定〔現行民472条〕と,「指図債権の債務者」が「指図証券の債務者」にかわっただけの,同一の規定【改正民520条の6】を置いている。そのため,現行商法519条は削除され,【改正民472条】は別内容となっている。》

(3) 無記名証券(持参人払証券)　証券上に権利者の指定がない証券。積極的に,持参人を権利者とする旨の持参人払文句があることが多い。株券(会社216条)は無記名証券である。無記名社債(会社698条),小切手(小5条1項3号・2項・3項)にはこの方式が認められる。倉庫証券など商法519条【平成29年改正で削除】の適用ある証券については,同条が小切手法5条2項のみを準用するので疑問もありうるが,禁止する趣旨ではないであろう。しかし手形については許されない(手1条6号・2条1項・75条5号・76条1項)。無記名証券を原則としつつ記名証券も認められるものとして,国債(国債2条1項・5条),投資信託受益証券(投信6条4項・5項・50条3

項),貸付信託受益証券(貸信8条2項・3項)がある。

証券上の権利者指定がないから(小20条参照),権利の譲渡は意思表示と証券の交付による(株券・新株予約権証券・新株予約権付社債券・社債券につき,会社128条1項本文・255条1項本文・2項本文・687条)。

所持人の形式的資格,すなわち誰が権利者と推定されるかについては,証券上にはそもそも権利者の指定,記載がないから,証券記載を手がかりとすることはできない。民法は物の占有者に本権を推定し(民188条),無記名債権を動産とみなしているから(民86条3項【平成29年改正により同条3項は削られた】),証券の占有者すなわち所持人が権利者と推定される(法律上の権利推定。なお,所有の意思も事実推定〔法律上の事実推定〕される。民186条1項)。これは無記名証券一般に妥当し,無記名証券の形式的資格はその所持である(会社131条1項・258条1項・3項・689条1項。小21条中の「……所持人ハ小切手ガ持参人払式ノモノナルトキ……ハ之ヲ返還スル義務ヲ負フコトナシ……」の文言は,形式的資格を前提とする制度である善意取得に関し,無記名式小切手の所持を,裏書の連続する指図式小切手の所持と,法律要件として同列に扱っている。《なお,小21条を準用する現行商519条2項は平成29年改正により削除され,【改正民520条の20・520条の14・520条の15】で無記名証券一般に形式的資格と善意取得のあることを規定する。》)。この形式的資格を前提に,法律は善意・無過失の弁済を保護し(民478条【改正民478条は,現行民478条と内容が若干異なる】),善意取得を認める(小21条,商519条2項【改正民520条の20・520条の15】,会社131条2項・258条2項・4項・689条2項,民192条以下)。

さらに,義務者が所持人の前者に対して有していた抗弁は,所持人に対して制限される(民473条・472条【520条の20・520条の16】,小22条)。

なお，民法のみの適用ある無記名証券は盗品・遺失物の例外はあるものの善意取得が認められているから，民法の指図証券のときとは違い，譲渡人の形式的資格を信頼した取得者は，盗品・遺失物でない限り，保護される。

　無記名証券は，権利を証券に表章して流通させるのに最も適した形態である。

　無記名証券の形式的資格に関し注意すべき点があるのは，株券である。株券を所持するだけで会社から株主として遇されるのではなく，株主名簿の名義書換えが会社に対する対抗要件とされており（会社130条），また，名義書換えは譲渡当事者双方申請の原則（会社133条2項）に対し，株券占有者の権利推定（会社131条1項）に基づき譲受人の単独申請とされ（会社則22条2項1号），その形式的資格は株主名簿に反映されるから，会社に対して株主権を行使するための形式的資格は，株主名簿に株主として記載されていることといってよい。したがって，無記名証券の形式的資格は証券の所持であるということは，記名株券の流通面において互いに株主と主張する者同士の間に，すなわち株式という財産権は誰のものかということにつき，および会社に対して株主名簿の名義書換えを請求するときに妥当する。会社に対して株主権を行使するときの形式的資格は，株主名簿上の名義である。株券の形式的資格はこのように場面によって異なることを注意すべきである。

　新株予約権証券（会社289条・290条），社債券・新株予約権付社債券（会社697条1項・698条・292条1項）で，無記名式のものはもちろん無記名証券であるが，記名式のものも，権利者の記載はあるが有価証券としては無記名証券である。譲渡には証券の交付が必要だが（会社255条1項本文・2項本文・687条）裏書が予定されておらず，証券の占有者が適法の権利者と推定され（会社258条1項・3

項・689条1項），新株予約権原簿・社債原簿の名義書換えは証券を提示するだけでできる（会社260条2項・691条2項，会社則56条2項・168条2項）からである。ただし，新株予約権の行使，社債の償還には証券の提示，引換えを要する（会社280条2項～5項・292条2項前段・705条2項後段参照）。

無記名式の新株予約権証券・新株予約権付社債券・社債券は，名義書換えということがなく（会社257条3項・688条3項），会社に対する関係でも第三者に対する関係でも，形式的資格は証券の占有である（会社258条1項・3項・689条1項）。

《改正民法は，無記名証券については，記名式所持人払証券に関する規定を準用する【改正民520条の20】とし，理論的には無記名証券について論じられてきたことを，記名式所持人払証券について規定するという形式をとっている。なお，無記名債権は動産とみなすという現行民法86条3項は削除された。本文に関係する準用条文は，証券の交付が譲渡の成立要件とされた【改正民520条の13】，証券の所持人に形式的資格を認めた【改正民520条の14】，善意取得を認めた【改正民520条の15】，譲渡の際の債務者の抗弁につき現行民法473条・472条と同趣旨の規定【改正民520条の16】である。また，証券が無記名証券でもありうることを示す，小切手法5条2項を準用していた現行商法519条は削除された。》

(4) 選択無記名証券　証券上に特定人を権利者と指定するが，同時に所持人が権利者たりうる証券である。

民法上の選択無記名証券（民471条【改正民520条の13～520条の18】）は，無記名証券の一種であるか，記名証券の一種で債務者につき免責証券性を認めたものかの争いがある。商法上の選択無記名証券は，無記名証券と同一の効力を有するものとされている（小5条2項，商519条1項【平成29年改正で削除】）。

商法上の選択無記名証券の形式的資格は，証券上に権利者と指定

された者であれ，他の者であれ，証券を所持することであって，無記名証券と同じである。

弁済した義務者の免責につき，民法478条【改正民478条は，現行民478条と内容が若干異なる】か471条【改正民520条の18，520条の10】のどちらが適用となるか議論がある（後述第**6**章4,353頁以下参照）。

《改正民法は選択無記名証券については「記名式所持人払証券」として規定している。その主な内容は前述(3)の最後の《　》を参照。なお，本文中の民法471条の準用する470条は【改正民520条の10】に当たり，現行470条と同一文言であって，選択無記名債権（記名式所持人払証券）の債務者の免責につき指図債権の債務者の免責に関する規定を準用する点も現行法と変わりはない。》

## 3　証券に表章される権利の性質による分類

(1)　**債権証券**　証券の表章する権利が債権であるもので，有価証券の大部分がこれにあたる。たとえば，約束手形や引受済の為替手形は純粋な金銭支払請求権を，貨物引換証・船荷証券は運送人に対する物品運送請求権と引渡請求権を，倉庫証券は寄託物返還請求権を，社債券・国債証券は消費貸借類似の元本・利息の支払請求権を，乗車券・乗船券は旅客運送請求権を，というようにそれぞれ債権を表章している。支払うべき額は一定していないが，投資信託・貸付信託の受益証券も金銭支払請求権を表章する債権証券である（なお，争点II 113参照）。

(2)　**権限証券**　小切手の支払人，引受前の為替手形の支払人は，所持人に支払義務を負うわけでないから，小切手，引受のない為替手形は支払人に対する債権を表章しているものではない。しかし，小切手の振出人，為替手形の振出人は，法定の条件のもとに振出の

ときから遡求義務を負担しているから，小切手，未引受為替手形は債権証券に属するといってよい。

ところで，小切手は証券上の義務者でない支払人によって支払われ，為替手形が引受をしない支払人によって支払われることも少なくない。この場合を，小切手，為替手形は法定条件付の遡求権という債権を表章しているといっても，理論的に適切な説明とはいえない。そこで，小切手，為替手形の振出は，受取人およびその後の所持人をしてその名をもって支払人から支払を受けうる権限と，支払人をしてその名をもって振出人の計算において支払をなす権限を与えるものであり（二重の授権），小切手，引受のない為替手形は，この権限を表章する，と理論構成される。なぜ二重の授権という法律構成が必要になるかといえば，受取人ないし所持人が，証券上は何ら彼らに対して義務を負っていない支払人から支払を受けても，彼らの支払人に対する不当利得（民703条）とはならず，受領した金銭を支払人に返還する義務はないことを理論づけるためである。すなわち，小切手，為替手形の振出を二重の授権と構成すると，次のようにいえる。①振出人の与えた支払権限に基づいて支払人がなす支払を，受取人ないし所持人が受け取ってよい法律上の原因（民703条参照）は，支払人と受領者との間には存在せず，振出人が与えた受領権限にある。この受領権限によって，受領者は支払われたものを支払人に対して返還することを要せず，そのまま保持してよいことになる。②支払人のなす支払の法律上の原因（民703条参照）は，振出人の与えた支払権限にあるから，支払人に対して不当利得返還債務を負う者があるとすれば，受領者たる受取人・所持人ではなく，むしろ振出人である。

もっとも，小切手，引受のない為替手形の表章するものは，受取人ないし所持人をしてその名をもって支払を受けうる権限だけであ

り，支払人がその名をもって振出人の計算で支払いうる権限は，証券外の実質的関係にすぎないとする説も有力である。

　二重授権にしろ，受領権限のみにしろ，小切手，引受のない為替手形はこの権限を表章する。

　(3)　物権証券　　純粋に物権のみを表章するものはわが国には存在しない。債権とともに物権を表章するものとして，債権とそれを担保する抵当権を表章する抵当証券（抵証1条参照），債権とそれを担保する質権を表章する質入証券（商598条〔平成30年改正商法は倉荷証券の単券主義を採用したので，質入証券に関する規定は不要になった〕）がある。

　倉荷証券など，引渡証券性の認められる証券（第1章III 2(7)，309頁）には，物権的効力があり，これらを物権的有価証券ということがあるが，これと，物権証券とは混同しないことが必要である。倉荷証券などは物品の本権たる物権（所有権）を表章しているわけではない。

　(4)　社員権証券　　社団における社員たる地位（持分）を表章する証券で，株式会社における株式を表章する株券（会社216条）がこれにあたる。

　社員権証券と親近性を有するものとして，新株予約権証券（会社289条），新株予約権付社債券（会社292条1項）がある。新株予約権証券は，予約権の行使により株主となる形成権（会社282条1項参照）を表章した証券である。新株予約権付社債券は，社債権という債権（会社697条1項）と，予約権の行使により株主となる形成権（会社282条1項参照）とを表章する。

### 4　その他の有価証券の分類

(1)　商法519条【平成29年改正で削除】の証券とそうでない証

券　商法519条の有価証券とは，金銭その他の物または有価証券の給付を目的とするものをいい，同条により手形法12条・13条・14条2項，小切手法5条2項・19条・21条が準用される。それが債権証券であることは文言から明らかで，給付の目的物が限定されている。

商法519条は債権証券で給付の目的が一定のものである指図証券，選択無記名証券，無記名証券について，その譲渡方法，所持人の権利推定，善意取得について規定しているのであるが，同条は手形・小切手を除く有価証券について，非常に重要な規定としての地位を占める。同条の適用の有無は，理論的にも実際的にも大きな差異をもたらす（証券が次の商業証券であると，絶対的商行為〔商501条4号〕として非商人間でも適用がある）。このことは本編の叙述で明らかになろう。なお，同条は抗弁の制限については触れていない（民472条・473条【改正民520条の6・520条の20・520条の16】参照）。

《民法改正と同時に現行商法519条は削除され，手形法12条・13条・14条2項を準用する部分は，指図証券について手形法中裏書の方式に関する規定を準用すること【改正民520条の3】，小切手法5条2項を準用する部分は【改正民520条の13以下】と【改正民520条の20】に記名式所持人払証券についてと無記名証券について規定を置くこと，小切手法19条は指図証券・記名式所持人払証券・無記名証券について形式的資格を定める規定を置くこと【改正民520条の4・520条の14・520条の20】となった。現行商法519条は，証券の目的が金銭その他の物または有価証券の給付を目的とするものに制限されていたが，改正民法は給付の目的物の制限はない。目的が「為す債務」であっても構わない。》

(2)　商業証券と非商業証券　　商業証券はそれに関する行為が絶対的商行為とされる（商501条4号）。商業証券とは，商取引の客体となる証券を指すというのが通説である。

商業証券に関する行為を絶対的商行為とする意味は，証券的な法律行為には，たとえ非商人がなしても商法（たとえば船荷証券に関する規定）を適用するところにある（ただし，大判昭6・7・1民集10巻498頁参照）。有価証券法理論としては，当然のことといえる。
　《改正民法は，債権を表章する有価証券の一般法となったから（手形法・小切手法と同じ），商業証券か否かはほとんど意味を失ったといえよう。》
　(3)　証券的有価証券と実質権的有価証券　　証券に表章される権利の内容の全部または一部が証券記載の文言によって定まるか（証券的有価証券），表章される権利の内容は，証券化の原因となった実質的な法律関係（原因関係）から生ずる権利そのものであるか（実質権的有価証券），による分類である（なお，第1章Ⅲ2(2)，305頁参照）。
　実質権的有価証券の典型は株券で，株券記載がどうあれ，その表章する権利は，社団的法律関係における株主権（株式）そのものである。
　(4)　完全有価証券と不完全有価証券　　証券の表章する権利の発生，移転，行使のすべてに証券を要するものを完全有価証券，その一部に証券を要するものを不完全有価証券と呼ぶことがある。完全有価証券の例として手形，小切手があげられるのが普通である。

## 第3章　有価証券の発行

### 1　序　　論

　有価証券は一般に，証券上の義務者となる者が，必要な事項を記載した証券を作成して，これを最初の権利者となる者に交付することによって発行される。最初の取得者およびその後の取得者は，証券の表章する権利をその記載に従って行使することができるから，発行者の証券上の義務は，証券への記載という意思表示において欲せられた効果と把握することができる。その発行は法律行為である。法律行為論は伝統的に成立要件と有効要件とに分けて論じられるから，ここでもそれにならって説明する。

　本章の課題はいわゆる手形学説ないし手形理論の，有価証券発行行為への応用問題ともいえる。

　手形理論では成立要件に関して基本的に創造説，発行説，契約説の3説が鼎立する。法律行為を単独行為と契約に分ければ，前2者は単独行為説といえる。

　手形行為の要件（それは狭義の有価証券，指図証券・無記名証券の発行行為の要件論として応用される）を論ずるときの考え方として特に重要な問題は次の2点であるといえよう。

　①　民法との整合性　　手形法は民法に対する特別法である。手形行為の要件に関して特別法に規定がなければ，一般法である民法の法律行為に関する規定（民法第1編第5章）の適用があると考えることは，私法秩序を一体のものとして体系的に理解するうえで当然のことではないか，という問題である。

② 証券の流通保護　手形は法律上当然の指図証券として，第三取得者は人的抗弁の切断や善意取得によって保護されている。しかし，手形行為の直接の当事者間において，行為の成立要件を欠けば権利は発生しない。発生しない権利についての抗弁の切断は意味をなさないし，その善意取得もありえない。同じことは，有効要件で，その欠缺が善意の第三者にも対抗できるもの（たとえば強迫による取消し）についてもいいうる。このような場合は第三取得者は保護されないが，それは手形の流通性を害するのではないか，という問題である。

なお，発行説および契約説では，上記②の問題の克服のために，発行者の責任を権利外観理論によって基礎づける説が多いので，この理論にも触れておこう。

## 2　創　造　説

創造説は，証券の記載・作成だけで権利・義務が成立するとする。

作成者の意思に反して流通しても義務を負い，たとえば証券を拾った者も権利者となってしまうとの，当然の批判が予想される。そこで，取得者は善意でなければならないとする善意説，証券を一個の動産と考えて，証券の所有権を取得した者に対して義務を負うとする所有権説がいわれる。しかし，作成だけで権利・義務の成立を認めつつ，なお取得者の善意とか証券の所有権を要求する根拠は不明といえる（ただし，無記名債権は具体的な債権者を措定せずに成立するものと考えた場合には，無記名証券についての創造説はありうる）。

この点を考慮して，証券の作成で権利・義務が成立するが，この証券を直接の相手方に交付することが必要であるとして，手形行為を作成行為と交付行為に分けて説明する二段階説がある。その亜種ともいえる，交付を権利・義務成立のための法定条件であるとする

説もあるが、わが国で有力なのは、作成は相手方なき単独行為として原因関係に対し無因の権利・義務を成立させ、交付はその権利を移転する原因関係に対し有因の契約であるとする、交付行為有因説である。

　創造説は、手形の第三取得者は成立している権利を善意取得できるから、証券の流通保護という問題に関しては優れている。ただし、法律行為の有効要件として、たとえば意思の欠缺・瑕疵を考えた場合、それが作成行為にあったときをどのように理論的に説明するかの問題は残されている。

　一般法たる民法との整合性の問題については批判が強い。手形行為は相手方のある行為であることは、創造説も通常の場合には認めているのであるが、そうであれば、行為者の義務負担の意思表示が相手方に到達した時に（民97条1項）、権利・義務が成立すると解するのが自然である。交付により相手方が権利者となり、または異常な場合に善意取得者が権利者となるが、それまでの権利者は、創造説では論理的に作成者自身となる。このような自己の自己に対する債権を債権成立の時から認めるのは擬制に過ぎ、混同（民520条）の例外とするための法律上の規定（手3条1項・11条3項、小6条1項・14条3項）も、積極的な根拠（民520条但書、借地借家15条参照）も見出しがたい。また、創造説は、手形が抽象的な金銭支払を目的とする無因債権とされているために可能となった法律構成ではないか。すなわち、有因証券について倉庫証券を例にとると、発行者たる倉庫業者は原因関係においては決して寄託物返還請求権者ではありえないが、倉庫証券の作成によりその権利者となるとするためには、理論的解明を要するであろう。そうすると、有価証券発行の一般理論としてはとりえないと批判される。

## 3 発行説

発行説は，手形行為を相手方ある単独行為とし，証券が相手方に交付され意思表示の到達があった時に，証券上の権利・義務の成立を認める。証券の作成自体は，法律行為の一部ではあるけれども，それだけでは交付の準備である事実行為と見る点は，契約説と同じである。

発行説は契約説と同じく，証券の流通保護の問題を抱えるのであるが，この点を緩和すべく，行為者が証券を作成した後に，予定されていた相手方またはその代理人・使者に交付されなくとも，誰かに交付すれば意思表示に基づく権利・義務は成立するとする，修正発行説がある。証券の交付ないし意思に基づく手放しを要求する点で創造説と異なるが，予定していた相手方への意思表示の到達は要しない点で創造説に近づく。したがって，民法との整合性という問題が残る。

従来の判例（大判昭10・12・24民集14巻2105頁，最判昭42・2・3民集21巻1号103頁）は修正発行説で説明しうるものであったが，その後，作成後交付がなく，盗取された手形について，振出人において所持人が悪意または重過失によって取得したことを主張・立証しない限り手形債務を負う，とした判例が出ている（最判昭46・11・16民集25巻8号1173頁〔百選8〕）。創造説を採る少数意見が付されているので，理論的に創造説なのか権利外観理論なのかの断定はむずかしい。

## 4 契約説

契約説は，証券の作成は法律行為の一部ではあるが事実行為で，手形行為は交付を申込み，受領を承諾とする契約（交付契約）であるとする。契約説は，私人間に私的自治，法律行為の自由が認めら

れている場で,ある者に法律上の義務が生じるのは,原則として当事者間の契約によるとし(たとえば,贈与や懸賞広告も民法では契約とされている),単独行為で義務が生ずるためには,法律の規定が必要であるとする。また,債権の発生原因は,民法第3編債権の,第1章総則を除く各章の題が示すとおり,契約,事務管理,不当利得,不法行為であり,他にありうる債権の発生原因は,法律の規定による法定債権だけといえる。そうすると,この面でも契約説は民法の規定に適合する。

契約説は,民法との整合性に関しては問題がない。しかし,法律行為の成立要件の欠缺の場合,善意の第三者にも対抗できる有効要件の欠缺の場合の証券の流通保護は大きな問題である。

なお,手形行為の直接の当事者間における行為者の義務が契約から生ずるのみならず,行為者と第三取得者間の行為者の義務もこの両者間の契約から生ずる,すなわち証券の作成による意思表示は中間の者を介して第三取得者の証券受領によって発生する契約上の義務であると構成する,複数契約説も主張されている。

## 5 権利外観理論

(1) 事実行為に基づく責任　　発行説,契約説には証券流通の保護の問題があった。たとえば図27で,手形はAにより作成されてもBに対する交付を欠けば,Aの手形行為は成立要件を欠き,いかにC,Dが善意であってもAに対する権利は取得できない。

ところで,流通を旨とする指図証券,無記名証券は,抗弁の切断が認められ,ほとんどが善意取得も認められて,証券の第三取得者を保護し,証券の流通の安全を図っている。抗弁の切断は,Dが取得するとき,BC間,AB間の証券行為の原因となった法律関係を調査しなくてよいことを意味し,善意取得はBC間の証券行為(裏

**図27**

〈指図証券の場合〉

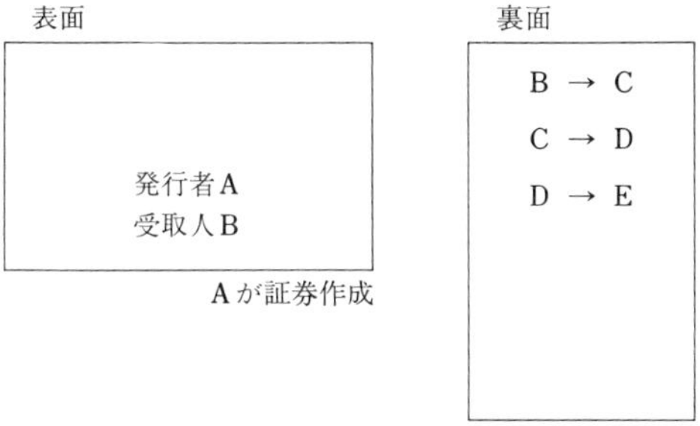

表面

```
発行者A
受取人B

Aが証券作成
```

裏面

```
B → C
C → D
D → E
```

①BがAの手もとから勝手に持ち出してCに裏書。
②CがAの手もとから盗取して、B→Cの裏書を偽造、次いでC→Dへ裏書。
③何者かXがAの手もとから盗取して、XがBになりすましてCに裏書。

〈無記名証券の場合〉

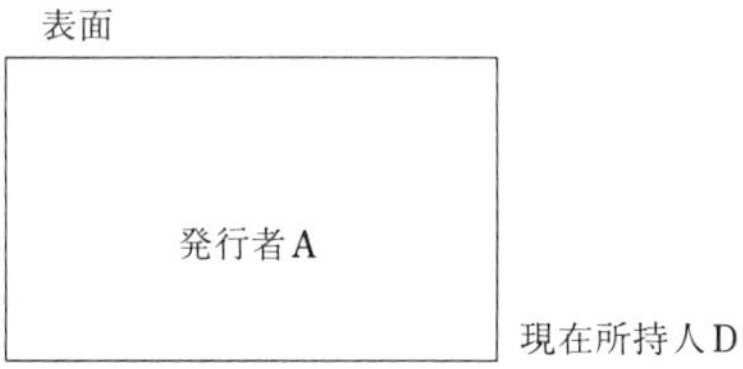

表面

```
発行者A
```

現在所持人D

①本来的受取人Bが、Aの手もとから勝手に持ち出し、B→C、C→Dへ順次交付。
②何者かXがAの手もとから盗取して、X→C、C→Dへ順次交付。

書)そのものの有効性を調査しなくてよいことを意味する。

このようにD(その後の取得者E, F……でも同じ)は自分のかかわっていない前者間の原因関係や証券行為を顧慮することなく権利を

第4編　第3章　有価証券の発行

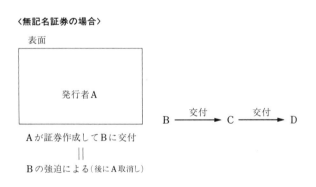

**図28**

〈指図証券の場合〉

〈無記名証券の場合〉

取得できるという制度を採用しながら，Aに権利行使しようとするときは，AがBに交付したか否か，すなわちAの証券行為の成立の有無にかかり，その調査を要するとすれば，そこに何か一貫しないものが感じられることは否定できない。

　手形行為の有効要件についても，民法の適用を認めるとほぼ同じ問題を生ずる（図28参照）。意思の欠缺・瑕疵に関してそれが善意の第三者に対抗できないとされるときは問題が少ないが，それにも

334

対抗できるとき（重過失なき錯誤や強迫）は，その範囲ではC，DはAB間の証券行為（振出）の有効要件を調査しなければ，安心して証券を取得できない。

《改正民法では重過失なき錯誤は取り消しても，善意・無過失の第三者には対抗できないものとなった【改正民95条4項】。》

そこで，これらの不都合を解消するものとして権利外観理論がいわれている。

Aの証券行為が成立要件，有効要件を欠き，Aの意思表示上の義務が有効に発生していないとしても，現にAが証券を作成して有効な意思表示の外観を作出したときは，Aはその外観に基づいて，善意の第三取得者に責任を負う，というのが権利外観理論である。権利外観理論は，法律行為に基づく責任ではなく，事実行為に基づく責任を認めるものといえよう。

(2) 責任の要件　権利外観理論による責任の要件としては，一般に，①行為者が有効な証券であるかのような外観を作出したこと（外観の惹起），②その作出につき責に帰すべき事由があること（帰責性），③外観を信頼した第三取得者に悪意または重過失がないこと（善意・無重過失。手10条・16条2項，小13条・21条，商519条2項【平成29年改正で商法519条は削除】，会社131条2項・258条2項・4項・689条2項参照。なお【改正民520条の5・520条の15・520条の20】も参照），とされている。①，②の立証責任は，責任を追及する第三取得者に，③の第三取得者の悪意・重過失については，責任を免れようとする行為者に立証責任があるものと解されている。

(3) 中間領域における責任　証券の作成者が，法律行為（意思表示）に基づく責任ではなく，事実行為により責任を負うとすれば，まず考えられるのは，不法行為責任（民709条）である（事務管理，不当利得はその性質上考えられない）。

しかし，法律行為（契約）による責任でなければ不法行為責任という二分法は，今日の私法で貫徹してはいない。その中間領域が認められることは，契約は有効に成立していなくとも，不法行為責任とは別に契約締結上の過失に基づく責任が認められていることからも明らかであろう。権利外観理論も，この中間領域での責任を肯定するものと位置づけることができよう。

　このような中間領域における責任を認める実定法上の制度としては，表見代理における本人の責任をあげうるであろうか。与えた代理権の範囲内の本人の責任は，代理権授与の意思表示すなわち法律行為に基づく責任として説明できるが，無権代理または越権代理でありながら本人に生ずる表見代理の責任は，本人の有効な意思表示に基づかせることはできない。むしろ，代理権授与の外観の存在と，相手方がそれを信頼したことに基づく責任というべきで，権利外観理論と類似し，あるいは，その実定法上の基礎と評価できるものといえよう。

　(4)　権利外観理論への批判　　権利外観理論に対する批判として，要件の不明確性がよくいわれるが，その効果についても問題はある。そのいくつかを述べておこう。

　㋐　要件について　　(a)　外観の惹起（前述(2)①，335頁）は，有効な証券としての存在であるから，あまり問題はないであろう。

　　(b)　帰責性（前述(2)②，335頁）については，発行者が行為能力に制限ある者であるときは，私法全般に見られる制限行為能力者保護という観点からして，それが否定されるのはよいであろう。それ以外で，たとえば，証券を作成すればそれだけで帰責性があるのか，作成後金庫に保管していたが強盗により強取されたときと，保管に過失があって窃取されたときとは区別すべきかどうか，幼児が誘拐され身代金として作成してあった証券の交付を要求されたときも帰

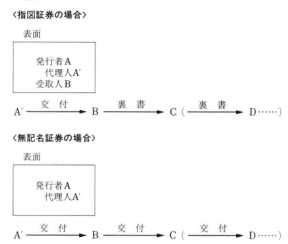

責性はあるのか，すなわち作成のほかに責めに帰すべき事情が必要かどうか。客観的には表見代理人と見うる者が作成したが，交付を受けた者は代理権のないことを知っていたときは，本人に帰責性ありといえるか，すなわち，図29のC以下は権利外観理論で保護されるというべきか否か。

(c) 取得者の主観的要件である善意・無重過失（前述(2)の③，335頁）は，成文有価証券法における外観保護規定（所持人の形式的資格を信頼するときの手16条2項・77条1項1号，小21条，商519条【平成29年改正で削除】，会社131条2項・258条2項・4項・689条2項，完成手形の外観を信頼するときの手10条・77条3項，小13条）を類推するものといえる。しかし問題がないわけではない。たとえば，図

29のCがAに対し権利外観理論により責任を問うときは、悪意・重過失がなければよいが、仮にBが善意であるとして、BがAの表見代理の責任を問うときは、無過失でなければならない。同じ権利外観理論によりAに責任を認めながら、このBとCの主観的要件の差は合理的といえるであろうか。

意思の欠缺・瑕疵という法律行為の有効要件に関して、権利外観理論では次の問題を生ずる。

民法が表示主義をとり、意思の欠缺・瑕疵による無効・取消しを善意の第三者に対抗できないとしているときは（民94条2項・96条3項。なお、93条但書の場合に第三者が現れたときは、94条2項を類推適用する学説が多い）、第三取得者は、法文どおり第三者の過失は重過失も含めて問わないのであれば、発行者の法律行為に基づく責任を問うことができ、権利外観理論を借りる必要もない。民法が意思主義をとり、意思の欠缺・瑕疵による無効・取消しを善意の第三者にも対抗できるとしているときにのみ（民95条・96条中の強迫取消し）、証券の取引安全のために、悪意・重過失のない第三取得者の保護に権利外観理論を用いる必要が出てくる。しかし、民法94条2項の第三者に無過失を要求する学説も少なくなく、また、民法94条2項と110条に言及して第三者に善意・無過失を要求する判例があり（最判昭43・10・17民集22巻10号2188頁等）、そして、それがわが国私法における普遍的な権利外観理論の適用の要件だとすれば、第三取得者の主観的要件につき（無過失なのか無重過失なのか）なお問題もあろう。あるいは、外観保護の制定法が信頼者の悪意・重過失を問題としているときは別として、私法一般に通ずる権利外観理論としては、保護される者の善意・無過失を要件とすべきであるかもしれない。

《改正民法は、心裡留保で無効となる場合につき通謀虚偽表示無効と同じ

く（民94条2項）善意の第三者に対抗できない【改正民93条2項】とし，錯誤を取消事由【改正民95条1項】とし，詐欺取消しと共に善意・無過失の第三者に対抗できない【改正民95条4項・96条3項】とした。》

　(イ)　効果について　　効果論においても，生ずる責任は履行責任か，信頼利益の賠償責任か（契約締結上の過失のときは一般にこの責任とされる）という理論的な問題点はある。権利外観理論の実定法上の基礎を表見代理制度に求め，履行責任と考えてよいのであろうか。

　また，たとえば図27（333頁）で，DがAに対して権利外観理論により責任を問えるとき，Dの権利（Aの義務）は証券に表章されると考えるべきか否か。すなわち，EはDで生じた権利を承継取得するというべきか（それならばEは悪意でも権利者となる），あるいは権利外観理論は，個々の取得者についてその主観的要件を問題とすべきものであろうか。判例・通説が採用しているいわゆる転得者に関する絶対的構成（民94条2項の第三者に対抗できない以上，第三者からの転得者が悪意でも，第三者の権利を承継取得する。代理行為の相手方に表見代理が成立する以上，この者からの取得者が悪意でも，代理行為の相手方の権利を承継取得する）によれば，前者ということになろう。

# 第4章　有価証券の譲渡

## 1　譲渡行為の有因性，無因性

　証券の譲渡行為（準物権行為）は，その原因行為に対して無因か，有因かは，議論のあるところである。原因行為というのは，たとえば，証券が既存債務の支払のために譲渡されたときの，その既存債務を生じさせた債権行為や，証券の表章する権利が売買の目的とされたときの，売買契約たる債権行為をいう。原因行為に不存在・無効・取消し・消滅などの瑕疵があっても，譲渡行為自体に瑕疵がなければ，譲受人は証券の表章する権利の権利者であり続けるか（無因），それとも原因行為のこれらの瑕疵は譲渡行為に影響を及ぼし，譲受人は無権利者となるか（有因），の問題である。譲渡行為に無因性を承認しても，原因行為に上記のような瑕疵があるときの譲受人は，証券の表章する権利を有していること自体，または証券義務者から弁済を受けてしまっているときはその給付されたものについて，譲渡人に対する関係において法律上の原因を欠く不当利得（民703条）となり，譲渡人に証券を返還する債務または証券義務者から給付を受けたものを返還する債務を負うものと法律構成される（第1章 I 3(2)，293頁，特に(イ)参照）。

　この問題は手形の裏書行為の有因性，無因性として論じられることが多いが，有因証券（第2章1，311頁）の譲渡行為についても問題となりうる。ところで，証券譲渡行為を有因・無因とすることの根拠はどこにあるのであろうか。さらに，その前提として，無因性を承認することの実益はどこにあるかを説明しておくことが適当で

あろう（なお，本章の記述〔1～6〕は，平成29年改正民法を一応無視して，現行法の条文によっているから注意されたい。改正民法については1の最後の《　》を参照）。

譲渡行為の無因性を承認すると，①原因行為に前述の無効，消滅などの瑕疵があっても，譲渡人が証券の権利者であった限り，証券義務者がその譲受人たる所持人に弁済したときは，義務者の免責（手40条3項・77条1項3号，民478条・470条・471条）を改めて問題にするまでもなく，権利者に対する有効な弁済となる。また，②譲受人からさらに譲渡を受けた第二の譲受人は，第一の譲渡人が証券の権利者であった限り，第一の譲渡の原因行為に瑕疵があっても，第二の譲渡人が証券の無権利者であることを前提とする善意取得（手16条2項・77条1項1号，小21条，民86条3項・192条）の問題とはならず，第二の譲受人が有する証券上の権利を承継取得することになる。さらに，証券譲渡行為の原因行為に瑕疵があるとき（①），第一の証券譲渡行為に瑕疵があるとき（②）に，瑕疵ある行為についての法的紛争を，その当事者間の不当利得の問題として限定し，他の第三者（①のときは弁済者，②のときは第二の譲受人）を巻き込まないというメリットもある。

その意味で，証券譲渡行為の無因性を承認することは，譲渡行為が有効でありさえすれば，原因行為の瑕疵を問わないとすることによって，証券の流通安全を確保するための法律技術であるということができる。しかも多分に理論の勝ち過ぎた法律技術ということもできよう（なぜなら，原因行為と証券譲渡行為は時間的に接着してなされることが多く，原因行為の瑕疵は同時に証券譲渡行為の瑕疵でもあることが多いからである）。譲渡行為の有因性を認めても，ほぼ同じ証券流通安全のための結論は，義務者の免責規定の適用により，また，第二の譲受人の善意取得，抗弁の切断によってもえられるものである。

第4編　第4章　有価証券の譲渡

　手形の裏書をはじめ，有価証券の譲渡行為は原因行為に対し有因であるとする説は，民法上判例・通説が物権行為の無因性を否定していることを根拠とするものといえる。

　裏書は単純でなければならず，条件を付しえないとする手形法12条1項（なお，小15条1項）が，金銭その他の物または有価証券の給付を目的とする有価証券に準用されているから（商519条1項），少なくともこれら証券に関しては，その譲渡行為の無因性を承認する根拠とすることができよう。ただし，それが有価証券譲渡行為に関する一般理論の表明といえるかは，民法における物権行為の無因性に関する議論とあいまって，なお問題であろう。

　なお手形で，裏書の無因性の根拠として，人的抗弁の切断（手17条・77条1項1号，小22条）をあげることがある。しかしそれは，当該第一の裏書に続く第二の裏書によって，第一の裏書による義務負担（裏書人の担保責任。手15条1項・77条1項1号，小18条1項）の原因関係における抗弁を，第二の裏書の被裏書人に対抗することができない（手17条等）ために，結果的に第一の裏書がその原因関係と切り離され，現象的に第一の裏書が無因であるかのように見えるだけである。しかも，裏書により証券上の義務を負担しない有価証券も多い。

　以下本章では，証券行為に手形法，小切手法，会社法を含めた広い意味での商法の適用・準用がある証券を商法上の証券といい，民法の適用がある証券を民法上の証券という。

　《改正民法により，以下2，3，5において商法上の証券について述べるところが，有価証券法における一般法となった【改正民520条の2・520条の20・520条の13】。なお，4については，改正後も内容に変更はない【改正民520条の19第1項】。》

## 2 無記名証券の譲渡方法

(1) **商法上の証券**　　譲渡には，譲渡の合意と証券の交付を要する（成立要件）。

株券・新株予約権証券・新株予約権付社債券・社債券の譲渡は，証券を交付しなければ効力を生じない（会社128条1項本文・255条1項本文・2項本文・687条）。後三者のうち記名式のものは，かつての株券（平成17年改正前商225条柱書）と同じく権利者名が記載されているが，有価証券としては無記名証券に属する（第2章2(3)，319頁参照）。

他の商法上の証券には明文の規定はないが，商法519条1項【平成29年改正で商519条は削除】が手形法14条2項（その3号）および小切手法5条2項を準用することから，間接的に，無記名証券の交付は譲渡の成立要件であることが窺われる（船荷証券，倉荷証券等）。

交付は，証券の占有を移転することで，現実の引渡し（民182条1項）に限らず，簡易引渡し（民182条2項），占有改定（民183条），指図による占有移転（民184条）でよい。

(2) **民法上の証券**　　無記名債権は動産とみなされ（民86条3項），当事者の合意が譲渡の成立要件で（民176条），交付，引渡しは対抗要件とされる（民178条）。

## 3 指図証券の譲渡方法

(1) **商法上の証券**　　裏書による（手11条1項・77条1項1号，小14条1項，商574条・603条・627条2項・776条〔平成30年改正商606条・762条〕，国際海運10条〔平成30年改正国際海運15条〕，抵証15条1項）。裏書の要件・方式に関する手形法の規定は他の商法上の証券に準用される（手12条・13条・14条2項，商519条1項【平成29年改

正で商519条は削除。抵証15条2項】。なお，小15条・16条）。裏書による譲渡とは，譲渡の意思表示を証券に記載し，かつ，証券を被裏書人に交付することである（成立要件）。

裏書人＝譲渡人は，証券に署名または記名捺印をしなければならない（手13条1項・77条1項1号・82条，商519条1項【平成29年改正で商519条は削除】，小16条1項・67条，抵証15条2項）。

裏書文句（譲渡文句），被裏書人＝譲受人の指定および裏書人の署名または記名捺印が証券に記載されるのが正式な形といえる（完全裏書）。しかし，被裏書人を記載せず，また裏書文句を欠く裏書も認められ，白地式裏書（略式裏書）といわれる（手13条2項前段，商519条1項【平成29年改正で商519条は削除】，小16条2項。ただし，抵証15条2項後段参照）。ただし，裏書人の署名または記名捺印のみでなす白地式裏書は，証券の裏面または補箋にしたときにのみ有効である（手13条2項後段，商519条1項【平成29年改正で商519条は削除】，小16条2項後段）。

(2) 民法上の証券　証券外の当事者間の合意が成立要件で，証券の裏書と交付は，義務者および第三者に対する対抗要件とされる（民469条〔平成29年改正により【改正民469条】は別内容となっている〕）。

## 4　記名証券の譲渡方法

民法の債権譲渡の方法（民467条）による。譲渡の合意が成立要件で，譲渡人から義務者への通知または義務者の承諾が，義務者および第三者に対する対抗要件である。第三者対抗要件としての通知・承諾は，確定日附ある証書（民施5条）でなければならない。

記名証券も権利の行使に証券が必要であるから，譲渡に際して譲受人は債権的な証券交付請求権を有する。もっとも，記名証券は有

価証券であるから，証券の交付は譲渡行為の成立要件とする考えも有力であることは前述した（第2章2(1)，314頁）。

手形，船荷証券など，法律上当然の指図証券とされるものは，発行者が裏書を禁止する旨を証券に記載したときも，民法上の債権譲渡の方法で譲渡することができる（手11条2項・77条1項1号，小14条2項，商574条・603条・627条2項・776条〔平成30年改正商606条・762条〕，国際海運10条〔平成30年改正国際海運15条〕）。

### 5 選択無記名証券の譲渡方法

(1) 商法上の証券　選択無記名証券は無記名証券とみなされるから（商519条1項【平成29年改正で商519条は削除】，小5条2項），商法上の無記名証券の譲渡方法による。

(2) 民法上の証券　民法471条【改正民520条の18・520条の16】）の証券を，記名証券であり債務者にとっての免責証券と考えるか，無記名証券の一種と考えるかによって，前説なら記名証券の，後説なら無記名証券の譲渡方法による。民法471条の証券については，その喪失の際に公示催告，除権決定が認められている（民施57条〔平成29年改正により同条は削除され，同内容は【改正民520条の18・520条の12】が規定する〕）趣旨からは，後説が妥当であろう。

《平成29年民法改正は，選択無記名証券を，名は記名式（所持人払証券）としつつ，譲渡方法は交付を成立要件【改正民520の13】とし，証券の所持に形式的資格【改正民520条の14】を，そして善意取得【改正民520条の15】も認めるから，質的には理論上無記名証券につき説かれていたことを受け継いでいるものといえる。》

### 6 有価証券の質入

有価証券は財産的価値ある権利を表章するから，他の債務の担保

とすることができる。

　質入に関する規定がある手形（手19条），株券（会社146条～148条），新株予約権証券・新株予約権付社債券（会社267条4項・5項・268条2項・3項・269条），社債券（会社692条・693条2項・694条2項），質入証券（商606条。平成30年改正商法は，倉荷証券だけの単券主義を採用したことにより，質入証券に関する規定は不要になった）は，その規定による。その他は次の例による。

　無記名証券は，動産と同じで（民86条3項），証券の交付が成立要件となる要物契約である（民344条）。

　指図証券は，証券の交付が成立要件で（民363条），質権設定の裏書が対第三者対抗要件である（民365条）。

　《改正民法は現行民法86条のうち3項を削除した。質権設定は，無記名証券は証券の交付により成立し【改正民520条の20・520条の17・520条の13】，指図証券は質入裏書と交付により成立し【改正民520条の7・520条の2・520条の3，手19】，所持人は共に質権者と推定される【改正民520条の20・520条の17・520条の14・520条の7・520条の4】。選択無記名証券（記名式所持人払証券）の質入の方法と形式的資格については，無記名証券につき【改正民520条の20】で準用される条文自体【改正民520条の17・520条の13・520条の14】である。》

　記名証券は，証券の交付がその譲渡の成立要件ではないので（民363条参照〔平成29年改正により同条は削除〕），質権設定の合意が成立要件で，義務者への通知またはその承諾が，義務者および第三者に対する対抗要件である（民364条・467条。ただし，記名国債，国債3条）。質権者には証券交付の債権的請求権があるといえる。

# 第5章　有価証券の善意の譲受人の保護
## ――抗弁の制限と善意取得

### 1　債権譲渡の原則と有価証券

　債権の債務者は，債権が輾転譲渡されても，異議なき承諾をしない限り，当初の債権者に対する抗弁を失うことはない。その中間で債権者であった者との間に抗弁を生じたときは，これをその後の譲受人にも対抗できる（民468条〔改正民法では単なる承諾でも抗弁は失われない【改正民467条1項】〕）。

　債権の善意取得ということはない。譲受人は，自己への直接の譲渡人が無権利者であるときも，またそれ以前の譲渡人が無権利者であるときも，債権を取得することはできない。

　このような債権譲渡の原則は，流通を目的とする有価証券には適当でない。

　記名証券は流通を目的とするものではないから，債権譲渡の原則どおりであってよい（【改正民520条の19第1項】）。記名式で発行されても法律上当然の指図証券とされる手形や倉荷証券を裏書禁止として発行することは（手11条・77条1項1号，小14条，商574条・603条・627条2項・776条〔平成30年改正商606条・762条〕，国際海運10条〔平成30年改正国際海運15条〕），譲渡を禁止するものではなく，発行者の抗弁の留保と善意取得の排除という静的安全を目的としている。

第4編　第5章　有価証券の善意の譲受人の保護

## 2　抗弁の制限

(1)　手形・小切手　　手形債務者（小切手債務者）は，所持人の前者との人的関係に基づく抗弁は，所持人が債務者を害することを知って取得したときにのみ対抗できる（手17条・77条1項1号，小22条。第3編第1章Ⅱ4(1)，169頁以下）。

(2)　手形・小切手以外の指図証券・無記名証券　　商法519条【平成29年の改正で削除】は，手形法17条，小切手法22条を準用していない。商法519条の証券をはじめ，手形・小切手以外の指図証券・無記名証券の義務者の抗弁の制限は，民法472条・473条による（なお，抵証40条〔平成29年改正抵証40条〕は民472条【改正民520条の6】の準用を止めている。抵当証券の譲渡は記名式裏書ですることを要する（抵証15条）から，抵当証券は指図証券であり，当然【改正民520条の6】の適用があることになるという趣旨か〕）。

《改正民法でも指図証券・無記名証券債務者の抗弁の制限は，条文の数が変わっただけで，内容は同一である。現行民472条は【改正民520条の6】，現行民473条は【改正民520条の20・520条の16】。》

民法によると，債務者は，①証書記載事項，②証書の性質より当然生ずる結果は，どの譲受人にも対抗でき，③原債権者に対抗することができた事由は，悪意の譲受人にのみ対抗できる。

①，②は物的抗弁，③は人的抗弁ということができる。

①の抗弁は譲受人を害さない。

②の，証書の性質より当然生ずる結果とは，たとえば証券を呈示しない請求とか，証券上の権利は時効消滅したとか，裏書の連続を欠いたままで別途権利者であることを証明しない請求とかである。これも譲受人を害することはない。ただ，有因証券では，原因債権の不存在・無効・消滅も理論的には②の抗弁に属し，無因証券（手形・小切手）では典型的な人的抗弁とされるのと異なり，それだけ

譲受人の地位は弱まる（なお，後述(3)）。

③の抗弁とは，たとえば同時履行の抗弁権（民533条），相殺の抗弁（民505条），猶予の合意，実際の権利内容は証券記載のものと異なるという証券外の合意，などである。

(3) 物的抗弁と権利外観理論　(ア) 民法472条【改正民520条の6】・473条【改正民520条の20・520条の16】は，前述した(2)の①，②の物的抗弁を明定するが，同条が論理的に前提とする暗黙の物的抗弁がある。それは，証券の表章する債権自体が発生していない，あるいは無効であるという抗弁である。債権が存在しなければ，それ自体が抗弁となるというべきであって，存在しない権利を前提としてその抗弁を考えるという余地はないからである。このことは，手形・小切手についてもいいうることである。

債権が発生しているか否かは，証券発行行為の理論構成にかかる問題である（第3章，328頁以下）。また，証券譲渡行為が遡及義務（償還義務）と結びつくとき（手15条1項，小18条，抵証31条・32条）の当該担保義務・償還義務の発生の問題でもある。

(イ) 権利外観理論と義務者の抗弁　契約説，発行説では，特に，証券の流通保護から権利外観理論で補うことが多いので（第3章5，332頁以下），権利外観理論と義務者の抗弁について，すなわち義務者が権利外観責任を負わないという抗弁について述べておこう。

外観を惹起していないこと，および，外観を惹起したとしてもそれにつき帰責性がないことは，請求者が誰であっても対抗できる，いわば物的抗弁ということができよう。

請求者側の悪意・重過失に関しては，権利外観理論の効果をどう考えるかによって分かれるであろう。権利外観理論は個々の取得者の主観的要件を問題にするという立場をとれば（第3章5(4)(ア)(c)，337頁），請求者との人的関係における抗弁となろう。いったんある

取得者のもとで権利外観責任が発生したときは，それは証券に表章され，後の取得者はそれを承継取得するという立場をとれば（第3章5(4)(イ)，339頁），義務者は，所持人が権利外観責任が発生したと主張する取得者の悪意・重過失を主張・立証するのみならず，その後に悪意・重過失なき取得者は，当の所持人も含めて，いないことを主張・立証することを要する抗弁である，ということになろう（善意取得していないとの抗弁と同じ関係になる）。

一般の物的抗弁や人的抗弁と比較した場合の，権利外観責任を負わないという抗弁の上記の特異性に着目して，この抗弁を，（証券上の権利の）有効性に関する抗弁として，抗弁を物的抗弁，人的抗弁，有効性に関する抗弁の3種に分類する学説がある。

## 3 善意取得

小切手法21条が，商法519条の証券に準用されていることが顕著に示しているように，実際上のほとんどの指図証券，無記名証券は善意取得が認められる（手16条2項・77条1項1号，会社131条2項・258条2項・4項・689条2項，抵証40条）。《改正民法では指図証券・無記名証券について悪意・重過失のない所持人の善意取得を，旧所持人の占有喪失の事由を問わず，認めている【改正民520条の5・520条の20・520条の15】。ここでは理論的説明のため現行法の条文で記述する。》

民法上の無記名債権の善意取得は盗難・遺失物の例外を除いて認められる（民86条3項【平成29年改正により民86条は3項が削られた】・192条〜194条）。手形法・小切手法の適用・準用ある証券は，旧占有者の占有喪失の事由が何であるかを問わず善意取得される（手16条2項，小21条）。ただし，交付が占有改定であるとき（民183条）は，問題があろう（最判昭35・2・11民集14巻2号168頁参照）。

記名証券および民法のみの適用ある指図証券は，善意取得が認め

られていない。

善意取得の要件・効果については，第3編第1章Ⅱ4(2)（179頁）参照。

善意取得の要件について，手形法・小切手法の適用・準用のある指図証券・無記名証券と，民法の適用ある無記名証券とを比較すると，前者では取得者の善意，無重過失が要件である（手16条2項，小21条）のに対し，後者では善意，無過失が要件であり，また，後者では取引行為による平穏かつ公然の占有取得が要件とされる（民192条）。前者についても，平穏かつ公然の取得を要件とする説もある。これを否定しても，平穏かつ公然でない取得，すなわち強暴または隠秘の取得の場合は，取引としての取得行為そのものがないか，あるいは取得行為そのものに瑕疵（たとえば譲渡人の無権代理や第三者強迫）があるか，あるいはそのような態様での取得は，悪意，重過失ある取得に連なるといえよう。

# 第6章　有価証券による権利行使

## 1　証券の呈示・受戻し

　指図証券，無記名証券は，たとえ期限の定めがあっても，期限到来後に所持人が呈示しなければ義務者は遅滞の責任を負わない（商517条〔平成29年改正により同条は削除され，同内容は【改正民520条の9・520条の20・520条の18】が規定する〕）。有価証券は流通性に富むので，義務者は誰が権利者であるかの確知が不能だからであり，「期限は催告する」という法格言を示している民法の原則（412条1項）を変更している。呈示がなくとも，訴えの提起による訴状の送達で債務者は遅滞に陥るかについては，反対説が多いが，判例は一貫して肯定している（大判昭2・12・10民集6巻681頁など）。

　義務履行後にさらに証券が流通するのを防ぐために，証券と引換えでなければ請求することができない（商584条・620条・627条2項・776条〔平成30年改正商613条・764条・765条〕，国際海運10条〔平成30年改正国際海運15条〕），あるいは義務者が証券の交付を請求することができる（手39条1項・77条1項3号，小34条1項）として，履行と証券の受戻しを関連づけている。

　貨物引換証・倉庫証券・船荷証券は呈示かつ受戻証券であるが（商584条・620条・627条2項・776条〔平成30年改正商613条・764条・765条〕，国際海運10条〔平成30年改正国際海運15条〕），商慣習上，証券と引換えでなくまた証券の呈示なしに，担保を供して（保証渡し）または無担保で（仮渡し）貨物・受寄物を引き渡すことがある。これは義務者の危険において行われるものであり，後に証券の正当

な所持人が現れれば，この者に債務不履行に基づく損害賠償をしなければならない。保証渡しで供した担保は，証券を所持する真の権利者に損害賠償をすべき証券義務者の，引渡しを受けた者に対する求償権を確保する。引渡しを受けた者が，証券は所持していなかったが真の権利者であったという稀な場合は，その後出現した善意の所持人に対しては，証券義務者は権利外観理論による責任を負うというべきであろう。

《改正民法は指図証券・無記名証券の呈示証券性を認める【改正民520条の9・520条の20・520条の18】。》

## 2 権利行使の場所

指図証券，無記名証券は，証券に履行場所の記載がないときは，義務者の営業所，それがないときはその住所とされる（商516条2項【改正商516条】）。取立債務であって，持参債務の原則（民484条，商516条1項〔平成29年改正商法で削除。同一内容を【改正民520条の8・520条の20・520条の18】で規定する〕）の変更である。呈示証券性と同じ理由による。

《改正民法は指図証券・無記名証券の弁済の場所は，債務者の現在の住所とする【改正民520条の8・520条の20・520条の18】。なお，現行商法516条2項は削除され，同1項のみが【改正商516条】となった。》

## 3 抗弁の制限

第5章（347頁以下）で別途説明した。

## 4 弁済した義務者の保護

(1) 形式的資格による弁済の保護　　有価証券における形式的資格は，弁済した義務者をも保護する。すなわち，形式的資格を有し，

法律上の権利推定される者になした弁済は，真の権利者が，弁済受領者は権利者ではなかったことを証明できない限りでは，結果的には有効な弁済と同じことになる。しかし，真の権利者がその立証に成功すると，義務者は真の権利者に弁済しなければならない（受戻証券では，証券はすでに義務者の手元に戻っているから，真の権利者は証券の呈示を要しない）。

手形では，上述の義務者の保護をさらに一歩進め，裏書の連続ある所持人に対する弁済は，悪意・重過失なき限り免責される（手40条3項・77条1項3号）。

(2) 手形以外の証券における弁済の保護　　(ア) 指図証券　その他の証券については，どの条文を適用すべきかについての理論的な争いがある。特に指図証券について，債務者の免責は現行民法470条（【改正民520条の10】）によるか，現行民法478条によるかについてである。

通説は，指図証券の債務者の保護は民法470条により悪意・重過失なければ免責されるとする。少数説は形式的資格ある所持人への弁済は民法478条（無過失要件は平成16年改正で加わった）によるとする。通説は，470条で債務者が調査権を有する「所持人並びにその署名及び押印」を所持人および全裏書人の署名押印と解するのに対し，少数説は，署名押印は所持人のそれをいい（受取証としての署名押印または代理受領のときの委任状のそれを指すことになろう），同条は所持人の真偽すなわち同一性の調査をいうとする。通説が債務者に調査権があるとする裏書人の署名押印は，所持人の実質的資格を調査できるということであり，少数説は，470条は所持人の同一性だけを問題とし，裏書の連続ある所持人すなわち形式的資格ある所持人は債権の準占有者であり，それへの善意弁済を保護する478条は，実質的資格の調査は不要であることを示しているとする。実質

**図30**

〈指図証券の場合〉

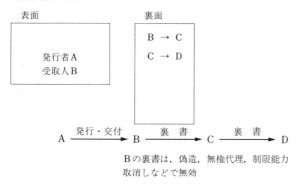

〈無記名証券の場合の類似例〉

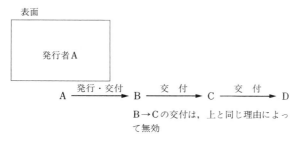

的資格と形式的資格の関係（第1章Ⅰ3(1)(ウ), 289頁以下参照）からいうと図30のDは裏書の連続ある証券を所持していて形式的資格があるが，BからCへは有効な占有移転を基礎づける法律関係がないから，CそしてDも実質的資格はないこととなる。実質的資格がないと，C, Dに法律上善意取得が認められなければ（民法上の指図証券には現行法上は善意取得が認められていないことに注意），C, D

はBの有していた権利を取得することはできず，DはAに対して権利を主張することはできない。

　沿革上，債権の準占有者（民478条）の一典型が有価証券の形式的資格ある所持人であったことを考慮すると，少数説に理があるようである。ただ，平成16年改正で同条は明文で善意・無過失を要することとなったから，弁済者は免責を得づらいという問題がある。

　裏書人の署名捺印を調査することに関して，手形法は義務がないことのみをいうが（手40条3項・77条1項3号），民法470条の通説の解釈によると調査権があることになる。調査のための相当期間は，義務者は履行遅滞にならないと解されている。所持人が迅速に履行を受けうることも有価証券利用の一つの目的と見るべきであろうから，調査に名をかりた履行の引き延ばしは適当であるまい。先の少数説では，裏書人の署名捺印すなわち所持人の実質的資格の調査は，民法478条が不要としているのであるから，義務者のする調査は自己の危険においてするものであり，義務者は履行遅滞の責を免れないことになる。手形法にも権利があるとは書いてないので同様に解しうる。

　理論対立の状況は上述のようであるが，直ちに少数説をとりえないのであれば，手形法40条3項を，流通する有価証券の形式的資格ある所持人に対する弁済の一般理論を表しているものと見て，他の指図証券はもとより無記名証券にも類推適用すべきであろうか。

　指図証券に関する民法470条は，選択無記名証券（民471条），抵当証券（抵証40条〔平成29年改正抵証40条〕は民470条【改正民520条の10】の準用を止めている。抵当証券の譲渡は記名式裏書ですることを要する（抵証15条）から，抵当証券は指図証券であり，当然【改正民520条の10】の適用があることになるという趣旨か］）に準用されている。

　《改正民法は指図証券の弁済につき，現行民法470条と同一の条文を置き

【改正民520条の10】，同条を選択無記名証券と無記名証券に準用している【改正民520条の18・520条の20】。また債権の準占有者に対する弁済に関する現行民法478条は，条文の題が「受領権者としての外観を有する者に対する弁済」と変更されている【改正民478条】。》

(イ) 無記名証券について　無記名証券の所持人に対する弁済の保護についても，学説は民法478条説，民法470条・471条類推適用説，手形法40条3項類推適用説に分かれる。

# 第7章　有価証券喪失の場合の措置

## 1　序　　論

　有価証券は，証券紙片とそれに表章される権利とが密接な関係にあるが，権利が主であって，証券は従であり，証券を喪失したからといって，表章している権利までも消滅するというものではない。喪失とは，盗難，紛失，滅失など，要するに今までの所持人にとって証券の所在が不明になる事態をいう。ある者が証券を喪失したという言をそのまま信じて，証券上の権利の行使を直ちに認めたり，同内容の証券の再発行を直ちに認めたりするわけにはいかない。なぜなら，その者は一度も証券を所持したことがなくしたがって喪失ということも起こりえないとか，自ら他人に譲渡しておきながら喪失したと称することがあり，このようなときは別人が証券を所持する権利者だからである。さらに何よりも，喪失が真実であっても，指図証券，無記名証券は善意取得が容易に認められ，喪失後に善意取得があって喪失者は権利を失っていることが多いからである。

　なお，証券喪失の一場合である遺失のときに，拾得者に遺失物法による証券の所有権取得（民240条）と同時に証券の表章する権利の取得も認められるであろうか。多数説は肯定している。動産とみなされる無記名債権（証券）（民86条3項【平成29年改正により民86条の3項は削られた】）は法形式的には肯定しやすい。しかし，有価証券の流通に関して動産取引の法規制を導入しているとはいえ（第1章Ⅰ3(1)，288頁以下参照），遺失と拾得は取引・流通とは関係しないから，適当とはいえないのではなかろうか。多数説によると，流

通面のみならず（会社128条1項・131条。平成17年改正前商205条・229条，小21条参照），券面上も無記名証券となった（会社216条。平成17年改正前商225条柱書対照）株券については，株券喪失登録（会社221条以下。次述2(1)）と遺失物の拾得（民240条）がいわば競合する関係となる（他の無記名証券，さらに指図証券では公示催告手続〔民施57条【改正民520条の12・520条の20・520条の18】〕と民法240条の衝突）。

## 2　公示催告と除権決定

(1)　**無効宣言が認められる証券**　公示催告手続を経て除権決定により無効宣言できる有価証券は，法令で定めたものに限る（非訟114条柱書）。会社法で定めるものとして新株予約権証券（会社291条1項），社債券（会社699条1項）がある。有価証券一般については，民法施行法57条【平成29年改正で同条は削除】が指図証券，無記名証券，選択無記名証券について認めている。ほかに，抵当証券（抵証21条2号）がある。無記名証券でも無記名国債は認められない（国債8条。救済措置として，国債6条）。株券は，従来この制度の対象となっていたが，平成14年商法改正後，喪失株券については株券喪失登録の制度が採用され，会社法もこの制度を基本的に受け継いでいる。株券喪失者は，発行会社または株主名簿管理人に備えられた株券喪失登録簿に株券喪失を登録し，登録された日の翌日から起算して1年の間に株券を所持する者が喪失登録抹消の申請をする等しなければ，株券は無効となり，喪失登録した者に株券を再発行することとなり（会社221条～232条），非訟事件手続法第4編（公示催告事件）は株券に適用しない（会社233条）。

《改正民法は，指図証券・無記名証券の喪失につき，公示催告による無効を認める規定を置き【改正民520条の11・520条の20・520条の18】，さら

に記名証券についても【改正民520条の11】を準用する【520条の19第2項】。民施57条は削除された。》

(2) 管轄裁判所　　公示催告，除権決定は，義務履行地，それがないときは義務負担者の普通裁判籍の地の簡易裁判所の管轄である（非訟115条1項。なお，2項）。

(3) 申立権者　　申立権者は，無記名証券では最終所持人，指図証券では裏書の連続ある最終被裏書人たる所持人，白地式裏書があるときは最終所持人である（非訟114条1号・2号）。裏書の連続を欠く所持人でも，実質的な自己への権利移転を証明できるときは，証券上の権利行使を認められることに現在は争いがないから，その者も非訟事件手続法114条2号に該当するといえる。したがって，無記名証券も指図式証券も，最終所持人であれば申立権がある。

条文（非訟114条・118条2項）の体裁からは，公示催告と除権決定の目的は，一方では証券喪失者に形式的資格を回復して権利行使を許し，他方では証券義務者に形式的資格ある者に対する弁済を認めるところにあると解するのが素直な解釈ともいえようが，現在ではむしろ，権利行使に際し形式的資格が機能するときの中核をなす証券の所持につき，それを回復したと同じ地位に所持人をおくことが，その目的といってよいであろう。なぜなら，裏書の連続を欠く最終所持人は，そもそも形式的資格を欠くから，その回復ということは論理的にありえず，形式的資格に基づく権利行使はできないから，証券を喪失すると権利行使の方途がなくなるとすることには合理的理由がないからである。

この者は，裏書の断絶した証券の所持を回復したものとして（証券記載の裏書は，証券特定のために明らかにする必要がある。非訟116条1項），裏書断絶後の権利移転を証明し，または架橋説によるときは断絶部分の実質的移転を証明すれば（第3編第1章Ⅱ3(5)，165頁以下

参照），権利行使ができるものというべきであろう。

申立権者は所持を失った者ではあるが，盗取者，拾得者，保管者など，証券の権利者でないことが手続中に判明したときには，形式的資格の背後には実質的権利が控えていることを理由に（この考え方については，第1章Ⅰ3(1)(ウ)，289頁以下参照），手続を維持すべきではないという説がある。後述（(5)）のように，公示催告手続は，喪失者の権利を確定するための手続ではなく，単に形式的資格の中核たる証券の所持を回復したのと同じ地位を法律的に認めるだけであり，盗取者等も喪失前には形式的資格があったのであれば（たとえば無記名証券や白地式裏書のある指図証券の所持），手続を続行しても誰の地位も変わるわけではないから，この説には疑問もある（非訟104条1項・117条2項参照。盗取者の場合は権利濫用を理由に終了決定をすべきであろう。拾得者〔前述1，358頁参照〕についても同じといってよかろう）。もちろん被害者，遺失者にも申立権がある。

証券所持人は，証券の表章する権利のいわば所有権者であることが多いが，質権が設定されていれば質権者も所持人である。質権者が証券を喪失したときの申立権者は，質権者か，所有者か，その双方かについては争いがあるが，判例（最判昭43・5・28民集22巻5号1125頁）は双方に申立権を認める。形式的資格はその基礎を物の占有者の権利推定（民188条）におき，そこでは占有者が質権者であると主張すれば質権が推定されるのであるから，質権者に認められるのは当然であり，また証券の所持すなわち占有は間接占有を排除する理由はないから，所有者にも申立権は認められる。

(4) 公示催告手続　　第3編第1章Ⅶ(1)（229頁）参照。公示催告期間中に，所持人が喪失証券を届け出たときは，公示催告手続は，証券の所在が明らかになったのだから終了する。申立人と所持人のどちらが権利者であるかは，この手続の関知するところでなく，両

者の間で通常の民事訴訟で決着をつけることになる（非訟106条3項・117条2項参照）。

(5) 除権決定　　除権決定の消極的効力，積極的効力については，第3編第1章Ⅶ(2)（229頁）参照。

除権決定は，その時から証券を所持するのと同一の地位を回復するだけであり，喪失の時または申立ての時まで遡及するものでなく，また実質上権利者と確定するものでもない（最判昭29・2・19民集8巻2号523頁）。申立人が受領した弁済を保持できるか否かは，届け出なかった所持人と申立人のどちらが，弁済受領の時点で，真の権利者であったかによって決まる。

(6) 公示催告期間中の善意取得　　公示催告期間中にも善意取得は起こりうる。

善意取得者が届け出なかったときに，この者は取得した権利を失うかどうかについては議論が分かれる。公示催告，除権決定は形式的資格の中核である所持の回復を法的に図るもので，権利の帰属が争われる手続ではない点からいって，なお善意取得者が優先すると考えられる（最判平13・1・25民集55巻1号1頁〔百選80〕）。

## 3　再　発　行

証券の再発行請求は，発行者の義務を伴う新たな法律行為を要求するものであるから，法律の規定を要する。

新株予約権証券，社債券，抵当証券については，喪失者は除権決定をえた後に再発行を請求できる（会社291条2項・699条2項，抵証21条2号）。これらは，数回の権利行使が予定され，あるいは権利行使の期間が長期にわたるので，除権決定で旧証券からその表章する権利を公的に引き離したうえで（非訟118条1項），再発行請求を認めている（2(1)，359頁参照）。

倉庫証券（預証券・質入証券・倉荷証券）は，滅失の場合には公示催告・除権決定がなくとも，所持人が相当の担保を提供すると再発行請求が認められている（商605条・627条2項〔平成30年改正商608条。平成30年改正商法は，倉荷証券だけの単券主義を採用したことにより，質入証券に関する規定は不要になった〕）。これは，寄託者の経済目的は，長期にわたって倉庫寄託しておきながら，寄託品の市況によってはいつでも全部または一部を出庫でき，または倉庫証券を転売（裏書または交付）できるというところにあるから，公示催告を申し立てて，除権決定を待ち，または担保を供して履行を請求する（商518条【改正民520条の12・520条の20・520条の18】）のでは，所持人の商機に応じがたいからである。

手形，小切手，貨物引換証（平成30年改正で同証は商法に規定を置かないこととなった），船荷証券は再発行は認められない。規定もないし，1回の権利行使で証券の使命は終わり，除権決定による権利行使（非訟118条2項）を認めるだけでよいから，実益もない。白地手形・小切手については，第3編第1章Ⅶ(3)（230頁）参照。

### 4　証券の喪失と履行の請求

金銭その他の物または有価証券の給付を目的とする証券を喪失した者が，公示催告を申し立てたときは，証券義務者をして給付の目的物を供託させ，または，担保を供してその証券の趣旨どおりの履行を求めることができる（商518条）。担保はもちろん，権利者である所持人が現れたときに弁済を強要され（手形など），あるいは債務不履行による損害賠償を請求される（倉荷証券・船荷証券など）ので，そのときの証券義務者の求償権を確保するためである。

《改正民法は，指図証券につき現行商法518条と同趣旨の規定を置き【改正民520条の12】，それを選択無記名証券・無記名証券に準用している【改

第 4 編　第 7 章　有価証券喪失の場合の措置

正民 520 条の 18・520 条の 20】。現行商法 518 条は削除された。》

▼**参考文献**──より進んだ研究を志す人々のために

### 論文集・講座

松本烝治　商法解釈の諸問題（有斐閣）
竹田　省　商法の理論と解釈（有斐閣）
鈴木竹雄・大隅健一郎編　手形法・小切手法講座（全5巻）（有斐閣）
竹内昭夫・龍田　節編　有価証券（現代企業法講座5）（東京大学出版会）
坂井芳雄　裁判手形法〔増補第四版〕（一粒社）

### 体　系　書

石井照久著・鴻　常夫増補　手形法・小切手法（商法Ⅳ）（勁草書房）
大隅健一郎　手形法小切手法講義〔新版〕（有斐閣）
大森忠夫　新版手形法・小切手法講義（三和書房）
鈴木竹雄著・前田　庸補訂　手形法・小切手法〔新版〕（法律学全集）（有斐閣）
田中誠二　手形・小切手法詳論〔上・下〕（勁草書房）

### 注釈書（コンメンタール）

大隅健一郎・河本一郎著　注釈手形法・小切手法（有斐閣）
田中誠二・山村忠平・堀口　亘著　コンメンタール手形法（勁草書房）

### 演　習　書

鈴木竹雄・大隅健一郎・上柳克郎・鴻　常夫・竹内昭夫編　新商法演習(3)（手形・小切手）（有斐閣）
木内宜彦・倉沢康一郎・庄子良男・高窪利一・田辺光政　シンポジューム手形・小切手法（青林書院）
竹内昭夫編　特別講義商法Ⅱ（有斐閣）

鴻　常夫・河本一郎・北沢正啓・戸田修三編　演習商法（手形・小切手）（新演習法律学講座 11）（青林書院）
前田　庸　有価証券法入門―対話で学ぶ―（有斐閣）

※ここに掲げた参考文献は，刊行後，長い年月を経たものが多い。しかし，現在でもなお，進んだ研究を行うには有益な文献であるため，掲載することとした。

# 資　料

〔銀行取引約定書例〕

```
　　　　　　　　銀 行 取 引 約 定 書
　　　　　　　　　　　　　　　西暦　　　年　　月　　日

　　　　　　甲：
　　　　　　　住　　所
　　　　　　　氏　　名
　　　　　　　　　　　　　　　　　　　印鑑証明のある印

　　　　　　乙：
　　　　　　　住　　所
　　　　　　　氏　　名
```

甲と乙は，甲乙間の取引について，以下のとおり合意しました。

第1条（適用範囲）

① 本約定は，甲乙間の手形貸付，手形割引，電子記録債権貸付，電子記録債権割引，証書貸付，当座貸越，支払承諾，外国為替，デリバティブ取引，保証取引その他甲が乙に対して債務を負担することとなるいっさいの取引に関して適用されるものとします。

② 甲が振出，裏書，引受，参加引受もしくは保証した手形または甲がその発生記録における債務者，変更記録により記録された債務者もしくは電子記録保証人（以下「電子記録債務者」といいます。）である電子記録債権を，乙が第三者との取引によって取得した場合についても本約定が適用されるものとします。

③ 甲乙間で別途本約定と異なる合意を行った場合については，その合意が本約定の該当する条項に優先するものとします。

第2条（適用店舗）

本約定は，甲および乙の本支店との前条に定める取引に共通に適用されるものとします。

第3条（利息，損害金等）

① 甲が支払うべき利息，割引料，保証料，手数料等または乙が支払うべ

きこれらの戻しについての利率，料率および支払の時期，方法については，別に甲乙間で合意したところによるものとします。
② 金融情勢の変化その他相当の事由がある場合には，甲または乙は前項の利率等を一般に合理的と認められるものに変更することについて，協議を求めることができるものとします。ただし，固定金利の約定を締結している場合を除くものとします。
③ 甲は，乙に対する債務を履行しなかった場合には，支払うべき金額に対し年14％の割合の損害金を支払うものとします。この場合の計算方法は年365日の日割計算とします。

**第4条**（担保）
① 次の各号において乙が請求した場合には，甲は乙が適当と認める担保もしくは増担保を提供し，または保証人をたてもしくはこれを追加するものとします。
　1．乙に提供されている担保について乙の責めに帰すことのできない事由により毀損，滅失または価値の客観的な減少が生じたとき。
　2．甲または甲の保証人について乙の債権保全を必要とする相当の事由が生じたとき。ただし，乙はその事由を明示するものとします。
② 甲が乙に対する債務を履行しなかった場合には，乙は，担保および乙の占有している甲の動産，手形その他の有価証券（乙の名義で記録されている甲の振替株式，振替社債，電子記録債権その他の有価証券を含みます。）について，かならずしも法定の手続によらず一般に適当と認められる方法，時期，価格等により取立または処分のうえ，その取得金から諸費用を差し引いた残額を法定の順序にかかわらず甲の債務の弁済に充当できるものとします。取得金を甲の債務の弁済に充当した後に，なお甲の債務が残っている場合には，甲は直ちに乙に弁済するものとし，取得金に余剰が生じた場合には，乙はこれを権利者に返還するものとします。

**第5条**（期限の利益の喪失）
① 甲について次の各号の事由が一つでも生じた場合には，乙からの通知催告等がなくても，甲は乙に対するいっさいの債務について当然期限の利益を失い，直ちに債務を弁済するものとします。
　1．支払の停止または破産手続開始，民事再生手続開始，会社更生手続

開始もしくは特別清算開始の申立があったとき。
　2．手形交換所または電子債権記録機関の取引停止処分を受けたとき。
　3．甲またはその保証人（譲渡記録とともにされた保証記録に係る電子記録保証人を除きます。以下同じ。）の預金その他の乙に対する債権について仮差押，保全差押または差押の命令，通知が発送されたとき。
　4．甲の責めに帰すべき事由によって，乙に甲の所在が不明となったとき。
② 　甲について次の各号の事由が一つでも生じ，乙が債権保全を必要とするに至った場合には，乙からの請求によって，甲は乙に対するいっさいの債務について期限の利益を失い，直ちに債務を弁済するものとします。
　1．乙に対する債務の一部でも履行を遅滞したとき。
　2．担保の目的物について差押または競売手続の開始があったとき。
　3．乙との約定に違反したとき。
　4．甲の保証人が前項または本項の各号の一つにでも該当したとき。
　5．前各号のほか甲の債務の弁済に支障をきたす相当の事由が生じたとき。
③ 　前項において，甲が乙に対する住所変更の届け出を怠るなど甲の責めに帰すべき事由により，乙からの請求が延着しまたは到達しなかった場合には，通常到達すべき時に期限の利益が失われたものとします。

**第6条（割引手形または割引電子記録債権の買戻し）**
① 　甲が乙より手形または電子記録債権の割引を受けた場合，甲について前条第1項各号の事由が一つでも生じたときは，乙からの通知催告等がなくても，甲は全部の手形および電子記録債権について当然に手形面記載の金額または電子記録債権の債権額の買戻債務を負担し，直ちに弁済するものとします。
② 　割引手形の主債務者もしくは割引電子記録債権の債務者が期日に支払わなかったときまたは割引手形の主債務者もしくは割引電子記録債権の債務者について前条第1項各号の事由が一つでも生じたときは，その者が主債務者となっている手形およびその者が債務者となっている電子記録債権について，前項と同様とします。
③ 　前2項のほか，割引手形または割引電子記録債権について乙の債権保

全を必要とする相当の事由が生じた場合には，乙からの請求によって，甲は手形面記載の金額または電子記録債権の債権額の買戻債務を負担し，直ちに弁済するものとします。なお，甲が乙に対する住所変更の届け出を怠るなど甲の責めに帰すべき事由により，乙からの請求が延着または到達しなかった場合には，通常到達すべき時に甲は買戻債務を負担するものとします。

④ 甲が前3項による債務を履行するまでは，乙は手形所持人または電子記録債権の債権者としていっさいの権利を行使することができるものとします。

⑤ 甲が第1項，第2項または第3項により割引電子記録債権の買戻債務を履行した場合には，乙は，遅滞なく，その割引電子記録債権について甲を譲受人とする譲渡記録（保証記録を付さないものとします。）を電子債権記録機関に対して請求し，または，乙を譲受人とする譲渡記録を削除する旨の変更記録を電子債権記録機関に対して請求するものとします。ただし，電子債権記録機関が電子記録の請求を制限する期間は，この限りではありません。

**第7条**（反社会的勢力の排除）

① 甲は，甲または保証人が，現在，暴力団，暴力団員，暴力団員でなくなった時から5年を経過しない者，暴力団準構成員，暴力団関係企業，総会屋等，社会運動等標ぼうゴロまたは特殊知能暴力集団等，その他これらに準ずる者（以下これらを「暴力団員等」といいます。）に該当しないこと，および次の各号のいずれにも該当しないことを表明し，かつ将来にわたっても該当しないことを確約します。

1．暴力団員等が経営を支配していると認められる関係を有すること。
2．暴力団員等が経営に実質的に関与していると認められる関係を有すること。
3．自己，自社もしくは第三者の不正の利益を図る目的または第三者に損害を加える目的をもってするなど，不当に暴力団員等を利用していると認められる関係を有すること。
4．暴力団員等に対して資金等を提供し，または便宜を供与するなどの関与をしていると認められる関係を有すること。
5．役員または経営に実質的に関与している者が暴力団員等と社会的に

非難されるべき関係を有すること。
② 甲は，甲または保証人が，自らまたは第三者を利用して次の各号の一にでも該当する行為を行わないことを確約します。
　1．暴力的な要求行為
　2．法的な責任を超えた不当な要求行為
　3．取引に関して，脅迫的な言動をし，または暴力を用いる行為
　4．風説を流布し，偽計を用いまたは威力を用いて乙の信用を毀損し，または乙の業務を妨害する行為
　5．その他前各号に準ずる行為
③ 甲または保証人が，暴力団員等もしくは第1項各号のいずれかに該当し，もしくは前項各号のいずれかに該当する行為をし，または第1項の規定にもとづく表明・確約に関して虚偽の申告をしたことが判明し，甲との取引を継続することが不適切である場合には，乙からの請求によって，甲は乙に対するいっさいの債務について期限の利益を失い，直ちに債務を弁済するものとします。
④ 甲が乙より手形または電子記録債権の割引を受けた場合，甲または保証人が暴力団員等もしくは第1項各号のいずれかに該当し，もしくは第2項各号のいずれかに該当する行為をし，または第1項の規定にもとづく表明・確約に関して虚偽の申告をしたことが判明し，甲との取引を継続することが不適切である場合には，乙からの請求によって，甲は全部の手形および電子記録債権について，手形面記載の金額または電子記録債権の債権額の買戻債務を負担し，直ちに弁済するものとします。甲がこの債務を履行するまでは，乙は手形所持人または電子記録債権の債権者としていっさいの権利を行使することができるものとします。
⑤ 前2項の規定の適用により，甲または保証人に損害が生じた場合にも，乙になんらの請求をしません。また，乙に損害が生じたときは，甲または保証人がその責任を負います。
⑥ 第3項または第4項の規定により，債務の弁済がなされたときに，本約定は失効するものとします。

**第8条**（乙による相殺，払戻充当）
① 期限の到来，期限の利益の喪失，買戻債務の発生，求償債務の発生その他の事由によって，甲が乙に対する債務を履行しなければならない場

合には，乙は，その債務と甲の預金その他の乙に対する債権とを，その債権の期限のいかんにかかわらず，いつでも相殺することができるものとします。

② 前項の相殺ができる場合には，乙は事前の通知および所定の手続を省略し，甲に代わり諸預け金の払戻しを受け，債務の弁済に充当することもできるものとします。この場合，乙は甲に対して充当した結果を通知するものとします。

③ 前2項により乙が相殺または払戻充当を行う場合，債権債務の利息，割引料，保証料，損害金等の計算については，その期間を計算実行の日までとします。また，利率，料率等は甲乙間に別の定めがない場合には乙の定めによるものとし，外国為替相場については乙による計算実行時の相場を適用するものとします。

**第9条**（甲による相殺）

① 期限の到来その他の事由によって，乙が甲の預金その他の甲に対する債務を履行しなければならない場合には，甲は，その債務と乙の甲に対する債権とを，その債権の期限が未到来であっても，次の各号の場合を除き，相殺することができるものとします。なお，満期前の割引手形または支払期日前の割引電子記録債権について甲が相殺する場合には，甲は手形面記載の金額または割引電子記録債権の債権額の買戻債務を負担して相殺することができるものとします。

 1．乙が他に再譲渡中の割引手形または割引電子記録債権について相殺するとき。

 2．弁済または相殺につき法令上の制約があるとき。

 3．甲乙間の期限前弁済を制限する約定があるとき。

② 前項によって甲が相殺する場合には，相殺通知は書面によるものとし，相殺した預金その他の債権の証書，通帳は届出印を押印もしくは届出署名を記入して遅滞なく乙に提出するものとします。

③ 甲が相殺した場合における債権債務の利息，割引料，保証料，損害金等の計算については，その期間を相殺通知の到達の日までとします。また，利率，料率等は甲乙間に別の定めがない場合には乙の定めによるものとし，外国為替相場については乙による計算実行時の相場を適用するものとします。この場合，期限前弁済について別途の損害金，手数料等

の定めがあるときは、その定めによるものとします。

**第10条**（手形または電子記録債権に係る権利の選択）

　乙の甲に対する債権に関して手形または電子記録債権が存する場合、乙はその債権または手形上の債権もしくは電子記録債権のいずれによっても請求することができるものとします。

**第11条**（手形の呈示、交付または電子記録債権の支払等記録等）

① 乙の甲に対する債権に関して手形が存する場合、乙が手形上の債権によらないで第8条による相殺または払戻充当をするときは、相殺または払戻充当と同時にその手形を返還することは要しないものとします。

② 乙が手形上の債権によって第8条の相殺または払戻充当を行うときは、次の各号の場合にかぎり、手形の呈示または交付を要しないものとします。

　1. 乙において甲の所在が明らかでないとき。
　2. 甲が手形の支払場所を乙にしているとき。
　3. 乙の責めに帰すことのできない事由によって、手形の呈示または交付が困難と認められるとき。
　4. 取立その他の理由により、呈示、交付の省略がやむをえないと認められるとき。

③ 第8条または第9条の相殺または払戻充当により、甲が乙から返還をうける手形が存する場合、乙からの通知があったときは、甲はその手形を乙まで遅滞なく受領に出向くこととします。ただし、満期前の手形については乙はそのまま取り立てることができるものとします。

④ 第8条または第9条の相殺または払戻充当の後、なお直ちに履行しなければならない甲の乙に対する債務が存する場合、手形に甲以外の債務者があるときは、乙はその手形をとめおき、取立または処分のうえ、債務の弁済に充当することができるものとします。

⑤ 乙の甲に対する債権に関して電子記録債権が存する場合、乙が電子記録債権によらないでまたは電子記録債権によって第8条の相殺または払戻充当をするとき、乙は、その電子記録債権について、甲が支払等記録の請求をすることについての承諾をすること、および第8条の相殺もしくは払戻充当と同時に甲を譲受人とする譲渡記録もしくは乙を譲受人とする譲渡記録を削除する旨の変更記録の請求をすることを要しないもの

とします。
⑥ 乙は，第8条または第9条の相殺または払戻充当後遅滞なく，その相殺または払戻充当に関して存する電子記録債権について，支払等記録または甲を譲受人とする譲渡記録（保証記録を付さないものとします。）もしくは乙を譲受人とする譲渡記録を削除する旨の変更記録の請求をするものとします。ただし，電子債権記録機関が電子記録の請求を制限する期間はこの限りではなく，また，支払期日前の電子記録債権については乙はそのまま支払を受けることができるものとします。
⑦ 第8条または第9条の相殺または払戻充当の後，なお直ちに履行しなければならない甲の乙に対する債務が存する場合，電子記録債権に甲以外の電子記録債務者があるときは，乙はその電子記録債権について前項の電子記録の請求を行わず，支払を受け，またはその電子記録債権を処分したうえ，債務の弁済に充当することができるものとします。

**第12条**（乙による相殺等の場合の充当指定）
　乙が相殺または払戻充当をする場合，甲の乙に対する債務全額を消滅させるに足りないときは，乙は適当と認める順序方法により充当することができるものとし，甲はその充当に対して異議を述べることができないものとします。

**第13条**（甲による弁済等の場合の充当指定）
① 甲が弁済または相殺する場合，甲の乙に対する債務全額を消滅させるに足りないときは，甲は乙に対する書面による通知をもって充当の順序方法を指定することができるものとします。
② 甲が前項による指定をしなかったときは，乙は適当と認める順序方法により充当することができ，甲はその充当に対して異議を述べることができないものとします。
③ 第1項の指定により乙の債権保全上支障が生じるおそれがあるときは，乙は，遅滞なく異議を述べたうえで，担保，保証の有無，軽重，処分の難易，弁済期の長短，割引手形または割引電子記録債権の決済見込みなどを考慮して，乙の指定する順序方法により充当することができるものとします。この場合，乙は甲に対して充当した結果を通知するものとします。
④ 前2項によって乙が充当する場合には，甲の期限未到来の債務につい

ては期限が到来したものとして，また満期前の割引手形および支払期日前の割引電子記録債権については買戻債務を，支払承諾については事前の求償債務を甲が負担したものとして，乙はその順序方法を指定することができるものとします。

**第14条**（危険負担，免責条項等）
① 甲が振出，裏書，引受，参加引受もしくは保証した手形または甲が乙に提出した証書等または甲が電子記録債務者である電子記録債権の電子記録が，事変，災害，輸送途中の事故等やむをえない事情によって紛失，滅失，損傷，消去または延着した場合には，甲は乙の帳簿，伝票等の記録に基づいて債務を弁済するものとします。なお，乙が請求した場合には，甲は直ちに代りの手形，証書等を提出し，または，代りの電子記録債権について電子債権記録機関に対し，発生記録もしくは譲渡記録を請求するものとします。この場合に生じた損害については，乙の責めに帰すべき事由による場合を除き，甲が負担するものとします。
② 甲が乙に提供した担保について前項のやむをえない事情によって損害が生じた場合には，その損害について，乙の責めに帰すべき事由による場合を除き，甲が負担するものとします。
③ 万一手形要件の不備もしくは手形を無効にする記載によって手形上の権利が成立しない場合，電子記録債権の発生要件の不備により電子記録債権が成立しない場合，または権利保全手続の不備によって手形上の権利もしくは電子記録債権が消滅した場合でも，甲は手形面記載の金額または電子記録債権の債権額として記録された金額の責任を負うものとします。
④ 乙が手形，証書等の印影，署名を甲の届け出た印鑑，署名鑑と相当の注意をもって照合し，入力されたID，パスワード等の本人確認のための情報が乙に登録されたものと一致することを乙所定の方法により相当の注意をもって確認し相違ないと認めて取引したときは，手形，証書，印章，署名，ID，パスワード等について偽造，変造，盗用，不正使用等の事故があってもこれによって生じた損害は甲の負担とし，甲は手形または証書等の記載文言または電子記録債権の電子記録にしたがって責任を負うものとします。
⑤ 甲に対する権利の行使もしくは保全または担保の取立もしくは処分に

要した費用，および甲の権利を保全するために甲が乙に協力を依頼した場合に要した費用は，甲の負担とします。

**第15条**（届出事項の変更）

① 甲は，その印章，署名，名称，商号，代表者，住所その他の乙に届け出た事項に変更があった場合には，書面により直ちに乙に届け出るものとします。

② 前項の届け出を怠るなど甲の責めに帰すべき事由により，乙が行った通知または送付した書類等が延着しまたは到達しなかった場合には，通常到達すべき時に到達したものとします。

**第16条**（報告および調査）

① 甲は，貸借対照表，損益計算書等の甲の財産，経営，業況等を示す書類を，定期的に乙に提出するものとします。

② 甲は，乙から請求があったときは，財産，経営，業況等について直ちに乙に対して報告し，また調査に必要な便益を提供するものとします。

③ 甲の財産，経営，業況等について重大な変化を生じたとき，または生じるおそれのあるときは，甲はその旨を直ちに乙に対して報告するものとします。

④ 甲が個人の場合，甲について家庭裁判所の審判により，補助，保佐，後見が開始されたときもしくは任意後見監督人の選任がなされたとき，またはこれらの審判をすでに受けているときには，甲または甲の補助人，保佐人，後見人は，その旨を書面により直ちに乙に届け出るものとします。届出内容に変更または取消が生じた場合にも同様とします。

**第17条**（準拠法，合意管轄）

① 本約定および本約定が適用される諸取引の契約準拠法は日本法とします。

② 本約定が適用される諸取引に関して訴訟の必要が生じた場合には，乙の本店または取引店の所在地を管轄する裁判所を管轄裁判所とします。

**第18条**（約定の解約）

第1条に定める取引がすべて終了し，甲が乙に対して負担する債務が存しない場合は，甲または乙いずれか一方が書面により他方に通知することによって，本約定を解約することができるものとします。

以　上

資　　料

〔当座勘定規定例〕

## 当座勘定規定

### 第1条（当座勘定の受け入れ）
① 当座勘定には，現金のほか，手形，小切手，利札，郵便為替証書，配当金領収証その他の証券でただちに取立てのできるもの（以下「証券類」といいます。）も受け入れます。
② 手形要件，小切手要件の白地はあらかじめ補充してください。当行は白地を補充する義務を負いません。
③ 証券類のうち裏書等の必要があるものは，その手続を済ませてください。
④ 証券類の取り立てのため特に費用を要する場合には，店頭掲示の代金取立手数料に準じてその取立手数料をいただきます。

### 第2条（証券類の受け入れ）
① 証券類を受け入れた場合には，取引店で取り立て，不渡返還時限の経過後その決済を確認したうえでなければ，支払資金としません。
② 取引店を支払場所とする証券類を受け入れた場合には，取引店でその日のうちに決済を確認したうえで，支払資金とします。

### 第3条（本人振り込み）
① 当行の他の本支店または他の金融機関を通じて当座勘定に振り込みがあった場合には，当行で当座勘定元帳へ入金記帳したうえでなければ，支払資金としません。ただし，証券類による振り込みについては，その決済の確認もしたうえでなければ，支払資金としません。
② 当座勘定への振り込みについて，振り込み通知の発信金融機関から重複発信等の誤発信による取消通知があった場合には，振込金の入金記帳を取り消します。

### 第4条（第三者振り込み）
① 第三者が取引店で当座勘定に振り込みをした場合に，その受け入れが証券類によるときは，第2条と同様に取り扱います。
② 第三者が当行の他の本支店または他の金融機関を通じて当座勘定に振り込みをした場合には，第3条と同様に取り扱います。

### 第5条（受入証券類の不渡り）
① 前3条によって証券類による受け入れまたは振り込みがなされた場合に，

その証券類が不渡りとなったときは，ただちにその旨を本人に通知するとともに，その金額を当座勘定元帳から引き落し，本人からの請求がありしだいその証券類は受け入れた店舗，または振込みを受け付けた店舗で返却します。ただし，第4条の場合の不渡証券類は振込みをした第三者に返却するものとし，同条第1項の場合には，本人を通じて返却することもできます。

② 前項の場合には，あらかじめ書面による依頼を受けたものにかぎり，その証券類について権利保全の手続きをします。

### 第6条（手形，小切手の金額の取り扱い）

手形，小切手を受け入れまたは支払う場合には，複記のいかんにかかわらず，所定の金額欄記載の金額によって取り扱います。

### 第7条（手形，小切手の支払い）

① 小切手が支払いのために呈示された場合，または手形が呈示期間内に支払いのため呈示された場合には，当座勘定から支払います。

② 当座勘定の払い戻しの場合には，小切手を使用してください。

### 第8条（手形，小切手用紙）

① 当行を支払人とする小切手または取引店を支払場所とする約束手形を振り出す場合には，当行が交付した用紙を使用してください。

② 取引店を支払場所とする為替手形を引き受ける場合には，預金業務を営む金融機関の交付した手形用紙であることを確認してください。

③ 前2項以外の手形または小切手については，当行はその支払いをしません。

④ 手形用紙，小切手用紙の請求があった場合には，必要と認められる枚数を実費で交付します。

### 第9条（支払いの範囲）

① 呈示された手形，小切手等の金額が当座勘定の支払資金をこえる場合には，当行はその支払義務を負いません。

② 手形，小切手の金額の一部支払はしません。

### 第10条（支払いの選択）

同日に数通の手形，小切手等の支払いをする場合にその総額が当座勘定の支払資金をこえるときは，そのいずれを支払うかは当行の任意とします。

### 第11条（過振り）

① 第9条の第1項にかかわらず，当行の裁量により支払資金をこえて手形，小切手等の支払いをした場合には，当行からの請求がありしだいただちにそ

の不足金を支払ってください。
② 前項の不足金に対する損害金の割合は年14%（年365日の日割計算）とし，当行所定の方法によって計算します。
③ 第1項により当行が支払いをした後に当座勘定に受け入れまたは振り込まれた資金は，同項の不足金に充当します。
④ 第1項による不足金，および第2項による損害金の支払いがない場合には，当行は諸預り金その他の債務と，その期限のいかんにかかわらず，いつでも差引計算することができます。
⑤ 第1項による不足金がある場合には，本人から当座勘定に受け入れまたは振り込まれている証券類は，その不足金の担保として譲り受けたものとします。

## 第12条（手数料等の引き落とし）
① 当行が受け取るべき貸付金利息，割引料，手数料，保証料，立替費用，その他これに類する債権が生じた場合には，小切手によらず，当座勘定からその金額を引き落すことができるものとします。
② 当座勘定から各種料金等の自動支払いをする場合には，当行所定の手続をしてください。

## 第13条（支払保証に代わる取り扱い）
小切手の支払保証はしません。ただし，その請求があるときは，当行は銀行振出小切手を交付し，その金額を当座勘定から引き落します。

## 第14条（印鑑等の届出）
① 当座勘定の取引に使用する印鑑または署名鑑は，当行所定の用紙を用い，あらかじめ取引店に届け出てください。
② 代理人により取引をする場合には，本人からその氏名と印鑑または署名鑑を前項と同様に届け出てください。

## 第15条（届出事項の変更）
① 手形，小切手，約束手形用紙，小切手用紙，印章を失った場合，または印章，名称，商号，代表者，代理人，住所，電話番号その他届出事項に変更があった場合には，直ちに書面によって取引店に届け出てください。
② 前項の届出の前に生じた損害については，当行は責任を負いません。
③ 第1項による届出事項の変更がなかったために，当行からの通知または送付する書類等が延着しまたは到達しなかった場合には，通常到達すべき時に

到達したものとみなします。
④　預金口座の開設の際には，当行は法令で定める本人確認等の確認を行います。預金口座の開設後も，この預金の取引にあたり，当行は法令で定める本人確認等の確認を行う場合があります。本項により当行が預金者について確認した事項に変更があったときには，直ちに当行所定の方法により届け出てください。

## 第16条（成年後見人等の届出）

①　家庭裁判所の審判により，補助・保佐・後見が開始された場合には，直ちに書面によって成年後見人等の氏名その他必要な事項を取引店に届け出てください。

②　家庭裁判所の審判により，任意後見監督人の選任がなされた場合には，直ちに書面によって任意後見人の氏名その他必要な事項を取引店に届け出てください。

③　すでに補助・保佐・後見開始の審判を受けている場合，または任意後見監督人の選任がなされている場合にも，前2項と同様に，直ちに書面によって取引店に届け出てください。

④　前3項の届出事項に取消または変更等が生じた場合にも同様に，直ちに書面によって取引店に届け出てください。

⑤　前4項の届出の前に生じた損害については，当行は責任を負いません。

## 第17条（印鑑照合等）

①　手形，小切手または諸届書類に使用された印影または署名を，届出の印鑑または署名鑑と相当の注意をもって照合し，相違ないものと認めて取り扱いましたうえは，その手形，小切手，諸届書類につき，偽造，変造その他の事故があっても，そのために生じた損害については，当行は責任を負いません。

②　手形，小切手として使用された用紙を，相当の注意をもって，第8条の交付用紙であると認めて取り扱いましたうえは，その用紙につき模造，変造，流用があっても，そのために生じた損害については，前項と同様とします。

③　この規定および別に定める手形用法，小切手用法に違反したために生じた損害についても，第1項と同様とします。

## 第18条（振出日，受取人記載もれの手形，小切手）

①　手形，小切手を振り出しまたは為替手形を引き受ける場合には，手形要件，小切手要件をできるかぎり記載してください。もし，小切手もしくは確定日

払いの手形で振出日の記載のないものまたは手形で受取人の記載のないものが呈示されたときは、その都度連絡することなく支払うことができるものとします。

② 前項の取り扱いによって生じた損害については、当行は責任を負いません。

### 第19条（線引小切手の取り扱い）

① 線引小切手が呈示された場合、その裏面に届出印の押なつまたは届出の署名があるときは、その持参人に支払うことができるものとします。

② 前項の取扱いをしたため、小切手法第38条第5項の規定による損害が生じても、当行はその責任を負いません。また、当行が第三者にその損害を賠償した場合には、振出人に求償できるものとします。

### 第20条（自己取引手形等の取り扱い）

① 手形行為に取締役会の承認、社員総会の認許その他これに類する手続を必要とする場合でも、その承認等の有無について調査を行なうことなく、支払いをすることができます。

② 前項の取扱いによって生じた損害については、当行は責任を負いません。

### 第21条（利息）

当座預金には利息をつけません。

### 第22条（残高の報告）

当座勘定の受払いまたは残高の照会があった場合には、当行所定の方法により報告します。

### 第23条（譲渡、質入れの禁止）

この預金は、譲渡または質入れすることはできません。

### 第24条（解約）

① この取引は当事者の一方の都合でいつでも解約することができます。ただし、当行に対する解約の通知は書面によるものとします。

② 当行が解約の通知を届出の住所にあてて発信した場合に、その通知が延着し、または到達しなかったときは、通常到達すべき時に到達したものとみなします。

③ 手形交換所の取引停止処分を受けたために、当行が解約する場合には、到達のいかんにかかわらず、その通知を発信した時に解約されたものとします。

### 第25条（取引終了後の処理）

① この取引が終了した場合には、その終了前に振り出された約束手形、小切

手または引き受けられた為替手形であっても，当行はその支払義務を負いません。

② 前項の場合には，未使用の手形用紙，小切手用紙は直ちに取引店へ返却するとともに，当座勘定の決済を完了してください。

### 第26条（手形交換所規則による取り扱い）

① この取引については，前各条のほか，関係のある手形交換所の規則に従って処理するものとします。

② 関係のある手形交換所で災害，事変等のやむをえない事由により緊急措置がとられている場合には，第7条の第1項にかかわらず，呈示期間を経過した手形についても当座勘定から支払うことができるなど，その緊急措置に従って処理するものとします。

③ 前項の取扱いによって生じた損害については，当行は責任を負いません。

### 第27条（個人信用情報センターへの登録）

個人取引の場合において，つぎの各号の事由が一つでも生じたときは，その事実を銀行協会の運営する個人信用情報センターに5年間（ただし，下記第3号の事由の場合のみ6か月間）登録し，同センターの加盟会員ならびに同センターと提携する個人信用情報機関の加盟会員は自己の取引上の判断のため利用できるものとします。

1．差押，仮差押，支払停止，破産等信用欠如を理由として解約されたとき。
2．手形交換所の取引停止処分を受けたとき。
3．手形交換所の不渡報告に掲載されたとき。

### 第28条（規定の改定）

この規定を改定する場合は，当行本支店の窓口またはATMコーナーにおいて，改定内容を記載したポスターまたはチラシ等にて告知することとし，改定後の規定については，告知に記載の適用開始日以降の取引から適用するものとします。

以　上

## 反社会的勢力の排除に係る規定

### 第1条（反社会的勢力との取引拒絶）

当行との各種預金取引その他の取引や当行が提供する各種サービス等（以下，これらの取引やサービスを総称して「取引」といい，取引に係る契約・約定・

規定を「原契約」といいます。）は，第2条各号のいずれにも該当しない場合に利用することができ，第2条各号の一にでも該当すると当行が判断する場合には，当行は取引の開始をお断りするものとします。

### 第2条（取引の停止，口座の解約）

次の各号の一にでも該当すると当行が判断し，お客さま（この規定においては取引にかかる代理人及び保証人を含みます，以下同じ）との取引を継続することが不適切であると当行が判断する場合には，当行はお客さまに通知することなく取引を停止し，またはお客さまに通知することにより原契約を解約することができるものとします。なお，この解約によって生じた損害については，当行は責任を負いません。また，この解約により当行に損害が生じたときは，その損害額を支払ってください。

① お客さまが取引の申込時にした表明・確約に関して虚偽の申告をしたことが判明した場合

② お客さまが，暴力団，暴力団員，暴力団員でなくなった時から5年を経過しない者，暴力団準構成員，暴力団関係企業，総会屋等，社会運動等標ぼうゴロまたは特殊知能暴力集団等，その他これらに準ずる者（以下これらを「暴力団員等」という。）に該当し，また次の各号のいずれかに該当したことが判明した場合。

A. 暴力団員等が経営を支配していると認められる関係を有すること
B. 暴力団員等が経営に実質的に関与していると認められる関係を有すること
C. 自己，自社もしくは第三者の不正の利益を図る目的または第三者に損害を加える目的をもってするなど，不当に暴力団員等を利用していると認められる関係を有すること
D. 暴力団員等に対して資金等を提供し，または便宜を供与するなどの関与をしていると認められる関係を有すること
E. 役員または経営に実質的に関与している者が暴力団員等と社会的に非難されるべき関係を有すること

③ お客さまが，自らまたは第三者を利用して次のいずれかの一にでも該当する行為をした場合

A. 暴力的な要求行為
B. 法的な責任を超えた不当な要求行為
C. 取引に関して，脅迫的な言動をし，または暴力を用いる行為

D. 風説を流布し,偽計を用いまたは威力を用いて当行の信用を毀損し,または当行の業務を妨害する行為
E. その他A〜Dに準ずる行為

**第3条**

本規定は,原契約に基づく当行の権利行使を何ら妨げるものではなく,本規定と抵触しない原契約の各条項の効力を変更するものではありません。また,本規定は,原契約と一体をなすものとして取扱われるものとします。

以　上

〔小切手用法〕

### 小切手用法

1. この小切手用紙は,当店における貴方名義の当座勘定にかぎり使用し,他の当座勘定に使用したり,他人に譲り渡すことはしないでください。
2. 小切手のお振出しにあたっては,当座勘定の残高を確認してください。なお,先日付の小切手でも呈示をうければ,支払うことになりますからご承知おきください。
3. 小切手のお振出しにあたっては,金額,振出日などを明確に記入し,記名なつ印に際しては,当店へお届けのご印章を使用してください。なお,改ざん防止のために消しにくい筆記具を使用してください。
4. (1) 金額は所定の金額欄に記入してください。
   (2) 金額をアラビア数字(算用数字,1,2,3……)で記入するときは,チェックライターを使用し,金額の頭には「￥」を,その終りには※,★などの終止符号を印字してください。
   なお,文字による複記はしないでください。
   (3) 金額を文字で記入するときは,文字の間をつめ,壱,弐,参,拾など改ざんしにくい文字を使用し,金額の頭には「金」を,その終りには「円」を記入してください。
5. 金額を誤記されたときは,訂正しないで新しい小切手用紙を使用してください。金額以外の記載事項を訂正するときは,訂正箇所にお届け印をなつ印してください。
6. 小切手用紙の下辺余白部分(クリアーバンド)は使用しないでください。

資　　料

7．小切手用紙は大切に保管し，万一，紛失，盗難などの事故があったときは，当行所定の用紙によりただちに届出てください。
8．小切手用紙は，当行所定の受取書に記名なつ印（お届け印）のうえ請求してください。
9．自署だけによるお取引の場合は，記名なつ印にかえ自署してください。ただし，記載事項の訂正には姓だけをお書きください。

以　上

〔約束手形用法〕

## 約束手形用法

1．この手形用紙は，当店における貴方名義の当座勘定にかぎり使用し，他の当座勘定に使用したり，他人に譲り渡すことはしないでください。
2．手形のお振出しにあたっては，金額，住所，支払期日を明確に記入し，記名なつ印に際しては，当店へお届けのご印章を使用してください。住所の記載があれば振出地の記入は省略することができます。なお，改ざん防止のために消しにくい筆記具を使用してください。
3．振出日，受取人の記載は，手形要件となっておりますから，できるだけ記入してください。
4．(1) 金額は所定の金額欄に記入してください。
　　(2) 金額をアラビア数字（算用数字，1，2，3……）で記入するときは，チェックライターを使用し，金額の頭には「￥」を，その終りには※，★などの終止符号を印字してください。
　　　なお，文字による複記はしないでください。
　　(3) 金額を文字で記入するときは，文字の間をつめ，壱，弐，参，拾など改ざんしにくい文字を使用し，金額の頭には「金」を，その終りには「円」を記入してください。
5．金額を誤記されたときは，訂正しないで新しい手形用紙を使用してください。金額以外の記載事項を訂正するときは，訂正箇所にお届け印をなつ印してください。
6．手形用紙の右上辺，右辺ならびに下辺（クリアーバンド）などの余白部分（下図斜線部分）は使用しないでください。

> 7．手形用紙は大切に保管し，万一，紛失，盗難などの事故があったときは，当行所定の用紙によりただちに届出てください。
> 8．手形用紙は，当行所定の受取書に記名なつ印（お届け印）のうえ請求してください。
> 9．自署によるお取引の場合は，記名なつ印にかえ自署してください。ただし，記載事項の訂正には姓だけをお書きください。
>
> 以　上

〔為替手形用法〕

> **為替手形用法**
>
> 1．この手形用紙を用紙のままで他人に譲り渡すことはしないでください。
> 2．手形のお振出しにあたっては，支払人（引受人）が金融機関と当座勘定取引があることをできるだけ確めてください。
> 3．手形のお振出しにあたっては，金額，住所，支払期日などを明確に記入してください。住所の記載があれば振出地の記入は省略することができます。なお，改ざん防止のために消しにくい筆記具を使用してください。
> 4．振出日，支払人，受取人の記載は手形要件となっておりますから，できるだけ記入してください。
> 5．(1) 金額は所定の金額欄に記入してください。
> 　　(2) 金額をアラビア数字（算用数字，1, 2, 3……）で記入するときは，チェックライターを使用し，金額の頭には「￥」を，その終りには※，★などの終止符号を印字してください。
> 　　　　なお，文字による複記はしないでください。
> 　　(3) 金額を文字で記入するときは，文字の間をつめ，壱，弐，参，拾など改ざんしにくい文字を使用し，金額の頭には「金」を，その終りには「円」を記入してください。
> 6．金額を誤記されたときは，訂正しないで新しい手形用紙を使用してください。金額以外の記載事項を訂正するときは，訂正個所にお届け印をなつ印してください。
> 7．当店を支払場所とする手形のお引受けにあたっては，支払地，支払場所などを明確に記入のうえ，記名なつ印には，当店へお届けのご印章を使用してくだ

資　料

さい。
8．手形用紙の右上辺，右辺ならびに下辺（クリアーバンド）などの余白部分（下図斜線部分）は使用しないでください。
9．手形用紙は大切に保管してください。
　　当店を支払場所とする手形について，万一，紛失，盗難などの事故があったときは，当行所定の用紙によりただちに届出てください。
10．手形用紙は，当行所定の受取書に記名なつ印（お届け印）のうえ請求してください。
11．自署によるお取引の場合は，記名なつ印にかえ自署してください。ただし，記載事項の訂正には姓だけをお書きください。

以　上

※銀行取引約定書，当座勘定規定，小切手用法，約束手形用法，為替手形用法は，みずほ銀行提供。
※小切手用法，約束手形用法，為替手形用法に掲載されている図は省略した。

# 事項索引

## あ 行

悪意の抗弁 …………………………176
　　──適用関係 ………………178
　　融通手形と── ……………177
意思主義 ……………………………338
意思能力………………………………69
意思表示 ……………………………335
意思表示成立上の瑕疵………………72
　　──と修正適用説 ……………73
　　──と適用排除説 ……………74
　　──と判例 ……………………75
　　──に関する一般原則…………72
一覧後定期払 ………………………111
一覧払 ………………………………111
違約金（賠償額予定）文句 ………108
印　章 …………………………………41
受取証書 ……………………………271
受取人 ………1, 3, 108, 238, 240, 245, 262
　　──の選択的記載 …………110
　　──の重畳的記載 …………110
受　戻 …………………………215, 352
受戻証券 ……………………………308
受戻証券性 ……………………10, 308
裏　書……3, 9, 37, 136, 247, 270, 289, 294,
　　　　　316, 333, 342〜346
　　──以外の譲渡方法 ………139
　　──記載の場所 ……………140
　　──禁止 ……………………347
　　──禁止手形 …………139, 140
　　──できる者 ………………141
　　──と手形要件の具備 ……141
　　──による譲渡 ………136, 344

　　──の形式的な連続 ………158
　　──の権利移転的効力 ……145
　　──の資格授与的効力 …147, 318
　　──の担保的効力 …………146
　　──の方式 …………………140
　　──の抹消 …………………163
　　──の抹消による譲渡 ……140
　　──文句 ……………………344
　　──を禁止される手形 ……138
　　一部 …………………………145
　　裏書禁止── ………………247
　　各種の──方法 ……………142
　　為替手形の── ……………247
　　完全── ………………142, 344
　　期限後── ………149, 247, 271
　　記名式── ………142, 316, 319
　　持参人払式── ……………142
　　質入── …………190, 247, 271
　　消極的── …………………140
　　条件付── …………………145
　　白地式── ………142, 319, 344
　　白地式──が手形面上にある場合
　　　　　　　　…………………158
　　白地式──のある手形所持人の権利
　　　の譲渡 ……………………142
　　人的抗弁の──による切断の原則
　　　　　　　　…………………172
　　正式── ……………………142
　　中間の──に断絶がある場合 …165
　　通常の── …………………248
　　特殊── ………………247, 271
　　取立委任── ……186, 189, 247
　　無記名式── ………………142

事項索引

　　無記名式手形と白地式—— ………144
　　戻—— …………………139, 147, 247
　　略式—— ………………………142, 344
裏書禁止裏書 ……………………………247
裏書行為 …………………………………293
　　——の無因性 …………………………340
　　——の有因性 …………………………340
裏書人 ……………………3, 140, 316, 344
　　——の署名捺印 ………………………356
　　——の遡求義務 ……………………3, 4
　　——の地位 …………………………187
裏書の不連続 ……………………………165
　　——と権利行使 ………………………165
　　——と実質的権利取得の立証 ……165
裏書の連続 …………………157, 161, 289
　　——の効果 …………………………157
　　受取人欄の変造と—— ………………166
　　被裏書人と—— ………………………160
　　民事承継と—— ………………………161
運送証券 ……………………………7〜10, 19
英米法 ……………………………………33
越権代理 ……………………………85, 336
越権代理人 ………………………………86

## か　行

外観解釈の原則 …………………………263
外観の作出 ………………………………335
外観の惹起 …………………………335, 336
外観標準説 ………………………………91
外形理論 …………………………………91
会社法 ……………………………………286
確定日払 …………………………………111
株　券 ……………………………7〜10, 302, 307
　　——と権利の行使 ……………………302
株主名簿 …………………………………303
　　——の名義書換 ……………………302

貨物引換証 …………………………………7
仮渡し ……………………………………352
為替手形 ………………1, 14, 16, 238, 259
　　——と小切手 …………………………5
　　——と資金関係 ……………………246
　　——と対価関係 ……………………247
　　——と約束手形の異同 ……………238
　　——の支払 …………………………253
　　——の振出 …………………………240
　　——文句 ……………………………240
管轄裁判所 ………………………………360
期限後裏書 ……………………149, 247, 271
帰責性 ………………………………335, 336
偽　造 ………………………………40, 93
　　——と無権代理 ………………………93
　　手形の—— …………………………93
偽造者 ……………………………………94
偽造者行為説 ……………………………95
基本小切手 ………………………………260
基本手形 ……………………………103, 240
　　——と印紙の貼用 …………………106
　　——と手形要件 ……………………106, 240
　　——の記載事項 ……………………103
　　——の用紙と記載 …………………104
義務者の抗弁 ……………………………296
記名式裏書 …………………………142, 316, 319
記名証券 ……………………………307, 314
　　——の譲渡方法 ……………………344
　　——の有価証券性 …………………300
記名捺印 ………………………40, 82, 304, 344
供　託 ……………………………………201
拒絶証書 ……………………………209, 271, 281
　　——の作成免除 ……………………243
拒絶証書令 ………………………………35
金　券 ……………………………………300
銀　行 ……………………………………262

389

禁転手形 …………………………139
具体権的証券 ……………………311
形式的資格…288〜293, 317, 318, 353, 360
　　──ある所持人 …………………291
　　──授与 …………………………317
　　──の効力 ………………………161
　　株券の── …………………302, 321
　　株主の── ……………………302
　　無記名証券の── ……………320
契　約 ……………………………328
契約・権利外観説…………………44
契約説 ………………43, 44, 328, 331
　　交付── ………………43, 331
　　複数── ……………………332
契約締結上の過失に基づく責任 ……336
契約の欠缺の抗弁 ………………171
原因関係…………………………60, 327
　　──上の抗弁……………………71
　　証券に表章される権利と── ……311
　　手形関係の──に及ぼす影響………60
　　手形の── …………………311
原因行為 …………………………340
原因債権 ………………………63, 313
　　──の行使と手形の返還 ………63, 64
　　手形金請求訴訟と──の時効………65
権限証券 …………………………323
原始株主 …………………………303
権利外観理論…………44, 71, 123, 329,
　　　　　　　　　332, 335, 353
　　──と義務者の抗弁 …………349
　　──と効果論 …………………339
　　──と法律行為の有効要件 ………338
　　──の責任要件 ………………335
　　──への批判 …………………336
権利推定の効力 …………………161
権利の移転と証券の交付 …………9

権利濫用の抗弁 …………………173
好意手形……………………………16
公示催告 …………………………359
　　──期間中の善意取得 …………362
公示催告手続………10, 229, 299, 301, 345
　　──と申立権者 ………………360
　　──の終了 ……………………361
後者の抗弁 ………………………173
合同責任 …………………………110
交　付………43, 118, 272, 295, 315, 320,
　　　　　　343〜346
　　──の必要性……………………42
　　権利の移転と── ………………9
　　単なる── ……………………144
　　手形の── ………………………42
交付行為有因説 …………………330
交付の欠缺…………………………42〜44
　　──の抗弁 ……………………171
抗弁の制限 …………294, 305, 320, 347
抗弁の切断 ………………………332
小切手 ……………………………3, 259
　　──と為替手形 ………………5, 259
　　──と銀行取引…………………20
　　──と振込………………………21
　　──の一覧払性………5, 12, 259, 270
　　──の受戻証券性 ……………275
　　──の概念 ………………………3
　　──の完全有価証券性 …………6
　　──の経済的機能………………12
　　──の支払 ……………………272
　　──の支払証券性 ……………271
　　──の支払人に対する裏書 ……271
　　──の支払保証 ………………4, 282
　　──の譲渡 ……………………4, 270
　　──の信用証券化の防止 ………260
　　──の遡求 ……………………281

## 事項索引

——の振出 …………………265
——の法的構造 ………………1
——文句 …………………261
裏書による——の譲渡 …………270
記名式—— …………………262
記名式——の譲渡 …………271
銀行振出—— …………………268
個人当座用—— …………………265
指図禁止—— …………………262
指図式——の譲渡 …………271
自己宛—— …………………263, 282
自己受—— …………………263
自己指図—— …………………263
持参人払式—— ………4, 9, 262, 276
持参人払式——の裏書 …………272
持参人払式——の譲渡 …………271
支払の手段としての—— …12, 260
先日付—— …………………267
選択持参人払式—— …………262
線引—— …………………277
送金—— …………………268
無記名式—— …………………263
無記名式——の譲渡 …………271
有価証券としての—— …………11
ヨーロッパにおける——の起源……31
横線—— …………………277
預金—— …………………268
旅行（者）—— …………270
小切手金額 …………………265
小切手契約 …………………12, 266
小切手行為 …………………37
小切手帳 …………………264
小切手当事者 …………………262
小切手法 ……………32, 34, 260, 286
小切手保証 …………………272
小切手要件 …………………260, 265

——以外の記載事項 …………264
小切手用紙 …………………264
国際為替手形および国際約束手形に関する条約 …………………33
国際手形法・小切手法 …………234
　——と原因関係上の権利 …………237
　——と手形・小切手行為の効力 …236
　——と手形・小切手行為の方式 …235
　——と手形・小切手能力 …………235
コマーシャル・ペーパー …………16

### さ　行

債　権 …………………285
　証券上の—— …………………285
債権行為 …………………294, 340
債権証券 …………………323
債権譲渡 …………………315, 345, 347
　——の原則 …………………347
　——の対抗要件 …………315
　——の方法による譲渡 …………140
財産的価値ある私権 …………297
再遡求 …………………208, 256
　——金額 …………………212
再発行 …………………362
　証券の—— …………………362
債務者ヲ害スルコトヲ知リテ …………176
指　図 …………………3
　——禁止 …………………139
　——による占有移転 …………343
　——文句 …………………138, 316
指図証券 …………………138, 168, 316, 329
　——の譲渡方法 …………343
　——の流通性 …………319
　民法のみの適用ある—— …………318
参　加 …………………257
　——支払 …………………257

391

| | | | |
|---|---|---|---|
| ——引受 | 37, 257 | ——の確保のために | 61 |
| 参加人 | 257 | ——のために | 61, 62, 224, 247 |
| CIF 売買 | 19 | ——の方法として | 61〜63 |
| 資金契約 | 266 | ——の目的物 | 200 |
| 時　効 | 216 | ——の猶予 | 201 |
| ——の中断（完成猶予・更新） | | 一部—— | 200, 275 |
| | 217, 283 | 形式的資格のある所持人への——と | |
| 為替手形の——期間 | 258 | 免責 | 203 |
| 小切手の——期間 | 283 | 迅速な——の保障 | 201 |
| 主債務者に対する——の完成 | 219 | 満期以外における—— | 205 |
| 約束手形の——期間 | 216 | 満期後の—— | 205 |
| 事故届 | 274 | 満期前の—— | 205 |
| 自己取引 | 71 | 約束手形の—— | 196 |
| 持参債務の原則の変更 | 301, 353 | 支払委託 | 243, 266 |
| 持参人払証券 | 319 | ——の取消し | 274 |
| 持参人払文句 | 319 | 支払委託書 | 1, 3 |
| 自　署 | 40, 83 | 支払委託証券 | 238, 259 |
| ——の代行 | 41 | 支払委託文句 | 240, 262 |
| 質入裏書 | 190, 247, 271 | 支払拒絶 | 207, 281 |
| ——と譲渡担保 | 191 | ——と遡求・再遡求 | 207 |
| ——と人的抗弁 | 191 | ——による遡求権の喪失 | 251 |
| ——と担保的効力 | 189 | 支払拒絶証書 | 209, 254 |
| 隠れた—— | 191 | 支払金額 | 252 |
| 公然の—— | 190 | 支払指図 | 244 |
| 質入目的のための通常の譲渡裏書 | 191 | 支払証券 | 5, 13, 260, 262, 273 |
| 実質権的証券 | 311 | 支払担当者 | 196, 204, 254 |
| 実質的権利 | 290 | ——の免責 | 204 |
| 実質的資格 | 290, 291, 354 | 支払地 | 113, 242, 263 |
| ——授与 | 317 | 支払呈示 | 196, 273, 274 |
| 所持人の——の調査 | 292, 356 | ——期間 | 197, 273 |
| 実定外観保護規定 | 337 | ——場所 | 199, 273 |
| 支　払 | 196, 253, 275 | 支払人 | 1, 3, 238, 240, 244, 253, |
| ——と悪意・重過失の内容 | 202 | | 259, 262, 266 |
| ——と裏書の連続がない場合 | 203 | ——の調査義務 | 276 |
| ——と手形の受戻 | 215 | ——の補償請求権 | 244 |
| ——に代えて | 60, 61, 220, 223, 225 | 予備——の指定 | 243 |

事項索引

支払場所 …………………………199, 273
支払日 ……………………………………111
支払保証……………………………37, 266
　　──の効果 ………………………282
　　──の方式 ………………………282
　　小切手の── …………………282
支払約束書 ………………………………1
支払約束証券 …………………………238
支払約束文句 …………………………106
支払渡し …………………………………19
仕向銀行 …………………………………16
指名証券 ………………………………314
社員権証券 ……………………………325
ジュネーブ統一条約……………………34
ジュネーブ統一法………………………32
準資金関係 ……………………………59
準物権行為 …………………294, 340
償還請求 ………………………………207
商業証券 ………………………………326
商業信用状………………………………20
商業手形 …………………………………15
商業手形担保手形貸付……………15, 191
証　券 …………………………………285
　　──と権利の移転，行使の実体法上
　　　の関係 ………………………299
　　──と権利の発生の実体法上の関係
　　　………………………………298
　　──における権利者の指定方法の
　　　相違 …………………………314
　　──に表章される権利の性質の相違
　　　………………………………323
　　──の債権的効力 ……………305
　　──の再発行 …………………362
　　──の譲渡 ……………………288
　　──の譲渡行為 ………………294
　　──の譲渡方法 ………………295

　　──の占有 ……………………288
　　──の動産性 …………………288
　　──の物権的効力 …………309, 325
　　──の流通保護 ………………329
　　商法上の── …………343〜345
　　民法上の── …………343〜345
証券外の合意 …………………………349
証券行為（振出）の有効要件 ………335
証券交付請求権 ………………………315
証券的効力 ……………………………305
証拠証券 …………………………299, 301
証拠証券性 ……………………………304
使用者責任と手形所持人の保護………91
証書貸付 …………………………………14
承　諾 …………………………………344
商担手貸 …………………………15, 191
譲渡裏書 ………………………………140
　　──の効力 ……………………140
　　──の方式 ……………………140
　　質入目的のための通常の── …191
　　取立委任のための通常の── …187
譲渡行為 ………………………………340
　　──の無因性 …………340〜342
　　──の有因性 …………………341
　　証券の── …………………294, 340
　　有価証券の── ………………342
譲渡人 …………………………………344
譲渡文句 ………………………………344
消滅時効…………………………………65, 216
　　短期の── …………………216, 258
　　手形上の権利の── …………216
除権決定…………………10, 229, 299, 359, 362
　　──による権利行使 …………363
　　──の効果 ……………………229
　　白地手形の── ………………230
除権決定手続 …………………………301, 345

393

| | |
|---|---|
| ——と申立権者 …………………360 | 準—— ……………………………125 |
| 所持人 ……………………1, 109, 238, 276 | 未補充の—— ………………131, 133 |
| ——と銀行との関係………………20 | 白地補充権 ………………………123, 126 |
| 裏書の連続ある指図証券の—— …289 | ——の行使の時期 ………………127 |
| 裏書の連続ある証券の—— ………317 | ——の時効 ………………………128 |
| 形式的資格ある—— ……289, 309, 317 | ——の授与 ………………………125 |
| 不正に取得した—— ……………277 | ——の不当行使 …………………130 |
| 無記名証券の—— ………………289 | ——の濫用 ………………………130 |
| 署　名………………………38, 304, 344 | 白地補充の効果 …………………135 |
| ——の個別性 …………………39, 40 | 人的抗弁………71, 73, 271, 313, 348〜350 |
| ——の代行………………………41 | ——の個別性 ……………………173 |
| ——の代理………………………83 | ——の制限 ……………………52, 169 |
| ——の必要性……………………39 | ——の切断 ……138, 173, 271, 329, 342 |
| ——の方法………………………39 | ——の多様性 ……………………171 |
| 仮設人の——……………………93 | 原因関係に基づく—— …………313 |
| 代表関係の表示を欠く——………81 | 信用証券 ……………………………5 |
| 法人の——………………………42 | 制定法…………………………………34 |
| 署名者 …………………………………39 | 設権証券……………………7, 50, 307, 312 |
| ——の名称の表示………………39 | 設権証券性 …………………………6, 307 |
| 白地小切手 …………………………265 | 絶対的記載事項 ……………………103 |
| 白地式裏書 ……………………142, 319, 344 | 絶対的商行為………………………49, 326 |
| 白地手形 ………………………122, 243 | 善意者の保護 ………………………169 |
| ——行為者の署名 ………………124 | 善意取得……179, 180, 184, 272, 277, 292, |
| ——上の権利 ……………………123 | 　　　　　　293, 329, 341, 347, 358 |
| ——と客観説 ……………………123 | ——の効果 ………………………351 |
| ——と主観説 ……………………123 | ——の認められない有価証券 ……292 |
| ——と除権判決 …………………132 | ——の要件 ………………180, 351 |
| ——と手形行為 …………………124 | 流通保護と——の必要性 ………179 |
| ——による訴えの提起と時効の中断 | 善意・無過失 ………………………338, 351 |
| 　（完成猶予・更新）……………133 | 善意・無重過失 ………292, 335, 337, 354 |
| ——による権利の行使 …………132 | 選択無記名証券 ……………………322 |
| ——の交付 ………………………126 | ——の譲渡方法 …………………345 |
| ——の手形要件の欠缺 …………124 | 商法上の—— ……………………322 |
| ——の補充権 ……………………126 | 民法上の—— ……………………322 |
| ——の要件 ………………………124 | 線　引 …………………………………277 |
| ——の流通 ………………………131 | ——違反の効果 …………………280 |

| | |
|---|---|
| ——の変更 …………………279 | 遡求当事者 …………………255 |
| ——の抹消 …………………279 | 遡求要件 ……………………256 |
| 線引小切手 …………………277 | |

## た 行

| | |
|---|---|
| ——と取引先 ………………278 | 第三者 …………………………90 |
| ——の効力 …………………277 | 第三者方払手形 ……………250 |
| 一般—— ……………………278 | 第三者方払文句 ……115, 253, 264 |
| 特定—— ……………………278 | 第三者対抗要件 …………344, 346 |
| 占有改定 ……………………343 | 第三取得者 ……90, 329, 330, 332, 338 |
| 送　金 …………………………16 | ——の保護 ……………………91 |
| ——為替 ………………………17 | 善意の—— …………………335 |
| ——小切手 ……………………17 | 代　理 …………………………80 |
| 倉庫証券 …………………7〜10 | ——の方式 ……………………80 |
| 相殺の抗弁 …………………349 | 他店券入金 ……………………21 |
| 創造説 …………43, 74, 126, 328, 329 | 他人への手形金の取立依頼 …186 |
| ——と所有権説 ……………329 | 単独行為 ………43, 328, 331, 332 |
| ——と善意説 ………………329 | 単独行為説 …………………328 |
| ——と手形の無因債権性 …330 | 担保手形 ………………………14 |
| ——と民法との整合性 ……330 | 担保のために ……………61, 63 |
| 純正—— ……………44, 51, 74 | 単名手形 …………………14, 15 |
| 相続・合併 …………………140 | 抽象証券 ……………………311 |
| 送　手 ………………………268 | 超権代理 ………………………85 |
| 贈与のために ………………223 | 超権代理人 ……………………86 |
| 遡　求 ……………205, 255, 281 | 通常の裏書 …………………248 |
| ——金額 ……………………212 | 通　知 ………………………344 |
| ——当事者 …………………208 | 呈　示 ……………9, 239, 273, 302 |
| ——の条件 …………………255 | ——の時期 …………………197 |
| ——の通知 …………………211 | 権利の行使と—— ……………9 |
| ——の方法 …………………213 | 呈示者 ………………………197 |
| ——の要件 …………………209 | 呈示証券 ……………………307 |
| 満期後の—— ………………256 | 呈示証券性 ……………9, 307, 353 |
| 満期前の—— ……………213, 255 | D／A …………………………19 |
| 遡求義務者 …………………208 | D／P …………………………19 |
| ——の合同責任 ……………208 | 手　形 …………………………1 |
| 振出人と——との合同責任 …208 | ——と銀行取引 ………………20 |
| 遡求権 ………………………219 | ——と振込 ……………………21 |
| ——の消滅 …………………219 | |

——の概念 …………………………1
——の完全有価証券性 …………6
——の毀損 …………………………100
——の経済的機能……………………12
——の原因関係 ……………………59
——の資金関係 ……………………59
——の実質関係 ……………………59
——の喪失 ……………………100, 228
——の喪失・滅失と権利行使………10
——の複製 …………………………257
——の法的構造 ……………………1
——の抹消 …………………………100
書換——……………………………227
自己宛——…………………………110, 240
自己受——…………………………110, 240
自己指図——………………………110, 240
信用の手段としての——…………14, 259
送金の手段としての——…………16
盗取——……………………………42, 45
取立ての手段としての——………16
パクリ——…………………………42
不完全——…………………………123
未完成——…………………………123
戻——………………………………213
有価証券としての——……………11
ヨーロッパにおける——の起源……30
手形外観解釈の原則…………………53
手形貸付………………………………14
手形関係………………………………60
——の原因関係に及ぼす影響………60
手形客観解釈の原則…………………53
手形金額 ……………………1, 108, 200, 253
——に差異のある重複記載 ………108
手形厳正………………………………169
形式上の—— ……………………169
実質上の—— ……………………169

手形権利移転有因説 …………………175
手形権利者 …………………………3
手形権利能力…………………………68
手形行為………………………………37
——独立の原則……………………54
——と原因関係……………………59
——と表見代理……………………88
——と法律行為に関する一般原則…68
——の意義 …………………………37
——の商行為性……………………49
——の書面性………………………48
——の性質…………………………48
——の成立要件 ……………………37, 42
——の代理…………………………80
——の独自性………………………50
——の特殊性………………………38
——の独立性 ………………………54, 55
——の取消し・追認………………70
——の方式…………………………38
——の無因（抽象）性……………49, 342
——の目的…………………………38
——の文言性 ………………………52
——の有効要件……………………334
——の要件と民法との整合性 ……328
——の要式性………………………48
——有因論…………………………51
機関による—— …………………41, 82
基本的——…………………………38
公序良俗違反の——………………71
制限行為能力者の——……………70
双方代理と——……………………71
他人による——……………………80
付属的——…………………………38
手形行為能力…………………………69
手形交換所……………………………21, 273
手形交換手続…………………………21

事項索引

手形抗弁 …………………………169
　――と善意取得 ………………182
　――の種類と対抗力 …………169
　――の制限 ……………………169
手形・小切手制度………………30
　――と外国法……………………32
　――と法源………………………34
　――の歴史………………………30
手形・小切手に関する慣習法…35
手形上の権利の時効……………64
手形書面の作成 …………………118
手形訴訟 …………………………231
　――と異議の申立 ……………234
　――と終局判決 ………………233
　――と通常の手続への移行 …234
　――と反訴の禁止 ……………233
　――の審理 ……………………232
　――の提起 ……………………232
手形当事者 ………………108, 240
手形能力……………………………68
手形の授受…………………………60
　――と支払場所（支払担当者）の
　　記載……………………………62
手形法 ……………………32, 286
手形法・小切手法 …………31, 35
　――と英米法……………………33
　――と準拠法 …………………235
　――の発達………………………31
　狭義の――………………………35
　広義の――………………………35
　国際――………………………234
　固有の――………………………35
　統一――………………………234
手形保証 …………………192, 253
　――の効果 ……………………193
　――の独立性 …………………193

　――の附従性 …………………193
　――の方式 ……………………192
　隠れた―― ……………………192
手形保証人 ………………………193
　――の求償権 …………………195
　――の責任 ……………………193
手形要件……………48, 103, 240, 243
　――以外の記載事項 …………115
　――と救済規定 ………………114
手形予約……………………………59
手形理論 …………………118, 328
　判例の―― ……………………45
手形割引………………14, 19, 21
でんさいネット …………28, 122
電子記録債権 …………22～28, 46, 66, 77
　――の記録事項の変更 ………25
　――の構造と特色 ……………27
　――の支払 ……………………205
　――の譲渡 …………24, 151～157
　――の譲渡と善意の第三者の保護
　　……………………………183
　――の消滅………………………25
　――の発生 …………22, 24, 121
　――の分割………………………27
　――の利用………………………28
電子記録債権法……………………22
電子記録保証 ……………26, 195
　――の独立性……………………58
電子記録名義人 …………………205
転付命令 …………………………140
統一手形用紙（制度）…………104
当座貸越契約 ……………………265
当座勘定規定例 …………265, 280
当座勘定契約………………………20
当座勘定取引契約 ………………267
当座預金 ……………………12, 20

397

| | |
|---|---|
| 当座預金契約 | 265, 267 |
| 動産の占有 | 289 |
| 動産の占有者 | 289 |
| 同時履行の抗弁権 | 64, 312, 349 |
| 謄　本 | 257 |
| 特殊裏書 | 247, 271 |
| 特別求償権 | 156 |
| 独立性 | 54, 55 |
| 　手形行為の――と悪意の取得者 | 57 |
| 　手形行為の――と裏書 | 55 |
| トラベラーズ・チェック | 270 |
| 取　立 | 17 |
| 　――為替 | 19 |
| 　――手形 | 19 |
| 取立委任 | 186, 277 |
| 　――のための通常の譲渡裏書 | 187 |
| 取立委任裏書 | 186, 189, 247 |
| 　隠れた―― | 186, 187 |
| 　隠れた――と人的抗弁 | 189 |
| 　隠れた――と担保的効力 | 189 |
| 　隠れた――の効力 | 188 |
| 　公然の―― | 186 |
| 取立債務 | 353 |
| 取引停止処分 | 21 |

## な　行

| | |
|---|---|
| 荷為替信用状 | 19 |
| 　――に関する統一規則および慣例 | 20 |
| 荷為替手形 | 19 |
| 二重授権 | 244, 324 |
| 二重無権の抗弁 | 175 |
| 二段階行為論 | 44, 51 |
| 二段階説 | 329 |
| 日銀再割適格手形 | 136 |
| 任意的記載事項 | 104, 115 |

## は　行

| | |
|---|---|
| 破毀文句の記載 | 243 |
| 発行説 | 43, 328, 331 |
| 　――と民法との整合性 | 331 |
| 　修正―― | 43, 331 |
| 反対事実の立証 | 289 |
| 被裏書人 | 3, 318, 344 |
| 　――の氏名のみの抹消 | 164 |
| 　――の地位 | 186 |
| 引　受 | 37, 239, 242, 248 |
| 　――と手形保証 | 253 |
| 　――の効力 | 248, 252 |
| 　――のための呈示 | 249 |
| 　――の撤回 | 248 |
| 　――の方式 | 248 |
| 　一部―― | 253 |
| 　不単純―― | 255 |
| 　略式―― | 249 |
| 引受拒絶 | 251 |
| 　――による遡求権の喪失 | 251 |
| 引受拒絶証書 | 255 |
| 引受呈示 | 239 |
| 　――禁止手形 | 256 |
| 　――と猶予（考慮）期間 | 251 |
| 　――の義務 | 251 |
| 　――の禁止 | 250 |
| 　――の自由 | 250 |
| 　――の当事者 | 249 |
| 　――命令 | 251 |
| 引受人 | 239, 252, 253 |
| 　――の免責 | 254 |
| 引受渡し | 19 |
| 引換給付の判決 | 64 |
| 被偽造者 | 94 |
| 引渡し | 132, 343 |

事項索引

　　簡易—— ……………………343
　　現実の—— …………………343
引渡証券 ……………………………309
引渡証券性 ……………………309, 325
被参加人 ……………………………257
被仕向銀行……………………………16
非商業証券 …………………………326
非設権証券 …………………………307
日付後定期払 ………………………111
必要的記載事項 ……………………103
被呈示者 ……………………………197
被保証手形債務の原因債務の不存在・
　無効・消滅 ………………………193
表見代理……………………88, 336, 338
　　——における本人の責任 ………336
　　手形行為と—— …………………89
　　手形行為の——と第三者…………90
表見理論 ………………………………71
表示主義 ……………………………338
表章行為 ……………………………298
複　本 …………………………243, 257, 284
物権行為 ……………………………293
　　——との比較 ……………………293
　　——の独自性 ……………………293
　　——の無因性 ………………293, 342
物権証券 ……………………………325
物的抗弁 ………………169, 348〜350
　　——と権利外観理論 ……………349
　　各種の—— ………………………170
船荷証券 …………………………7, 8
不法行為責任 ………………………336
　　——と手形所持人の保護…………91
不要因証券 …………………………311
振　込 ………………………………22
振　出 ………37, 103, 118, 243, 260, 265
　　——の意義 …………………118, 243

——の効力 ……………118, 244, 266
——の実質関係 …………120, 245
——の日付 ……………………113
共同—— ………………………110
振出地 ……………………114, 243, 263
振出人………1, 3, 108, 118, 119, 238, 240,
　　　　　　　　　　　　259, 262, 265
——と銀行との関係……………20
——の署名 ……………243, 264
——の遡求義務 ……………………3
——の免責 ……………………201
為替手形の—— ………………245
小切手の—— …………………266
約束手形の—— ………………118
約束手形の——の重畳的記載 ……110
振出日 ……………………113, 243, 263
不渡処分 ………………………………21
平穏かつ公然の占有取得 …………351
弁済の保護 …………………………353
　　形式的資格による—— …………353
　　指図証券と—— …………………354
　　手形以外の証券における—— ……354
　　無記名証券と—— ………………357
変　造 …………………………………97
　　——と立証責任……………………98
　　——の効果 ………………………97
　　署名者に原因のある——…………98
　　手形の—— ………………………97
法人（会社）の代表の方式……………81
法定記載事項 ………………………305
法定事項以外の記載 ………………305
法律行為 ……………………………335
　　——責任 …………………………335
保　証 …………………………………37
保証渡し ……………………………353

399

## ま 行

満　期 …………………………1, 110, 242
　――の表示 ……………………………110
民　法 ……………………………………286
無因行為……………………………50, 247, 267
無因債権 …………………………………313
無因証券…………239, 259, 269, 296, 305,
　　　　　　　　　307, 311, 312, 314
　原因となった権利と――上の権利
　　………………………………………312
無因（抽象）証券 ………………………7
無因（抽象）性……………………………7, 50
　――と原因関係に基づく抗弁………51
　狭義の――……………………………50
無益的記載事項………104, 117, 145, 243,
　　　　　　　　　　262, 264
無記名債権 ………………………320, 343
無記名証券 ………………144, 168, 319
　――の譲渡方法 ………………………343
　――の流通性 …………………………320
　商法上の選択―― ……………………322
　選択―― ………………………………322
　選択――の譲渡方法 …………………345
　民法上の選択―― ……………………322
　民法のみの適用ある―― ……………321
無権代理……………………………84, 336
　――と代理権限の濫用………………86
　手形行為と―― ………………………83
無権代理人………………………………84
　――（超権代理人）の地位…………86
　――の責任……………………………84
無権利の抗弁……………………………74
無効宣言 …………………………………359
　――が認められる証券 ………………359
無担保文句 ………………………………245

免責証券 …………………………299, 308
免責証券性 ………………………………309
戻裏書 ……………………………139, 147, 247
戻手形 ……………………………………213
文言証券 ……………………8, 239, 259, 305
文言証券性 ………………………………305, 306
　――のある有価証券 …………………294
　株券と―― ……………………………306
文言性 ……………………………8, 50, 52, 314

## や 行

約束手形……………………………1, 14, 103
　――と為替手形の異同 ………………238
　――の裏書 ……………………………135
　――の譲渡 ……………………………135
　――の振出 ……………………………103
約束手形文句 ……………………106, 240
有因証券 ……………………296, 306, 311, 314
有益的記載事項 …104, 115, 144, 243, 264
有害的記載事項………104, 108, 117, 145,
　　　　　　　　　　243, 264
有価証券……………………………………6
　――と区別されるもの ………………297
　――と権利の移転 ……………………295, 302
　――と権利の行使 ……………295, 301, 352
　――に関する実体私法 ………………285
　――による権利行使の場所 …………353
　――の概念 ……………………………285, 295
　――の経済的機能 ……………………286
　――の質入 ……………………………345
　――の譲渡 ……………………………340
　――の善意の譲受人の保護 …………347
　――の喪失 ……………………………358
　――の属性 ……………………………304
　――の通有性 …………………………297
　――の発行 ……………………………328

事項索引

| | |
|---|---|
| ——の分類 | 311 |
| 完全な—— | 11, 48, 239, 259, 327 |
| 狭義の—— | 302 |
| 広義の—— | 302, 315 |
| 実質権的—— | 327 |
| 証券的—— | 327 |
| 商法519条の—— | 325, 343 |
| 不完全な—— | 327 |
| 物権的—— | 309, 325 |
| 有価証券私法 | 286 |
| 有価証券法 | 285 |
| ——と原因関係 | 285 |
| ——の基本理念 | 287 |
| 有効性に関する抗弁 | 350 |
| 融通手形 | 14 |
| 猶予の合意 | 349 |
| 譲受人 | 344 |
| 要因証券 | 311 |
| 要式証券 | 103, 239, 259, 304 |
| 厳格な—— | 261 |
| 要式証券性 | 304 |
| 要式の書面行為 | 38, 48, 52 |
| 要物契約 | 346 |
| 預 手 | 268, 282 |

## ら 行

| | |
|---|---|
| 利息文句 | 108, 262 |
| 利 得 | 223 |
| ——の有無 | 223 |
| 利得償還請求権 | 215, 220, 274, 284 |
| ——の効果 | 227 |
| ——の譲渡・行使 | 227 |
| ——の消滅 | 228 |
| ——の当事者 | 220 |
| ——の発生 | 221, 222 |
| ——の発生の要件 | 221 |
| 手形上の権利と—— | 220 |
| 手形上の権利の消滅と—— | 214 |
| 不当利得返還請求権と—— | 220 |
| 略式裏書 | 142, 344 |
| 略式引受 | 249 |
| 流通証券 | 179, 296 |
| 旅行（者）小切手 | 270 |

## わ 行

| | |
|---|---|
| 割 引 | 14, 19, 21 |
| ——料 | 13 |

# 判例索引

〔大審院〕

明 34・6・8 録 7・6・17 ……………70
明 39・5・17 録 12・837 ……………70
明 39・10・4 録 12・1203 …………40
明 40・3・27 録 13・359 ……………80
明 40・5・31 録 13・608 …………126
大元・12・25 録 18・1078 …………68
大 4・5・27 録 21・821 ……………161
大 7・10・2 録 24・1947 …………215
大 7・10・29 録 24・2079 …………62
大 9・1・29 録 26・94 ………………62
大 9・3・10 録 26・301 ……………71
大 10・7・13 録 27・1318 …………40
大 10・10・1 録 27・1686 ……122, 124
大 11・9・29 集 1・564〔百選 9〕……70
大 12・3・14 集 2・103 ……………94
大 12・6・30 集 2・432 ……………91
大 14・12・23 集 4・761 …………115
昭 2・12・10 集 6・681 ………197, 352
昭 3・1・9 集 7・1 ………………222
昭 3・2・15 新聞 2836・10 …………62
昭 5・2・6 集 9・1024 ……………110
昭 5・10・23 集 9・972 …………132
昭 6・5・22 集 10・262 …………111
昭 6・7・1 集 10・498 …………327
昭 7・2・5 集 11・70 ……………215
昭 7・7・9 集 11・1604 …………70
昭 7・11・19 集 11・2120 …………41
昭 7・11・26 法学 2・709 ………115
昭 8・4・6 集 12・551 ………211, 219
昭 8・5・26 集 12・1343 …………133
昭 8・9・15 集 12・2168 …………41

昭 8・9・28 新聞 3620・7 …………94
昭 8・11・7 裁判例 7・259 ………128
昭 8・11・20 集 12・2718 …………140
昭 8・11・22 集 12・2756 …………90
昭 8・12・19 集 12・2882 …………75
昭 9・2・13 集 13・2・133 ………189
昭 10・3・30 新聞 3833・7 …………75
昭 10・6・22 新聞 3869・11 ………64
昭 10・12・24 集 14・2105 ……45, 331
昭 11・6・12 新聞 4011・8 ………115
昭 12・2・13 集 16・112 …………281
昭 12・11・24 集 16・1652 ………97
昭 13・11・19 新聞 4349・10 ……61
昭 13・12・19 集 17・2670 ………116
昭 16・1・27 集 20・25 …………177
昭 19・6・23 集 23・378〔百選 29〕…177

〔最高裁判所〕

昭 23・10・14 集 2・11・376〔百選 86〕
……………………………………62
昭 25・2・10 集 4・2・23〔百選 7〕
…………………………………75, 171
昭 26・2・20 集 5・3・70 …………176
昭 26・10・19 集 5・11・612 ……75, 171
昭 27・2・15 集 6・2・77 …………68
昭 29・2・19 集 8・2・523 ………362
昭 29・3・9 判夕 40・15 ……………75
昭 29・4・2 集 8・4・782 …………178
昭 29・10・29 金商 529・13〔百選 96〕
……………………………………280
昭 29・11・18 集 8・11・2052
…………………………………76, 77, 171
昭 30・5・31 集 9・6・811〔百選 30〕

402

## 判例索引

………………………………………177
昭30・9・22 集9・10・1313 ………194
昭30・9・23 集9・10・1403 ………160
昭30・9・30 集9・10・1513〔百選50〕
　………………………………………160
昭30・10・20 集9・11・1657 ………302
昭31・2・7 集10・2・27〔百選53〕
　………………………………………165, 221
昭31・7・20 集10・8・1022〔百選40〕
　………………………………………123
昭32・12・5 集11・13・2060 ………161
昭33・3・7 集12・3・511 ………133
昭33・3・20 集12・4・583〔百選46〕
　………………………………………57
昭33・6・3 集12・9・1287〔百選87〕
　………………………………………64
昭33・6・17 集12・10・1532
　〔百選11〕…………………………85
昭33・9・11 集12・13・1998
　〔百選69〕…………………………205
昭33・12・11 集12・16・3313 ………132
昭34・6・9 集13・6・664〔百選84〕
　………………………………………220, 221
昭34・7・14 集13・7・978〔百選26〕
　………………………………………178
昭34・8・18 集13・10・1275 ………132
昭35・1・12 集14・1・1〔百選23〕
　………………………………………181
昭35・2・11 集14・2・168 ………350
昭35・4・12 集14・5・825〔百選62〕
　………………………………………193
昭35・7・8 集14・9・1720 …………64
昭35・10・25 集14・12・2720
　〔百選32〕…………………………176
昭35・12・27 集14・14・3234 ………91
昭36・6・9 集15・6・1546〔百選18〕

………………………………………91
昭36・7・31 集15・7・1982〔百選3〕
　………………………………………110
昭36・11・24 集15・10・2519 ………157
昭36・11・24 集15・10・2536
　〔百選44〕…………………………128
昭36・11・24 判時302・28 …………149
昭36・12・12 集15・11・2756
　〔百選10〕…………………………90
昭36・12・22 集15・12・3066 ………222
昭37・2・20 集16・2・341 …………113
昭37・5・1 集16・5・1013〔百選28〕
　………………………………………178
昭37・7・6 集16・7・1491 …………83
昭37・9・7 集16・9・1870 …………150
昭37・9・21 集16・9・2041 ………269
昭38・1・30 集17・1・99〔百選76〕
　………………………………………218
昭38・5・21 集17・4・560〔百選83〕
　………………………………………226
昭38・8・23 集17・6・851〔百選61〕
　………………………………………151, 272
昭38・11・19 集17・11・1401 ………85
昭39・1・23 集18・1・37〔百選25〕
　………………………………………51
昭39・4・7 集18・4・520 …………117
昭39・9・15 集18・7・1435 ……89, 90
昭39・10・16 集18・8・1727 …188, 189
昭39・11・24 集18・9・1952
　〔百選77〕…………………………218
昭39・12・4 判時391・7〔百選98〕
　………………………………………276
昭40・4・9 集19・3・647〔百選27〕
　………………………………………149, 173
昭40・4・13 判時413・76 …………227
昭40・6・1 金法416・6 ……………45

403

昭 40・8・24 集 19・6・1435 …………64
昭 40・11・30 集 19・8・2049 ………92
昭 41・3・4 集 20・3・406 ………161
昭 41・6・16 集 20・5・1046 ………133
昭 41・6・21 集 20・5・1084 ………162
昭 41・7・1 判タ 198・123 …………94
昭 41・9・13 集 20・7・1359〔百選 2〕
　………………………………81, 170
昭 41・10・13 集 20・8・1632
　〔百選 39〕…………114, 133, 196, 208
昭 41・11・2 集 20・9・1674〔百選 43〕
　…………………………………134
昭 41・11・10 集 20・9・1697
　…………………………97, 98, 168
昭 41・11・10 集 20・9・1756 ………131
昭 42・2・3 集 21・1・103 …45, 161, 331
昭 42・3・14 集 21・2・349〔百選 21〕
　…………………………………98, 130
昭 42・3・31 集 21・2・483〔百選 85〕
　…………………………………228
昭 42・4・27 集 21・3・728〔百選 33〕
　…………………………………178
昭 42・11・8 集 21・9・2300〔百選 67〕
　………………………63, 117, 200
昭 43・3・21 集 22・3・665〔百選 82〕
　…………………………………225
昭 43・4・12 集 22・4・889 …………92
昭 43・4・12 集 22・4・911 ……132, 231
昭 43・5・28 集 22・5・1125 ………361
昭 43・10・17 集 22・10・2188 ……338
昭 43・12・12 集 22・13・2963
　〔百選 1〕…………………………40
昭 43・12・12 判時 545・78 …………65
昭 43・12・24 集 22・13・3382
　〔百選 13〕……………………89, 94
昭 43・12・25 集 22・13・3548

〔百選 36〕………………………51, 175
昭 44・2・20 集 23・2・427〔百選 41〕
　…………………………………128
昭 44・3・4 集 23・3・586 ……53, 111
昭 44・3・27 集 23・3・601〔百選 59〕
　…………………………………188
昭 44・4・3 集 23・4・737〔百選 15〕
　……………………………69, 75, 87
昭 44・4・15 判時 560・84〔百選 95〕
　…………………………………249
昭 44・9・12 判時 572・69〔百選 70〕
　…………………………………203
昭 44・11・14 集 23・11・2023 …75, 87
昭 45・2・17 判時 592・90 …………231
昭 45・3・26 判時 587・75 …………90
昭 45・3・31 集 24・3・182〔百選 63〕
　…………………………………195
昭 45・4・21 集 24・4・283〔百選 49〕
　…………………………………145
昭 45・6・18 集 24・6・544 ………193
昭 45・6・24 集 24・6・625 …………68
昭 45・6・24 集 24・6・712〔百選 52〕
　……………………………98, 163
昭 45・7・2 集 24・7・731 …………69
昭 45・7・16 集 24・7・1077〔百選 35〕
　…………………………………176
昭 45・11・11 集 24・12・1876 ……134
昭 46・4・9 集 25・3・264〔百選 88〕
　…………………………………175
昭 46・6・10 集 25・4・492 ……204, 300
昭 46・10・13 集 25・7・900〔百選 37〕
　……………………………………71
昭 46・11・16 集 25・8・1173〔百選 8〕
　……………………………45, 331
昭 47・2・10 集 26・1・17〔百選 4〕…82
昭 47・4・4 集 26・3・373 …………72

昭 47・4・6 集 26・3・455〔百選 79〕
　　　　　　　　　　　　　　　　……229
昭 48・3・22 判時 702・101 …………177
昭 48・11・16 集 27・10・1391 ……175
昭 49・2・28 集 28・1・121〔百選 48〕
　　　　　　　　　　　　　　　　……140
昭 49・6・28 集 28・5・655〔百選 17〕
　　　　　　　　　　　　　　　　……95
昭 49・12・19 金法 746・26 …………172
昭 49・12・24 集 28・10・2140
　〔百選 51〕………………………98, 168
昭 50・8・29 判時 793・97〔百選 19〕
　　　　　　　　　　　　　　　　……97
昭 51・4・8 集 30・3・183〔百選 81〕
　　　　　　　　　　　　　　……132, 231
昭 52・6・20 判時 873・97〔百選 24〕
　　　　　　　　　　　　　　　　……181
昭 52・9・22 判時 869・97〔百選 34〕
　　　　　　　　　　　　　　　　……149
昭 52・11・15 集 31・6・900〔百選 64〕
　　　　　　　　　　　　　　　　……192
昭 53・1・23 集 32・1・1 ……………65
昭 53・4・24 判時 893・86〔百選 47〕
　　　　　　　　　　　　　　　　……139
昭 54・4・6 集 33・3・329〔百選 55〕
　　　　　　　　　　　　　　　　……189
昭 54・9・6 集 33・5・630〔百選 6〕
　　　　　　　　　　　　……76, 146, 171
昭 55・3・27 判時 970・169 ……119, 197
昭 55・5・30 集 34・3・521〔百選 75〕
　　　　　　　　　　　　　　　　……217
昭 55・12・18 集 34・7・942〔百選 60〕
　　　　　　　　　　　　　　　　……149
昭 57・3・30 集 36・3・501〔百選 45〕
　　　　　　　　　　　　　　　　……133

昭 57・7・15 集 36・6・1113〔百選 73〕
　　　　　　　　　　　　　　……211, 218
昭 57・9・7 集 36・8・1607〔百選 66〕
　　　　　　　　　　　　　　　　……195
昭 60・3・26 判時 1156・143〔百選 56〕
　　　　　　　　　　　　　　　　……187
昭 61・7・10 集 40・5・925〔百選 38〕
　　　　　　　　　　　　　　　　……108
昭 61・7・18 集 40・5・977〔百選 54〕
　　　　　　　　　　　　　　　　……164
昭 62・10・16 集 41・7・1497
　〔百選 78〕………………65, 66, 171
平 2・9・27 集 44・6・1007〔百選 65〕
　　　　　　　　　　　　　　　　……192
平 5・7・20 集 47・7・4652〔百選 42〕
　　　　　　　　　　　　　　　　……127
平 5・10・22 集 47・8・5136〔百選 68〕
　　　　　　　　　　　　　　　　……210
平 9・2・27 集 51・2・686〔百選 20〕
　　　　　　　　　　　　　　　　……111
平 10・3・27 金商 1049・12 …………300
平 13・1・25 集 55・1・1〔百選 80〕
　　　　　　　　　　　　　　……230, 362

〔高等裁判所〕

大阪昭 28・3・23 高集 6・2・78 ……54
大阪昭 56・2・25 金商 623・10 ……110
東京平 14・7・4 判時 1796・156 ……129

〔地方裁判所〕

大阪昭 53・3・7 金商 566・41〔百選 5〕
　　　　　　　　　　　　　　……110, 193
名古屋昭 61・9・11 判時 1215・132
　　　　　　　　　　　　　　　　……173
東京平 15・10・17 判時 1840・142 …104

有斐閣Sシリーズ

商法 III 手形・小切手〔第5版〕
*Commercial Law III: Negotiable Instruments, 5th edition*

| 1989 年 1 月 30 日 | 初　版第 1 刷発行 |
| 1998 年 6 月 30 日 | 第 2 版第 1 刷発行 |
| 2001 年 3 月 15 日 | 第 2 版補訂第 1 刷発行 |
| 2005 年 3 月 30 日 | 第 2 版補訂 2 版第 1 刷発行 |
| 2006 年 4 月 20 日 | 第 3 版第 1 刷発行 |
| 2011 年 10 月 20 日 | 第 4 版第 1 刷発行 |
| 2018 年 12 月 10 日 | 第 5 版第 1 刷発行 |
| 2021 年 9 月 10 日 | 第 5 版第 3 刷発行 |

著　者　　大　塚　龍　児
　　　　　林　　　　　竧
　　　　　福　瀧　博　之

発行者　　江　草　貞　治

郵便番号　101-0051
東京都千代田区神田神保町 2-17

発行所　　株式会社　有　斐　閣
電話　(03)3264-1314〔編集〕
　　　(03)3265-6811〔営業〕
http://www.yuhikaku.co.jp/

印刷・株式会社理想社／製本・牧製本印刷株式会社
©2018, R. Otsuka, T. Hayashi, H. Fukutaki.
Printed in Japan
落丁・乱丁本はお取替えいたします。
★定価はカバーに表示してあります。

ISBN 978-4-641-15951-8

JCOPY 本書の無断複写(コピー)は，著作権法上での例外を除き，禁じられています。複写される場合は，そのつど事前に(一社)出版者著作権管理機構(電話03-5244-5088, FAX03-5244-5089, e-mail:info@jcopy.or.jp)の許諾を得てください。

本書のコピー，スキャン，デジタル化等の無断複製は著作権法上での例外を除き禁じられています．本書を代行業者等の第三者に依頼してスキャンやデジタル化することは，たとえ個人や家庭内での利用でも著作権法違反です．